大学体育

向慧 黄志刚 郭孝君 主编

上海交通大学出版社
SHANGHAI JIAO TONG UNIVERSITY PRESS

内容提要

本教材共十一章,第一章体育运动与健康,主要介绍体育运动对健康的促进作用;第二至六章依次为篮球、排球、足球、乒乓球、羽毛球,主要介绍各种球类项目的基本知识、基本技术和基本战术;第七章定向运动,主要介绍定向运动的发展、器材、赛事和基本知识;第八章武术,主要介绍武术的基本动作练习、武术套路练习;第九章体育舞蹈,主要介绍体育舞蹈的发展和伦巴、恰恰恰、牛仔舞组合练习;第十章器械健美,主要介绍器械健美常见的基本练习和典型练习;第十一章游泳,主要介绍蛙泳、仰泳、爬泳等常见泳姿的基本技术。

本教材在编写过程中,力求借鉴和汲取体育科学和运动实践最新的研究成果,以最大限度地满足现代大学生的实际需求。本教材既可作为体育教育专业的参考书,又可作为广大体育爱好者的自学读本。

图书在版编目(CIP)数据

大学体育 / 向慧,黄志刚,郭孝君主编. -- 上海：
上海交通大学出版社,2025.7. -- ISBN 978-7-313
-32815-1

Ⅰ. G807.4

中国国家版本馆CIP数据核字第2025HY4433号

大学体育
DAXUE TIYU

主　　编：向慧　黄志刚　郭孝君	
出版发行：上海交通大学出版社	地　　址：上海市番禺路951号
邮政编码：200030	电　　话：021-64071208
印　　制：上海景条印刷有限公司	经　　销：全国新华书店
开　　本：710mm×1000mm　1/16	印　　张：24.5
字　　数：398千字	
版　　次：2025年7月第1版	印　　次：2025年7月第1次印刷
书　　号：ISBN 978-7-313-32815-1	
定　　价：58.00元	

前　言

　　高校肩负着为党育人、为国育才的光荣使命。习近平总书记在北京大学考察时指出："高校只有抓住培养社会主义建设者和接班人这个根本才能办好，才能办出中国特色世界一流大学。"这充分体现了党中央对高等教育战略性、全局性地位和作用的高度重视。党和国家对学校体育促进青少年全面发展的新期待，为新时代学校体育工作指明了方向。在体育育人工作中，高校应坚持以学生为中心，深入践行改革和发展的理念，建设有温度的大学体育，这不仅对发挥"以体育人"的综合价值，提升体育育人的针对性、亲和力与实效性具有重要意义，更是落实立德树人的根本任务，推动高质量人才培养的关键。

　　大学生思维活跃、知识丰富、个性突出，但他们的价值观塑造尚未成型、情感心理尚未成熟、知识体系搭建尚未完成，必须加以正确引导。高校育人工作不仅是传授知识，还影响着青年人理想信念、价值理念和道德观念的形成。体育不仅是一种身体运动，更是一种教育手段、一种精神载体。体育在塑造健康体魄、健全人格、促进人的全面发展方面发挥着重要作用，它关乎人民幸福和民族未来。体育教育是高校育人体系的重要组成部分，也是落实"五育并举"的重要环节，要树立健康第一的教育理念，开齐开足体育课，帮助学生在体育锻炼中享受乐趣、增强体质、健全人格、锤炼意志。

　　普通高校体育课程是高等院校学生的必修课，是学校课程体系的重要组成部分，在高等教育过程中有着举足轻重的作用。普通高校体育课程以大学生身体锻炼为主，以科学的体育课程指导和教学方式，帮助学生增强体质健康、提高健康素养。基于全新的体育健康观念，本教材坚持"素质教育、健康第一、以人为本"的教学理念，旨在增强大学生对体育的参与度和积极性，提高其体育技能，引导大学生树立健康的行为方式，养成终身体育锻炼的好习惯。本教材在编写过程中，力求借鉴和汲取体育科学和运动实践最新的研究成果，最大限度地满足现代大学生的实际需求。本教材既注重内容的科学性和前瞻性，又讲究实践性和针对性，力求精练规范、覆盖面广、通俗易懂、践行性强，既可作为体育教育专业的参考书，又可作为广大体育爱好者的自学读本。

本教材由向慧、黄志刚、郭孝君共同编写。具体如下：向慧负责编写第一、五、六、八章及全书统稿，约 18.2 万字；黄志刚负责编写第七、九、十章，约 13.3 万字，郭孝君负责编写第二、三、四、十一章，约 10.3 万字。

教材在编写过程中得到多位专家、学者和高校教师的大力支持，在此表示感谢，同时也对书中所引用内容的作者表示衷心的感谢。由于编者水平有限，虽力求完善，但文中难免有错误和不妥之处，恳请广大读者批评指正。

编　者

2025 年 6 月

目　录

第一章　体育运动与健康

第一节　健康概述

大学阶段是学生发展的关键阶段和转折点。大学的体育课程是学生在学校体育运动发展的最终阶段，也是学生准备走向社会体育的初步测试，对提高学生的身体素质有着深远的影响和不可替代的作用。由此要求大学制订完善的体育教学计划和教学目标，注重培养学生对体育的兴趣和爱好，树立终身体育的意识，帮助学生不断地进行身体锻炼，同时塑造良好的品行。

一、健康的概念

世界卫生组织（World Health Organization，WHO）于1948年在《组织法》中指出："健康不仅是没有疾病或不衰弱，还是身体上、精神上和社会适应方面的完美状态。"1978年国际初级卫生保健大会上所发表的《阿拉木图宣言》中重申：健康不仅是没有疾病或不虚弱，且是身体的、精神的健康和社会适应良好的总称。该宣言指出：健康是基本人权，达到尽可能高的健康水平，是世界范围内一项重要的社会性目标。时隔多年后，1989年世界卫生组织又一次深化了健康的概念，认为健康包括躯体健康、心理健康、社会适应良好和道德健康。

（1）身体健康：指躯体结构和功能正常，具有生活自理能力。

（2）心理健康：指个体能够正确认识自己，及时调整自己的心态，使心理处于良好的状态，以适应外界的变化。

（3）社会适应良好：指能以积极的态度和行为去适应社会生活的各种变化。

（4）道德健康：指能够按照社会规范的准则和要求来支配行为，能为人类的幸福作出贡献。

所谓的健康本质，即人们能够保持最佳的身心状况、科学合理的生活习惯和生活方式。这种健康不仅表现在身体上，还表现在心理上，要求积极乐观、懂得无私奉献、对社会有所作为。

1992 年，世界卫生组织在《维多利亚宣言》中又提出健康的四大基石：合理膳食、适量运动、戒烟限酒、心理平衡。

二、健康的内涵与标准

健康的内涵包括体力、技能、形态、卫生、保健、精神、人格、环境。因此，健康既是生理概念，又是心理概念、社会概念和道德概念。

（一）"五快三良好"原则

世界卫生组织就人体健康问题提出了几项易于记忆和理解的新标准，这几项标准包含了人体生理健康标准和心理健康标准，即"五快三良好"原则。

1. "五快"——生理健康

（1）吃得快：荤素搭配，营养均衡，不挑食。

（2）排得快：消化系统好，没有通便不畅等异常现象。

（3）睡得快：拥有良好的作息习惯，不熬夜、不通宵，睡眠质量较好，能迅速进入深度睡眠；醒来后感觉精力充沛，不会有赖床等不良习性，能够在一天中保持良好的精神状态。

（4）说得快：在与人交流过程中，头脑清晰，思维敏捷，口齿清晰，表达能力没有明显的障碍。

（5）走得快：没有行动不便等腿脚障碍，肢体的协调能力强，骨质完好健康，走路迅捷。

2. "三良好"——心理健康

（1）良好的个性：指性格温和，意志坚强，感情丰富，胸怀坦荡，心境豁达，不为烦恼、痛苦、伤感所左右。

（2）良好的个人处事能力：指对周围事情应对自如，能客观地观察问题，具有自我的控制能力且能适应复杂的社会环境，对事物变迁保持良好的情绪，常有知足感。

（3）良好的人际关系：指待人宽和，不过分计较小事，能助人为乐、与人为善。

（二）心理健康标准

随着世界性精神疾病发病率的不断上升，为了教育和引导公众主动关注心理健康，美国心理学家 Maslow 和 Mittelmann 提出了下面 10 条心理健康评价标准。

（1）不会疑神疑鬼，患得患失。

（2）对自己定位准确，有合理的评价。能充分地了解自己，并能对自己的能力做出适度的评价。

（3）生活有目标，理想不超越实际；生活和理想切合实际。

（4）能够迅速地适应周边的生存条件；不脱离周围的现实环境。

（5）人格健全、心理健康；能保持人格的完整与和谐。

（6）热衷于学习、善于总结经验教训，能从经验中学习。

（7）与他人和睦相处，能保持良好的人际关系。

（8）能很好地控制自己的脾气，不任其发泄；能适度地发泄情绪和控制情绪。

（9）在追求个性的基础上尊重他人。

（10）不从事违法活动，主动抵制违法现象。

三、亚健康

（一）亚健康的概念

现代医学将健康称为第一状态，将疾病称为第二状态；将介于健康与疾病之间的生理功能低下的状态称为第三状态，也称为亚健康。

所谓亚健康多指无临床症状和体征，或者有病症感觉而无临床检查依据，但已有潜在的发病倾向，人处于机体结构退化和生理功能减退的低质与心理失衡状态。

（二）亚健康的特征

亚健康的主要特点：体虚困乏、容易疲倦、失眠、休息质量不高、注意力无法集中、环境适应能力严重衰退、精神状态不好，或者长期无法正常生活与工作。在心理健康上的主要表现：情绪低沉、反应迟钝、失眠多梦、白天容易困倦、记忆力下降、易怒、情绪焦躁、易惊等。而亚健康状况也是现代社会中普遍存在的社会问题。

（三）亚健康的形成因素和应对方法

导致亚健康形成的因素：首先，工作、生活过度疲劳，身心透支而使精力入不敷出；其次，不科学的生活，如不吃早餐、偏食、暴饮暴食、"饥一顿饱一顿"等引起营养不良而使机体失调；再次，环境污染，接触过多有害物质；

最后，伴随人体生物钟周期低潮或人体自然老化，也可能出现亚健康状态。应当指出的是，亚健康状态在很大程度上是慢性疾病的潜伏期。

人的机体有一定程度的适应能力，亚健康状态既可趋向健康，又可导致疾病。如果已处于或即将进入亚健康状态，只要采取科学的生活方式，克服不良的生活习惯，通过合理的饮食、心理的调养以及环境的改变，消除疲劳，去除致病因素，提高身体素质，就能改善和消除亚健康状态，早日恢复到健康状态，成为健康的人。

如果人们长期处在高度紧张的工作学习环境中，常会感到压力很大，觉得无法承受，这种状态持续久了，会使人意志消沉，产生无力感。因此，必须掌握调适的方法。

首先，应制订良好的作息表，在感觉疲劳时适度休息，给予自己一个积极健康的心理暗示，为自己打气加油，能够适时调节情绪，不让消极悲观的情绪围绕自身；对待现实生活中的工作、学习和人际关系，把握"适度"的原则，对待困难不逃避、不回避，要积极乐观，拥有一个良好的心态，主动与人为善，尊重他人。

在内心烦闷的时候，可以通过独处等方式进行冥想，放松大脑，进行一次"精神遨游"。在与内心进行交流的同时，也可以向自己信任的好友倾诉，听取他们的观点和看法，结合自己的实际情况积极面对，不能过于悲观，对待人生既要胆大，又要心细。

其次，积极参与体育锻炼和娱乐活动，这是提高和放松情绪的良药。可以制订一个锻炼计划。或慢跑，或骑车，或做体操，等等，通过躯体运动转移疲劳。

另外，还可以在闲暇时投身于自己感兴趣的爱好中，如听音乐、聊天、旅游及收藏，和朋友一起去看场电影等，以此为寄托，忘却疲劳。

在饮食上也应注意调配，宜食清淡。节假日期间的膳食多油腻，多食会增加体内的疲劳感，应尽量选择脂肪含量低的食品。对那些已进入或即将进入慢性疾病状态的人群，可采用中医调理的方式，在医生指导下，根据个人的体质状况，适当选用一些调节免疫功能或强化体质的中成药制剂或保健食品。

产生心理压力时，如果不做调适与疏导，会产生一些不良的情绪。因此，当人感到烦躁、郁闷、紧张时，不妨采取正当的宣泄法、运动法、旅游法、倾诉法等进行情绪疏导。

第二节　运动对身体形态和机能的作用

体育运动是一种健康的活动项目，能够增强人们的身体素质，长期坚持体育锻炼能够培养人们良好的生活方式和作息规律。

现代科学研究指出，恰当的运动对人体有着重大的好处，能够很好地帮助人体发育，锻炼人体的各种器官，帮助人们拥有一个乐观向上的积极心态，笑面人生，体育运动对一些疾病还有重要的预防作用。

体育运动能够全方位地提高人体的各个指标，促进人们身心健康、全面的发展。

一、运动对心肺功能的良好影响

心脏和血管所构成的血液循环系统是人的生命线，呼吸系统为循环系统提供氧气，是这个生命线不可缺少的组成部分。人类死亡中有 40%—50% 是因为这条生命线被切断所致。

（一）多运动——心脏更强壮

心脏是一个动力泵，为血液循环提供动力。血液循环为身体的各个器官输送氧气和各种营养物质，维持人体的生命活动。

人运动时，肌肉活动需要更多的氧气和能量物质，心脏搏动的速度就会加快，以提高循环血量。运动量大，心脏也必须更"努力"地工作，这对心肌也是一项锻炼，因此长期运动的人，其心肌壁增厚，心脏每次搏动泵出的血量就更多。于是人们发现，长期运动水平较高的人一般在静止状态下的心率都比较慢。心肌有问题的另一种症状就是泵血功量不够，即使人体组织处在静止状态下，也无法满足基本供血的要求。定期参加运动，能够让心肌有一定的机会储存能量，即便在有疾病的状况下，依然能够保持相应的供血能力，以保证日常活动的基本需求。

（二）多运动——血管更粗、更有弹性

心脏血管和脑血管梗死是常见的死亡原因之一，血管梗死常发生在血管已有狭窄的部位。

运动时，血管因具有弹性的特征而变粗，以满足心脏搏动增加的循环血量通过和肌肉收缩的需要。经常锻炼，可以使血管的弹性更好、变得更粗、输送血液的能力更强。

人体血管狭窄的程度会随着年龄而加重，即使是经常参加运动的人也避免不了。但是运动可以延缓血管狭窄的进程，也可以使血管相对更粗、弹性更好，更不容易发生梗死。

（三）多运动——改善血脂

血脂异常是造成血管狭窄的重要原因，主要表现为血液中低密度脂蛋白胆固醇含量升高、高密度脂蛋白胆固醇含量降低。运动通过消耗脂肪和降低体重，可以改善血液低密度和高密度脂蛋白的水平，有助于延缓血管狭窄的进程。

运动对血液中甘油三酯水平的影响较大，而血胆固醇水平除受运动影响外，还受到遗传、体重和饮食等其他因素的影响。因此针对异常的血脂，控制饮食和体重也很重要，必要时，还应配合药物治疗。

（四）多运动——降低血压

高血压增加冠心病等疾病的发病率，通过科学的身体锻炼，可以在一定程度上有预防作用。

在进行锻炼身体时，人体的心脏搏动加速，在一定程度上加速血液循环的流动，产生较高水平的心脏压力；与此同时，在运动的过程中，肌肉也处于收紧状态，血管的外周阻力增加，血压也会升高，刺激人体体能的复苏。

在运动过后，血压迅速回落，降到一个正常水准，同时维持的时间明显增长，让人保持较长时间的活力。

血压会随着年龄增加而升高，坚持运动可以预防或延缓高血压的发生，这也是运动有益于心血管健康的一个重要原因。

（五）多运动——提高循环呼吸功能

心脏和血管的运动形成血液循环，为身体各部分组织输送氧气，运回二氧化碳，通过肺的呼吸，形成身体内外气体的"吐故纳新"。

血液循环和呼吸功能的强弱，决定了身体输送氧气的能力。由于人运动时需要消耗大量的氧气，因此也决定了一个人体力活动能力的高低。经常参加运动的人，体力好，血液循环和呼吸功能也好。

在运动过程中，身体的各项器官逐渐对高循环的呼吸系统有了一定的适应性，同时使呼吸功能得到改善，大大延缓了机体的衰老速度，延缓了心肺系统的退化，因此经常运动的人比同龄人能够拥有更好的体力和身体素质。同时，呼吸功能的提高，在一定程度上也能有效抵御疾病。

二、运动是骨骼、关节和肌肉健康的基础

骨骼、关节和肌肉是身体运动的必要组成部件，没有这些重要部件，身体的运动就无从谈起；同时，它们的健康也有赖于身体的运动。

（一）没有运动就没有骨骼的健康

骨骼是人身体的支撑框架，身体不动时，骨骼要承受地球引力的作用；运动时，还要承受肌肉收缩产生的拉力。身体的骨骼必须有能力承受无论是重力、拉力，还是其他受力的综合作用，才不会发生折损。

作用于骨骼的各种力量越大，要求骨骼的强度越大，这些力量对骨骼也是一种信号。力量大、信号强，说明身体必须保持或增加骨骼的强壮程度；力量小、信号弱，说明身体骨骼不必太强壮也足以承受压力。

比一比两臂，经常用力的右臂肌肉更壮、骨骼更粗。由于运动太少，长期卧床者的骨密度降低；而经常进行体育活动者的骨密度增加。

（二）关节不运动就会丧失功能

关节是一个复杂的机械系统，各种骨骼、肌肉、韧带和关节软骨是构成关节的基本部件，还有润滑液和血液循环对关节起到保障作用。这样复杂的系统存在的目的就是运动，不同关节的活动方向和范围不同，全身大小各种关节的组合为人体运动提供了近乎无限的可能。

关节软骨内没有血管，营养供给和代谢产物清除完全靠运动中关节腔内的压力变化。压力增加，关节液进入关节软骨；压力降低，软骨内的液体流出。这种关节液的进出维持着软骨的新陈代谢。

用进废退，关节的功能只能在运动中保持，不动的关节会变得僵硬，长期不动甚至难以恢复。

（三）运动能够增强肌肉的代谢调节功能

肌肉是人体运动的动力源，人体的各组肌肉协调收缩放松，可以完成各种从简单到复杂的运动。运动可以使肌肉强壮，长期不运动的肌肉就会萎缩。

肌肉运动需要的能量主要来自脂肪酸和葡萄糖。其中的部分脂肪来自肌肉自身的储备，多数来自脂肪组织；而糖主要来自肌肉所储备的葡萄糖。

肌肉是体内最大的葡萄糖储存库，因此对血糖的调节具有重要意义。若肌肉体积萎缩，则功能会减弱，也会影响血糖的调节能力。因此，多运动可强壮

肌肉，也有助于改善血糖调节能力。

（四）运动能够减少骨骼肌肉关节的意外伤害

运动对于骨骼、关节和肌肉起到一定的锻炼能力，提高它们的耐受程度，但过量、超出身体负荷的运动也会造成损伤，导致过犹不及的后果。

因此，科学、合理、适当的身体运动，对满足身体机能需要是十分有必要的，恰当的运动方式和运动计划能够对人体的骨骼和关节起到有效的保护作用，使之受益良多。

运动损伤不仅发生在体育锻炼时，在日常生活中也时有发生，而且多数人体的损伤是发生在日常生活中。经常参加体育锻炼的人损伤总发生率更低，体育锻炼使得他们的腿脚更灵活、反应更快，遇到磕磕绊绊也相对不容易受伤。

三、运动改善体形、体重和身体成分

身体外在美和内在健康都可以体现在体型上，这也离不开合理的体重和身体成分组成，并且都与日常的体育运动关系密切。

（一）健美的体型需要体育锻炼

健美的体型通过漂亮的曲线展示，男女都一样，只不过审美的标准有所差别。男性更强调健壮，而女性更强调柔美。人是有生命的活动体，不论健壮还是柔美，运动是其存在的基础，静态的造型不过是运动过程中一个凝固的瞬间。

男性美与女性美的不同，也源于他们不同的生命活动需要。自远古时期以来，女性身体内的脂肪更多，因为她们要为孕育新生命储存更多的能量；男性体内的肌肉更多，因为捕猎的任务主要由他们完成。

事实上，人体的构造仿佛天生为运动而生，身体的各个部位都生长得恰到好处，充分展示了人体的"结构之美"，而适当的体育运动能够完善和促进这种形体美，在运动的过程中人们可以展现肢体的魅力和力量的美感。通过体育锻炼，塑造更好的形体，帮助运动者拥有一个良好的精神状态，达到内在健康和外在完美的有效结合。

（二）运动影响身体内的脂肪比例和分布

脂肪是动物体内最大的能量储备库。例如，熊在几个月的冬眠中、鲸鱼在半年多的迁徙中都不进食，完全依靠体内的脂肪储备维持生命活动。在农业文明以前，人类也是靠体内的脂肪应对不时发生的食物短缺。

当熊从冬眠中醒来、鲸鱼迁徙到其食物供给海域时，人类也终于在饥饿数日之后发现了猎物，搏杀过程中的运动需要大量的能量，脂肪就是其主要来源。

人体脂肪分布还反映了一些生命活动的需要，皮下脂肪有助于保温，也便于肌肉活动时使用；臀部脂肪多，是身体的长期能量储备，且不妨碍身体运动；但腹部不应有太多的脂肪，否则不利于躯体活动，如刨取或采摘野菜、野果。

随着物质生活条件的不断改善，人们的食物摄入种类和数量远超从前，加上缺少有效的体育运动消耗脂肪，使得脂肪在人体内逐渐堆积，这就导致部分不经常参加体育运动的人出现体重超标，进而引发一系列的健康问题，如肥胖症、高血压等。

（三）运动有助于保持体重

体重是判断健康的重要指标。肥胖人群的血压、血脂和血糖更高，更容易患糖尿病、心血管病和肿瘤疾病。世界卫生组织早在 1947 年就将肥胖定义为一种疾病，即肥胖症。

肥胖症的根本原因在于"吃得多、动得少"，这反映出能量摄入与消耗之间的不平衡。摄入的能量大于消耗，多余的能量就会变成脂肪储存起来，久而久之，人就会变得越来越胖。

要想将体重控制在健康的标准范围内，一定要注意饮食和运动的有效结合。

一方面，避免"大吃特吃"，即食物摄入远超身体所需要的能量；另一方面，经常进行体育运动，平衡能量的摄入和消耗，将多余的能量排出体外，身体的"赘肉"既不美观，又不健康。

人们可结合自身的实际身体素质指标，经常参加一项不超越身体负荷的体育运动，以消耗储存在体内的多余脂肪，维持健康的标准体重，不但外形好看，而且有益健康。

（四）运动是减肥最积极有效的手段

体重变化决定于能量摄入与消耗两者的平衡，就是进食各种食物所获得的能量与各种活动所消耗的能量之间的相对比例。"吃得多、动得少"会使人变胖，"吃得少、动得多"会使人变瘦。

减肥就是要减少体内的脂肪，而不是减少肌肉、骨骼等这些瘦体重的成分。单纯靠节食减肥，包括服用节食减肥药和缩胃手术减肥，虽然减少的体重有身体内的脂肪，但瘦体重成分所占的比例相对更大。

运动在减肥中的作用有两方面，一方面通过各种运动增加能量消耗，使身体的能量平衡向负的方向倾斜；另一方面通过肌肉力量训练，保持肌肉和骨骼这些重要的瘦体重成分。

四、运动提高免疫功能

人体的免疫系统是一个分布于全身的网络，对外界的生物学和物理化学物质起防卫作用，对体内的环境变化起监视、维稳的作用。免疫系统由免疫器官、免疫细胞和免疫因子组成。

人体的免疫系统随各种刺激发生变化，对外界微生物的入侵，免疫系统调动各种免疫细胞和因子加以防卫。体内环境中发生异常情况，对免疫系统也是一种刺激。例如，发生癌变的细胞刺激和激活免疫系统，然后被控制和杀灭。

运动是对机体的一种刺激形式，可以调节机体的免疫功能。科学的体育运动可以对免疫系统产生良好的影响，表现为自然杀伤细胞数量增加，提高机体的抗感染能力和对某些细菌的特殊抵抗作用，增强身体的抗病能力。有体育运动习惯的人在同样条件下，感染疾病的概率低于不参加体育运动者。

运动对免疫系统的影响是双向的，过度的运动有可能损害免疫功能。人体的免疫功能也受到营养、心理和环境变化等多种因素的影响。因此，在健康的生活方式基础上，经常参加适度的体育运动是帮助人体防病治病的最有效手段。

第三节　运动促进心理健康

"动"与"不动"可以决定一个人的心情。爱运动的人心情更好，不爱运动的人更容易心情压抑。

一、运动增强自信心

运动有助于增强自信心，能够给人带来积极的心理暗示。

长期进行体育运动的人通常有良好的作息习惯，能够肯定自己的价值，在面对困难和挑战的同时，也能保持乐观向上的良好心态。相比于基本不运动的人，他们拥有更好的精神风貌和自信心。

二、运动有助于化解负面情绪

适当的体育运动能够锻炼人的心性，能更好地控制自己的情绪和行为，更快地驱散负面情绪。

一些人在愤怒时，往往会怒吼或摔东西、物品。研究表明，这些行为在一定程度上能够缓解愤怒、不满和烦恼等负面情绪。但是，过于暴躁的性格和激进的行为可能会引起不良的客观评价，给人留下不好的印象。

事实上，进行体育运动也能调节情绪，效果甚至比摔、砸东西更好，运动能让人保持冷静、头脑清醒，很好地控制自己的行为。心情不好的时候找个场地锻炼身体，使身心都获益。如能有家人和朋友一起陪伴锻炼，调节情绪的效果会更好。大脑掌管人类情绪、认知和运动等功能的区域不同，一个区域兴奋时，其他区域相对抑制。因此体育运动可以使大脑中情绪过度兴奋的区域安静下来，不快的负面情绪也就逐渐得到缓解。

三、运动改善大脑功能

有人片面地认为，运动员头脑简单、四肢发达，甚至认为强健的体格看起来像个"莽夫"，这些观点是完全错误的。事实上，体育运动能够有效锻炼人的脑力活动，对人们的智力提升有一定的促进作用，可以帮助人们协调大脑的各个区域，起到互补的效果。

适当的运动，能够锻炼人们的神经系统，刺激人体的脑部发育。运动技能知识的学习和实践过程，也是对人体大脑锻炼的过程，可培养大脑的知识学习能力和思维方式。

体育运动要遵循"劳逸结合"的原则，不能超出身体的负荷承受能力。在感觉到疲劳或者疲惫时，可以利用工作间隙进行适当的放松和眼部休息，看看窗外的绿景，或者做眼保健操等护眼活动，以提高休息效率，保持充足的精力。

四、运动使人更加快乐

有人认为，体育运动是一种"苦力"似的体力消耗活动。事实上并非如此，一定的体育运动能够让人保持心情愉悦，调动人体的快乐因子，体育运动不是劳作，而是快乐的追求。运动能刺激大脑内相关物质的分泌，所以人们运动后可以产生舒服、享受的感觉。这是人参加体育运动的内在推动力，不喜欢运动的人觉得运动是个负担，那是因为他们还没有享受过坚持体育运动带来快乐的体验。

亲近大自然，享受新鲜空气和阳光，享受亲情、友情和团队的支持等，很多的外在因素推动体育运动，并使人们感受到快乐。

安排体育运动计划，就如同安排一个感受快乐的时间表，让运动的快乐如期而至，健康不会远离，生活中的种种美好也会陪伴左右。

第四节　运动有益于青少年的身体发展

运动是人类与生俱来的生活方式之一。当今青少年的日常体力活动明显减少，对生长发育和身心健康造成一定的影响。为此，青少年要多参加体育运动，增加体育活动内容，学习各种运动技能，养成体育运动习惯，将终身受益。

一、运动有助于身体长高

高挑完美的身材好像一道靓丽的"风景线"，可引起人们的惊叹和羡慕。想要长高个，营养必不可少，没有充足的营养作为支撑，容易发育不良，不利于骨骼生长。除了补充营养之外，适当的体育运动也是促进身体长高的"助力剂"。

身高与身体骨骼的长度关系密切，而骨骼生长有赖于运动对骨骼形成的力量刺激。运动中的肌肉收缩和重力变化给骨骼组织发出信号，让其感受到生长的需要，这种信号越强，骨骼生长的反应越大，所以经常运动的孩子能够长得更高。

举重和蹦跳都可以对骨骼形成刺激信号，因此，打篮球等跳跃运动可以刺激骨骼生长，而力量练习同样可以促进身体长高。虽然骨骼生长主要是在不运动的时候发生的，但是人在发育期经常参加跑跳运动，有利于钙的沉积，帮助身体长高。所以，以健身为目的的体育活动，无论是举重还是打篮球，对骨骼的刺激都能促进骨骼生长。

当然，身高决定于遗传、营养、运动等很多因素。其中遗传因素固然不可改变，但是在保证营养的同时，让青少年经常运动，可以让他们身高生长的潜能得到充分发挥，长出自己的"最高高度"。

二、运动培养团队精神

当前，我国大多数家庭仍是独生子女。随着城市化进程的深入，快节奏的生活方式，使得人际交流越来越少，独生子女更是如此。独生子女与同龄人缺乏交流，交际能力较差，甚至不愿意或者拒绝与人交往，将自己封闭在一个与世隔绝的密闭房间中，依靠手机等电子产品与外界保持联络。这是一个普遍的社会现象。

参加体育运动可以在一定程度上帮助改善青少年成长过程中的封闭状态。不像大多数课外补习班，青少年仍旧以各自学习为主。体育运动的游戏性质让其精神更松弛、性格更开放，更容易拉近与同龄人之间的距离。

集体体育运动项目可以培养青少年的团队精神，个人项目可以锻炼青少年的自我表现能力；耐力训练使其懂得坚持，比赛的失利使其体验挫折。这些都是现在青少年缺少的、但又是一个人在成长过程中不可缺少的经历。让青少年多参加体育运动，可磨炼更坚忍的意志，培养更包容的性格，结交更多的朋友。运动有助青少年形成良好性格。

三、运动提高学习效率

青少年喜欢运动，但是家长总怕耽误了学习时间而进行阻止，这对青少年的全面发展不利。

智力所代表的不只是需要花费时间记忆的知识，也包含归纳推理等思维能力、构形预测等想象能力、分配协调等组织能力，等等。

德智体综合素质更不是简单的考试分数所能体现的。进行适当的体育运动，能够刺激人体的神经器官，提高其反应的灵敏度，对几何空间等高难度问题的学习也有一定的积极效果。

研究表明，一味让青少年待在房间里学习，效果并不理想，长时间的枯燥学习会麻木他们的思维能力，抑制学生的空间想象力，不利于提高学生的学习效率，甚至会适得其反。

与其一直在房间里低效率地学习，不如到户外进行适当的身体活动，放松大脑，让孩子"劳逸结合"，调节情绪。适度的体育运动能够有效地调节青少年的精神状况，帮助青少年从长时间的学习中脱离出来，进行生理和心理上的有效休息，从而提高学习效率。

家长也应该鼓励青少年参加各种体育运动，使他们的大脑功能得到全面发展，也可以使他们大脑的工作效率得以提高，可以更好地促进学习成绩提高。

四、运动有助于养成终身运动习惯

在学生时代，学习在一定程度上为以后的事业发展打好"地基"。同样地，体育运动也为人一生的健康带来好处。

"生命的意义在于运动"，要求我们树立"终身体育"的观念。研究证明，那些从小就接受系统的体育运动者，更容易保持终身体育运动的习惯。

人的事业多在中年初见成效，身体健康状况的好坏也是在这一时期显现，为早年长期积累的不良生活习惯"买单"，甚至患上缠绕下半生的疾病。到这个时候再后悔没有坚持体育运动，为时晚矣！

对大部分人而言，偷懒是一种天性。尤其是当今的成年人，结束了长时间的工作之后，休息日只想躺在床上，什么也不做、什么也不想，觉得"世界上的幸福莫过于此"，其实不然，这样的生活习惯并不科学合理，会留下很大的健康隐患。

体育运动的兴趣爱好，需要从小抓起，从青少年时期开始培养，这样才有可能坚持锻炼，甚至贯穿一生。

现在很多青少年在体育运动上无一技之长，甚至不会运动。家长、老师、学校和社区都应为他们学习体育运动技能提供时间、场地、器材和专业指导方面的支持。青少年的日程表不应总是围绕着应付考试的补习辅导班，为了青少年的未来，要让他们学会"玩"，让他们学会终身享受运动的快乐。

第五节　体育运动辅助多种疾病治疗

一、运动有助于预防多种疾病

运动有益健康，可以使人体质好，还可以使人少患病、晚患病。根据世界卫生组织的数据分析，经常参加体育运动的人患糖尿病、心血管病和恶性肿瘤的概率减少20%—30%，不爱运动的人寿命相对来说大约少3年。

（一）预防循环系统疾病

心脏病和脑卒中都属于循环系统疾病，是威胁人类生命的一大杀手。中国目前近40%的人死亡原因是心脑血管病。循环系统疾病可以通过干预生活方式有效预防，其中就包括坚持参加体育运动。

心脑血管病的发生多数始于血管狭窄，造成对心脏和大脑供血能力下降，血液供应的障碍会进一步损伤心脏和大脑组织。心脑血管疾病的急性发作常表现为心肌梗死和脑梗死。

血管狭窄会随着年龄增加而逐渐加重。研究表明，经常参加身体运动人的血管狭窄的速度相对于不运动人的进程要缓慢得多，对于心脏和大脑缺血急性发作的储备能力更强。

因此，坚持体育运动是预防心脑血管病的重要和必要措施。

（二）预防运动系统疾病

人体的运动系统由骨骼、关节、肌肉和韧带等组成。随着年龄增加、人的身体机能退化，运动系统发生的常见病是骨质疏松症、骨关节退行性病变及肌肉组织萎缩。这些症状会严重降低人体的生理功能，轻则影响生活自理能力，重则发生骨折、身体活动障碍等。

骨质疏松症是一种隐性疾病，只有在发生骨折时，其危害才会显现，到时悔之晚矣。骨量丢失是人衰老过程中必然发生的现象，不可逆转，但是可以通过运动等措施延缓其发展进程，预防骨质疏松症过早发生。

适当的体育运动，能够刺激骨骼生长，使其变得更加强壮。经常运动者的骨密度更高，在年轻时储备的骨量更高，有更强的耐受力，能够较好地应对增龄性骨量丢失。因此，科学、有计划和组织地进行身体锻炼，能够有效预防骨质疏松症。

退行性骨关节病在人群中的发生率非常高，其原因与关节损伤有关，也与运动过度有关。但这不意味着不运动就可以预防退行性骨关节病。

一方面，多数关节损伤发生在日常活动中，而经常运动的人在日常活动中关节损伤的发生率更低，损伤程度也较轻；另一方面，把握体育活动的强度，避免关节过度磨损，因此选择适宜的运动形式、强度和时间，注意有关的安全保护措施，可以有效地预防运动损伤的发生，促进骨关节健康，保持关节正常运转功能。

（三）预防代谢系统疾病

糖尿病是一种常见的代谢系统疾病。

当人体从食物中摄入淀粉和糖类物质后，将其消化吸收、分解利用或储存的过程就是糖的代谢过程。如果这一过程出现异常，并且达到一定程度，人就会患糖尿病。

跑步时，人体的四肢和躯干的器官都产生收缩运动，其能量大部分来自糖和脂肪。

现在相关血糖的研究表明，过度摄入淀粉和糖类食物是引起高血糖的主要因素，过度摄入脂类又与高血糖相关。所以，运动消耗糖和脂类的作用，对防治高血糖有着十分积极的意义。

肥胖症、血脂异常、痛风症等疾病属于代谢系统疾病，坚持体育锻炼对此类疾病有一定预防作用。由于代谢性疾病一般都与饮食有关，因此预防这些疾病还要特别强调饮食控制，只有饮食与运动和生活方式等多种因素结合起来，进行综合管理，才能更好地预防代谢系统疾病、保护健康。

（四）预防恶性肿瘤

恶性肿瘤是人类生命的一大威胁，由于目前医学手段的局限性，发病后治疗所能收到的效果相对有限，因此在医学上特别强调预防。预防恶性肿瘤，可以通过干预生活方式和危险因素以降低罹患恶性肿瘤的风险。

虽然目前我国肺癌、消化系统肿瘤的发病率仍旧较高。有关统计显示，一些与生活方式有关的肿瘤发病率快速上升，如结肠癌和乳腺癌。坚持参加体育运动者，发生结肠癌和乳腺癌的可能性会更小。

恶性肿瘤的发生原因非常复杂，可能与遗传、饮食、运动、环境、心理等诸多因素有关。

运动作为一种健康生活方式，虽然不能完全预防结肠癌或乳腺癌的发生，但可以在降低肿瘤发病风险的同时提高身体对疾病的抵抗能力。

（五）其他

一个人的免疫功能和心理状态会影响其健康水平。人体的免疫系统是一个庞大而遍及全身的网络，可抵御外来病害、维持内部稳定，小到感冒、大到癌症都与免疫系统有关。

心理状态对人体健康有一种潜移默化的影响，虽然医学上不能做出完全的解释，却时时刻刻发挥影响健康的作用。

免疫功能与多种疾病有关，不仅是感冒等急性传染病，动脉粥样硬化、糖尿病、肥胖症等慢性病也都可能受免疫功能的影响。

适度运动可以使免疫系统处于良好的功能状态，有助于提高机体抵抗疾病的能力，但过度的运动会抑制免疫功能，降低身体的抵抗能力。

心理因素与一些精神疾病有关，如抑郁症等。除此之外，心理因素也可能影响全身健康状况，包括免疫功能。良好的心理状态对疾病的预防、治疗和康复都很重要。运动可以调节情绪、缓解心理压力，通过运动产生的体力疲劳可以释放愤怒、不满等负面情绪，分散心理压力和精神疲劳。这种作用在进行较大运动量时更加明显。

二、运动辅助治疗些疾病

药物不是疾病治疗的全部，不能代替运动、饮食、心理等治疗。体育运动是很多疾病治疗的一部分，不应被忽略。

（一）糖尿病

运动对糖尿病患者也是必不可少的保护措施。血糖异常阶段，通过运动与饮食控制相结合，可对药物治疗起辅助作用，能够缓解或者可以控制疾病发展到高血糖阶段。高血糖阶段，通过运动能够帮助降低血糖，运动结合食物调控，也可降低降糖药的用药量，但一定要咨询医生。

运动对血糖的调节作用类似胰岛素，并且可以使胰岛素调节血糖的作用更加敏感。运动调节血糖的作用来自肌肉，通过肌肉消耗储备的葡萄糖以降低血糖。

运动可以保护和促进心脏血管的健康，这对糖尿病患者格外重要。糖尿病发展到后期，多数会合并心脑血管疾病，最终患者的死亡原因也大多是心脑血管病。因此，运动对糖尿病患者的重要意义是药物所不能替代的。

（二）高血压

对高血压的患者而言，运动兼具治疗和预防并发症的双重效果。运动后肌肉血管扩张，精神紧张状态也会放松，血压降低，这种效应可以持续几小时或者更长时间。

坚持科学、合理的体育运动，可以改善血管的弹性和心脏的工作能力，还有帮助预防脑卒中、心脏病等并发症的作用。

患高血压初期，首选的治疗是包括科学、合理的运动在内的生活方式调整。遵循科学、合理的运动、限盐和调节心理平衡相结合的治疗方案，很多人的血压可以得到很好的控制，暂时不用吃药，对身体的好处也远远大于单纯的药物治疗。

（三）冠心病

冠心病是由于供应心脏的血管变窄甚至梗死造成，适度的体育运动可以延缓心脏血管狭窄发展的进程，结合饮食和药物治疗，还有可能使心脏血管的狭窄程度有所缓解。

通过适度的运动增加心脏负荷的锻炼，可以提高心脏血管的应变能力，在日常各种可能导致心脏工作负担加重的情况下，保证心脏血液供应，减少发生心绞痛和心肌梗死的概率。

运动还可以促进心脏开辟多条血液供应通路。在心脏组织中，与发生狭窄的血管并行的还有一些小血管，坚持循序渐进的体育锻炼，可以使这些血管一点点变粗，起到代偿的作用，弥补狭窄血管供血能力的不足。

冠心病患者常常不敢锻炼，怕运动用力引起急性发作。这样长期不运动不利于康复，生活质量也受到影响。因此，冠心病患者在医生指导下的运动康复，也是治疗的一个重要组成部分。

（四）其他

抑郁症、肿瘤、心脏病、脑卒中、骨质疏松症等很多疾病的患者都应该进行适度的运动，对疾病有辅助治疗和康复的作用。同时，还能调节心情，有助于保持积极乐观的心态。

不同的疾病、病情的轻重等各种因素都会影响一个人的锻炼能力，且每个人可接受的体育运动负荷量不同。某些体育运动甚至对部分患者有危害，故必须有专业技术人员的指导，根据个人的病情和身体状况及变化规律，制订并调整体育运动计划。

疾病的处理方法是多种多样的，药物和手术的疗法虽然重要，却常常无法完全治疗疾病，同时也无法处理与病情发展相关的各种问题，更不能够替代通过科学、合理的运动、饮食、心理等一系列措施实现的治愈、延缓疾病进程和防止问题发生的效果。

第二章　篮球

第一节　篮球运动概述

一、篮球运动的起源

篮球运动于 1891 年由美国马萨诸塞州斯普林菲尔德市基督教青年会训练学校体育教师 James Naismith 博士借鉴其他球类项目设计发明的。篮球运动产生后，迅速得到传播。篮球运动于 1896 年传入中国，1904 年第三届奥运会在美国圣路易斯举行，美国青年会男子篮球队首次进行了表演，此后，篮球运动逐步在各大洲开展。

篮球运动得以发展的重要原因之一是规则的增订与修改，它在很大程度上决定了篮球运动的发展方向。Naismith 博士于 1892 年制订了"青年会篮球规则"，也称为原始规则，共十三条。制订规则的目的是使游戏在公平、对等的条件下进行，同时要限制一些不道德的行为发生。1893 年增订了八条规则，内容大致包括用铁圈取代箩筐，确定了篮圈离地面为 3.05 米，规定了参加游戏人数为 9 人（三区制），场地规定为长 100 英尺 × 宽 50 英尺，或 70 英尺 × 宽 35 英尺（1 英尺约等于 0.304 8 米）。1896 年美国官方成立了专门的规则委员会负责研究规则问题。1897 年规则取消了前锋和后卫不得越区攻防的规定，促进了运动员技术的全面发展。1915 年才开始有统一的篮球规则。

规则与技术是相互促进的。规则总是限制不合理的技术和战术的发展，鼓励合理、正确的技术和战术存在与发展。

二、篮球运动的特点与价值

篮球运动是人们喜爱的运动项目之一。它之所以在全世界范围内得到如此广泛的开展，是因为它的特点和价值。

篮球运动是在严格、专门的规则限制下，以得分多的一队为优胜的一种运动项目。篮球运动具有较强的集体性。它要求每个运动员在比赛中必须做到齐心协力、密切配合，才能达到战胜对方的目的。篮球比赛的技术、战术，具有复杂性和对抗性，可以培养运动员顽强的意志品质。现代篮球比赛在时间和空间上的争夺越来越激烈，要求运动员不但要掌握协调多样的技术动作，而且要具备随机应变的能力。例如，突然改变方向，突然改变速度，时而疾跑，时而急停，时而起跳。运动员不仅要注意篮球的转移，球篮的位置，还要注意同伴和对方队员的行动，随机做出合理的应变动作。因此，通过篮球运动教学、训练和比赛，能提高人体各感受器的功能，提高广泛分配和集中注意力的能力及空间、时间和定向的能力。运动员在比赛过程中因经常变换动作，对提高中枢神经的灵活性、协调支配各器官的能力，起着良好的作用，能促进力量、速度、耐力、灵敏性等身体素质的全面发展，提高人体器官的功能。篮球运动具有较大的吸引力，参赛者不受年龄、性别的限制，它既能增强体质，促进健康，又能丰富人们的业余文化生活，从而提高劳动、工作和学习的效率。

第二节　篮球基本技术

一、准备姿势和移动技术

（一）准备姿势

动作要领：两脚前后或左右开立，与肩同宽。两腿弯曲，两膝略内扣，上体稍前倾，眼平视（注视场上情况），重心落在两脚之间，两臂屈肘置于体侧（准备接球或持球）。

易犯的错误：重心过高两腿不弯曲，而只是弯腰；手臂僵硬；眼睛看地面。

纠正方法：屈膝、放松、目光平视，多做协调性练习。

（二）移动技术

1.跑

1）侧身跑

动作说明：跑动中头部与上体侧转，向球的方向，而脚尖要朝向前进方向，既要保持跑速或加速，又要完成攻守的动作。

易犯的错误：重心过高，起伏较大；上体正直朝向前进的方向。

纠正方法：微屈膝以降低重心，侧身跑动，不要向上跳着跑。多观察教师的正确示范，找出个人的原因，多练习。

2）变向跑

动作说明：变向跑时（以从右向左变方向为例），最后一步右脚着地，脚尖稍向内扣，用脚前掌内侧用力蹬地，屈膝，腰部随之左转，快速移重心，左脚向左前方跨出，这一步要快，右脚迅速随之跨出，继续加速跑动。

易犯的错误：脚尖内扣不够；重心高，腰部不转或不协调；没有用脚前掌内侧蹬地。

纠正方法：屈膝以降低重心，原地做脚前掌内侧向左向右蹬地转髋练习，多观察教师的正确示范，多练习，逐步形成动力定型。

2. 急停

1）跨步急停

动作说明：队员在快速跑动中急停时，先向前跨出一大步，用脚跟先着地再过渡到全脚抵住地面，并迅速屈膝，与此同时身体微向后仰，重心后移；然后再跨出第二步，脚着地时，脚尖稍向内转，用脚前掌内侧蹬住地面，两膝弯曲，身体重心移至两脚之间，两臂屈肘时自然张开。

易犯的错误：重心过高；向前冲。

纠正方法：用脚跟先着地再过渡到全脚抵住地面，由慢到快做练习；多观察教师的正确示范。

2）跳步急停

动作说明：队员在慢速移动中，用单脚或双脚起跳（一般离地面不高），上体稍后仰，两脚同时平行落地，落地时全脚掌着地，用脚前掌内侧抵住地面，两膝弯曲两臂屈肘微张。

易犯的错误：跳得过高；控制不住重心，向前冲。

纠正方法：由慢到快做练习，体会动作要领；多观察教师的正确示范。

3. 转身

1）前转身

动作说明：移动脚蹬地在中枢脚前方（身前）进行弧形移动的称为前转身（见图 2-1）。

易犯的错误：重心过高；蹬地无力。

纠正方法：屈膝、用脚前掌内侧蹬地，由慢到快做练习；多观察教师的正确示范。

图 2-1　前转身

2）后转身

动作说明：移动脚蹬地在中枢脚后方进行弧形移动的称为后转身。它是在队员靠近对手时，以前脚为中枢脚旋转，后脚蹬地做后转身（见图 2-2）。

图 2-2　后转身

易犯的错误：重心起伏大；蹬地无力。

纠正方法：屈膝、用脚前掌内侧蹬地，由慢到快做练习；多观察教师的正确示范。

4. 滑步

1）侧滑步

动作说明：两脚平行站立，两膝较深弯曲，上体微向前倾，两臂侧伸。（以左脚为例）向左滑步时右脚前掌内侧蹬地，左脚向左跨出，在落地的同时右脚紧随滑动，向左脚靠近，两脚保持一定距离，左脚继续跨出。滑步时要保持屈膝低重心的姿势，身体不要上下起伏，重心保持在两腿之间，眼睛注视对

手 [见图 2-3（a）]。

易犯的错误：重心起伏大；蹬地无力。

纠正方法：屈膝、两脚平行开立略宽些，用脚前掌内侧蹬地，由慢到快做练习；多观察教师正确示范。

2）后撤步

动作说明：用脚前掌内侧蹬地，腰部用力向后转体，前脚后撤，同时后脚的脚前掌碾地，当前脚后撤着地后，紧接滑步，保持身体平衡与防守姿势，后撤脚步不宜过大，动作要迅速，身体不要起伏 [见图 2-3（b）]。

(a) 侧滑步

(b) 后撤步

图 2-3　滑步

易犯错误：重心起伏大；蹬地无力。

纠正方法：屈膝、两脚平行开立略宽些，用脚前掌内侧蹬地，由慢到快做练习；多观察教师正确示范。

二、传接球技术

（一）传球技术

1. 双手胸前传球

动作说明：两手的手指自然分开，两手的拇指相对形成八字形，用指根以上部位持球。手心空出，两肘自然弯曲于体侧，将球置于胸腹之间，眼睛注视传球目标。传球时，后脚蹬地、身体重心前移的同时前臂迅速向传球方向伸出，拇指用力下压，手腕前屈，食指和中指用力拨球将球传出。出球后身体迅速调整成基本站立姿势，传球距离越近，前臂前伸的幅度越小；距离越远，越需要加大蹬地、伸臂和腰腹的协调用力。跑动中，双手于胸前传球和接球，这是一个连贯的动作。接球时，一般是左（右）脚上步接球后，右（左）脚上步，左（右）脚抬起在落地前出球。手的动作过程是，双手接球后迅速收臂后引，接着迅速伸前臂，手腕前屈、手指拨球，将球传出（见图2-4）。

图 2-4　双手胸前传球

易犯的错误：两肘外分过大；只用拇指推球，手腕前屈不足。

纠正方法：两肘略内收，手腕前屈，食指和中指用力拨球，两人一组多做由慢到快的练习，相互观察并指正对方的错误动作；仔细观察教师的正确示范。

动作要求：传球速度要由慢到快，距离由远到近，球的飞行路线要有直线、弧线的变化；动作较为规范及协调。

2. 双手头上传球

动作说明：双手举球于头的上方，两肘弯曲，持球手法与双手胸前传球相同。近距离传球时，前臂内旋，手腕前屈，拇指、中指和食指用力拨球。距离较远时，脚蹬地，腰腹用力，前臂迅速前摆，手腕前屈，手指用力拨球，将球传出。

易犯的错误：只用拇指推球，手腕前屈不足；不会腰腹发力。

纠正方法：两人一组，多做由慢到快、由近到远的练习，相互观察并指正对方的错误动作，体会腰腹协调发力；仔细观察教师的正确示范。

动作要求：传球速度要由慢到快，距离由远到近，球的飞行路线要有直线、弧线的变化；动作较为规范及协调。

3. 单手肩上传球

动作说明：以右手为例，传球时，左脚向传球方向迈出半步，同时将球引到右肩的上方，肘部外展，上臂与地面近似平行，手腕后仰。右手托球，左肩对着传球方向，重心落在右脚上，右脚蹬地转体，前臂迅速向前挥摆，手腕前屈，通过食指和中指将球传出。随着重心前移，右脚向前迈出半步保持基本站立的姿势。

易犯的错误：后仰不足，不会用力。

纠正方法：两人一组，多做由慢到快、由近到远的练习，相互观察并指正对方的错误动作，体会蹬地转体协调发力；仔细观察教师的正确示范。

动作要求：传球速度要由慢到快，距离由远到近，球的飞行路线要有直线、弧线的变化；动作较为规范及协调。

（二）接球技术

双手接球

动作说明：两眼注视来球，两臂伸出迎球，手指自然分开，两手的拇指形成八字形，手指向来球的方向，两手呈半圆形。当手指触球后，两臂随球后引缓冲来球的力量，两手握球于胸腹之间。做好传球、突破、投篮的准备（见图 2-5）。

图 2-5 双手接球

易犯的错误：伸臂迎球不主动；手形不规范。

纠正方法：每人双手持一球模仿接球的手形；两人一组，多做由慢到快、由近到远的接球练习，相互观察并指正对方的错误动作，仔细观察教师的正确示范。

动作要求：稳、准，动作较为规范、协调。

三、投篮技术

双手持球：两手手指自然分开，两手的拇指相对形成八字，指根以上部位握球的两侧后下方，手心空出，两臂自然屈肘，肘关节下垂，置球于胸颚之间。

单手持球：以原地单手肩上投篮为例，投篮手五指自然分开，用手掌外沿和指根以上部位托住球的后下方，手心空出，手腕后仰，球的重心落在食指和中指之间，肘关节自然下垂，置球于同侧肩的前上方。

瞄准点：直接投篮的瞄准点是篮圈前沿的正中点或正中点上一个球高，适用任何地点投空心球；碰板投篮的瞄准点是以篮板的某一点作为瞄准点。

球的旋转：依靠手腕前屈，使球产生一种有规律的旋转，大多是使球围绕横轴向后旋转。

（一）原地双手胸前投篮

动作说明：双手持球于胸前，肘关节自然下垂，两膝微屈，重心在两脚之间，投篮时下肢蹬地发力，两臂向前上方伸直，前臂内旋，拇指下压，手腕前屈，食指中指用力拨球，通过指端将球投出。身体随投篮出手的方向自然伸展，脚跟微提。

易犯的错误：球不旋转；两臂外展太大。

纠正方法：个人做原地双手胸前向头的上方模仿投篮，接住球后继续模仿，观察球是否旋转；两人一组，面对面站立模仿投篮，相互观察并指正错误动作。

动作要求：动作较为规范、协调；命中率至少达到10%。

（二）原地单手肩上投篮

动作说明：以右手为例，右手持球于肩上，左手扶球的左侧，右臂屈肘，前臂于地面接近垂直。两膝微屈，重心落在两脚上。投篮时，下肢蹬地发力，右臂向前上方伸直，手腕前屈，食指用力拨球，通过指端将球投出。身体随投篮出手方向自然伸展，脚跟微提（见图2-6）。

图2-6　原地单手肩上投篮

易犯错误：球不旋转；持球过于后，发力不协调，重心不稳定。

纠正方法：个人做原地单手肩上向头上方的模仿投篮，接住球后继续模仿，观察球是否旋转。两人一组，面对面站立模仿投篮，相互观察并指正错误的动作。

动作要求：动作较为规范及协调，命中率至少达到15%。

（三）原地单手头上投篮

动作说明：基本与单手肩上投篮相同，只是持球位置在头的上方，球出手时，用手指和手腕的力量较多。

易犯的错误：球不旋转；持球过于后，发力不协调，重心不稳定。

纠正方法：个人做原地单手头上投篮向头的上方模仿投篮，接住球后继续模仿，观察球是否旋转。两人一组，面对面站立模仿投篮，相互观察并指正错误动作。

动作要求：动作较为规范、协调，命中率至少在20%（男生）。

（四）跳投

动作说明：以原地单手（右手）肩上跳起投篮为例，两膝微屈，重心落在两脚上。起跳时，两腿迅速屈膝，脚掌用力蹬地向上跳，双手举球置肩上，左手扶球的左侧，当身体接近最高点时，左手离球，右臂向前上方伸直，手腕前屈，食指和中指用力拨球，通过指端将球投出。落地时，屈膝缓冲。

易犯的错误：球不旋转；向前跳，腰腹不会发力或不协调。

纠正方法：多做几组力量练习和身体素质练习，个人做原地跳投向头的上方模仿投篮，接住球后继续模仿，观察球是否旋转、落地点离起跳点的远近。两人一组，面对面模仿跳起投篮，相互观察并纠正错误动作。

动作要求：动作较为规范及协调，跳起后落地时离起跳点不超出1米。

（五）行进间单脚起跳单手低手投篮

动作说明：以右手投篮为例，在右脚跨出一大步的同时接球，左脚接着跨出一小步并用力蹬地向上跳起，右腿屈膝上提，双手向前上方举球，当身体接近最高点时，左手离球，右手外旋，掌心向上托球，并充分向球篮的上方伸直，接着屈腕，食指和中指用力拨球，通过指端将球投出（见图2-7）。

易犯的错误：最后一步向前跳；不舒展；不拨球。

纠正方法：多做几组力量练习，身体素质练习，由慢到快连贯地做，自己数着步数，请其他同学观察并指出错误动作。

图 2-7 行进间单脚起跳单手低手投篮

动作要求：动作较为规范、协调，保证一定的命中率。

四、运球技术

（一）高运球

动作说明：运球时，两腿微屈，双目平视，手用力向前下方推按球，球的落点在身体侧前方，使球的反弹高度在胸腹之间，手脚协调配合，使球有节奏地向前运行（见图 2-8）。

图 2-8 高运球

易犯的错误：手指拍按球的动作僵硬；拍按球的部位不对；眼睛总看球和地面。

纠正方法：放松手指手腕，眼睛观察场上其他地方，去感觉手拍按球的部位和球的位置，由慢到快、由原地到行进间运球。

动作要求：动作较为规范、协调。

（二）低运球

动作说明：运球时，两腿弯曲，重心下降，上体前倾，用上体和腿保护球，用手短促地拍按球，使球反弹高度在膝部以下。

易犯的错误：手指拍按球的动作僵硬；拍按球的部位不对；眼睛总看球和地面。

纠正方法：放松手指和手腕，眼睛观察场上的其他地方，去感觉手拍按球的部位和球的位置，由慢到快、由原地到行进间运球。仔细观察教师的正确示范。

动作要求：动作较为规范及协调。

（三）运球急停疾起

动作说明：突然急停时，手拍按球的前上方；疾起时，拍按球的后上方。

易犯的错误：手指拍按球的动作僵硬；拍按球的部位不对；眼睛总看球和地面。

纠正方法：放松手指手腕，眼睛观察场上的其他地方，去感觉手拍按球的部位和球的位置，由慢到快运球。仔细观察教师的正确示范。

动作要求：要停得稳、起动快；人和球的速度要一致；动作较为规范及协调。

（四）体前变向换手运球

动作说明：从对手右侧突破时，先向对手左侧变向运球，然后向右侧变向。变向运球时，右手拍按球的右后上方，把球从自己的右侧拍按到左侧前方，与此同时右脚向左前方跨出，上体左传，用肩保护球，然后换手运球，加速前进。

易犯的错误：拍按球的部位不对；上体不左传；忘记换手。

纠正方法：由慢到快做徒手的变向跑练习，体会左右转体动作；感觉手拍按球的部位和球的位置，由慢到快运球进行练习。仔细观察教师的正确示范。

动作要求：动作较为规范、协调；变向时动作要快；由慢到快。

（五）运球转身

动作说明：以右手运球为例，变向运球时，左脚在前为轴，做后转身的同时，右手将球拉至身体的左侧前方，然后换手运球，加速前进。要降低重心，不要有上下起伏。

易犯的错误：重心有起伏；拉球的幅度不到位。

纠正方法：由慢到快做徒手的转身练习，体会左右转身蹬地的动作；感觉手拉球的部位和球的位置，由慢到快进行运球练习。仔细观察教师的正确示范。

动作要求：动作较为规范、协调；不要有起伏。

五、持球突破

交叉步突破

动作说明：以右脚作中枢脚为例，两脚左右开立，两膝微屈，降低身体的重心，持球于胸腹间。突破时，左脚脚前掌内侧迅速蹬地，上体稍向右转，左肩向前下压，重心向右前方移动，左脚向右前方跨出，将球引至右侧，接着运球，中枢脚蹬地向前跨出超越防守。

易犯的错误：中枢脚过早离地，造成走步；探肩、转胯不足；放球地点不对。

纠正方法：做徒手练习，由慢到快，请其他同学观察并指出错误的动作；持球，由慢到快做练习，体会脚前掌内侧蹬地动作。仔细观察教师的正确示范。

动作要求：动作较为规范、协调；运球不能做成走步球。

六、传、投、运综合练习

（一）半场一打一

动作要求：8秒内进攻，学生要进入前场，不可以二次运球，要一次完成进攻，防守的学生要积极防守，运用堵中逼边、边角夹击的方法，造成进攻方违例。

（二）行进间传接球

动作要求：快速，传球方式不限，完成一次投篮，做到协调、规范（见图2-9）。

（三）背交叉长传快攻

动作要求：准确、有一定速度，规范、协调，传接球比较稳定（见图2-10）。

（四）五人一组，三抢两传

动作要求：传球队员只能移动一只脚，不可以移动双脚。抢断队员积

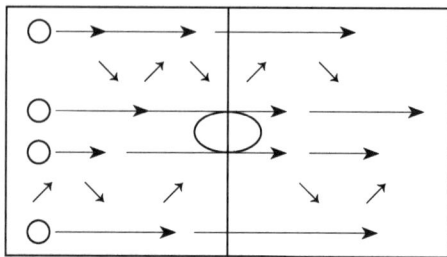

图2-9　行进间传接球

极逼抢。

（五）三人直线传接球

动作要求：中间不运球，每三次传球就要完成一次投篮（见图2-11）。

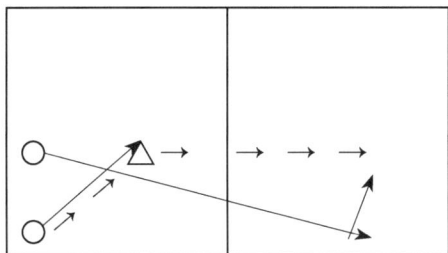

图2-10 背交叉长传快攻　　　　　　图2-11 三人直线传接球

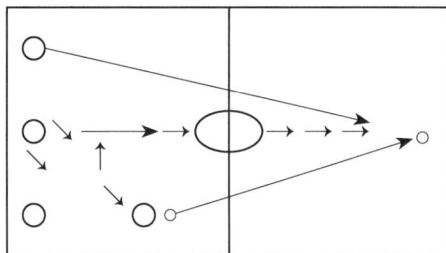

第三节 篮球基本战术

一、传切、掩护基本配合

（一）传切

进攻队员之间利用传球和切入技术组成的简单配合。

动作说明：传球准确、稳定；切入时多采用侧身跑；欲左先右；快速起动（见图2-12）。

图2-12 传切

易犯的错误：起动慢；跑位不正确。

纠正方法：两人一组，一人持球，一人多练习纵切、横切的起动和起动后的行进路线，注意人和球的位置。仔细观察教师的正确示范。

动作要求：动作较为规范、协调；基本了解，掌握方法。

（二）掩护

掩护配合可以由无球队员给有球队员、有球队员给无球队员、无球队员之间去完成。

前掩护：指掩护队员站在同伴防守者的前面，用身体挡住防守者向前移动的路线，使同伴借机摆脱防守，完成接球、攻击的一种掩护方法。

侧掩护：指掩护队员站在同伴防守者的侧面，用身体挡住防守者向前移动的路线，使同伴借机摆脱防守的一种掩护方法。

后掩护：指掩护队员站在同伴防守者的身后，用身体挡住防守者向前移动的路线，使同伴借机摆脱防守的一种掩护方法。

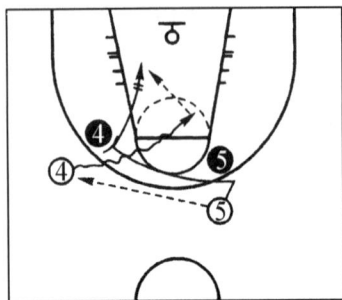

图 2-13　掩护

动作说明：做掩护时，要突然跑到同伴防守的移动路线上，保持适当的距离（根据防守者的视野所及的范围而定），两脚开立，双膝微屈，两臂屈肘于胸前，上体稍前倾以扩大防守面积。当同伴利用掩护摆脱防守时，掩护队员应随防守者的移动，转身切入准备抢篮板球或接球（见图 2-13）。

易犯的错误：掩护距离保持过多或过少；掩护后转身方法不对；掩护没有做完整、彻底就提前转身。

纠正方法：三人一组，由慢到快交换做掩护练习，体会合理的掩护距离及不同方向做掩护的不同转身的效果。仔细观察教师的正确示范。

动作要求：避免推人犯规，动作较为规范；目的要明确，行动要隐蔽；做完掩护摆脱对手要迅速；基本了解、掌握方法。

二、策应、突分基本配合

（一）策应

策应是指进攻队员背对篮或侧身对篮接球，以其为枢纽，与同伴空切相配合而形成一种里应外合的方法。

动作说明：做策应的队员要随时观察场上的情况，以便及时将球传给最有利进攻的同伴，注意自己进攻的机会，要利用转身、跨步、假动作及时调整策应的方向、位置，处理好内外结合的关系，增加成功率。

易犯的错误：不会运用转身、跨步；传球不到位；紧张。

纠正方法：两人一组，一人多做原地持球背向篮板的传球和转身传球、瞄篮、投篮练习，另一人跑动切入，准备接球。仔细观察教师的正确示范。

动作要求：基本了解、掌握方法。

（二）突分

突分是队员突破后，主动地或应变地利用传球与同伴配合的方法。

动作说明：突破动作要突然、快速，在突破过程中要随时观察场上攻守队员的情况，既要做好投篮准备、又要做好突然、及时、准确传球的准备（见图 2-14）。

易犯的错误：盲目地传球；眼睛只看球不看人。

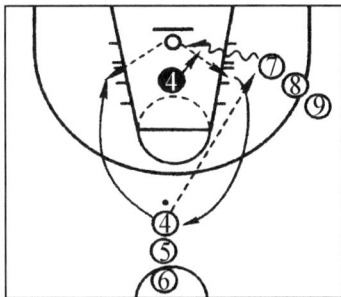

图 2-14 突分

纠正方法：三人一组，一人做不同方向的运球、停球和传球（传球方法不限），另一人作为防守运球队员封堵其传球，还有一人准备接球。

动作要求：动作较为规范、协调；基本了解、初步掌握突分。

三、区域联防

区域联防是指由进攻转入防守时，防守队员退回后场，每个队员分工负责防守一定的区域，严密防守进入该区域的球和进攻队员，并与同伴协同防守，用一定的队形，把每个防守区域有机地联结起来，组成区域联防战术。这种防守战术是在队员分工负责的基础上，随着球的转移和进攻队员的穿插移动，不断地调整防守位置，加强对有球区域和篮下防守。由于防守队员所处的位置较为固定，分工明确，有利于组织抢后场篮板球和发动快攻。但因受区域分工的限制，各种区域联防都存在一定的薄弱区域，容易被对方在局部区域以多打少。

（一）区域联防的基本要求

（1）每个队员必须认真负责自己的防区、积极阻挠进入该防区的进攻队员的行动，并进行联合防守。

（2）以防球为重点，随球的转移而经常调整位置。做到人球兼顾，不让进攻的持球队员突破和传给内线防区。

（3）对进入发球区附近或穿过发球区的进攻队员，必须严加防守，切断接球路线，不让其轻易接球、传球或投球，加强篮下区域防守。

（4）每个防守队员要彼此呼应，随时准备协防、换位、越区、护送等，相互帮助，加强防守的集体性。处于远离球的后线防守队员起指挥防守的作用。

（二）区域联防的方法

（1）区域联防的形式：常见的有"2-1-2""3-2""2-3""1-3-1"等。

（2）区域联防的方法："2-1-2"区域联防五个防守队员分布比较均衡，移动距离近，便于相互协作，并能根据进攻队员的特点改变防守位置，变换防守队形，是区域联防的基本形式。这种防守队形，便于控制篮下，有利于抢篮板球和发动快攻。但是弧顶及两侧是防守的薄弱地区，不利于防守这些区域内的中远距离投篮，不利于球场底角进行"夹击"防守配合。

"2-1-2"区域联防各个位置的队员应具备的条件：突前的两个队员应是机智、灵活、快速、善于抢断球反击和组织快攻的队员，中间队员应是身材高大、补位意识强、善于抢篮板球的队员，两侧两个队员应是身材高大、技术全面、具有争夺篮板球和发动快攻能力的队员。球在两侧时的防守配合、球在底角时的防守配合、防守溜底线的配合、防守底线中锋的配合、防侧应的配合，这些配合在教师的讲解下一一演练。

"2-3"联防的优点在于加强了篮下和底线的防守，有利于抢篮板球。但是弧顶两侧和中间两侧是薄弱区域。球在侧面的防守配合、球在底角时的防守配合、防守溜底线的配合、防守底线中锋的配合、球在外围弧顶时的防守配合，在教师的讲解下一一演练。

（三）区域联防的运用时机

（1）当对方远距离投篮不准，内线进攻威胁较大时。

（2）当对方个人突破能力较强，穿插移动频繁以及二三人之间配合熟练而多变时。

（3）当本队犯规较多，为保持本队实力减少犯规次数时。

（4）为了比赛策略，突然改用区域联防，以使对方不适应。

（5）为了更好地组织抢篮板球和发动快攻时。

易犯的错误：补位协防意识不强、慢。只顾球而忘了自己区域的人。

纠正方法：五对五由消极进攻到积极进攻的加强防守练习，加强理解、多思考，找出自己的错误，多观察教师的正确动作示范、多问。

动作要求：养成良好的意识，能较为熟练地掌握一种区域联防的方法。

四、进攻区域联防

（一）进攻区域联防的基本要求

（1）由防守转入进攻时，应首先争取快攻。趁对方立足未稳、尚未组织好防守之前进行攻击。

（2）根据对方区域联防队形，采用针对性落位队形，组织对薄弱地区攻击。

（3）运用传球转移，中远距离投篮等进攻技术。通过"人动""球动"打乱对方防守队形。运用声东击西、内外结合、以多打少等方法，创造投篮机会进行攻击。

（4）要组织拼抢篮板球，争夺二次进攻的机会，同时还要保持攻守平衡，准备及时退防。

（二）进攻区域联防的方法

（1）进攻区域联防的队形：常用的进攻阵式有"1-3-1"。

（2）进攻区域联防的方法："1-3-1"队形，队员分布面广、攻击点多，便于内外联系、左右配合，有利于组织抢篮板球和保持攻守平衡。

各个位置的进攻队员应具备的条件：弧顶的队员和两侧中的队员应头脑清楚、战术意识强、技术全面、善于巧妙传球和中距离投篮。中间的队员应善于在罚球线附近进行策应和转身跳投，靠近底线的队员应具有准确的中距离投篮、切入篮下得分和冲抢篮板球能力。教师在课堂上进行讲解和演练。

（三）进攻区域联防的运用

（1）进攻区域联防必须强调针对性，要避实就虚，寻找或制造防守的空隙与漏洞，攻其薄弱地区，破坏其防守的集体性。

（2）根据区域联防随球的转移而移动和补位的特点。无论采用何种队形的进攻方法，都要利用传球（球动）来调动对方的防守，打乱其队形和布置，争取进攻中的主动。

（3）要有目的地穿插移动（人动），进入对方防区，特别是对方薄弱防区，加重局部负担，从而以多打少，以强胜多，创造有利的进攻机会。

易犯的错误：落位不明确；跑位不明确，找不到薄弱区域；传球时机不好，起的作用不大；无目的地突破、投篮。

纠正方法：五对五由消极防守到积极防守的加强进攻练习，加强理解、多思考，找出自己的错误，多观察教师的正确动作示范、多请教。

进攻区域联防的队形和阵式有"1-3-1""2-1-2""2-2-1""1-2-2"，如图2-15 所示。

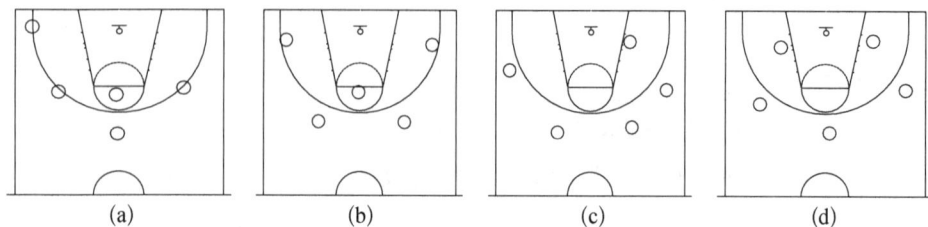

图 2-15 进攻区域联防队形和阵式

第三章　排球

第一节　排球运动概述

一、排球运动的起源与传播

排球运动于 1895 年在美国诞生。当时的人们认为篮球运动太激烈，而网球运动参加活动的人数又太少，希望寻找一种运动量适当、参加人数多、富有趣味性、男女老少均能参加的室内娱乐性项目。于是，美国马萨诸塞州霍利奥克市基督教青年体育干事 William Morgan 先生创造了排球游戏。最初这种游戏是将网球网挂在高处，用篮球胆从网上拍来拍去，不使其落地，很受人们欢迎。1896 年斯普林菲尔德学院的博士 Alfred T. Halstead 将此项游戏定名为"volleyball"，有"空中截击"之意，该名称一直沿用至今。排球运动虽源于美国，但在很长时间内，美洲排球仅作为群众性游戏和娱乐活动，发展速度十分缓慢，直到 1942 年，美国才举行第一届全国排球锦标赛。

排球运动在亚洲各国发展很快，1900 年首先传入印度，1905 年传入中国，日本，1910 年传入菲律宾。亚洲排球运动的发展自成系统。1913 年第一届远东运动会因认为"排球应让尽可能多的人参加"而采用了十六人制。这样亚洲各国都先后经历了十六人制、十二人制和九人制的发展过程。1951 年才开展六人制排球。

第一次世界大战期间，美国军队将排球运动带到了欧洲。1914 年传入英国，1917 年传入法国，1918 年传入意大利，1920 年传入苏联、波兰等，并迅速得到普及和推广。排球传入欧洲时就已是六人制，一直没有改变。因此，第二次世界大战结束后，苏联和东欧国家的竞技排球运动已具备较高的水平。1923 年排球运动传播到非洲的埃及、突尼斯和摩洛哥，此后逐渐发展成为普及五大洲、人们所喜爱的运动项目。由于许多国家要求举行世界性的排球比赛，1947 年在巴黎召开了有 17 个国家排协代表参加的大会，正式成立国际排球联合会（The Federation Internationale de Volley Ball，FIVB），法国人 Paul

Libaud 被选为主席。会上决定采纳美国式的六人制排球比赛制度。同时也制定了正式的比赛规则。

排球的重大国际比赛有奥运会、世界锦标赛和世界杯。亚洲最早有远东运动会，之后有亚运会，亚洲锦标赛。由于我国政府，各级体委，运动队等的重视和关心，中国排球运动水平有了飞速的发展和提高。1979 年中国男女排球双获亚洲排球锦标赛冠军，从而振奋了民族精神。之后，1981 年中国女排在日本东京举行的第三届女排世界杯比赛中，以"七战七胜"的成绩，第一次荣获世界冠军；1982 年在秘鲁利马举行的第九届女子排球世界锦标赛中，中国队再次获得冠军；1984 年在美国洛杉矶举行的第 23 届奥运会上，中国女排以 3 ：0 战胜美国队，第三次荣获世界冠军；1985 年第四届女排世界杯和 1986 年第十届世界锦标赛中，中国女排均获得冠军，从而获得"五连冠"的称号，成为中国三大球类运动中第一个登上世界顶峰的队伍。

二、排球运动的特点与比赛方法

（一）排球运动的特点

1. 广泛的群众性

排球场地设备简单，不需要太多经费，主要规则容易掌握，运动量可大可小，适合不同年龄、不同性别、不同体质、不同训练程度的人。既可在球场上比赛和训练，又可在一般空地、沙滩、平地、雪地上进行。排球运动可采用竞赛形式，如六人制竞技排球，也可因地、因时、因人制宜，开展大众娱乐排球运动，已经开展的有小排球、软式排球、沙滩排球等。

2. 具有激烈的对抗性

排球比赛，从发球到接发球，从扣球到拦网、防守，从进攻到防守、反击，双方都是在激烈的对抗中进行的，水平越高的比赛，其对抗越激烈，比赛也就越精彩。目前，国际上高水平的比赛，对抗的焦点集中表现在网上扣、拦的激烈争夺。双方都力争空中优势，以高度、速度、灵活多变的技术技巧摆脱被动，争取主动，夺取胜利。经常参加这项运动，不仅能提高中枢神经和运动系统的反应能力，还能促进身体健康，发展力量、弹跳、速度、灵敏度等身体素质，培养勇猛果断、机智灵活、顽强拼搏的良好品质和竞争意识。

3.技术的全面性和高度技巧性

规则规定，每个队员都要进行位置轮换，既要到前排扣球与拦网，又要到后排防守与接应，要求每个队员必须全面掌握各项技术，做到能攻善守，以适应项目的特点和要求。在比赛中，每项技术既能得分，也会失分，攻中有防，防中有攻，相互转化，相互制约，要求技术十分准确、熟练，既要有攻击性，又要有准确性，这就要求队员掌握技术。由于攻防转换较快，三次球必须过网，球不得落地，也不能在手中停留，不得连击，因此对时间性、技巧性要求很高。高水平的排球比赛是在快速、突变和复杂的争夺中进行，反映了运动员良好的素质和精湛的球艺。

4.严密的集体性

排球比赛是一项靠集体配合取胜的球类竞赛项目。除发球外，三次击球环环相扣，互相关联。某一环节出现差错就会影响全队的成败。只依靠个人力量或松散的战术配合是难以取得比赛胜利的。球队水平越高，队员之间配合就越默契，体现了集体性。因此，排球训练和比赛，可以培养运动员优良的体育道德和作风，以及团结、协作的集体主义精神。

（二）排球运动的比赛方法

排球场地长 18 米，宽 9 米，由一条中线将场地平分为两个大小相等的场区，球网垂直于中线上空。成年男子比赛场地网高 2.43 米，成年女子比赛场地网高 2.24 米。

根据排球竞赛规则，每半场被划分为 6 个区，从 1 号位至 6 号位。位于网前的 2、3、4 号队员称为前排，位于后场的 1、5、6 号位称为后排队员。比赛开始由先发球一方的 1 号位队员用单手发球过网开始，双方运用垫球，传球，扣球等技术，组成反复的进攻与防守。每方队员最多击球 3 次（拦网除外）使球过网，一名队员不得连续击球 2 次，场上任何队员不得触网或过中线，不得将球接住后再抛出。比赛应不间断地进行，直至球落地，出界或触网为技术犯规。

排球比赛中某队胜一球，即得一分（每球得分制）。如果发球直接落在对方场区内，得一分，并继续发球。如果发球失误就失去发球权，对方得分、同时获得发球权，由对方 2 号位队员发球，队员按顺时针方向轮转一个位置，比赛继续进行。

排球比赛采用五局三胜制，前四局先得 25 分并同时超出对方 2 分的队胜一局，当比分为 24 : 24 时，比赛继续进行，直至某队领先 2 分（如 26 : 24，27 : 25）为止，胜三局的队胜一场。如果 2 : 2 平局，决胜局打至 15 分并领先对方 2 分的一队获胜。

第二节　排球基本技术

一、准备姿势和移动技术

准备姿势与移动是排球的基本技术之一，属于无球技术，是完成发球、垫球、传球、扣球和拦网等各项有球技术的前提和基础，并对各项有球技术的运用起串联和纽带作用。准备姿势和移动是相辅相成的，准备姿势主要是为了移动，而要快速移动又必须先做好准备姿势。

（一）准备姿势

为了便于完成各种技术动作而采取的合理的身体姿势称为准备姿势。合理的准备姿势是指既要使身体重心处于相对稳定的状态，又要便于移动和完成各种击球动作，为迅速起动、快速移动及击球创造最好的条件。一般按照身体重心的高低，准备姿势可分为稍蹲准备姿势、半蹲准备姿势和深蹲准备姿势三种（见图 3-1—图 3-3）。

图 3-1　稍蹲准备姿势　　　　图 3-2　半蹲准备姿势　　　　图 3-3　深蹲准备姿势

1. 稍蹲准备姿势

动作说明：稍蹲准备姿势比半蹲准备姿势重心稍高，动作相同。

2. 半蹲准备姿势

动作说明：两脚左右开立稍比肩宽，一脚稍前，两脚尖内收，脚跟稍提起。膝关节保持一定的弯曲，膝关节的投影在脚尖前面。上体前倾，重心靠前。两臂放松自然弯曲，双手置于腹前。全身肌肉适当放松，两眼注视来球，

两腿始终保持微动。

动作要点：屈膝提踵，含胸收腹，微动。

3. 深蹲准备姿势

动作说明：深蹲准备姿势比半蹲准备姿势的身体重心更低、更靠前，两脚左右、前后的距离更宽一些，膝部弯曲程度更大一些；肩部投影过膝，膝部投影过脚尖，双手置于胸腹之间。

准备姿势时易犯的错误及纠正方法如表 3-1 所示。

表 3-1　准备姿势时易犯的错误及纠正方法

易犯的错误	纠 正 方 法
有意提脚跟	讲清脚跟提起是腰、膝、踝弯曲而引起的自然动作的道理
全脚掌着地	提示提脚跟，使其两脚前后略分的距离大一些
直腿弯腰	多做低姿势移动辅助练习
臀部后坐	讲清重心靠前的道理，使双膝投影超过脚尖

（二）移动技术

从起动到制动的过程称为移动。移动的目的主要是为了及时接近球，保持人与球的位置关系，以便击球。迅速移动可占据场上的有利位置，争取时间和空间。队员能否及时移动到位，直接影响技术战术的质量。移动由起动、移动和制动三个环节组成。

1. 起动

起动是移动的开始，是在准备姿势的基础上，变换身体重心的位置，破坏准备姿势的平衡，使身体向目标方向移动。

动作说明：根据场上的情况，采取不同的准备姿势，有利于随时改变移动方向或迅速移动。以向前起动为例，在正确准备姿势的基础上，迅速向前抬腿收腹，使上体向前探出，同时后腿迅速用力蹬地，使整个身体急速向前起动。

动作要点：抬腿蹬地，破坏平衡。

2. 移动步法

起动后应根据临场技术战术的需要，灵活地采用各种移动步法进行移动。

动作说明：

（1）并步与滑步。如向前移动，则后腿蹬地，前脚向来球方向跨出一步，后腿迅速跟上做好击球准备。连续并步就是滑步。

（2）交叉步。以向右交叉步为例，上体稍向右转，左脚从右脚前面向右交叉迈出一步，然后右脚向右跨出一大步，同时身体转向来球的方向，保持击球前的姿势（见图3-4）。

图3-4　交叉步

图3-5　跨步

（3）跨步与跨跳步。如向前移动，则后腿用力蹬地，前脚向来球方向跨出一大步，膝部弯曲，上体前倾，身体重心移至前腿上。跨步过程中有跳跃腾空即为跨跳步（见图3-5）。

（4）跑步。跑步时两臂要配合摆动。如球在侧方或后方时，应边转身边跑。

（5）综合步。以上各种步法的综合运用。

动作要点：抬腿、弯腰、移重心，第一步快。

3. 制动

在快速移动之后，为了保持稳定的击球姿势和克服身体惯性的冲力，必须运用制动技术。

动作说明：

（1）一步制动法。一步制动时，在跨出一大步的同时降低重心，膝和脚尖适当内转，全脚掌横向蹬地，抵住身体重心继续移动的趋势，并用腰腹力量控制上体，使身体重心的投影落在两脚所构成的支撑面内。

（2）两步制动法。两步制动时，以倒数第二步做第一次制动，紧接着跨出最后一步做第二次制动，同时身体后仰，重心下降，双脚用力蹬地，使身体形成有利于做下一个动作的姿势。

动作要点：跨大步，降重心。

制动时易犯的错误及纠正方法如表 3-2 所示。

表 3-2　制动时易犯的错误及纠正方法

易 犯 的 错 误	纠 正 方 法
起动慢	做起动辅助练习，如各种姿势下的起跑
移动时身体起伏大，重心过高	讲清道理，多做穿过网下的往返移动
制动不好，制动后不能保持准备姿势	脚和膝内扣，最后一步稍大

二、传球技术

传球是排球的基本技术之一，是利用手指手腕的弹击动作将球传至一定目标的击球动作。传球技术主要用于二传，为进攻创造条件，在比赛中起着组织进攻的作用。传球技术也经常用来接发球，接对方的处理球、吊球和被拦回来的高球，从这一角度讲，传球也是一种防守技术。传球还可用来吊球和处理球，起着进攻的作用。

正面传球

面对出球方向的传球动作，称为正面传球。正面传球是最基本的传球方法，是其他一切传球技术的基础。

动作说明：采用稍蹲准备姿势，抬头看球，双手自然抬起，放松置于额前。当来球接近额时，开始蹬地、伸膝、伸臂，两手微张经额前向前上方迎球。击球点在额前上方约一球距离处。当手触球时，两手自然张开成半球形，手腕稍后仰，两拇指相对成"一"字或"八"字形，两手间有一定距离，用拇指内侧，食指全部，中指的二三指节触球的后下部，无名指和小指在球两侧辅助控制传球方向。两肘适当分开，两前臂之间约成 90°，传球时主要靠蹬地伸臂和手指手腕力量，以及球的反弹力将球传出（见图 3-6）。

动作要点：手型，击球点，协调用力。

图 3-6　正面传球姿势

表 3-3 所示为传球时易犯的错误及纠正方法。

表 3-3　传球时易犯的错误及纠正方法

易犯的错误	纠 正 方 法
手形不正确，不能形成半球状	一抛一接实心球，自抛自接，接住后自己检查手形。距墙 40 厘米左右连续传球，并不断检查和纠正手形
击球点过前或过高	击球点过前，多做自传；击球点过后，多做平传或平传转自传
传球时臀部后坐，蹬地用不上力量	讲解协调用力的重要性，一人手压球，另一人做传球的模仿练习
传球时上体后仰	两人对传中，一传击球，立即用双手触及地面
传球时有推压或拍打动作	多做原地自传或对墙传球，增加指腕力量，体会触球的感觉

三、垫球技术

垫球是排球的基本技术之一。通过手臂或身体的其他部位做迎击动作，使来球从垫击面反弹出去的击球动作，称为垫球。垫球在排球比赛中占有重要的地位，主要用于接发球、接扣球和接拦回球，是组织进攻的基础。

正面双手垫球

正面双手垫球（见图 3-7）是双手在腹前垫击来球的一种垫球方法，是各种垫球技术的基础，是最基本的垫球方法，适合于接各种发球、扣球和拦回球，在困难时也可以用来组织进攻。

图 3-7　正面双手垫球

动作说明：正面双手垫球的基本手形有抱拳式、叠掌式和互靠式，但无论采用哪种手形都应该注意手腕下压，两臂外翻。正面双手垫球按来球力量大小可分为垫轻球、垫中等力量来球和垫重球。

（1）垫轻球：采用半蹲准备姿势，当球飞来时，双手成垫球手型，手腕下压，两臂外翻形成一个平面，当球飞到腹前一臂距离时，两臂夹紧前冲，插到球下，向前上方蹬地抬臂，迎击来球，利用腕关节以上约 10 厘米处的桡骨内侧平面击球的后下部，身体重心随击球动作前移。击球点保持在腹前一臂距离。

（2）垫中等力量来球：动作方法与垫轻球相同，由于来球有一定力量，因此击球动作要小，速度要慢，手臂适当放松。

（3）垫重球：要根据来球的高低和角度，采用半蹲或低蹲准备姿势，击球时采用含胸、收腹的动作，帮助手臂随球后撤，适当放松，以缓冲来球力量。在撤臂缓冲的同时，用小臂和手腕动作控制垫球方向和角度。

动作要点：手型，触球部位，击球点，协调用力。

垫球时易犯的错误及纠正方法如表 3-4 所示。

表 3-4 垫球时易犯的错误及纠正方法

易犯的错误	纠 正 方 法
击球时手臂并不拢，伸不直	两手手指交叉轻握，垫抛球或垫固定球，或做徒手模仿练习
臀部后坐，全身用力不协调，主要用抬臂力量垫球	两手并拢用手绢绑住，臂与胸之间夹一球，然后垫抛球或防扣球，垫固定球
垫球不抬臂身体向上顶、向前冲	坐在凳子上垫抛来球，教师用手置于垫球者头后顶上，给其一个高度信号
击球时上体后仰或耸肩膀	穿过网下垫球，讲清垫球时手要向下插的道理，击球后接着用手触地面

四、发球技术

发球是排球的基本技术之一，也是排球比赛中一项重要的进攻技术。发球是 1 号位队员在发球区内自己抛球后，用一只手将球直接击入对方场内的一种击球方法。

发球是比赛的开始，也是进攻的开始，有攻击性的发球可以直接得分或破坏对方的战术意图，减轻本方防守压力，为反击创造有利的条件，同时能振奋精神，鼓舞全队士气，在心理上给对方造成很大压力。

（一）正面上手发球

这种发球方法由于正面对球网站立，便于观察，发球的准确性较高，并能充分利用蹬地、转体，收腹带动手臂加速挥动，以及运用手指和手腕的推压动作，可以加大发球的力量和速度，同时使球向上旋转，不易出界。

动作说明：队员面对球网，两脚前后自然开立，左脚在前，左手托球于身前，用抬臂和手掌的平托上送，将球平衡地垂直抛于右肩前上方，高度适中。在左手抛球的同时，右臂抬起，屈肘后引，肘与肩平，上体稍向右转。击球时，利用蹬地、转体和收腹带动手臂挥动，在右肩前上方伸直手臂到最高点，以全手掌击球的中下部。击球时，手指自然张开吻合球，手腕要迅速主动做推压动作，使击出的球呈上旋飞行（见图 3-8）。

图 3-8　正面上手发球

动作要点：抛球，弧线挥臂，包击推压。

（二）正面下手发球

正面下手发球是正面对网，手臂由后下方向前摆动，在腹前将球击入对方场区的一种发球方法。

动作说明：面对球网，两脚前后开立，左脚在前，两膝微屈。上身稍前倾，重心偏后脚。左手持球于腹前，将球轻轻抛起在体前右侧，离手高约 20厘米，在抛球的同时右臂伸直以肩为轴向后摆动，借助右腿蹬地的力量，身体重心随着右手向前摆动击球而移至前脚上。在腹前以全手掌、掌根或虎口击球后下方（见图 3-9）。

图 3-9　正面下手发球

发球易犯的错误及纠正方法如表 3-5 所示。

表 3-5　发球易犯的错误及纠正方法

易 犯 的 错 误	纠 正 方 法
击球点偏前或偏后	找一高度位置合适的悬挂物，反复向上抛球或设一圆圈使垂直上抛的球落入圈内
转体过大	击固定球，徒手练习挥臂动作
没有推压带腕	对墙近距离发球，要求手包住球，使球旋转
全身协调用力不好	上手抛羽毛球或实心球，注意抛和挥的配合

五、背传、侧传技术

（一）背传球

背对传球目标的传球动作称为背传。

动作说明：传球前身体背面要对正传球目标，上体保持正直或稍后仰，身体重心在两脚之间，双手自然抬起，放松置于脸前。迎球时，抬上臂、挺胸、上体后仰。击球点保持在额上方，比正面传球稍高、稍后。触球时，手腕后仰并适当放松、掌心向上，击球的下部，手形与正面传球相同。背传球用力要靠蹬地、展腹、抬臂、伸肘和手指手腕的弹力，把球向后上方传出（见图 3-10）。

动作要点：准备姿势，击球点，用力。

背传球易犯的错误及纠正方法如表 3-6 所示。

图 3-10 背传球

表 3-6 背传球易犯的错误及纠正方法

易 犯 的 错 误	纠 正 方 法
背传翻腕太大，身体过多后仰	自传中穿插背传，距墙 3 米，自抛自做背传，近距离背传过网

（二）侧传球

身体侧面对传球目标，并将球向体侧方向传出的传球动作称为侧传。

动作说明：准备姿势、迎球动作、手形与正面传球相同，击球点应偏向传球目标一侧，上体和手臂应向传球方向异侧手臂的动作幅度、用力距离和动作速度要大于同侧手臂。

动作要点：击球点，用力方向。

侧传球易犯的错误及纠正方法如表 3-7 所示。

表 3-7 侧传球易犯的错误及纠正方法

易 犯 的 错 误	纠 正 方 法
异侧手臂动作幅度过小	侧对墙传高球
动作速度过慢	多练习上肢力量，如俯卧撑

六、背垫、侧垫技术

（一）背垫球

背对击球方向的垫球方法称为背垫。大多用于同伴垫飞的球或将球处理过网。其特点是垫击点较高。由于背对垫球方向，不便观察目标和控制击球的方向和落点。尽可能用正垫和侧垫。

动作说明：背垫时，先判断来球的落点、方向和离网的距离，再迅速移动到球的落点处，背对击球方向，两臂夹紧伸直、插到球下。击球时，蹬地、抬头挺胸、展腹、直臂向后上方摆动击球。在垫低球时，也可利用屈肘、翘腕动作，以虎口处将球向后上方垫起（见图3-11）。

动作要点：击球点，抬头挺胸，展腹，发力。

图 3-11　背垫球

表3-8所示为背垫球易犯的错误及纠正方法。

表3-8　背垫球易犯的错误及纠正方法

易犯的错误	纠 正 方 法
背垫方向不准确	在墙壁上方画一个排球大小的圆圈，对墙做背垫练习

（二）体侧垫球

体侧垫球简称为侧垫，是用身体侧面垫球的一种垫球方法。其特点是控制面宽，但较难把握垫击的方向、弧度和落点。

动作说明：以左侧垫球为例，右脚前脚掌内侧蹬地，左脚向左跨出一步，身体重心随即移至左脚，并保持左膝弯曲，两臂夹紧向侧伸出，左臂高于右臂，右肩向下倾斜，再用向右转腰和收腹的力量，配合两臂在体侧截击球的后下部。切忌随球摆动（见图3-12）。

动作要点：垫击，转腰收腹。

图 3-12　体侧垫球

表 3-9 所示为体侧垫球易犯的错误及纠正方法。

表 3-9　体侧垫球易犯的错误及纠正方法

易犯的错误	纠 正 方 法
侧垫手臂不摆动	在做侧垫练习时身体及手臂顺势做大幅度摆动

七、扣球、拦网技术

（一）正面扣球

正面扣球是最基本的扣球技术。其他扣球技术都是在此基础上发展和派生的。由于面对球网，正面扣球便于观察来球和对方的防守布局，因此击球的准确性较高。由于挥臂动作灵活，能根据对方拦防情况随时改变扣球的路线和力量，能控制击球落点，进攻效果好。

动作说明：扣球助跑前采用稍蹲准备姿势，两臂自然下垂，站在离球网约 3 米处，观察判断，做好向各个方向助跑起跳的准备。以右手扣球两步助跑为例，助跑时，左脚先向前迈出一小步，接着右脚迅速跨出一大步，左脚及时并上，踏在右脚之前，两脚尖稍向内转，准备起跳。在助跑跨出最后一步的同时，两臂由体侧向后引，左脚在并上踏地制动的过程中，两臂自后积极向前摆动。随着双腿蹬地向上起跳，两臂快速上摆，配合起跳。两腿从弯曲制动的最低点，猛力蹬地向上起跳。起跳后，挺胸展腹，上体稍向右转，右臂向后上方抬起，身体呈反弓形。挥臂时，以迅速转体、收腹动作发力，依次带动肩、肘、腕各部位成鞭打动作向前上方挥动。击球时，五指微张呈勺形，并保持紧张，以全手掌包满球，掌心为击球中心，击球的后中部，同时主动用力屈腕向前推压，使扣出的球加速上旋。落地时，以前脚掌先着地，同时顺势屈膝、收腹以缓冲下落力量。

动作要点：助跑起跳时，人球位置，上肢鞭打，全掌包球，屈腕。

表 3-10 所示为正面扣球易犯的错误及纠正方法。

表 3-10　正面扣球易犯的错误及纠正方法

易犯的错误	纠 正 方 法
助跑起跳时间不准	开始时轻拍扣球者的背，或给予语言信号
起跳前冲，击球点偏后	练习助跑，最后一步跨大，在网前起跳接抛球或扣固定球

（二）单人拦网技术

动作说明：队员面对球网，两脚左右开立约与肩宽，距网 30—40 厘米，两膝微屈，两臂在胸前自然屈肘。移动可采用并步、交叉步、跑步，向前或斜前移动。原地起跳时，重心降低，两膝弯曲，用力蹬地，使身体垂直起跳。如果是移动后起跳，制动时，双脚尖要转向网，顺势利用手臂摆动帮助起跳。拦网时两手从额前平行球网向网上沿前上方伸出，两臂平行，两肩尽量上提，两臂尽力过网伸向对方上空，两手接近球，自然张开，手触球时两手要突然紧张，用力屈腕。主动盖帽捂住球。

动作要点：垂直上跳，含胸收腹，提肩伸臂，过网拦击。

单人拦网技术易犯的错误及纠正方法如表 3-11 所示。

表 3-11　单人拦网技术易犯的错误及纠正方法

易犯的错误	纠 正 方 法
起跳过早	按照拦网节奏给予起跳信号，起跳前深蹲慢跳
手下压触网	一对一扣拦练习，结合矮网，提肩屈腕把球拦下

第三节　排球基本战术

一、排球战术概念

排球战术是指运动员在比赛中根据排球运动的比赛规律，敌我双方的具体情况和临场变化，有效地运用技术及所采取有预见、有目的、有组织的行动。一名队员根据临场情况有目的地运用技术的过程称为个人战术。如扣球时的变线、轻扣、打手出界等。两名或两名以上队员有组织、有目的的集体协同配合称为集体战术。两者相辅相成，互相促进、互相补充。一个排球队在选择战术时，应从本队的实际出发，根据队员的技术水平、技术特点、身体条件和体能等情况，选择与之相适应的战术。在运用战术时，还要根据对方的技战术特点及临场情况变化，采取灵活的行动，打乱对方的战术意图，以掌握比赛的主动权。

二、排球战术的分类

排球战术是指根据排球运动特点把排球战术内容分为若干类和若干层次，表明它们之间的关系，以便对排球战术有一个总体的了解。

排球战术有多种分类方法。按参与战术的人数可分为个人战术和集体战术两部分。进攻与防守是贯穿排球比赛始终的一对矛盾，无论是个人战术还是集体战术中都包括进攻战术和防守战术。个人战术，即个人有目的地运用技术的过程，由于排球技术具有攻防两重性，因此不再把个人战术细分为个人进攻战术与个人防守战术，而直接把个人战术分为发球、一传、二传、扣球、拦网、后排防守个人战术等。集体战术则可分为集体进攻战术与集体防守战术两大类。集体进攻战术中有多种进攻阵形，如"中二传""边二传"和"心二传"进攻阵形等。各种进攻阵形下又有许多进攻打法的组合。目前进攻打法的组合已从点面结合，发展成为现代排球的三维立体进攻。集体防守战术中同样有多种防守阵形，如接发球阵形、接扣球阵形、接拦回球阵形、接传垫球阵形等，各种防守阵形又有多种变化形式。在排球比赛中，除发球外，所有的进攻都是从防守开始的，防守的目的又是为了进攻，攻与防在不断地迅速转换。在实战中进攻战术和防守战术的组合，便形成了接发球及进攻、接扣球及进攻、接拦回球及进攻、接传垫球及进攻四个战术系统。

1.战术意识

战术意识是指运动员在发挥技术的过程中，支配自己行动时带有一定战术目的的心理活动，是运动员在比赛中有效地运用技术和实现战术时所具有的经验、才能和智慧。运动员在比赛中的判断能力、应变能力和实战能力以及每一项技术、战术的运用，都受一定的战术意识支配。战术意识是指运动员自觉的心理活动，是通过第二信号系统实现的。运动员的思维活动是在激烈对抗条件下进行的，与其情绪和意志紧密相连，是衡量运动员是否成熟的标志。因此在训练和比赛中，注重培养运动员的战术意识十分重要。

2. 战术指导思想

战术指导思想是指一个球队在训练和比赛中指导战术行动的主导思想和所遵循的基本原则。正确、先进的指导思想，应符合排球运动得失分的客观规律，适应排球运动的发展趋势。制订球队的战术指导思想，应从实际出发，扬长避短，全面分析。

3. 战术与技术

技术与战术是互相联系、互相依存、互相促进、互相制约的关系。技术是战术的基础，没有全面、熟练的技术为基础，战术就无从谈起。战术是技术的合理组织与有效运用。技术决定战术，战术可以反作用于技术，对技术提出新的要求，促进技术的发展与提高。战术和技术是在实践中不断发展的。技术的发展往往走在战术的前面，改进原有技术或出现某种新技术都可能形成新的战术。一般是先有新的战术设想，再着手改进、训练技术，新战术可促进新技术的发展与提高。

4. 战术的数量与质量

数量是指战术的多样性，质量是指战术的实效性和熟练程度，两者的关系是辩证统一的。一个队员或一个球队只有掌握了战术的多样性，才有可能灵活地变换战术，使对方难以揣摩、防不胜防。随着战术数量的增加，战术的质量必然成为矛盾的主要方面，这就是战术由粗到精、由简到繁、由低级到高级的必然规律。如果盲目追求战术数量而忽视战术质量，则多而不精、华而不实，就会使战术流于形式而失去了多样性的意义和作用。

5. 个人战术与集体战术

个人战术与集体战术的关系是局部和全局的关系。个人战术可促成集体战术，集体战术要利于发挥个人战术的特长和作用，两者相辅相成、互相补充。队员在比赛中的技术和个人战术必须服从集体战术的需要，并以集体战术为依据，密切与全队配合，在保证实现集体战术的前提下，充分发挥和运用个人战术，丰富全队的战术打法，以弥补集体战术的不足。

6. 进攻和防守

在排球比赛中，为了使球落在对方场区或造成对方失误而采取的一切合法手段，都称为进攻。反之为了不使球落在本方场区而采取的一切合法手段，均属防守。进攻是争取得分的主要手段。加强进攻可以破坏和削弱对方的进攻，从而减轻本方防守的压力，争取比赛的主动权。防守不仅是减少失分的一个重要方面，也是得分的基础。除发球外，每发动一次进攻都是在防守的基础上进行的，可以说没有防守就没有进攻。防守应该是积极的，有进攻意识的防守。

三、进攻战术

（一）"中二传"进攻阵形

由一名前排或后排队员在前排中位置做二传，其他队员参与进攻的阵形，称作"中二传"进攻阵形。"中二传"进攻阵形是最基本的阵形，其特点是二传队员在中间，一传容易到位，战术可简可繁，适合不同水平的球队。技术水平较低的球队可组织前排 2 和 4 号位扣一般高球，技术水平高的球队可组织各种战术进攻乃至立体进攻。其站位及变化如下。

（1）"大三角"站位。这是基本的站位方法，其变化主要以 2 和 4 号位进攻为主，辅以后排进攻等（见图 3-13）。

（2）"小三角"站位。4 号位队员位置不变，2 号位队员站立中场接发球，3 号位队员站在 2 和 4 号位队员之间的网前。这种站位实际上也是一种隐蔽站位的方法，1 号位队员可在 2 号位做佯攻，2 号位队员从中路进攻，后排队员从后排进攻。这种阵形有利于各种交叉换位进攻（见图 3-14）。

（二）"边二传"进攻阵形

由一名前排或后排队员在前排 2 号位任二传，其他队员参与进攻的阵形，称为"边二传"进攻阵形。"边二传"进攻阵形也是基本的进攻阵形，其特点是二传队员在边上，对一传的要求稍高，但战术变化比"中二传"进攻阵形多，

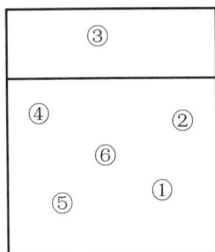

图 3-13　"大三角"站位　　图 3-14　"小三角"站位　　图 3-15　"边二传"阵形

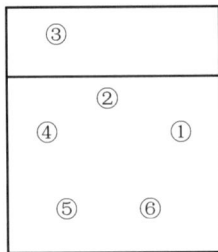

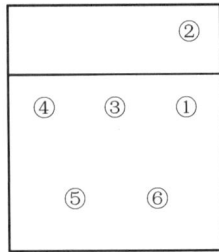

战术可简可繁，同样适合不同水平的球队。其站位及变化如下：2 号位队员站在网前任二传，3 和 4 号位队员前排进攻，其他队员参与后排进攻（见图 3-15）。

（三）进攻打法

进攻打法是指二传队员与扣球队员之间所组成的各种配合。每一种进攻阵形中都可以灵活运用多种进攻打法，以达到避开拦网、突破防线、争取主动的战术目的。进攻打法可分为强攻、快攻、两攻及转移等。

强攻：在无掩护或掩护希望较小的情况下，主要凭借个人的力量、高度和技巧强行突破对方的拦、防。强攻是现代排球比赛中制胜的关键，世界一流水平的球队，无论在强攻扣球的力量与速度上，还是在高度与变化上都占有明显优势。

快攻：各种快攻以及以快攻作为掩护，由同伴或本人所进行的进攻，均称为快攻。快攻是现代排球比赛中必不可少的进攻武器，快攻质量的好坏直接影响强攻的效果。必须坚持高快结合，快变结合，前沿与纵深相结合的打法，才能在比赛中发挥更大的作用。

两次攻及转移：当一传来球较高，落点在网前适当的位置，前排队员可以起跑做两次攻；如遇拦网，也可以在空中改扣为传，转移给其他队员进攻，这种打法就是两次攻及转移。两次攻中的跳传转移主要有以下几种变化：两次扣球是在快攻基础上的拓展，进一步加快了进攻的速度，破坏对方的节奏，打乱对方的布防。跳传转移又可以迷惑对方的拦网，给同伴创造有利的进攻机会。

四、防守战术

（一）接发球及其阵形

接发球是进攻的基础，是由守转攻的转折点。如果没有可靠的一传做保证，就难以组成有效的进攻战术，甚至还会造成失分。

1. 接发球的基本要求

正确判断：接发球的质量，有很大程度上取决于能否做出正确的判断。直接发球时，队员的注意力要高度集中，充分做好接发球的准备，根据对方的发球动作、性能、力量及速度，迅速做出正确的判断，及时移动取位，对准来球路线，运用合理的垫球技术将球垫给二传队员。

合理取位：在组成接发球阵形时，应以前排靠近边线的队员为基准取位，同列队员之间不要重叠站位，同排队员之间保持适当距离，以免相互影响。根据射出角的原理，快速有力的平直球发不到 A、B 两区。因此，取位时不要站在这两个区域内，2 和 4 号位队员的取位距边线 1 米左右即可。

分工与配合：接发球时，每一个接发球队员都应明确接发球防守的范围。划分范围不但是平面的，还应根据来球的弧度高低进行立体空间划分。接发球队员之间应既有分工又有配合，注重整体接发球的实效性，接发球能力好的队员范围可大些，后排队员接球范围可大些。

在比赛中经常有球落在接发球队员之间的"结合部"，造成无人接球而导致失误。为避免这种现象发生，队员之间可以遵循以下几条原则：由一传较好的队员或已经主动呼喊"我的"队员去接；球落在快攻与强攻队员之间时，原则上由强攻队员接更有利，以免影响快攻的速度和节奏；球落在前后排之间的，最好由后排队员去接，以利于组成快速进攻。总之，讲究集体配合，树立1 人接球 5 人保护的观念。

2. 接发球阵形

在选择接发球阵形时，不仅要有利于接球，还要考虑本方所采用的进攻战术及对方接发球的特点。

接发球站位阵形有以下几种。（见图 3-16）

（1）"一三二"接发球站位（W 式）；

（2）"一二一二"接发球站位（M 式）；

（3）"四人"接发球站位（插上）。

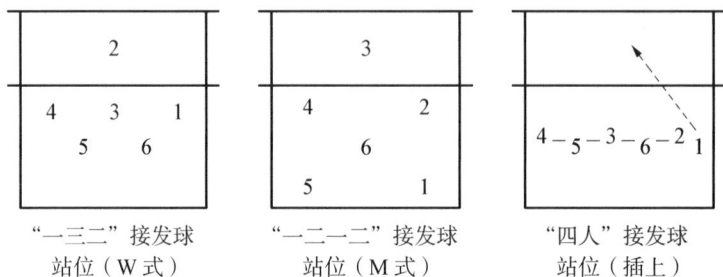

图 3-16 接发球阵形

（二）接扣球防守及其阵型

接扣球防守包括拦网、后排防守两个环节。其中拦网是第一道防线，有效的拦网不仅可以遏制对方的进攻能力，减轻后排防守的压力，还能为反攻创造机会。

拦网

（1）拦网的基本要求。

拦网分为单人和集体两种形式，集体拦网必须建立在单人拦网技战术的基础上才能更好地发挥威力。这里重点讲解集体拦网的基本要求。

集体拦网时，要确定拦网的主拦队员。如拦网对方两翼进攻，本方分别以2和4号位队员为主拦，其他队员密切协同配合，防止各行其道。

起跳时，相互之间要保持一定的距离，并控制好身体重心，避免互相干扰或冲撞。

拦网时，尽可能扩大拦阻面，但拦网队员手与手之间的距离不能太大，以免漏球。

（2）拦网战术的变化。

"人盯区"拦网战术：这是一种对付进攻及一般进攻配合较为有效的拦网战术。其特点是把球网分成左、中、右三个区，每一名队员负责一个区，以保证每一个区域至少有一名拦网队员拦网，并在可能的情况下，协助同伴组成集体拦网。对方运用交叉和拉开进攻时，本方由负责左侧区域的4号位队员主拦3号位快球，负责中区的3号位队员主拦对方2号位交叉进攻，右侧2号位队员负责主拦对方4号位的拉开进攻。3号位和2号位拦网队员相互兼顾，争取组成双人拦网。

"人盯人"拦网战术：拦网队员各自负责拦对方与自己相对应位置的进攻队员，进行固定人员的拦网，这种形式称为"人盯人"拦网。其优点是职责清楚，分工明确。但当对方进行交叉进攻时，需要及时交换盯人拦网，以免造成无人拦网的被动局面。当对方两翼拉开进攻时，本方3号位队员负责拦中间快球，2和4号位队员分别负责拦两翼的拉开进攻，并在此基础上尽可能组成双人拦网。

（三）后排防守

后排防守是第二道防线，是减少失分和争取反攻得分的基础。虽然拦网技术可以阻拦对方进攻，但还有很多球会突破拦网进入本方场区，成功的防守不仅能争取到得分机会，还能鼓舞士气。

后排防守的基本要求

后排防守要与前排拦网密切配合，相互弥补。一般拦网队员应封住对方的主要进攻线路，后排防守队员主要任务是防对方的次要路线。 前排拦网队员已封住对方的中路进攻，1号位队员取位直线，5和6号位队员侧重防斜线。前排拦网队员已封住对方的直线及中路进攻，5号位队员前移防吊球，1号位队员侧重防斜线。前排单人拦网封住对方的中路进攻，6号位队员前移防吊球，1和5号队员取位进行"双卡"防守。接扣球及其防守阵形（见图3-17）。

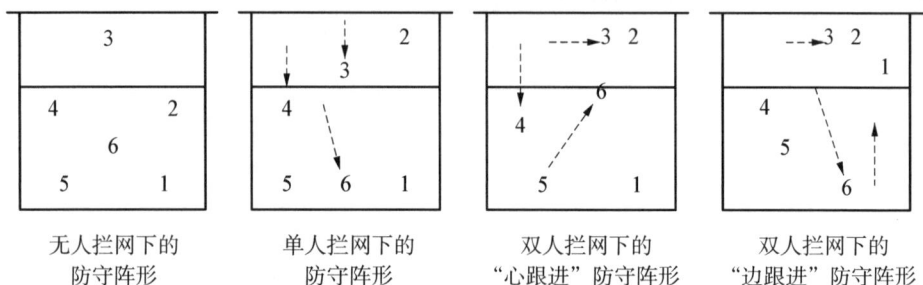

| 无人拦网下的
防守阵形 | 单人拦网下的
防守阵形 | 双人拦网下的
"心跟进"防守阵形 | 双人拦网下的
"边跟进"防守阵形 |

图 3-17　不同防守阵形

第四章　足球

第一节　足球运动概述

一、足球运动的特点

足球运动是以脚支配球为主，两支队伍互相进行攻、守对抗的一项体育运动项目。足球是世界上开展最广泛、影响最大的体育运动项目之一。

足球运动是一项非周期性的运动项目，不同于田径、体操、游泳等项目。它的技术和战术受对手的直接干扰、限制和抵抗，并且是依临场具体情况灵活机动地加以运用，甚至有时是即兴发挥。

足球比赛是 22 人的对抗，场地上人数多，行动不易协调和统一，因此，足球的战术配合相比篮球和排球要困难一些。

足球运动是用身体"最笨拙"的部位——脚去支配和处理球，在大多数情况下是以单脚支撑来处理球的。

足球比赛时间长、场地大、体能消耗大，比赛时间是 90 分钟，有时还会有 30 分钟的加时赛，甚至在这之后还要互射点球决定胜负。在一场激烈的足球比赛中，有的运动员要在 7 500 平方米的场地上来回奔跑约 1 万米以完成各种有球与无球的动作，能量消耗约 2 000 卡，赛后体重下降 3—5 千克，运动员的能量消耗是极大的。

足球运动设施简单，娱乐性、群众性强。足球运动对比赛场地设施的要求很低，只需一个球和一块较完整的场地。踢足球时，除手以外，身体的任何部位都可触球，足球的技术动作纷繁多姿，故又具有极高的娱乐性。这也难怪足球运动会成为全球普及率很高的运动项目了。

二、足球运动的价值

经常参加足球运动可以培养人们勇敢顽强、机智果断、坚韧不拔，勇于克服困难的优良品质；敢于斗争、力争胜利的战斗作风；团结协作、密切配合、热爱集体的集体主义精神。

经常参加足球运动，可以改善人们的健康，提高力量、速度、灵敏度、弹跳、耐力等身体素质。

足球运动的价值与影响远远超出足球运动自身的范围，已成为国家与国家之间政治、经济和文化交流的工具，涉及和渗透到社会的很多领域，对振奋民族精神、弘扬民族文化具有不可低估的作用。

三、足球运动的起源

足球运动的起源相对于篮球、排球等球类要早得多。国际足联前主席阿维兰热在 1985 年首届国际足联（João Havelange）世界少年足球锦标赛开幕式上承认足球运动的雏形起源于中国。据目前可靠的文字记载，足球起源于我国战国时代，当时称为"蹋鞠"，或"蹴鞠"。"鞠"是用革做外皮，里面填充毛发而做成的球，"蹋"和"蹴"就是用脚踢东西的意思。篮球（1891 年）和排球（1895 年）均起源于美国，它们较足球，晚了两个多世纪。

1863 年，在伦敦成立了第一个足球运动组织——英格兰足球总会（The Football Association，FA），并统一确立了 14 条原始足球规则，从这一年开始人们称此项运动为"足球运动"，现代足球运动诞生了。

四、足球比赛

足球比赛的最终目的是得分与反得分，比赛全过程是攻防双方技术、战术、身体、心理水平的激烈较量。剖其实质，比赛中的每一次较量，都是攻防双方在向对手索取时间和空间的利益；任何成功都是赢得时间空间优势的必然结果。

足球比赛中的时间，是指队员在完成技、战术过程中在时机、速度、节奏变化方面具有时间性的特征；而空间则是指在距离、方位、角度方面具有空间性的特征。足球比赛的时空观是以获得或保持控球权为目的，攻守队员在时间、空间的限制与反限制，控制与反控制之间的矛盾斗争，是一种三维控制的综合能力。

进攻队员在一对一中突破对手的防守，其关键是通过进攻队员巧妙的假动作，诱使对手失去身体重心，暴露可利用的身体两侧，甚至是身后的空间，并在对手未恢复身体平衡前的瞬间，不失时机地利用这一空间快速超越对手。进攻者能够射门得分，主要是利用技术和战术手段调动对手，使其防守重心偏移，在门前要害地区的时间和空间上出现漏洞，进攻队员及时利用和控制了这一空间的优势，从而获得了良好的射门机会而进球。

防守的组织常采用盯人、保护、补位、收缩防区等方式；防守的手段通常运用抢、断、堵、铲等技术。这些方式与手段的组合因素是复杂多变的，其核心集中体现在占据和控制防区的时间和空间上；而防守的成功与否，唯一的标准是能否限制和控制进攻一方的时间和空间。

现代足球的规律或先进理论，都是以创造、利用和控制时间、空间作为主要依据的。如进攻原则的宽度、渗透、灵活、应变；防守原则的延缓、平衡、集中、控制。在这些互相矛盾的攻守原则中，进攻先要充分利用场地宽度上的空间。进攻面上的队员充分扩大进攻的空间，在出现空当时，则快速深入对方腹地去占据和控制瞬息即逝的空间，并能灵活应变地继续把握时空。防守则首先通过对持球队员进行逼抢，在时间上延缓对方发动进攻，特别是防守反击的速度。与此同时其他队员迅速回位紧盯各自负责的进攻队员，以限制他们的活动空间。然后集中控制在本方罚球区前沿要害地区聚集较多的队员，除对每一名进攻队员实施贴身紧逼、严密控制他们的活动范围外，还应尽可能地占据这个区域的全部空间，使对方无隙可乘。由此不难看出，在足球比赛过程中攻守双方，无论是个人或全队的比赛行为，都是在追求时间和空间的利益，都受到时间和空间争夺规律的制约。足球比赛的时空观主宰着足球比赛。

五、当代足球比赛的特征

（一）争夺时空主动权——强对抗

足球比赛的时空观是全队和队员个人采用一系列无球或有球行动，以赢得时间和空间的优势，实现对球的控制。

在比赛中，攻守双方为了最大限度地争夺时间、空间优势，或获得某一特定的空间，争取宝贵的瞬间，队员运用身体冲撞、贴身紧逼、带球突破、争顶高球等多种形式的对抗越来越多，也越来越激烈。

据统计，当前世界优秀足球队在一场比赛中，完成技术动作916次，其中在对抗条件下运用技术为482次，占总数的52.6%。这些数据反映了比赛中为争夺控球权，全场有1/2以上技术和战术是通过对抗形式实现的，若再加上在球附近、在双方罚球区内的要害地区为争夺时间、空间的限制和反限制的对抗数，则其比例将会大大超过上述数字。这充分表明了现代足球进攻时，创造空间越来越困难，可利用的时间更加短暂；防守时攻击性行动越来越强，对时间、空间的限制与弥补更为严密，比赛的对抗程度越来越激烈。

（二）赢得时空的优势——变换比赛节奏时的高速度

现代足球比赛的基本态势是攻守双方之间转换快速而频繁。在 90 分钟的纯比赛时间里，比赛双方要进行 300 次的转换，在短短的 1 分钟内攻守转换可达 5 次之多。获得控球权的一方，在 25 秒钟内射门进球占总进球的 91%；3 次以下传球将球射入的占总进球的 62.5%。这些数据都证实了高速度在足球比赛中的重要性，特别是对进球的重要作用。

现代足球比赛中的速度是进攻的威力以及防守安全的基本保证。但若是单纯追求高速度，会在跑动中失去自我控制和全队配合的有效性，不符合比赛的实际需要。现代足球比赛的高速度，其主要特征是在变换比赛节奏瞬间发挥的高速度。

所谓比赛节奏是指在比赛中的某一个特定时间内，通过队员的无球与有球活动，将宽度与深度、快与慢、单向与多向诸因素按一定规律的组合。现代足球比赛已从单一节奏，如追求快速而一味冲吊，或为了求稳而四平八稳地推进等，逐步向复合节奏方向发展，即在进攻和防守中，通过多个队员无球和有球的活动，创造多方位、多纵深的时空优势，然后准确地选择一个最为有利的空间，以最快的速度去占据和控制。这种在意想不到的方向、地点实现快速控制，是现代足球在比赛中赢得时空间技巧上最典型的体现和最高的追求。

当今世界优秀足球队运用的固守反击；扩大进攻面，实施不定点多向插入；局部进攻的同时，突然反方向转移，实施定点插入；小范围扯动，突然扩大进攻面，多点突破等战术打法都是运用变换节奏来发挥速度的成功战术。

（三）牢固地控制时空——技术合理、简捷

从 20 世纪 50 年代以来，足球技术本身并未发生质的变化，也没有出现令人惊讶的"新式武器"。但由于现代足球在比赛中围绕着时间和空间的争夺越来越激烈，攻防转换的速度越来越快，必然对足球技术提出了新的、更高的要求。

在现代足球比赛中，技术的运用，特别是对抗技术的运用，除了对球的控制外，还包括对时间和空间的控制，是一种三维控制的综合能力，即实战能力。足球技术均在一定的时间和空间范围内实现对球的控制，是由三个不可分割的阶段构成：一是分析时空阶段，主要是队员采取行动前的感觉、观察、思维、判断、决策的心理过程；二是赢得时空阶段，在分析时空之后，通过无球行动，在速率、方位、角度、距离等方面占据有利的时空，为运用技术创造有利条件；三是控制时空阶段，在前两个阶段后，合理地选择和运用技术，将球控制在所需要的空间范围内。

现代足球对这三个阶段赋予新的要求：在分析时空阶段，思维要敏捷，判断要正确，决策要果断，这些都取决于队员稳定的心理因素和良好的时空意识；赢得时空阶段中的空间是关键因素，进攻者积极制造、利用空间，防守者则竭力缩小、封锁空间；控制时空阶段是整个时空阶段中的实质阶段，是实现占据时空优势的核心，时间是关键因素。因此，现代足球技术基本特征是具有良好的技术意识，在运用技术中要合理、敏捷。

（四）创造和利用空间——战术上严密整体的快速全攻全守

在"全面型"足球问世以前，由于对比赛中时空观认识不足，多采用刻板的比赛阵型，单调、陈旧的战术手段，比赛水平很低。20世纪70年代初荷兰著名教练 Rinus Michels 在掌握足球攻守规律的基础上，创新了"全面型"足球，即全攻全守足球，其指导思想是在始终尊重和发挥每个队员创造精神条件下，队员需具备全面的技术、战术、身体和心理等方面的高超能力，并在频繁的换位中实行全攻全守。"全面型"足球倡导队员为了控制某一区域的时间、空间，可以不受固定位置的约束参与进攻和防守。这种战略思想使得全队的整体力量和每个队员的特点都可在争夺时间、空间控制中得以充分发挥，使比赛显得充满活力和悬念，水平也大幅度提高。

当今"全面型"足球已发展为严密的整体快速全攻全守，它在占据时间、空间上，既强调严密的整体，最大限度地调动每个队员的创造性和积极性，又重视快速反击，倡导控制比赛的节奏。它将比赛中许多相互矛盾的因素高度协调地融于一体，发挥最高的效能，使比赛呈现极高的水平，引人入胜，扣人心弦。

（五）占据时空的物质基础——超强的体能

现代足球比赛要求队员在全攻全守过程中频繁换位、压缩有效空间，在关键区域实现"以少打多"等，使得比赛呈现"强对抗、高速度"的鲜明特点。所以，每个队员在比赛过程中，均承受极大的运动负荷。当今高水平的比赛，每个队员活动距离为 9 000—14 000 米，其中冲刺、快跑为 150 次，距离

2 500 米以上；队员在比赛中走、慢跑、冲快跑的比例，分别为 33.7％、40.8％、25.5％。每个队员在比赛中需完成的技术动作约 100 次，其中 50％ 以上是在快速对抗中完成的。一场激烈的比赛，队员心率在 180 次 / 每分钟以上的有 32 分钟；消耗氧气 300 升以上，相当于安静时的 12 倍；血糖可达 125—164 毫克每公升；能量消耗 1 500—2 000 千卡，相当于消耗 300 克糖或蛋白质所得到的能量。由此不难看出，现代足球比赛对运动员的体能要求是非常高的。

比赛中，为争夺时间、空间的优势，良好的体能是重要的保证，每名运动员除需具备全面、高质量发展的各类素质外，对于争夺时间、空间优势中最重要的素质更应重点发展，使其达到"超强"的水平。这些素质是争夺拼抢时的力量，反复快速移动时的速度耐力，快速反击和突破时的速度，维持全场频繁换位时的耐力，以及在复杂条件下准确和合理改变身体运动时的灵敏和柔韧等素质。

第二节　足球基本技术

足球技术是运动员在比赛中运用身体的合理部位完成的动作方法的总称，是技术动作和技术能力的统称。技术动作是指运动员完成某一技术时所采用的动作方法，技术能力则指运用技术动作的科学性和实效性。

在这里需要强调的是：技术动作并没有一种固定和刻板的模式。在不同的运动状态下，在个体差异下，同一技术的动作方法会有许多细微的差别。这就要求我们不仅要掌握动作方法，还要掌握使用这些动作的技巧和运用这些技巧的能力。我们认为，对技术能力的培养应放在技术教学的突出位置，而不是一味追求技术动作的标准化和规范化。因为在标准和规范的禁锢之下，个人特点将会逐步消失，这便与我们的初衷相去甚远了。

足球运动实践证明，足球技术以运动员在比赛中完成技术时的活动方式可分为无球技术和有球技术两大类。

一、无球技术

无球技术是指运动员在比赛中，在不持球的情况下所完成的各类技术。

足球运动中的无球跑动占全场比赛的绝大多数时间。它采用的移动方式和方法可大致归纳为起动、跑动、急停、转身、跳跃、步法及假动作。

起动：指的是运动员在静止或行进间，突然加速快跑占据有利空间的一种方法。其动作要领是利用脚用力蹬地的反作用力，使身体重心快速向起动方向移动，上体要前倾，以减小蹬地角度。起动后，前两三步应短促、迅速，并注意观察场上情况，以便随时改变意图。

跑动：足球运动中的跑动，要求运动员能随时变速变向，低重心、快频率和较小的步幅是其主要特点。具体方法有慢、快跑，直线、曲线、折线跑，侧身、后退跑等。

急停：根据身体的运动状态可分为正面急停与转身急停；根据最后一步的腿部动作可分为跨步急停和跳步急停。其动作要领是急停前减速并缩短步幅，最后一步稍大，脚在体前用力蹬地制动，两腿屈膝以获得"坐姿"；保持上体和头部的动作稳定，以有利于下一个动作的完成。

转身：根据转身的起始方向可分为前转身和后转身。其动作要领除参考急停与起动的动作要求外，还应用力蹬伸转动方向的远侧腿，脚尖尽量指向转动方向，手臂用力大幅向与转身相反的方向挥摆，协助身体的突然变向。

跳跃：指的是为取得空间优势而采用的腾空移动方法，有单脚跳与双脚跳两种跳法。无论采用哪种跳法都应注意力求全力向上跳，尽可能延长滞空时间；充分利用身体和两臂动作维持空中平衡和做好保护动作；落地之后要迅速起动以便衔接下一个动作。

步法：是防守队员采用较多的移动方法。运用较多的有跨步、撤步、交叉步、滑步、垫步等。

假动作：指的是"诱骗"对手的重心向一侧移动，从而使其失去平衡。假动作多以身体（头、肩、髋、腿）为主，也有以表情和声音诱骗得手的。运用时注意① 自己别因"假"而失去重心；② 充分利用各种"诱骗"手段和方法；③ 抬头注视对手，视机而"真"。

二、球性练习

足球比赛的攻防双方都是以球为中心来完成的，故如何处理球既是足球比赛的主要内容，又是足球运动的实质部分。有球技术在比赛中的功能，除守门员的技术外，其余场上队员的单个攻防技术可分为六大技术，即运球、踢球、接球、顶球、抢球、掷球。而要熟练地掌握有球技术，必须先从球性练习开始。

球性练习也称为获得球感练习。狭义的球性练习专指颠球，广义的则是指熟悉与掌握足球在外力作用下的基本运行规律。

足球是中空球体，具有很强的弹性，如果人们用既笨又硬的脚去完成触球动作，就会加大初学者学习踢球的难度。由此，几乎所有的初学者学习踢足球的第一步，都需要做一些熟悉球性的练习。这些练习，是前人从有球技术中提取出来的，对掌握足球基本技术中简单、易学的那部分，有相当价值。它们是基础之中的基础，如运球技术中的推、拉、拨、扣、挑、捅球动作，连续不断地向上挑拨、顶碰球（颠球），而降低难度和没有战术要求的基本技术练习也是熟悉球性的上佳练习方法。

三、踢球技术

踢球是运动员有目的地用脚的某一部位把球击向预定的目标。它是足球运动的特征，也是足球技术中最主要的技术。

踢球与传球似乎是一回事，但各自的内涵又不完全一样。踢球是指踢球的动作方法，传球则除具有以上性质以外，还有明显的战术性质，体现了踢球技术的攻防含义。

（一）脚内侧踢定位球

（如无特别说明，本书在涉及踢球技术时均以右脚为例）

动作要领：直线助跑，支撑脚最后一步稍大，膝关节微屈，跨踏在球的侧面 15 厘米处，脚尖正对出球方向，不要突出球体前端。在支撑脚跨出时，踢球腿已经开始了积极的后摆。当支撑脚落地时，踢球腿髋、膝、踝关节逐次外展，大腿带动小腿发力，由后向前摆。当膝关节摆动接近球的正上方，脚内侧即将与出球方向相垂直时，这时小腿做爆发式摆动，脚尖微微翘起，踝关节保持紧张使脚型固定。当脚底与地面平行时，触击球的后中部，随后身体重心随惯性前移，踢球脚脚尖转正落地，随时准备再一次起动或衔接下一个动作（见图 4-1）。

图 4-1　脚内侧踢定位球

动作说明：脚与球接触面积大，出球准确、平稳、易于控制。由于大小腿的摆姿垂直于出球方向，故摆幅小、速度慢，出球力量相对较小。这是短距离的低传球和近距离射门时常采用的动作。

易犯错误：① 踢球腿膝关节外转不够，脚尖没翘起，不能固定脚型；② 摆动腿过紧，呈直腿扫球动作。

纠正方法：① 原地双脚"L"型站位，要求踢球腿髋、膝、踝关节充分外展，在踢球腿踝关节处夹一足球并使其不落地；② 双腿膝关节屈膝，面靠墙站立，踢球腿做外展踢球动作。

（二）脚背内侧踢定位球

动作说明：弧线助跑，助跑方向与出球方向约成45°夹角，最后一步稍大，支撑腿屈膝，跨踏在球的内侧稍靠后方20—25厘米处，以脚底靠外侧部分滚动式着地，脚尖指向出球方向稍偏左的方向屈膝支撑。在支撑同时，踢球腿已完成后摆，并开始以髋关节为轴，大腿带动小腿由后向前摆动。当大腿摆至与支撑腿接近同一平面时，小腿做加速发力，此时脚尖外转脚外翻，踝跖屈，以脚背内侧部位触击球的后下中部。击球后腿随惯性前摆，身体重心随惯性前移，尔后击球腿落地并准备衔接下一动作（见图4-2）。

图4-2　脚背内侧踢定位球

动作特点：踢球腿摆幅大、摆速快，故踢球力量大；由于弧线助跑，所以支撑脚选位的灵活性大，出球的方向变化也多，可踢出多种性质的球。

易犯错误：① 支撑脚的位置偏后，造成上体后仰踢球，出球高而无力；② 支撑脚落地后重心不向支撑脚侧倾斜，使踢球脚踝关节不能做出外转动作。

纠正方法：① 矫枉过正法；② 以支撑脚屈膝外展倒体大跨步踏地练习和弯道跑纠正。

（三）脚背正面踢静止球

动作说明：直线助跑，支撑脚踏在球的侧方 10—12 厘米处，脚趾指向出球方向，膝微屈，眼睛看球。在支撑脚前跨的同时，踢球腿大腿顺势后摆，小腿后屈。前摆时，大腿以髋关节为轴带动小腿前摆，当膝关节摆至接近球体上方时，小腿加速前摆，脚背绷直，脚趾扣紧，以脚背正面击球的后中部。击球后，踢球腿顺势前摆落地（见图 4-3）。

图 4-3　脚背正面踢静止球

动作特点：踢球腿摆幅大，摆速快，故踢球的力量大，且在快速奔跑中也较容易完成动作。缺点是出球的方向单一，出球性质变化也少。

易犯错误：① 踢球腿前摆时小腿过早前摆，造成直腿踢球，出球无力；② 因怕脚尖落地，脚背不敢绷直，致使脚趾触球造成伤害事故。

纠正方法：① 反复练习上步用膝关节顶同伴置于膝关节高度的球，当膝触球后小腿再发力前摆；② 反复练习原地上步摆腿，以正确的部位触球，可创造适宜的条件，降低事故发生率。例如，在浓密的草上练习，或在球下撒上沙子以减小摩擦。

（四）踢球技术练习中的注意事项

初学踢球时，应以踢静止球为主。重点突出支撑脚站位、踢球腿的摆动和脚触球这三个环节。

在初步掌握一只脚踢球的基础上，就应加强技术较弱脚的练习，使双脚均衡发展。

在初步正确掌握踢球动作的基础上，应练习来自不同方向、不同性质的球。

四、头顶球技术

头是足球运动员的"第三条腿"，空中直接处理球的最可靠方法就是头顶球。头顶球技术需要整个身体的协调配合和克服不同程度的心理障碍。头顶技术需要进行特别训练，以使其最终成为自然和本能的动作。

头顶球可用前额的正面和侧面两个部位，在初级阶段我们先介绍原地头顶球技术。

（一）前额正面头顶球

动作要领：这是用从双眉弓以上到前额发际之间的额部正面部位顶球。双眼注视运动中的来球，并把身体调整到正对来球的方向，两脚前后或左右开立，膝关节微屈。随球临近，上体稍后仰，展腹挺胸，两臂自然张开，下颌收紧，身体自下而上蹬地、收腹、摆体、顶送发力。当头摆至身体垂直部位时，用前额正面顶击球的后中部。击球后身体随惯性前摆并向前跨一小步准备衔接下一动作。

动作说明：触球部位平坦，动作发力顺畅，容易控制出球方向，使出球平稳有力。

易犯错误：① 顶球时闭眼、缩脖，找不准击球点与击球部位；② 各技术环节衔接不畅，全身用力不协调；③ 掌握不好击球时机，使头在被动位顶球，影响顶球效果。

纠正方法：上述错误都是多方面综合性的错误动作，难以一一对应描述，这与生理条件反射、心理承受能力、身体素质、动作娴熟程度都有直接或间接的关系。同一错误也许有多方面的原因，但其中必有一个是主要原因。应在教师的指导下分清主次、对症下药，以利纠正和改进动作。

（二）前额侧面顶球

动作说明：这是用左（右）眉弓以上至发际的额部两侧部位顶球。其动作要领基本同正面顶球技术。不同之处是上体后仰准备时，身体和颈部还要沿纵轴向出球方向相反的方向扭转，向前做鞭打动作时要把扭转的角度再扭转过来，并以侧面顶球的后中部。

（三）顶球技术练习中的注意事项

（1）初学者在顶球时，特别在顶速度较快的球时，会有不同程度的恐惧心理。但头顶球技术又是其他技术无法替代的，特别是在双方罚球区内具有特殊的作用和价值。在顶准球的情况下，它对人体没有丝毫的伤害，所以要排除杂念、消除恐惧，建立顶准、顶好的自信心。

（2）从原地顶球开始，就要主动练习睁眼顶球，并养成"目送、目迎"的良好习惯，双臂应屈臂抬起做好自我保护动作。

（3）要充分利用腰腹力量加强击球效果。

（4）在支撑点的垂直上方击球是最好的时机。

五、运球技术

运球是在跑动中用脚间断触球、使球始终处于自己控制之下的触球技术。它包含三个层面的意思，即运球的方法、常用的动作和运球的突破。

运球是其他一切与足球有关的技术和技巧的基础，是各类技术连接的纽带，是展现球员控球艺术的途径。

运球常采用的动作有拨、拉、扣、挑、颠、捅球等。

运球的方法主要有脚背内、外侧运球，脚内侧运球和脚背正面运球。

运球突破的主要方法有强行突破，运球假动作突破，人球分过突破，快速拉、扣、拨、挑、颠球突破，变速突破，穿裆球突破和借对手身体部位反弹突破等。

（一）脚背正面运球

动作说明：自然跑动，步幅稍小，上体略前倾，两臂协调摆动，运球腿屈膝提起前摆，脚背绷紧，脚趾下指，在着地之前用脚背正面推拨球前进。

动作特点：直线推拨，速度快，但是路线单一，运进时前方需有较大的纵深距离。

易犯错误：① 运球脚触球时不稳定，难以控制运球的力量和方向；② 膝、踝关节僵硬，变推拨为捅击动作，控制不住球；③ 支撑脚靠后，推球时重心滞后、人球分离。

纠正方法：① 对墙近距离用脚背正面快速触踢球，要有节奏感；② 多进行脚背正面的颠球练习，增强球感；③ 要求触球时力量适合，运球每步距离短，强调"人球一体"。

（二）脚背外侧运球

动作说明：直线运球时，自然跑动，步幅偏小，上体稍前倾，两臂协调摆动。运球脚屈膝提起前摆，脚趾稍向内转斜下指，当膝至球体上方时，用脚背外侧推拨球的后中部，重心随即跟上。曲线运球时，触球作用力方向应偏离球心，使球呈弧线运行。变向运球时，应注意根据变向角度的大小，调整支撑脚的位置和触球部位及运球脚用力方向，保证蹬摆用力与推拨触球能协调一致。

动作特点：灵活性、可变性强，可做直线、弧线和向外变向运球，易于控制运球方向和发挥运球速度，并对球进行保护，是实战中最常用的运球技术。

易犯错误：① 运球脚直腿前摆，难以控制推拨力量；② 膝、踝关节僵硬，影响控球效果；③ 身体重心偏高或坐后，影响重心跟进。

纠正方法：可参照脚背正面运球出错的纠正方法。

（三）脚内侧运球

动作说明：支撑脚在球的侧前落位，膝微屈，上体稍前倾侧向球，随重心前移，运球脚膝外转，用脚内侧推拨球。

动作特点：易控球、但是运球速度慢，适用于掩护性运球。

易犯错误：① 支撑脚选位不好，挡住球路或影响运球脚做动作；② 推拨球是踝关节松动或脚尖外转不够，影响运球方向。

纠正方法：长期坚持球性练习，多触球，参照以上两种运球技术的纠正方法。

（四）运球技术要求

（1）眼睛要兼顾球、人和场上情况，随机而动。

（2）运球跑动要自然，步子小而短促，重心要低，以便随时随意做出随机动作。

（3）触球的用力不宜大，使球始终处于控制范围之内。

（4）遇有对手争抢球时，首先要用身体掩护球和用远离对手的脚控制球。

六、接球技术

接球是指运动员有目的地运用身体的有效部位，将运行中的球控制在所需位置的动作方法，是运动员获得球的主要手段，也是运动员控球能力的一种表现。

下面，主要介绍脚内侧接球、脚背正面接球和胸部接球三种技术。

（一）脚内侧接球

动作说明：身体正对来球，判断来球的速度和方向，选好支撑脚位置，膝关节微屈。接球脚根据来球的状态相应提起，膝、踝关节外旋，脚趾稍翘，用脚内侧对准来球。触球刹那，接球部位做相应的引撤或变向接球动作，将球控在所需要的位置上（见图4-4）。

动作特点：接球平稳，可靠性强，动作灵活多变，用途广泛。

易犯错误：① 接球腿膝、踝关节外展不够，影响触球角度，控球不稳；② 迎撤接球时机控制不好，缓冲效果差；③ 接球脚动作僵硬，直腿接球，难

图 4-4　脚内侧接球

以控制。

纠正方法：① 多做对墙脚内侧踢球练习，充分体会脚内侧触球的感觉；② 加强无球模仿练习和脚内侧颠球练习；③ 强调心理放松，消除紧张心理，逐步达到放松动作的目的。

（二）脚背正面接球（空中球）

动作说明：身体正对来球，判断来球线路和速度，支撑脚稳固支撑，接球脚屈膝提起，以脚背正面对球迎出，触球刹那，接球脚引撤下放，膝、踝关节相应放松、以增强缓冲效果，使球落在体前或体侧需要的位置上。

动作特点：迎撤动作自如，关节自由度大，接球稳定，但变化较少，适用于接下落的空中球。

易犯错误：① 接球腿的膝、踝关节紧张，动作僵硬，缓冲效果差；② 引撤时机和速度掌握不好，控球不稳；③ 对球的判断不准，接球部位没对准来球，将球碰跑。

纠正方法：在颠球练习中反复做停球并夹球上挑的动作。

（三）胸部接球

胸部接球按照权威理论，一般分为挺胸接球和收胸接球两种。但根据经验，这两种接法都同时存在着准备时间长、动作幅度大、动作难度较大的特点。对初学者来说，更容易掌握的是介于两者之间的胸部卸接。

动作说明：面对来球，两脚屈膝、前后或左右开立，两臂屈臂自然张开，同时肩部肌肉收紧上提成"耸肩"姿势，当球运行到将与胸部接触时，短促而迅猛地放松肩部肌肉与此同时双肩下放复原，以缓冲来球的力量和改变球的运行方向将球接下。接平直球时，放肩的同时稍微收胸，触球的后中部；接空中球时则稍挺胸放肩，触球的后中下部。

动作特点：触球面积大，弹性好，触球点高，动作简单，重心移动小，适用于接胸部以上的高空球和平直球。

易犯错误：放肩动作不积极或时机掌握不好，不能缓冲来球力量。

纠正方法：多做肩部的展、收、提、放练习，并逐渐加快动作的速度。

（四）接球技术练习中的注意事项

（1）在初学阶段，要求在接触球时接球部位要放松，并做好迎撤动作，以缓冲来球力量，把球控制在下一个动作所需的位置上。

（2）要养成积极迎球的处理球习惯。

（3）支撑脚须稳固支撑自己的身体，并用身体或肢体做好护球和自我保护动作。

（4）在停球前后要洞察周围情况，随机调整停球的部位与位置。

（5）要小心隐蔽自己的停球意图，以利于摆脱对手。

（6）停球动作要与传、运、突、射球紧密衔接，不应相互脱节。

七、抢截球、掷界外球技术

（一）抢截球技术

抢截是转守为攻的积极手段，是防守中的主动行动。比赛中每名运动员都肩负着攻与守的双重任务，重攻轻守或重守轻攻都难以支撑本球队的战术活动，要求运动员都要掌握抢截球技术。抢截球包含抢球和截球两个方面。

1. 抢球

抢球是把对方控制的球夺过来或破坏掉。从抢球者的位置可分为正面、侧面和侧后抢球，从方式上可分为跨步、合理冲撞抢球与倒地铲球。每一次抢球行为都是由这两者组合而成的。如正面跨步抢球、侧面合理冲撞抢球、侧后铲球等。下面介绍正面跨步抢球和侧面合理冲撞抢球两种技术。

（1）正面跨步抢球。

动作说明：逼近控球队员时，防守队员应控制好身体重心，两膝弯曲，上体略前倾，并注意观察对手的脚下动作。在对手触球的刹那，支撑脚后蹬发力，抢球腿屈膝以脚内侧向球跨出，身体重心继续快速前移，支撑脚前跨将球控住。如双方对脚触球，则应顺势向上做提拉动作，将球从对方脚背上带出；如跨步出击时对手已做出第二动作，抢球不成则应将球"捅"掉，并准备再次抢球。

易犯错误：① 身体重心不能及时跟进，故抢球脚踝关节相对处于游离态，挡球无力；② 抢球时机掌握不好，出脚过早或过迟而失误。

纠正方法：① 一是跨步不能过大，否则想跟上重心一时也难以办到；二是跨出落地时，积极踏地支撑，使抢球脚在触球时有稳固的支撑。② 一般情况下，抢球者与球是相向运动，而控球者与球是同向运动，若球正处于两人中间位置时，从理论上讲对抢球者更有利，因为他触到球所需的时间与距离都更短，所以应充分利用这一优势，对球的运行路径和速度做出准确的判断，提前一点下脚跨踏在球的行进路线上，此时若对方来不及做出反应，就应顺势跟上重心堵住球路，若对方已做出反应改变路线，则重心不急于跟上，想办法堵住人或令其被迫放慢速度再待机二次抢球。

（2）侧面合理冲撞抢球。

动作说明：当与运球队员呈平行位时，重心略降，身体向对手倾靠，手臂贴紧。在对手近侧脚离地刹那，用肩以下、肘以上部位猛然发力冲撞对手的相应部位，使其重心失控，乘机伸脚将球控在脚下。

易犯错误：冲撞时用手或肘推对手，造成犯规。

纠正方法：让冲撞一侧的手臂紧贴体侧部位，且将手掌夹在另一侧的腋窝里再做动作。

2. 截球

截球是把对方队员传出的球堵截住或破坏掉。用脚、头、胸、腿截球并停下来是最好的结果，如不能控制住，也要尽力破坏对方传球。特别是在本方罚球区附近，防守相对薄弱或人数处于劣势时，将球弄出边线、万不得已开出球门线也是情急之下的无奈之举，这要根据比赛中的具体情况来选择。

技术要点：① 选择的位置和时机要恰当，便于随机出击；② 判断要准确，行动要果敢，方法要恰当，以免反遭"算计"；③ 要快速衔接下一个动作，不要顾此失彼。

（二）掷界外球技术

1. 原地掷界外球

动作说明：两腿屈膝前后或左右开立，两臂屈肘后上举，两手背屈持球置于头后，上体后仰成背弓，双脚用力蹬地（左右开立）或后腿用力先蹬地（前后开立），随后收腹微屈体，紧接着双臂持球用力向前做鞭打动作，最后双手持球迅猛前屈抛腕出球。

2. 助跑掷界外球

动作说明：双手持球于胸前助跑，助跑的最后一步稍大，以屈膝支撑，其余动作与原地掷界外球动作相同。

易犯错误：① 双脚或单脚掷球时离地；② 掷球动作不连贯；③ 双臂用力不均匀呈单手发力掷球。

纠正方法：无球模仿练习与有球练习相结合。

八、踢球动作分析

踢球是指运动员有目的地用脚的相应部位将球击向目标的动作方法。踢球是运动员进行比赛活动的主要技术手段，它在比赛中是以传球和射门为主要形式体现的。

踢球技术的动作方法很多，可以从多种角度分类。但不论哪一种踢球技术，其完成的动作过程都包括助跑、支撑、摆腿、击球和随前动作五个环节。

（一）助跑

助跑是指运动员踢球前的几步跑动。根据跑动与出球方向的关系，助跑可分为直线助跑和斜线助跑。助跑的作用，一是使队员在踢球前获得一定的前移动量，通过动量传递，增加摆腿击球的力量和速度；二是调整人、球、目标三者的关系，通过步幅和方向的调整，保证支撑脚能够进行合理的选位。

助跑的最后一步速率应加快，步幅要加大，从而为增大踢球腿的摆幅，制动身体前冲和提高击球的准确性创造有利的条件。

（二）支撑

支撑动作贯穿整个踢球过程，它包含支撑脚的位置、落位方法、脚的指向和关节支撑等因素。支撑动作的主要作用是维持身体在踢球过程中的平衡，保证摆踢发力动作的顺利完成。

支撑脚的位置。支撑脚的位置是指支撑脚与球的方位关系，对踢球动作的质量和出球状态都有一定的影响。一般来说，支撑脚与球的左、右位置影响踢球腿的摆速和击球的准确性，前后位置则影响踢球腿的摆幅以及出球的角度和高度。在一定范围内，站位越靠后，踢球腿的摆幅越大，出球的角度也越大，球易踢高，反之相反。因此，支撑脚的选位，应根据选用的踢球方法、球的起始状态，以及出球的目标和目的所确定。

落位方法。支撑脚一般采用脚跟踏地迅速过渡到全脚掌落位的方法，以抵消身体前移的冲力。着地后膝关节应微屈，随重心继续前移，支撑脚由脚跟滚动式过渡为全脚掌支撑，使身体重心有一个稳固的支点。

脚的指向。支撑脚落位时脚趾应指向目标方向，以保证击球瞬间身体能转对目标方向，带动踢球腿向目标方向顺利地踢摆，为有效地控制出球方向打下良好的基础。

关节支撑。支撑效果很大程度上取决于支撑腿关节的用力及屈伸程度，支撑腿的膝、踝关节要有积极的蹬伸动作，以保证踢球腿充分地发挥击球力量。

（三）摆腿

摆腿是指踢球腿击球前的摆动过程，是踢球的主要力量来源。摆腿按动作顺序分为后摆和前摆阶段。后摆是为增大前摆的幅度和速度创造条件，前摆则是将助跑与后摆所储备的能量以及自身的能量集中作用于球体，使球能获得足够的能量。

踢球腿的摆动从形式上可大体分为大摆幅式和小摆幅式两种。大摆幅式是指在跨步支撑的同时，踢球腿大腿顺势后摆，小腿后屈与大腿形成一定夹角，前摆时以髋关节为轴，大腿带动小腿前摆击球。这种踢摆动作的主要特点是摆幅大、力量强、摆时长，适用于远距离的传球和射门。小摆幅式是指在跨步支撑的同时开始积极送髋，大腿前顶，小腿后屈，以膝关节为轴小腿加速前摆击球。这种踢法以缩短半径、加快摆速为目的，动作快速突然，具有一定的隐蔽性，适用于在紧迫的环境和时间条件快速出球的需要，适用于中、短距离的传球和射门。

（四）击球

击球是踢球技术的核心，是决定出球质量的关键，含击球部位、击球时间和击球动作等要素。

（1）击球部位是指击球时选择的脚与球的对应点。它决定脚对球施加作用力的关系和效果。选用击球部位取决于多种因素，其中应以出球的目标和目的为主要依据，以保证踢球的目的性和准确性都符合实际需要。

（2）击球时间是指踢球脚作用于球的时间。在固定条件下，增加作用时间，能增大击球力量，并有助于控制出球方向。缩短作用时间，则可加速出球速度。

（3）击球动作是指脚击球时的脚型控制和用力情况。击球时脚型的稳定是保证踢球质量的基础，可确保作用力准确地作用于球体，使出球准确有力。而踢球脚在击球时的变化可以改变出球的性能和方向。

（五）随前动作

随前动作是指踢球腿击球后的一段随球摆动过程。这种随前摆动，可以对尚未达到最高速的球起到进一步加速的作用，同时有助于控制出球方向的稳定。脚与球分离后顺势前摆着地，随前动作的继续使落地的步幅加大，可产生制动效果，并缓冲前移冲力的作用。

九、头顶球动作分析

头顶球是指运动员有目的地用额部将球击向预定目标的动作方法。

现代足球比赛不仅是地面的争夺，空中的争夺也愈演愈烈。头顶球的击球位置高，是争取时间和空间主动的重要技术手段，尤其在罚球区附近，头球的争夺对攻防双方都有举足轻重的意义。它是一种快速、简练，可用于攻防的技术手段。

头顶球是一个自下而上全身协调发力的动作过程，在比赛中完成这一动作过程应包括以下几个方面。

（一）判断与选位

判断与选位是完成顶球动作的前提，可直接影响顶击球的时间、力量和方向。合理的选位应以准确的判断为依据。因此，运动员首先要判断来球的路线、速度和性质，再据此进行相应的移动选位，选位时两眼要始终注视球的发展变化，及时调整自己的移动路线，使自己处于最佳的预顶位置（这一位置既能保证顶球动作的顺利完成，又能达到理想的出球效果）。

（二）蹬地与摆动

蹬地是顶球的起始发力阶段。其作用有两个，一是利用下蹬反作用力，起跳腾空，使身体到达跳顶位置；二是通过有力的后蹬，加速身体摆动，增大顶击力量。

摆动是顶球的主要力量来源。摆动的效果主要取决于腰腹部肌肉的力量和动作协调性，摆动的幅度应根据顶球的目标确定。

（三）击球动作

击球是顶球技术的关键环节，决定顶球的质量和效果。其动作包含击球时机、击球部位和击球瞬间颈部发力等要素。

（1）击球时机直接影响摆体作用的发挥。从理论上讲，最佳的时机应是在头部摆至垂直部位时发力顶击。这时身体重心相对平稳，便于动作的控制，能够充分发挥摆体的作用，否则将会影响顶球的质量。

（2）击球部位指顶球时头与球的相应部位，它直接影响顶球的准确性。因此，应根据来球的路线、出球的方向和目的确定相应的击球部位，以保证球能向预定的目标运行。

（3）颈部的发力动作应短促有力，才能较好地把握顶击时机，并保证击球的速度。常见的有向前顶送、向下点击、向侧摆甩和向后蹭顶等发力动作。击球时颈部适度紧张对人体具有一定的保护作用。

（四）击球后身体的控制

击球后头部和整个身体应随球继续前移，注意落地缓冲和保护动作，还应注意控制身体姿势，保持重心的稳定，保证动作的转换速度。

十、运球技术分析

运球是指运动员在跑动中为控制球而用脚部进行的推拨球动作。运球及运球过人是运动员控制球与进攻能力的重要表现形式，熟练掌握与合理运用运球及突破技术，对调控比赛节奏、丰富战术变化、突破密集防守、创造射门机会都具有重要的意义。

运球技术包括跑动与触球两种要素。运球的跑动具有步幅小、频率快、重心低的基本特征。这种跑动方式有助于队员及时调整身体与球的位置关系，适应运球急停、变速和变向的比赛需要。运球的触球动作是一种推拨式的触球，这种方式有助于队员在运球时能在力量、方向上对球进行有效的控制。跑动与触球动作的协调转换和有序交替，便构成运球的动作过程。

一个运球动作过程，往往包含多种触球的动作方法。但无论哪种触球方法，完成一次运球动作都要经历以下三个阶段。

（1）支撑脚踏地蹬送阶段。蹬送动作的作用是推动人体重心前移，维持身体相对平衡，保证运球脚顺利完成触球动作。这一阶段，应尽量缩短支撑时间，积极蹬送，以加速重心的移动。

（2）运球脚前摆触球阶段。在支撑脚蹬送的同时，运球脚前摆触球给球以推动动力。触球动作包括触球部位、触球时间、触球力量和触球方向等要素。只有熟练地把握好这些要素，并协调相互之间的关系，才能保证对球的有效控制。

（3）运球脚踏地支撑阶段。触球后运球脚应顺势落地支撑，并随即过渡到蹬送动作，以保证重心连续的移动性，使人体与球的移动保持协调，为运球动作过程的连贯、流畅奠定良好的基础。

在运球过程中，撑、蹬、摆、送动作是有序的统一体，应连贯地完成。在此基础上重点解决好运球脚的前摆触球环节，这是掌握和提高运球技术的关键。

十一、接球动作分析

接球是指运动员有目的地运用身体的有效部位，将运行中的球控制在所需位置上的动作方法。它是运动员获得球的主要手段，是运动员控球能力的一种表现。良好的接控球能力能为球队争取更多的进攻机会，是进攻战术的重要构成因素。

接球是一个将运动态的球控制住的过程。从其动作结构分析，一个完整的接球动作应包括以下几个环节。

（一）判断选位

运动员先要准确地判断来球的路线、落点、速度及性质等，并注意观察邻近对手的情况，在此基础上及时、合理地移动选位，占据有利的控球位置。

（二）接球的支撑

稳固的支撑是接好球的保证。从支撑角度讲，接球效果的好与坏，取决于支撑脚的位置和支撑的稳定性。支撑脚的位置是指支撑脚与接球点的方位和距离。合理的支撑距离，有助于接球动作的顺利完成，而支撑脚的合理方位，则有助于运动员将球控在所需的位置上，并能尽快地转入下一步行动。

接球时，支撑腿的膝关节应适度弯曲，身体重心略降，以加强支撑的稳定性。而支撑脚的选位则应根据接球的方法和目的来确定。

（三）触球动作

接球的根本问题是削弱来球的冲力，削弱来球冲力通常采用缓冲或改变来球运行路线的方法。

（1）缓冲。缓冲是削弱来球冲力的有效方法之一：$F\Delta t = mv - mv_0$。由于接球时，球的质量和速度是恒定不变的，根据动量原理可以得出，接球部位触球时间越长，对球的作用力就越小。为了延长触球时间，运动员可以通过接球部位的前迎加大引球后撤的距离，从而减弱球的冲力。迎撤动作的幅度和速度决定缓冲的效果，迎撤速度应与来球的速度相对应。对一些球速较慢，力量较小的来球，可利用接球部位关节和肌肉的放松获得缓冲效果。

（2）改变球的运行路线。人体和地面对球都属于非弹性体。因此，当球以一定的角度触及人体或地面时，其能量会受到损耗而削弱冲力。由此运动员可以通过推压、切挡、拨引、拉引和收挺等加力动作，使球改变原有的运行方向，并在这一过程中使其逐渐损耗能量，最终使球速减缓而达到控制球的目的。

缓冲和改变来球路线都具有削弱来球冲力的功效。一般来说，迎撤接球的准备期长，触球时间长，须有相对宽松的时空条件来完成动作。而加力接球，准备动作小，触球时间短，接球后改变方向能快速离开原地，可达到接球摆脱的技术效果，更适应于比赛的紧张环境。

比赛中常见的接球方式有以下几种。

（1）迎撤：是指以接球部位前迎来球，触球刹那间向回引撤以缓冲来球力量的动作方法。迎球和引撤动作要协调连贯，引撤的时机要恰到好处，迎撤的幅度与速度应与球速相对应，方能收到较好的缓冲效果。

（2）压推：是压和推合二为一的连贯动作，多用于接反弹球。在找好落点和选好支撑位置的基础上，接球部位呈某种角度对准球的反弹点，在落地瞬间，开始迎着球的反弹方向下压，随即与推合成一个动作，其作用力与球的反弹力形成合力方向，将使球变向运行并逐渐减速。运用压推动作的关键在于准确判断来球的落点、速度和反弹路线，并能控制好动作时机和压推角度。

（3）切挡：是指通过下切动作加快球的上旋速度，增大地面的摩擦力，使来球力量得到削弱，并利用接球部位挡住球路，从而达到控球目的。切挡接球的关键在于把握好动作时机，以及下切角度和速度。球速越快，下切角度应适当调小，下切速度则加快，反之相反。

（4）拨球：是指拨球与转体连贯合一的动作过程。拨是通过调整拨球角度将球控向转体方向；转既是协调拨球动作的需要，又具有摆脱、突破和尽快对进攻方向的积极意义。接球时，支撑脚的选位要利于蹬转，通过身体转动带动拨转。一般来说，拨球力量与来球力量成反比，拨球角度与转体角度成正比。拨球时，身体重心应向拨球方向移动，接球脚拨球后要积极落地，并迅速过渡为支撑起动，保证重心随球快速移动。

（5）收挺：收挺动作多用于接空中球。收是指身体或接球部位的后缩动作，具有引撤缓冲动作的功效。挺是指身体或接球部位以一定角度主动迎球推送的动作，其作用是通过向上的动作改变来球方向达到控球的目的。

（四）接球后跟进

接球后身体重心随球快速移动，是迅速控球或进行衔接动作的技术关键。接球动作开始时，重心具有瞬时的稳定性，重心位置落在支撑脚上，以保证接球动作的稳定性。但随着动作的发展，应有意识地将重心向接球方向转移，接球动作完成后，重心应在球运行的方向上加速移动，从而使身体运动方向与球的运行方向一致，保证身体能尽快地移动到控制球或支配球的位置上。

第三节　足球基本战术

一、战术原则

足球战术原则是足球比赛攻守基本规律的反映，是人们在长期的比赛中探索出的指导比赛的基本准则。

在足球比赛中，必须做到攻守兼备。既要创造进攻优势，争取比赛的主动权，增加本方进攻次数和成功率，又要减少和破坏对方的进攻，确保本方球门的安全。力求做到攻中寓守、守中寓攻，保持攻守的一致性。

足球比赛战术配合方法虽然千变万化，但概括起来就是进攻和防守两个方面。因此，足球战术原则分为进攻战术原则和防守战术原则。

（一）进攻战术原则

在比赛中，当本队获得对球控制的瞬间，便展开进攻。一次完整的进攻由组织发动、突破防线和结束进攻三个步骤构成。当然每次进攻不总是完整的，进攻因素也有多种，但这三个步骤通常是都存在的，差别只在于过程的长短与涉及人员的多少而已。为此，应遵循下列进攻原则。

1. 组织发动进攻要制造宽度、保持纵深

一旦本队获得球，无球队员应充分利用场地的宽度，向两侧拉开，扩大对方的防守面，使进攻的空隙增大，为进攻创造空当，有利于穿插配合，突破对方防线；同时还要保持进攻的纵深，要求队员要从不同的方向接应控球队员，创造多方面传球的可能性，形成有层次的进攻。如果对方已回防到位，就利用横、回传球，放慢比赛节奏，寻找时机。不要盲目传球，以免造成失误而失去控球权。

2. 突破防线要利用空当、渗透切入

在保持控球权的前提下，进攻是否有威胁，关键在于能否利用空当渗透切入，有效地把球攻到前场，到达可射门的区域。因此，在拉开对方防线制造空当时，一旦发现对方防守出现空当，就要即刻抓住时机、加快进攻节奏，迅速传切渗透到防守者背后，突破防线，把球攻入射门区。

3.结束进攻要敢于"冒险性"传球，拼抢射门区

在比赛中，越接近射门区，防守越密集，争夺也越激烈，要求控球队员要在对方人员密集、盯抢凶狠的情况下，大胆、果断地使球通过狭窄的空当，把球传给飞速切入的同伴，或快速运球突破，在拼抢中创造射门机会。

4.临场运用要机动灵活、随机应变

在实施进攻战术过程中，必须根据对方的防守情况，机动灵活地改变进攻的节奏、方向、位置、区域、距离等，创造性地运用技术、战术，做到机动灵活、随机应变，使守方顾此失彼、防不胜防。

5.攻中寓守

在本方控球时，主要矛盾是进攻，但也应该注意防守方面，要做到攻中寓守，才能保持攻守之间的平衡。因此，要求进攻中，要有人从后面接应控球队员，一是进攻的需要；二是一旦控球队员失误，接应队员就能立即上去紧逼对手。当中场或后场队员前插时，一定要有人注意弥补其留下的空当和防守对象，这样才能保持攻守平衡。

（二）防守战术原则

在比赛中，当本方失掉控球权的瞬间，便即刻转入防守。为了遏制对方进攻，应设法夺回控球权。下面是应遵循的防守原则。

1.延缓对方的进攻速度

在本方失球的瞬间要即刻转入防守，每个队员应迅速选择有利的防守位置，采取有效的防守行动。失球队员立即盯抢对方控球队员，如果不能立即夺回球，那么失球队员或在对方控球队员附近的防守队员要阻止对手向前传球或快速运球向前推进，且战且退，逼使对方做横、回传球，以减缓进攻速度，为同伴回防争取时间。此时要特别注意不要盲目乱冲猛扑。

2.迅速回位布防

失球瞬间，在离球近的队员进行阻截以延缓对方进攻速度的同时，其他所有防守队员都应迅速回防，尤其插上前场的队员必须抢先回防到位，缩短防守阵线，缩小防守队员之间的距离，保持防守纵深，组织中场盯抢。在防守人数上创造与对方进攻队员对等或以多防少，这样就能减小对方传球配合的空当和限制进攻队员的活动。

3.收缩保护防止突破

在防守中，当中场盯抢失败时，应立即收缩防区，组织好严密的整体防守。每个防守队员都要看好相应的对手，逐渐缩小防守者之间的距离，以便保护与补位，破坏和控制对方的进攻，特别是"自由中卫"要审时度势、选好位置，随时准备补位和抢断传入后卫间的身后球。

4.封锁射门区保护球门

当对方已攻到罚球区附近时，进攻队员随时都可能起脚射门，防守处于最紧迫的时刻。此时，防守要力争在人数上占优势，每个防守队员都必须紧盯自己的对手，封堵控球队员，特别注意紧盯切入的进攻队员，或中后场突然插上的进攻队员，不给对手接球和起脚射门的机会，还要避免鲁莽的行动和犯规。当守门员出击和扑球时，要及时保护和补门。

5.守中寓攻

当本方一旦失球，立即转入防守，行动越快越能有效组织防守，也有利于重新获球再次进攻。因此，前锋丢球后应迅速回防或逼抢封堵。如果回防慢，处于"越位"位置，本方一旦获得球，就难以快速反击。球到后场时，冲在前面的队员要时刻观察和判断形势，积极活动、选择有利的位置，这样既可以牵制对方，又可以在本方抢得球后，快速发动与组织进攻，做到守中寓攻。

（三）个人战术原则

为了遵循和实施攻守战术原则，每个队员还应该遵守个人战术原则。

（1）得球后立即进攻，每个队员（包括守门员）在获得球后都要发动新的进攻。

（2）失球后要防守。一旦本方失球，每个队员必须立即担负防守的职责，并力争把对手置于外线。

（3）传球后跑动。控球队员传球后，立即跟上接应和支援同伴，射门后要跟进，以便补射。

（4）主动迎上接球，不要等球。这样接到球可以为摆脱对手赢得时间，便于处理球。

（5）有意识地运控球，绝不盲目运球，更不要轻易丢球。

（6）防守的位置要保持在对手与本方球门之间；控球时，要使自己处于对手与球之间来掩护球。

（7）抢点处理球，不要让空中球落地，若球已落地，要在球弹起前就将球处理或控制好，尤其在罚球区附近更应如此。

（8）集中精力、随时观察、始终让自己面对球，看到球的活动情况。

（9）防守中遇到可以抢断的球，绝不要让球越过自己。

（10）情绪稳定，绝不造成不必要的犯规或随便将球踢出界外。

二、摆脱与跑位

（一）摆脱与跑位

摆脱与跑位是进攻战术里的个人战术行动。

1. 摆脱

摆脱常作为跑位的前奏而与跑位联系在一起。所谓摆脱，是指进攻队员为避开对方队员盯逼而采用的各种有目的的身体动作。摆脱的方式常有虚晃、突然起动、变向跑等。它的成效在很大程度上取决于假动作的突然性和逼真性，也是构成有效跑位的重要条件之一。

当本队获得控球权后，必然要发动一轮进攻，同队的非持球队员的任务就是摆脱对手的紧逼，利用空间制造空当，给持球队员创造多种传球选择，撕开对方的防线，扩大对方的防区。在对方的紧逼之下，跑位就要采用多种合理的摆脱方法。

2. 跑位

跑位是指无球队员在本队进攻中为自己创造更好的接传球、射门等机会或为同伴创造这些机会所实施的有计划、有意识、有目的的战术行动。

在90分钟的比赛中，任何队员掌握球的时间难以超过两分钟，大量的时间里绝大部分队员都处在无球跑动中。惊涛骇浪的攻势是跑出来的，铜墙铁壁的防守同样也是跑出来的。无球跑位作为足球比赛的重要组成部分，要求每一个队员只要获得控球权，就应及时地根据持球同伴的位置、对方队员的布局状况和球所处的场区，摆脱对手去积极地寻找空当。

常用的跑位方法有突然起动、变速跑、突然变向跑等。敏锐的观察、明确的目的、掌握时机是跑位的主要战术内容。

（二）选位与盯人

选位是指防守位置应始终处于对手与本方球门中心所构成的那条直线上，不让对方持球队员有射门的角度、不让无球队员有直奔球门的线路。

盯人是指对对方进行紧逼，阻止其持球突破或接控球的战术行为。

在比赛的各个阶段，防守队员都要有强有力地限制对手在自己身前活动的能力，最大限度地削减进攻队员的战术活动效率。通过较少的防守行动，取得明显的防守效果。在此基础上，还应调动、控制进攻队员的战术活动，迫使其按自己所希望的方式往自己所希望的区域活动，最终以抢断球反守为攻。

三、局部进攻和防守战术

（一）局部进攻战术

（1）局部进攻战术是指进攻中两个或几个队员之间的配合方法。它是集体配合的基础。其基本配合形式有斜传直插式、直传斜插式、碰墙式、回传反切式和交叉式。

配合要求：

二对一的局面往往转瞬即逝，要抓住战机以多打少；要做运突与传球配合的两手准备；插入者要突然地快速走动去接球；场上同时出现两个或两个以上配合战机时，应选择对对方威胁更大的那一个配合。

（2）三人的传切配合形式。

一个队员跑向空当牵制对方一名防守队员，其他两个进攻队员利用传切战胜对方另一名防守队员，这种配合称为第二空当。

一名队员连续两次与其他两名队员分别进行传切配合。

配合要求：

与两人的配合基本相同；持球队员在传球前，观察应更全面，范围也相应大一些；两人接应队员的起动时间应有先后，配合才能有层次。

（二）局部防守战术

保护与补位是防守战术里小范围的相互协防配合。其中，保护是补位的前提，补位是保护的最终体现。集体协防配合的效果，远大于单个防守力量的直接相加。防守时，同伴间的站位，既要有横向和纵向的层次，又要有能力长短的搭配。总之，大家要保持好空间，在能力上相互照顾与呼应，不能因某一次或某一位置的失误，造成全线崩溃的局面，这样才具备保护与补位的条件。

当同伴被对手突破时，或因其他任务而使其防守位置空虚时，要有同伴及时填补空间和防守力量的空缺，而被突破或暂时离开位置的队员还应立即去反补因别人补自己的位置时失去的那一位置。这就是保护与补位的要点和方法。

第五章　乒乓球

第一节　乒乓球运动的发展

一、世界乒乓球运动

（一）乒乓球运动的起源和世界乒乓球锦标赛

关于乒乓球运动的起源，有各种各样的说法。根据国际乒乓球联合会（国际乒联）有关资料分析，乒乓球运动是由网球运动派生而来的，大约在 19 世纪末起源于英国。

1926 年 12 月，英国伦敦举行了第一届世界乒乓球锦标赛（以下简称"世乒赛"）。比赛期间，召开了国际乒联第一次全体代表大会。大会规定，每年举行一届世乒赛。从 1957 年开始，世乒赛改为每两年举行一届。1999 年，第 45 届世乒赛因科索沃战争被迫"一分为二"，单项比赛和团体赛分别于 1999 年 8 月在荷兰、2000 年 2 月在马来西亚举行。第 46 届世乒赛再次"合二为一"，于 2001 年 4 月在日本大阪举行。自 2003 年第 47 届世乒赛起，单项比赛于奇数年举行，团体赛在偶数年举行。

（二）世界乒乓球运动发展的几个时期

世界乒乓球运动，从第一届世乒赛算起，大体可以分为五个时期。

（1）欧洲乒乓球运动的垄断时期（1926—1951 年）。

（2）日本队称雄世界乒坛（1952—1959 年）。

（3）中国队、朝鲜队后来居上（1959—1969 年）。

（4）欧洲队和中国队分庭抗礼（1971—1979 年）。

（5）中国队一枝独秀（1981 年至今）。

二、中国乒乓球运动

（一）1949 年前的乒乓球运动

1904 年，乒乓球运动从日本传入中国。1935 年，中华全国乒乓球协进会由当时的体育界人士和乒乓球爱好者发起成立。

（二）1949年后的乒乓球运动

1952年国家正式成立中华全国乒乓球协进会沿用了这一名称，10月，举行了中华人民共和国第一次全国乒乓球比赛大会。从中国乒乓球队第一次参加世乒赛至今，其发展历程大体可分为五个时期：① 起步阶段；② 迅速发展阶段；③ 坎坷发展阶段；④ 再创辉煌；⑤ 新的历程。

第二节　乒乓球基本技术

一、乒乓球基本握拍

（一）握拍法

乒乓球握拍方法与击球动作有着密切的关系，在相当程度上影响着每个运动员的技术特点。目前世界上流行的握拍法主要分为直握法和横握法两大类。前者多为亚洲运动员所采用，而后者则是欧洲的传统，各有其优缺点。

直握法的特点：正反手都用球拍的同一面击球（直拍横打除外），出手较快；正手攻球快速有力，攻斜、直线时拍面变化不大，对手不易判断；手指、手腕的运用空间较大，在发球变化、处理台内小球和近身球方面相对有利。但反手（正面）攻球受身体阻碍，较难掌握；防守时，照顾面积较小。

横握法的特点：手指、手掌与球拍的接触面积较大，因此握拍相对稳定，控球范围也较大；反手攻球便于发力，也适于拉弧圈球。但回接左右两边的来球时，需要转动拍面，既给出手速度带来了一定影响，又造成了自身中路的薄弱环节；攻直线球时动作变化明显，易被对方识破；正手处理台内球不及直拍灵活。

（二）直握法

1. 直拍快攻的握拍法

拍前：食指自然弯屈，食指的第二指节和拇指的第一指节分别压住球拍两肩，食指与拇指间的距离要适中。

拍后：其他三指自然弯屈叠放，中指的第一指节侧面顶在球拍背面约1/3处。这种握拍法的手腕比较灵活，也便于利用手指来变化拍形角度，可敏锐地调节用力方向和用力方法（见图5-1）。

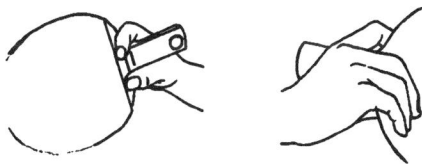

图5-1　直握法

握拍时，拇指与食指间的距离可根据自己的打法特点适当调整大小。间距较大的握法，能有效保证球拍的稳定。利用上臂和前臂集中发力，正手进攻，尤其是中、远台攻球比较有力。但由于握拍较深，对腕力运用有一定影响，处理台内球、加转下旋球、追身球和推挡球稍差。

间距离较小的握法，握拍较浅。这种握拍法的优缺点与大间距握法恰好相反，尤其是正手回接弧圈球时比较困难，不易高压击球。

2. 直握法的关键点

直握球拍时，前面的拇指和食指主要用于调整拍形、转换击球方式，而后面的三个手指则起到辅助和支撑作用，缺一不可，否则就会出现球拍乱晃、拍形调节不便、发力不集中等问题。其中，中指是将击球力量作用于球的主要传递者，发力瞬间必须用力顶住球拍背面，与此同时，中指又是协调控制拍形的支点。当正手攻球或拉弧圈时，拇指压拍，食指相对放松；当反手攻球或推挡时，拇指相对放松，食指压拍。

（三）横握法

1. 基本握拍法

中指、无名指和小指自然地握住球拍柄，拇指在球拍的正面轻贴于中指旁边，食指自然伸直斜贴在球拍的背面。深握时，虎口紧贴球拍；浅握时，虎口轻微贴拍（见图 5-2）。

2. 横拍握法的关键点

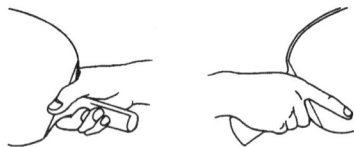

图 5-2　横握法

正手攻球时，食指压拍，以拇指第一指节作为支点，与中指协调控制拍形并传递击球的力量，甚至可将食指略向球拍中部移动，以使其压拍的用力点与球拍正面的击球点更为接近；反手进攻时，则以食指根部关节为支点，拇指压拍控制拍形并传递击球力量，同样，也可令拇指略向上移去接近正面的触球点。注意避免中指、无名指、小指和手掌将球拍柄攥得过紧，否则会使手臂力的传递不够敏锐、调节不够精细而影响击球的准确性。

二、乒乓球基本站姿

乒乓球基本姿势包括击球前的准备姿势和连续击球之间需要保持的身体姿态。打乒乓球必须注意保持恰当的基本姿势，从而保证迅速起动、及时找到合理的击球位置，同时要维持身体重心的相对平衡与稳定。

正确的基本站姿可使身体各部位有更多的肌肉处在应激状态、一触即发，随时准备回击来球。具体动作要求如下（见图5-3）。

（1）上体略前倾，适度收腹含胸，既不能站得过直、重心过高，又不能挺出腹部、全身松散，否则将大大降低动作的灵活性，以后更会影响击球时向前。

图 5-3　乒乓球基本站姿

（2）持拍手臂自然弯曲置于身体右侧。注意不要靠身体过紧而形成"夹臂"，大臂与前臂夹角近于90°。

（3）持拍于腹前偏右侧，离身体约30厘米。侧身抢攻较多的运动员，执拍手的位置应更偏正手位。手腕适度放松，但不能无力下垂而形成"吊腕"。

（4）两膝微屈，应感觉到身体对膝关节有适度的压力。这点非常关键，微屈的双膝就如同积蓄了能量随时待发，而僵直的膝关节则缺乏弹性，难以辅助发力，并会显著降低移步的速度。

（5）相对于球台端线而言，通常左脚稍站在前一点（以右手持拍为例）。但削球打法的运动员则略有区别：进攻较多的削球手经常两脚平行站位，便于左右移动；防守较多的运动员则更多采用右脚稍前、左脚稍后的姿势，便于及时后退削球；削球手准备攻球时往往又会左脚稍前。

（6）两脚的前脚掌内侧着地，略提踵。这是与上体略前倾相辅相成的，有助于快速起动。

（7）两肩基本同高，肩关节放松，避免耸肩，未击球时也不应刻意地沉肩。同时下颌稍向后收，两眼注视来球。

（8）球拍不要沉得过低。否则容易延误击球时间，不利于处理台内球，并且也不易于处理上旋来球尤其是弧圈球，而后者正是目前乒乓球实战中的主要矛盾。

（9）非持拍手自然放于腹前，与持拍手基本同高。无论做出何种击球动作时，运动员都要习惯用这只非持拍手帮助保持身体的平衡。

（10）两脚开立略比肩宽，但也不能过宽。身体重心在两脚之间，但不宜平均分配。而是主要保持在稍靠前的腿上。通常采用削球打法和弧圈球打法的运动员由于动作幅度大、跑动范围大、离台也较远，两脚距离比快攻型运动员大，重心也略低。

三、乒乓球技术要素

乒乓球比赛要求运动员在击球时要同时具备准确性和威胁性，只有这样才能获得更多的主动上手机会。准确性，是指对方发球或还击后，本方运动员必须击球，使球直接越过或绕过球网装置，或触及球网装置后，再触及对方台区。威胁性，是指己方合法击过去的球要给对方造成威胁，或让对方失误。

准确性和威胁性并不是孤立存在的，两者对立统一、不可分割，在一定条件下可以互相转化，即在击球准确性不断提高的基础上，不断提高击球的威胁性。而在不断提高击球威胁性要求的带动下，击球的准确性也得到相应的提高。

欲提高击球的准确性，必须使击出的球有适宜的弧线；欲提高击球的威胁性，所击出的球要具有较大的力量、较快的速度、较强的旋转和较好的落点。下面对乒乓球技术中的五大要素进行具体说明。

（一）击球弧线

乒乓球的运行特点是以一定的弧线形式体现的。击球弧线是指球离开球拍落到对方台面的飞行轨迹。

（二）击球速度

乒乓球运动中的击球速度，是指从对方来球落到我方台面开始，到弹起被我方球拍回击后又落到对方台面上，这一过程所用的时间。所用时间越短，说明速度越快。

（三）击球旋转

旋转是乒乓球运动中一个十分重要的技术要素。随着科学技术的发展和球拍的不断革新，击、接旋转球技术更加被人们重视。在比赛中，利用旋转球变化争取主动已成为重要的得分手段之一。掌握好复杂的旋转球变化规律，对提高击球质量、增加战术种类有重要的意义。

（四）击球力量

在现代乒乓球技术中，加大击球的力量，无论用于对付强烈上旋的弧圈球，还是转与不转的削球，都具有重大作用。比赛时，击球的力量大、球速快，能较容易取得主动，甚至直接得分。

（五）击球落点

乒乓球的落点是指球的着台点。从击球点到着台点之间所形成的轨迹，叫击球路线。研究乒乓球的落点和击球路线对于提高击球质量和战术效果是十分重要的。所谓"落点刁、球路活"本身就包含战术因素。

四、击球基本环节和动作结构

（一）击球的基本环节

在双方对打的过程中，每一次击球所包含的基本因素称为击球的基本环节。根据从前到后的顺序，有以下五个基本环节。

（1）准备：乒乓球选手击每一板球前都要有所准备。这里的准备包含两方面的内容，一个是身体方面的准备，包括站位、身体姿势等；另一个是心理方面的准备，眼睛紧盯对方，时刻准备回击来球。

（2）判断：根据对方的站位、击球时间、击球部位、拍形角度、拍面方向、发力方向，特别是拍触球时的情况，以及球在空中飞行的弧线、速度、旋转特点等来判断对方来球的性能。这是打好一个球所必需的基本要求，判断错误就无法回击来球。

（3）移步：根据判断的结果和准备使用的还击技术，迅速采用合适的步法移动到理想的击球位置。没有灵活快速的步法，到达不了理想的位置，往往出现手快脚慢的现象，很容易失误，即使没有失误，还击的质量也必然很差，造成被动。

（4）击球：根据判断的结果和准确使用的技术，再结合战术，用合理的技术击回球。挥拍击球的质量好坏，不仅取决于技术掌握得如何，还取决于步法移动是否合适。有时一个很好还击的半高球，由于步法移动慢，只差一点儿位置，也会失误。这种现象在初学者中普遍存在，因此重视步法移动是非常重要的。

（5）还原：击球后，身体重心要迅速还原成准备姿势，或调整重心，使身体保持平衡，以便于随时对下一个来球进行新的判断，以迅速移动的步法还击来球。能否迅速还原关系着下一次击球的好坏。有的运动员在一板大力扣杀后，以为必然得分，没有及时还原，结果被对方轻轻地接回球，反而造成自己的被动和失误。这种情况，在比赛中可以经常见到。

以上五个基本环节不断循环，直到任何一方出现失误为止，就是比赛中的"一个回合"。在这一回合中，任何一个环节处理不好，都会造成被动和失误。可以说，乒乓球的比赛过程，就是努力保持自己击球的基本环节不被破坏，而力求破坏对方击球基本环节的过程。

（二）击球的动作结构

乒乓球击球的技术动作是多种多样的。尽管各种方法要领各有不同，但在击球动作的结构方面，却有共同的规律。乒乓球的击球动作一般包括选位、引拍、迎球挥拍、球拍触球、随势挥拍、身体协调和击球后放松动作等部分。

（1）选位：击球位置是否合适，直接影响击球质量的好坏。击球位置是根据对方来球的落点和旋转性能及本方所要采取的还击方法来确定的。击球开始时，要求调整好两脚位置、身体重心和身体姿势，做好挥拍击球的准备。这些动作是紧密配合、一气呵成的。

（2）引拍：是指挥拍击球前的准备动作。其作用是为了更好地发力。引拍是否到位，是能否击中来球的首要条件。引拍是否及时，是能否保持合适的击球点的重要因素之一。引拍的方向决定了回击球的旋转性质。要使回击球下旋，就必须向上引拍；要使球上旋，就应向下方引拍。引拍动作的正确与否，影响击球的命中率和击球效果。

（3）迎球挥拍：是指引拍结束到击中来球这段过程的动作。引拍与迎球挥拍是一个连贯的、不停顿的动作，挥拍的方向决定回球的旋转性质，挥拍的速度决定击球力量的大小。因此，挥拍动作的正确性直接影响击球的命中率和击球效果。

（4）球拍触球：是指球拍与球接触时的瞬间动作，包括拍形角度和拍面方向、击球时间、击球部位和发力方向。球拍触球时，拍面所朝的方向决定了击球路线。拍形角度决定了触球部位，并直接影响动作的准确性。这一环节是决定击球方向和落点的关键。球拍触球是整个击球动作中的核心部分，直接决定了回球的准确性和击球质量。

（5）随势挥拍：是指球拍击球后有一段随势前挥的动作。这一动作有利于在击球结束阶段保证击球动作的准确性。

（6）身体协调和击球后放松动作：身体协调是指击球过程中不持拍的手臂、身体扭转、重心移动等动作与挥拍击球动作的配合关系，能促使身体各部分肌肉的协调用力。放松动作是指击球动作完成后，随着挥拍的结束而出现的一个短暂的放松阶段。放松动作是在连续击球中保持身体平衡的关键，也是保证有节奏地连续击球的重要因素。

乒乓球教练员在教任何一个技术动作时，如果能按照以上击球动作总结的共同规律进行讲解和示范,可使学生较快建立动作概念。在训练中,教练员如果能按照这些环节去观察学生的动作,会较快地发现他们存在的错误。因此,了解击球动作结构对提高技术动作的分析能力和教学质量有很大的帮助。

五、乒乓球的发球

发球、接发球和发球抢攻是乒乓球实战中的重要环节,一般统称为"前三板"。发球是比赛的开始,发球质量的好坏直接影响比赛的结果。作为初学者主要需要掌握以下几种发球方法。

(一)正手平击发球

(1)特点:速度一般,略带上旋,是初学者最基本的发球方法,也是掌握其他复杂发球的基础。

(2)动作要领:左手将球向上抛起,同时右臂内旋,使拍面稍前倾,向右上方引拍。当球从高点下降至稍高于球网时,击球中上部向左前方发力(见图5-4)。

图5-4 正手平击发球

(二)反手平击发球

(1)特点:出球性质与正手平击发球类似。

(2)动作要领:左手将球向上抛起,同时右臂外旋,使拍面稍前倾,向左后方引拍。当球从高点下降至稍高于球网时,击球中上部向右前方发力(见图5-5)。

(三)正手发右侧上旋急长球(奔球)

(1)特点:球速快、落点长、角度大、冲力强。球的飞行弧线低且向左偏斜,具有较强的右侧上旋。

(2)动作要领:左手将球向上抛起,同时右臂内旋,使拍面稍前倾,前臂

(a) 反手平击发球(直板)

(b) 反手平击发球(横板)

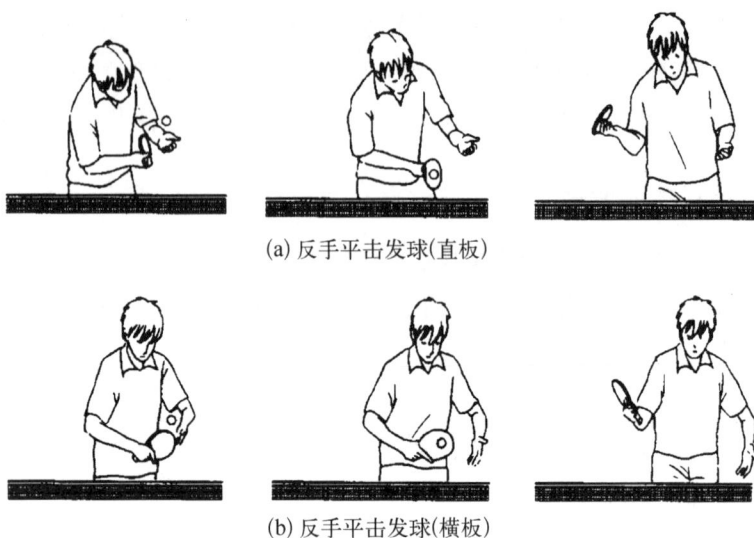

图 5-5　反手平击发球

手腕自然下垂，肘关节高于前臂，向右后方引拍。当球从高点下降至近于网高时，击球右侧向右侧上方摩擦，触球一瞬间拇指压拍，手腕从右后方向左上方抖动（见图 5-6）。

图 5-6　正手发右侧上旋急长球

（四）反手发急球

（1）特点：可以牵制对方，压住对方反手。

（2）动作要领：左手将球向上抛起，同时右臂外旋，使拍面稍前倾，上臂自然靠近身体左侧，向左后方引拍。球从高点下降至低于网高时，击球左侧中上部，触球一瞬间前臂加速向右前上方横摆，手腕控制球拍加力摩擦球，腰部配合向右转动（见图 5-7）。

(a) 直板反手发急球

(b) 横板反手发急球

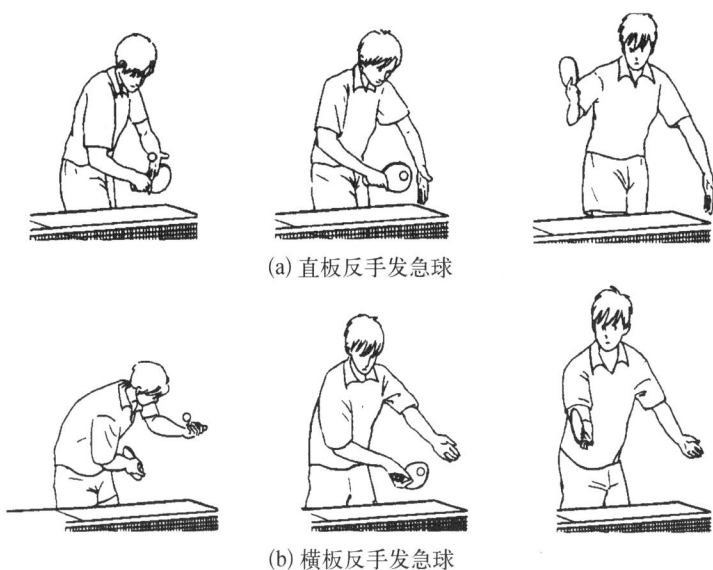

图 5-7　反手发急球

（五）正手发下旋加转球与不转球

（1）特点：动作相似，旋转差异大。由于发球手法近似，能通过旋转变化迷惑对方，从而直接得分或为第三板进攻创造机会。

（2）动作要领：左手将球向上抛起，同时右臂外旋，直握拍手腕作伸，横握拍手腕略向外展和伸，向右后上方引拍。发下旋加转球，当球从高点下降至稍高于网或与网同高时，前臂加速向前下方发力，同时手腕作屈并内收，以球拍远端（拍头）触球，击球中下部向底部摩擦。发不转球与下旋加转球的区别在于，手臂外旋幅度小，减少拍面后仰角度，以球拍中后部偏右的地方触球，击球中部或中下部，减少向下摩擦球的力量，近似将球向前推出，使作用力线接近球心，从而形成不转球（见图 5-8）。

图 5-8　正手发下旋加转球与不转球

（六）反手发下旋加转球与不转球

（1）特点：相比于正手更注重落点变化。

（2）动作要领：左手将球向上抛起，同时右臂内旋，直握拍手腕作屈，横握拍手腕略向外展，使拍面稍后仰多向左后方引拍。发下旋加转球，当球从高点下降至稍高于网或与网同高时，前臂加速向右前下方发力，同时直握拍手腕作伸，横握拍手腕内收，以球拍远端（拍头）触球，击球中下部向底部摩擦。反手发不转球与下旋加转球的区别与正手"转不转"发球类似（见图5-9）。

图5-9　反手发下旋加转球与不转球

六、乒乓球的推挡球

推挡是我国直拍快攻打法的基本技术之一，具有站位近、动作小、速度快、变化多的特点。在对攻中常用快速推压，结合力量、落点和旋转变化牵制对方，为正手攻和侧身攻创造有利条件；在被动时，可以起到积极防御的作用。

运用推挡技术时，通常的站位及准备动作如下：根据运动员身材的不同，站位离台40—50厘米，多在球台左半台的三分之一处；两脚开立，比肩略宽，左脚稍前，右脚稍后，或两脚平行；上体略前倾，身体重心在两脚间，双膝微屈；拍面呈半横状，拍形近于垂直；握拍时食指稍用力，拇指放松，上臂和肘自然靠近身体右侧，上臂与前臂的夹角约为100°，肩部放松。

推挡球可分为挡球、快推、加力推等技术。

（一）挡球

（1）特点和作用：球速慢，力量轻，动作简单，容易掌握，是初学者的入门技术。

（2）动作要领：两脚平行站立或右脚稍后，身体靠近球台。击球前，两膝微屈，稍含胸收腹。击球时，前臂前伸球拍触球时，拍面与台面近乎垂直，在上升期击球的中部，借助对方来球的反弹力将球挡回。击球后，迅速还原，准备下一次击球（见图5-10）。

图5-10 挡球

（3）要点：球拍横状立，手臂前伸迎球、上升期击球中部，借来球反弹力将球挡回。

（4）运用：帮助初学者熟悉球性，提高控制球的能力。用于回接挡球和上旋来球等，能起到调动对方和防守的作用。

（二）快推

（1）特点和作用：出手快，线路活，是学习其他推挡技术的基础。在对攻和相持中运用对推两大角或突袭对方空当，能争取时间，使对方左顾右盼应接不暇，造成其直接失误或漏出机会为自己的抢攻创造条件。一般适用于对付推挡球、中等力量的突击球和旋转较弱的拉球。

（2）动作要领：手臂自然弯曲并做外旋，拍面角度稍前倾，上臂和肘关节内收自然靠近身体右侧，将球拍引至身体前方。当来球跳至上升期时，前臂和手腕迅速向前略向上推出去。触球刹那手腕外旋，拍面稍前倾击球中上部。以前臂和手腕发力为主，并适当借力（见图5-11）。

图5-11 快推

（三）加力推

（1）特点和作用：力量重，球速快，能抑制对方的攻势，常可迫使对方离台而陷于被动防守的局面。加力推与减力挡配合运用，能更有效地控制对方，争取主动。一般适用于对付速度较慢、旋转较弱的上旋球或力量轻的攻球及推挡。

（2）动作要领：手臂自然弯曲并做外旋，拍面角度稍前倾，上臂后收，前臂必须提起，肘关节贴近身体，将球拍引至身体前方较高处。当来球跳至上升后期或高点期时，上臂、前臂和手腕加速向前下方推压，腰髋向左转动配合发力，拍面前倾击球中上部，中指用力顶拍。

七、乒乓球的攻球

攻球具有速度快、力量大、应用范围广泛等特点，是比赛中争取主动，获得胜利的重要手段。因此必须学好攻球技术。

（一）正手近台攻球

（1）特点：站位近，动作小，球速快，能借来球反弹力还击。是我国近台快攻打法的主要技术之一。

（2）方法：直拍正手近台攻球时身体靠近球台，右脚稍后，两膝微屈，上体略前倾。击球前，引拍至身体右侧呈半横状，上臂与身体约成35°，与前臂约成120°。当球从台面弹起时，手臂由右侧向左前上方迅速挥动，以前臂发力为主。击球时，食指放松，拇指压拍，使拍面前倾并结合手腕内转动作，在来球上升期击球中上部（见图5-12）。

1　　　　2　　　　3　　　　4

图5-12　正手近台攻球

横拍正手近台攻球时，前臂和手腕成直线并与台面近似平行，拍柄略朝下。击球的时间、部位、拍面角度及手臂挥动的方向，基本上与直拍相似。

（3）要点：前臂发力为主，配合转腕动作，向前上方挥拍，在来球上升期击球中上部。

（4）运用：常与落点变化相结合，在对攻中运用不仅能调动对方，为扣杀创造条件，而且能以快速、凌厉的攻势，使对方措手不及。

（二）正手中远台攻球

（1）特点：站位稍远，动作幅度大，力量重，进攻性强。

（2）方法：右脚在后，重心在右脚，身体离台1米左右或更远些。击球前的准备姿势与正手近台相似，但动作幅度稍大些。击球时上臂稍向后拉，在来球下降前期或后期，上臂带动前臂和手腕，击球的中部或中下部，向左前上方挥动，击球后重心前移（见图5-13）。

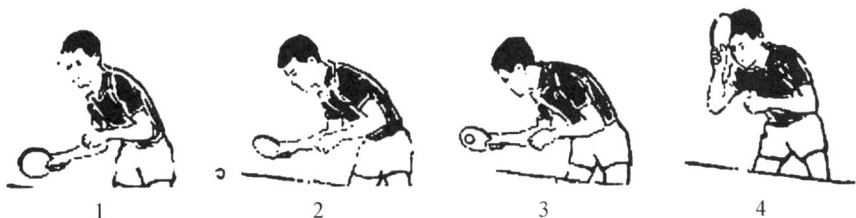

图5-13 正手中远台攻球

（3）要点：上臂带动前臂发力，在触球瞬间加快前臂的挥拍速度并配合转腕动作，在来球下降期击球中部或中下部。

（4）运用：在对攻中，常以力量配合落点变化直接得分或为扣杀寻找机会。它常用于侧身攻后扑右，正手打回头。在被动防御时，也用作过渡球，伺机反攻。

八、正手快拉

（1）特点：出手较快、动作较小、线路活，又称为拉攻。

（2）方法：站位近台，右脚稍后，重心放在右脚上。击球前，引拍至身体右侧下方呈半横状，拍面近似垂直。当球从最高点开始下降时上臂和前臂由后下方向前上方挥动，前臂迅速内收，结合手腕转动的力量摩擦球的中部或中下部。击球后，重心移至左脚，球拍随势挥至头部（见图5-14）。

（3）要点：身体重心略下降，前臂稍下沉。击球时，前臂必须向前迎击来球的下降前期，手腕同时向上向前用力转动球拍摩擦球的中部或中下部。

（4）运用：拉球是回击下旋球的一种主要攻球技术。这种技术往往以快拉对手不同落点，配合拉轻、重力量和旋转变化等伺机进行扣杀。

(a) 直拍正手快拉

(b) 横拍正手快拉

图 5-14　正手快拉

九、搓球

搓球是一项必须具备的过渡性技术，但在比赛中一定不能多搓，否则必被对方抢攻。搓球的动作与削球近似，也是削球运动员的一项入门技术。

下面介绍两种主要的搓球技术。

（一）慢搓

特点：慢搓动作幅度较大，回球速度慢，一般在下降期击球。在对搓中如能运用旋转变化，可以直接得分或为进攻创造条件。

1. 反手慢搓

两脚并立，身体离台稍远，手臂自然弯屈，向左上方引拍。击球时，前臂内旋配合转腕动作，向前下方用力，拍面后仰，在来球下降期摩擦球的中下部（见图 5-15）。

2. 正手慢搓

两脚开立，右脚稍后，两膝微屈，身体稍向右转，离台稍远。击球前，向右上方引拍，拍面后仰。击球时，前臂和手腕向左前下方挥动，在来球下降期摩擦球的中下部（见图 5-16）。

要点：击球时，拍面后仰，提臂引拍后向前下方用力，在下降期常摩擦球

(a) 直拍反手慢搓

(b) 横拍反手慢搓

图 5-15　反手慢搓

图 5-16　正手慢搓

的中下部。

运用：慢搓是用于回击台内下旋球的一种过渡技术，常利用击球时间的有利条件，增大搓球的旋转，为进攻创造机会；在相互对搓中，如能把快、慢搓结合起来，变化击球节奏，就可以牵制对方，争取主动。

（二）快搓

特点：动作幅度小，回球速度快，借来球的前进力将球搓回。

1. 反手快搓

两脚开立，两膝微屈，身体靠近球台。击球时，拍面稍后仰，前臂配合手腕转动动作向前下方切动，在来球上升期摩擦球的中下部，将球快速搓出（见图 5-17）。

2. 正手快搓

两脚平行或右脚稍前，两膝微屈，身体靠近球台。击球前，右手向右上方

(a) 直拍反手快搓

(b) 横拍反手快搓

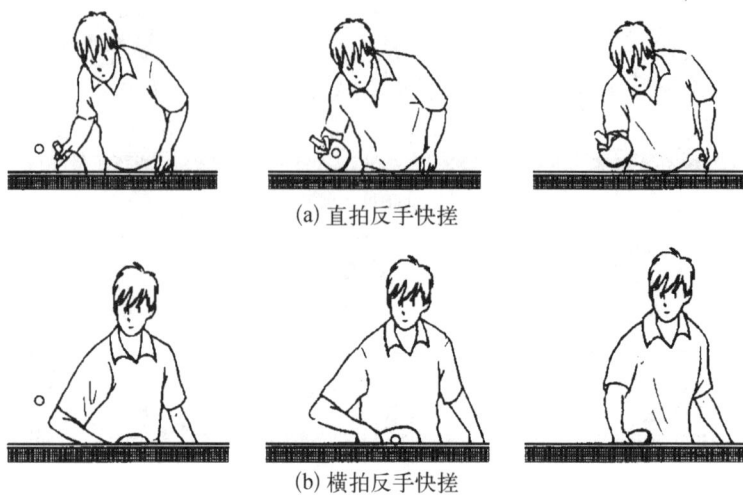

图 5-17　反手快搓

引拍，拍面稍后仰。击球时，前臂和手腕向左前下方切动，在来球上升期摩擦球的中下部，将球搓出（见图 5-18）。

图 5-18　正手快搓

要点：击球时拍面稍后仰，手臂要迅速前伸迎球。向前下方切动，在上升期摩擦球的中下部。

运用：常用于接发球或对付下旋球的过程中，用正、反手快搓，可以变化节奏，缩短对方击球时间，争取主动。或在对方发球、削过来的近网下旋球时，借以搓近网或搓底线长球，伺机进攻。

十、侧身进攻

（一）单步侧身

只适用于攻打中间偏左的来球，偶尔运用可起"偷袭"效果（见图 5-19）。

（二）跨步侧身

移位时要加转体动作，快攻打法运用较多，适合以中等力量快速击球制造机会，比如快带弧圈（见图 5-20）。

（三）跳步（或滑步）侧身

移位时腾空（或脚轻擦地面）转体，利于大力攻球，弧圈打法运用较多（见图 5-21）。

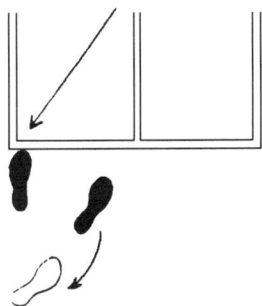

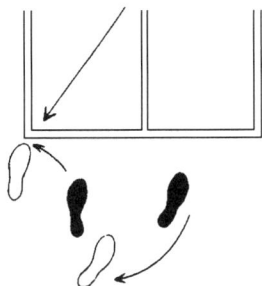

图 5-19　单步侧身　　　　　图 5-20　跨步侧身　　　　图 5-21　跳步（或滑步）侧身

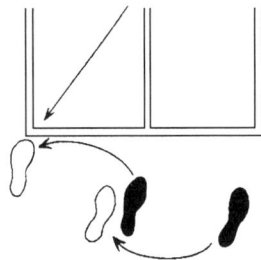

十一、弧圈球

弧圈球是一种上旋非常强的进攻技术。从 20 世纪 60 年代出现以来，弧圈球有了很大的发展，至今各国运动员已广泛采用。

弧圈球可分为加转（高吊）弧圈球、前冲弧圈球、侧旋弧圈球、假弧圈球（不太转的高吊拉球）等。正、反手均可拉弧圈球。

（一）正手加转弧圈球

特点：飞行弧线较高，速度较慢，上旋很强，着台后向下滑落快。这种球往往能使对方回球出界或回高球，可为扣杀创造机会，也可直接得分。

方法：两脚开立，右脚稍后，身体略向右转，两膝微屈，重心放在右脚上。准备击球时，持拍手臂自然下垂并向后下方引拍，使球拍引至身后靠近臀部，右肩略低于左肩，拇指压拍使拍面略前倾，并使拍面固定。当来球从台面弹起时，手臂向前上方挥动，前臂在上臂带动下很快收缩，拍面与台面约成80°，在下降期摩擦球的中部或中上部。摩擦球时，配合腰部向左上方转动，并借助右脚蹬地的力量。击球后，手臂随势将拍挥至额前，重心移至左脚（见图 5-22）。

图 5-22　正手加转弧圈球

要点：上臂发力带动前臂迅速收缩，腰部配合用力，向上略带向前挥拍，拍面稍前倾，在下降期摩擦球的中部或中部偏上位置。

运用：正手加转弧圈球是对付削球、搓球和接出台下旋发球的重要技术。此外，在比赛中当自己的位置不好或对方来球难度较大不便于抢攻时，或者有意打乱对方节奏，为下一板创造进攻机会时，也常运用这种球。

（二）正手前冲弧圈球

特点：击出的球弧线较低，速度快，前冲力大，能起到与扣杀同样的作用（见图 5-23）。

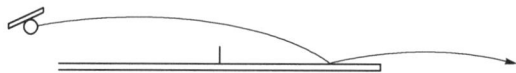

图 5-23　正手前冲弧圈球轨迹

做法：两脚开立，右脚稍后，身体略向右转，重心放在右脚上，自然引拍至右下方约与台面齐高处，拍面保持前倾。当来球从台面弹起时，腰部由右向左转动，前臂在上臂带动下向前发力，手腕略为转动，拍面前倾较大（一般在 35°—50°），在高点期摩擦球的中上部。击球后，重心移至右脚（见图 5-24）。

要点：球拍引至腰部侧后位，身体各个部位协调用力，以向前发力为主，略带向上发力，拍面前倾较大（根据来球特点），在高点期摩擦球的中上部。

图 5-24　正手前冲弧圈球动作

运用：前冲弧圈球是对付发球、推挡球、搓球以及中等力量的攻球，能起到与扣杀同样的作用。离台防守时，也可以用它进行反攻。但在比赛中运用前冲弧圈球时，自己步法移动一定要到位，否则不利于发力。

（三）反手弧圈球

反手弧圈球（见图 5-25）的动作原理与正手弧圈球类似，除左右反向外，还需要注意以下两点。

（1）引拍至腹前近身处，球拍通常都低于台面，手腕略屈使拍面前倾，肘部自然地向前支出。

（2）发力时，肘部相对固定，主要以腰带动前臂向前上方发力，并防止过于向上用力而形成重心后坐。

图 5-25　反手弧圈球

十二、乒乓球基本步法

乒乓球运动的技术问题，一是手法，二是步法。比赛中，运动员欲在最佳的击球时间和最适宜的位置击球，则必须做到"每球必动"。随着乒乓球技术水平的不断提高，步法的重要性日益突出，它既是及时准确地使用与衔接各项技术动作的枢纽，又是执行各种战术的有力保证。即使作为初学者，也需要强化乒乓球是全身运动的意识，而不能重手法、轻步法。

（一）单步

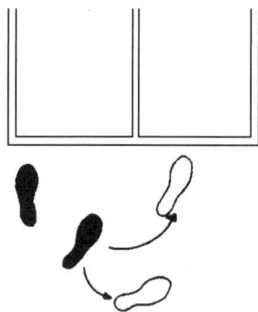

图 5-26　单步

以一只脚为轴，另一只脚视需要向某一方向移动，移步完成时身体重心也随之落到移动的脚上（见图5-26）。

单步通常在来球离身体不远的小范围内运用，如回击近网短球和削接追身球。移步简单灵活，重心转换较平稳，各种打法都适用。有时，为了移动脚更好地起动，作为轴的脚往往先要在原地轻跳或踮一下，以便调整重心。此外，用单步上前回接近网球时，容易出现重心跟不上、臀部落在后面的问题，影响击球的效果。

（二）跨步

以远侧一脚蹬地，靠近来球的脚向移动方向跨出一大步，身体重心随即落到该脚上（攻球时可落脚和击球同时进行），蹬地脚迅速跟上半步或一小步（见图5-27）。

跨步幅度较单步大，常会降低身体重心（后移动脚跟上的速度慢时尤其明显）。故而打借力球好、发力球差。随着技术发展，弧圈球打法使用跨步已很少见。近台快攻打法也主要在需要快速回击时运用跨

图 5-27　跨步

步。比如，正手"打回头"以跨步横向移动时常与并步或跳步结合运用。因跨步与跨步衔接会令身体重心越来越低，不利于连续击球。

（三）跳步

以远侧一脚用力蹬地为主，使两脚同时或几乎同时离地向来球方向跳动，远侧脚先落地，另一只脚跟着落地站稳（见图5-28）。

跳步移动范围较跨步略大，但速度不如跨步。移动中常会有短暂的腾空时间，对保持身体重心稳定有一定影响，通常靠膝关节和踝关节的缓冲来减少重心起伏。跳步多用于来球距离身体较远且速度

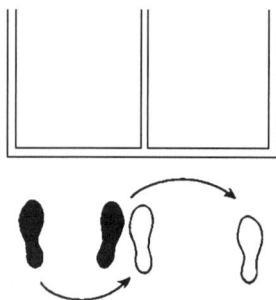

图 5-28　跳步

不是很快时，利于主动连续进攻。弧圈球打法常用侧身移动或在中台左右移动；快攻打法侧身时用跳步也较多，但左右移动时常会将其与跨步结合运用，如往右移动先用跨步，接着往左移动时用跳步。

（四）并步

并步与跳步基本相似，但不做腾空跳动动作。远侧一脚向来球方向迅速蹬地起动，先并一小步，同时另一只脚向来球方向跨出一步。先起动的远侧脚，其移动幅度不超过另一只脚。移动速度较快时，并步也可称为滑步。

并步移动范围比跳步略小，但较跳步更有利于保持身体重心的稳定，是削球常用步法之一。快攻或弧圈球打法在攻削球做小范围移动时也经常运用并步。

（五）交叉步

近来球方向的脚先做一小垫步并用力蹬地起动，身体向来球方向转动，远离来球的脚越过近来球方向的脚跨一大步，两脚在身前形成交叉。远离来球的脚将落地时击球，同时身体顺势面向球台，近来球方向的脚随之落在另一只脚的侧后方（见图5-29）。

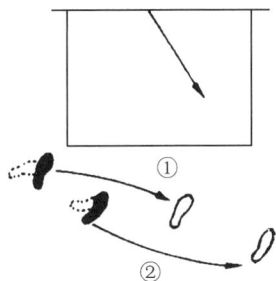

图5-29 交叉步

交叉步移动的幅度比前面介绍的几种步法移动幅度都大，主要是用来对付离身体较远的来球。快攻或弧圈球打法在侧身攻后扑打右角空档或走动中拉削球时，常会运用这种步法；削球打法也常用它来接短球或削突击球。

第三节 乒乓球基本战术

一、基本站位

乒乓球运动员选择自己的基本站位，必须遵循有利于发挥自身技术特长的指导原则。下面介绍决定运动员基本站位的因素。

（一）运动员的打法类型（均以右手持拍为例）

（1）左推右攻打法的运动员，基本站位在近台中间偏左。

（2）弧圈球打法的运动员，基本站位在中台偏左。

（3）攻削结合打法的运动员，基本站位在中台附近。

（4）以削为主打法的运动员，基本站位在中远台附近。

（二）运动员的个人技术特点及身体条件

基本站位指的是一个范围，而不是某个固定点，需要根据运动员的个人技术特点及身体条件而决定。例如，同为弧圈球打法，侧身抢攻多的运动员，基本站位就比使用反手多的运动员略偏左一些。再比如，身材高大的运动员，基本站位通常离台稍远一点。

（三）对方运动员的打法特点

如对手是削球为主的打法，其习惯削球落点的长短，必然影响我方基本站位的前后变化。如自己是右手握拍，遇到左手握拍的对手，基本站位就要稍向中间移。

二、乒乓球基本战术

运动员在比赛中，根据自己和对方的具体情况，有目的、有意识地运用技术，便形成了战术。战术是以技术为基础的，一个运动员基本技术越全面、越扎实，他的战术运用就越灵活多样。反之，随着战术的变化和发展，又可促进技术不断的革新和提高。

制订一套正确的战术，既要知己知彼，又要以我为主。因此，在制订战术前，应对对方做一番比较全面的了解，抓住对方最基本的东西，然后根据自己的特点来制订战术。战术运用总体原则：对己扬长避短；对彼要避长攻短；最好能以己之长攻彼之短。但在运用时还必须要有的放矢、随机应变，有时也可以以长制长、以短制短（但必须优于对方）。此外还要针对临场的比赛情况灵活运用战术，有时还可做必要的战术调整。

战术的运用因打法类型不同而异。乒乓球的打法类型很多，下面仅对快攻类的战术运用做简单介绍（均以右手握拍为例）。

（一）发球抢攻

发球抢攻是快攻类打法，力争主动，是先发制人的一项主要战术，是比赛中重要的得分手段。

（1）侧身用正手（高抛或低抛）发左侧上、下旋长球到对方左角底线，角度要大，配合近网轻球和直线长球后侧身抢攻。

（2）反手发右侧上、下旋球到对方正手近网处，配合发反手底线长球，侧身抢攻（两面攻选手运用较多）。

（3）反手发急球、急下旋长球到对方反手或中路，配合近网轻球，迫使对方打对攻或后退削球（擅长推挡的选手运用较多）。

（4）正手发右侧上旋急球（"奔球"）、急下旋长球到对方中路或正手，配合近网轻球，迫使对方打对攻或后退削球。

（5）正手发转与不转短球，配合发长球伺机抢攻。

（二）对攻

对攻是进攻类打法，是在相互对抗时力争主动的一种重要手段。双方对抗时，对攻发挥快速、多变的特点以调动对方。

（1）紧压反手、结合变线、伺机抢攻，是具有左半台技术特长的快攻运动员常用的对攻战术。

（2）调右压左是对付对方具有推攻（反手攻）和侧身攻特长的一种战术。

（3）加、减力推压中路及两角，伺机抢攻是对付两面拉弧圈打法的主要对攻战术。

（4）连压中路或正手、伺机抢攻是对付两面攻或横拍反手攻球较强时所采用的一种战术。

（5）被动防御和"打回头"。在被动时，可采用正、反手远台对攻，宜打相反球路，还可采用放高球战术来防守，随时准备打回头，由被动转为主动。

（三）拉攻

拉攻是对付削球打法的主要战术。

（1）拉反手后侧身突击斜线，然后扣杀中路或两角。这是拉攻常用的战术。侧身攻斜线是直拍快攻类打法的特长。

（2）拉不同落点突击中路或直线，然后扣杀两大角。中路防守是削球选手的普遍弱点，即使是直线线路短削球手也较难还击。

（3）拉对方中路左、右，伺机突击两角再杀空档。这是对付以逼角为主或控制落点较好的削球选手所采用的战术。

（4）拉对方正手找机会突击中路后连续扣杀两角。当对方反手削球控制较好或自己不太适应时，可用此战术。

（5）长短球和拉搓结合伺机扣杀。对付稳削打法，站位较远时常用此战术。

（6）攻中防御。在拉攻时，遇到对方反攻，必须加强积极的防御，随时做好对攻的准备。

（四）搓攻

搓攻是快攻类打法，是对付攻球和削球打法的辅助战术。搓攻主要利用搓球的旋转和落点变化，为进攻创造机会。在对付弧圈球时，搓球还要加上速度才能控制对方，使自己抢先拉起或突击，若对方抢先拉起，就会落入被动。

（1）搓攻以快搓加旋转短球为主，快搓旋转与不转长球结合落至对方的反手或突然搓正手大角，伺机突击或抢先拉起，是对付攻球打法的搓攻战术。

（2）快搓旋转与不转球至不同的落点，伺机突击中路或两角，是对付削球打法的搓攻战术。

（五）接发球

对付各种侧旋、上旋或下旋不太转的球，在位置比较好的情况下，可以大胆采用接发球抢攻战术。短球可用"快点"（台内攻球），长球可用快攻。落点宜中路和正手（或两大角）。两面攻打法可以发挥两面抢攻的特长。

对不太强的下旋球或不转的球，以拉球或推挡控制对方反手为主，配合突然变正手与中路；对强烈的侧下旋球、下旋短球或对方突发的底线下旋球，可用快搓短球为主，结合快搓底线长球控制对方，力争主动先拉或加力突击。

第六章　羽毛球

第一节　羽毛球运动概述

一、羽毛球运动的起源

现代羽毛球运动的雏形出现在 19 世纪中叶。当时印度浦那城里有一种十分普遍的、类似羽毛球的游戏，球是用圆形的硬纸板或用绒线编织成球形再插上羽毛做成的，游戏者手持木拍轮流击打在空中往返的球。据考证，类似羽毛球活动的游戏在中国古代也有。

现代羽毛球运动起源于 1873 年。当时在印度殖民的英国军人将此种游戏带回了英国，这种游戏传入英国之后，在格洛斯特郡鲍弗特公爵的领地伯明顿定下了游戏规则，这就是现代羽毛球运动的最初模式。人们把鲍弗特公爵的领地名伯明顿（Badminton），作为这种新的运动项目的正式名称。中文里，这个运动项目称为羽毛球。

二、羽毛球运动的特点

（一）全身运动项目

羽毛球运动无论是进行有规则的比赛还是作为一般性的健身活动，都要在场地上不停地进行脚步移动、跳跃、转体、挥拍，合理地运用各种击球技术和步法将球在场上往返对击，从而增大了上肢、下肢和腰部肌肉的力量，加快了锻炼者全身的血液循环，增强了心血管系统和呼吸系统的功能。长期进行羽毛球运动，可使心脏搏动强而有力，肺活量加大，耐力提高。此外，羽毛球运动要求锻炼者在短时间对瞬息万变的球路做出判断，果断地进行反击，能提高人体神经系统的灵敏性和协调性。

（二）可调节运动量

羽毛球运动适合男女老幼，运动量可根据个人年龄、体质、运动水平和场地环境的特点而定。青少年可将其作为促进生长发育、提高身体机能的有效手段，运动量为中强度、活动时间以 40—50 分钟为宜。适量的羽毛球运动能促进青少年增长身高，培养青少年自信、勇敢、果断等优良的心理素质。老年人和体弱者将其作为保健康复的方法，锻炼时运动量不宜太大，活动时间以 20—30 分钟为宜，达到出出汗、弯弯腰、舒展关节的目的，从而增强心血管和神经系统的功能，以预防老年心血管和神经系统方面的疾病。儿童可将其作为活动性游戏，让他们在阳光下奔跑跳跃并要求他们能击到球，在游戏中得到锻炼，还可培养他们不畏困难、不怕吃苦、不甘落后的品质。

（三）简便性

1. 不受场地限制

羽毛球活动对设备的基本要求比较简单，只需要两个球拍、一个球和一条绳索即可。正规比赛场地面积仅 65—80 平方米，平时进行羽毛球活动，只要有平整的空地就可以了。在风不大的情况下，可以在户外活动，只要把球网架起来，在一定长度和宽度的空地上画上几条线，双方就可以对练。因此羽毛球运动不仅可以在正规的室内运动场进行，也可以在公园、生活小区等处广泛开展。

2. 集体、个人皆宜

羽毛球运动既可单兵作战（两人对打），又可集体会战（双打或三人对三人对打）。单打时，练习者可以随心所欲地打出任何弧线、任何距离、任何力量和速度、任何落点的球来；集体会战则可以使锻炼者养成协调、配合的习惯，培养集体主义精神。

3. 不受年龄、性别的限制

羽毛球运动的游戏性较强，运动量可大可小。身强力壮的年轻人可以将球打得"又刁又重"，拼尽全力扑救任何来球，尽情散发青春气息；年老体弱者可以轻轻地击打球，根据自己的需求变换击球的节奏，达到既能放松心情，又能锻炼身体、起到延年益寿的效果。不同年龄、不同性别、不同体质的人都能在羽毛球运动中找到乐趣。

第二节　羽毛球基本技术

羽毛球运动的基本技术是该项运动的主体。羽毛球运动的基本技术主要由上肢基本手法和下肢基本步法两大部分组成。上肢的基本手法又由握拍、发球接发球和击球三部分技术组成，下肢的步法则由基本站位、前上网、中场左右和后场后退步法组成。

在羽毛球运动中，上下肢的基本技术既相互独立、各成一体，又互为联系，共同构成一个完整的有机体。只有使上肢的基本技术和下肢的基本步法最佳结合的球员才能称为优秀的球员。就单打场地而言，一名球员必须在最好的位置，以不同力量、不同角度迎击对手，如果"手上功夫不到家"，步法再好也发挥不了作用。因此任何一名球员都必须将功夫和时间用于正确、系统、熟练地掌握上肢的基本技术和下肢的基本步法。

一、握拍法

握拍法可分正手握拍法和反手握拍法两种。

（一）正手握拍法

用握拍手的手掌同一个朝向的拍面击球称为正手击球，正手击球时的握拍方法称为正手握拍法。

方法：握拍时，先用左手拿住拍颈，使拍面与地面垂直。张开右手，使手的小鱼际肌靠在拍柄底托处，虎口对准拍柄的内侧小棱边，然后小指、无名指和中指并拢握住拍柄，小指与无名指在拍柄的末端应稍紧，使球拍不脱手，食指与中指稍微分开，用食指和拇指轻松地环扣住拍柄（见图6-1）。

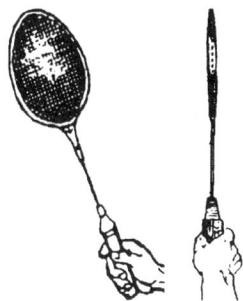

（二）反手握拍法

用握拍手的手背同一个朝向的拍面击球称为反手击球，反手击球时的握拍方法称为反手握拍法。

图 6-1　正手握拍法

方法：在正手握拍法的基础上，拍柄稍向外转，食指收回，拇指第二指节顶贴在拍柄内侧的宽面上，其余四指并拢握住拍柄，手心与拍柄之间应有一个明显的空洞（见图6-2）。

练习方法：

（1）在教师的指导下，自由转动拍柄完成正手、反手握拍。

（2）两人一组，一人练习另一人纠正握拍方法。

（3）反复练习，全凭手上感觉完成握拍，力度适宜。

（三）常见的错误握拍

（1）"拳握法"（见图6-3）：五指并拢使劲一把抓，这种握法使手臂的肌肉僵硬，影响手指、手腕的灵活性。

（2）"苍蝇拍握法"（见图 6-4）：虎口对准拍面的握法，这种握法限制了屈腕动作，妨碍对拍面角度的自由控制。

（3）反手击球时，没有转换成反手的握拍法。

图 6-2　反手握拍法　　　　　图 6-3　错误握拍——　　　　　图 6-4　错误握拍——
　　　　　　　　　　　　　　　　　"拳握法"　　　　　　　　　　"苍蝇拍握法"

二、发球法

发球是羽毛球运动的一项重要的基本技术。高质量的发球，会给接发球造成困难，迫使对方只能做防守性回击，甚至造成接发球失误。质量差的发球，会使对方获得进攻机会，使自己处于被动。所以，发球质量的优劣，直接影响比赛的主动或被动，在双打比赛中尤其如此。对于只有发球方胜球才能得分的规则，更应重视发球权，把发球作为组织进攻的开始。

何为好的发球呢？好的发球应是：① 高质量到位，如发网前球要贴网而过，落点靠近前发球线，发高远球落点要在后发球线附近等；② 变幻莫测，做到各种发球前期动作的一致性，符合战术变化的要求；③ 符合规则要求（不违规）。

发球的基本姿势可分为正手发球和反手发球两种。

（一）正手发球

站位：单打时，一般站在发球区内离前发球线一米左右的中线附近。双打时可站前一些。

姿势：左脚在前（脚尖对网），右脚在后（脚尖斜向侧方），两脚距离与肩同宽，上身自然伸直，身体重心放在右脚上，呈左肩斜对球网之势。右手握拍向右后侧举起，肘部稍屈。左手用拇指、食指、中指夹持羽毛球的中间部位

（见图 6-5），举在身前，两眼注视对方准备接球的动向（见图 6-6）。

正手发球可以用来发任何一种飞行弧线的球，在单、双打中都普遍采用。

（二）反手发球

站位：站在发球区内较靠近前发球线的位置上。

姿势：右脚在前，左脚在后，上身自然伸直，重心放在右脚上，面对球网。左手以拇指、食指和中指捏住羽毛（见图 6-7）置于腹前腰下。右手反手握拍，肘部略抬起使拍框下垂于左腰侧。两眼注视对方准备接球的动向（见图 6-8）。

图 6-5　正手发球持球方式　　**图 6-6　正手发球姿势**　　**图 6-7　反手发球持球方式**　　**图 6-8　反手发球姿势**

反手发球主要靠挥动前臂和伸腕闪动发力，动作小，力量也较小，但速度较快，动作一致性好，可以发除高远球之外的其他各种飞行弧线的球，主要用于双打比赛中。

（三）发各种飞行弧线的球

发球按发出的球在空中飞行的弧线不同可分为发高远球、发平高球、发平快球和发网前球。

1. 发高远球

把球发得既高又远、使球近乎垂直落在对方后发球线附近的发球区内，称为发高远球。它可以迫使对方退到端线接发球而减小进攻力，是单打的主要发球手段，也是学习发球技术最基础的练习，初学发球者要从发高远球开始。

方法：准备姿势见前述。发球时，左手撒手放球，紧接着以转体和上臂挥动带动前臂，形成臂在前、球拍随后的姿势。当球拍与球快要接触前，前臂挥动速度加快，带动手腕向前上方闪动，由原来伸腕姿势经前臂内旋至屈腕（见

图 6-9），造成击球瞬间的爆发力，在拍面后仰（拍面与地面形成的仰角一般大于 135°）的情况下将球向前上方击出。击球点应在右侧前下方。球击出后，球拍随着惯性往左侧前上方挥摆。随着挥拍身体的重心也由右脚移到左脚，右脚跟稍提起，以保持身体的平衡（见图 6-10）。

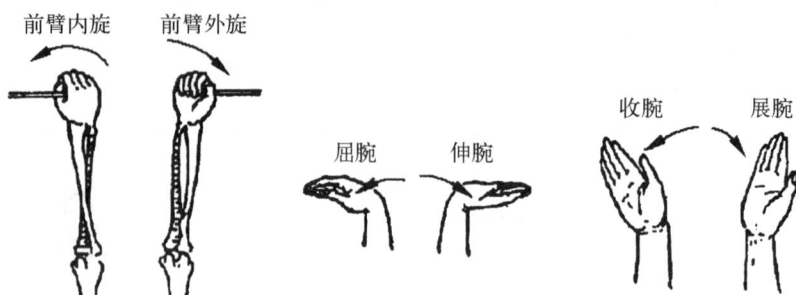

图 6-9　发高远球手部姿势

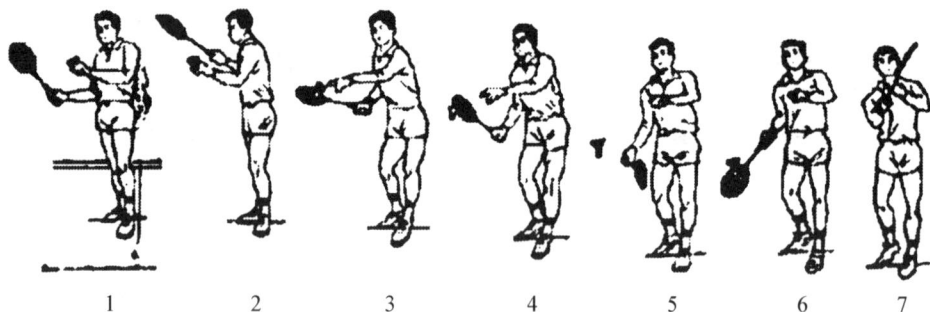

图 6-10　发高远球站位姿势

发高远球的关键在于球拍击球时要控制好拍面的角度，由原来的伸腕经前臂内旋至屈腕击球应有强劲的、向前上方的爆发力。

2. 发平高球

发出球的弧线比高远球低、但对方又不能拦截的高度飞向后发球线附近的发球区内下落，称为发平高球。平高球往往可迫使对方匆忙向后移动接球，从而限制对方大力扣杀或其他进攻性的回击。发平高球的关键在于掌握好击球时的球拍仰角，以免出球太高缺乏攻击力，出球太低遭受拦截。击球力量要适当，力量太小球发不到位，力量过大球易出界。

正手发平高球的方法：准备姿势见前述。其方法与正手发高远球的方法基本一致。由于平高球的飞行弧线比高远球低，所以挥拍击球时多运用前臂带动手腕之力。球与球拍接触时，球拍后仰的角度比发高远球时小（球拍与地面形成的仰角一般在 120°—130°），拍面略微向前推送击球。

反手发平高球的方法：准备姿势见前述。发球时，主要以前臂带动手腕从左下方向右上方快速挥拍，在拍将要击到球之前，左手自然撒手放球，在拍面与地面形成的仰角在 120°—130° 时，用反拍面正击球托。

3. 发平快球

发出的球又平又快、径直飞向对方后发球线附近的发球区内，称为发平快球。由于它弧线平直、飞行急速，向对方接球能力最薄弱的部位或空档发去，往往使其措手不及，可收到出其不意的战术效果，是发球抢攻的主要发球技术。发平快球的战术效果在于快速和突然性，其技术关键：① 发球姿势要与发其他弧线球的姿势保持一致，不使对方预见发球意图；② 要有较强的手腕爆发力，否则出球速度慢，反遭攻击。

正手发平快球的方法：准备姿势见前述。其挥拍的前一段动作与发高远球相似。区别在于：在击球前的瞬间，应在前臂快速带动下，靠手腕和手指突然向前发力将球击出。击球时，拍面稍微后仰（球拍面与地面形成的仰角约为 110°），在不"过腰""过手"的限度内尽量提高击球点。

反手发球快球的方法：准备姿势见前述。其方法与反手发平高球的方法基本一致。区别在于：击球时，拍面与地面形成的仰角一般约为 110°，击球力的方向应更平直一些。

4. 发网前球

发出的球贴网而过、落在对方前发球线附近的发球区内，称为发网前球，发网前球的技术要求较高。若球飞行弧线太低，会不过网；若球飞行弧线过高，则易遭扑击。因此，发网前球更讲究发球技术。发高质量的网前球，可以避免对方接发球时往下压球，从而限制了对方进攻性的回击。它是双打发球的主要手段。

正发网前球的方法：准备姿势见前述。挥拍幅度较小，主要靠前臂和手腕带动挥拍，上臂动作不明显；球击出后，即应控制拍子挥动。挥拍的加速不明显，甚至可以缓慢地挥动。击球的力量较小，球拍触球时，握拍较放松，利用手腕和手指的力量从右向左横切推送，使球贴网而过，正好落在前发球线附近的发球区内（见图 6-11）。

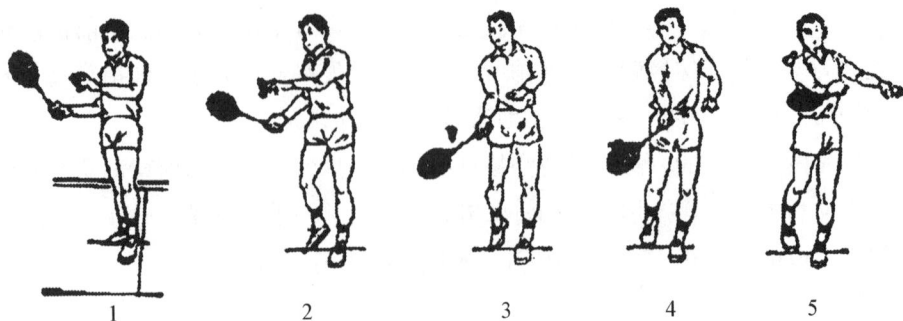

图 6-11　正手发网前球

反手发网前球的方法：准备姿势见前述。发球时，前臂带动手腕使球拍从左下方向右前上方画半弧形挥动。在球拍将要击到球之前，左手自然撒手放球，用球拍对球做横切推送动作，使球贴网而过，正好落在前发球线附近的发球区内（见图 6-12）。

图 6-12　反手发网前球

发网前球的关键在于：① 严格控制击球力量和掌握好用力的方向；② 击球时，球拍面略后仰（拍面与地面形成的仰角约为 120°），在不"过腰""过手"的限度内尽可能提高击球点，使球过网时的弧线尽可能低一些。

（四）发球常见的错误及纠正方法

各种发球常见的错误各不相同，不宜一概而论。这里，以正手发高远球常见的错误为例。

（1）挥拍路线不是自右手经右前下方，再挥向左上方画弧，而是横扫，致使出球弧线太低；或击球后，球拍不是往左上方挥去，而是往右上方挥动，造成动作不协调、发力不充分。

纠正方法：① 多做正确挥拍路线的慢动作挥拍练习，逐渐过渡到正常速度的挥拍练习；② 在右侧对墙，离墙壁约 50 厘米处做好发球准备姿势，做发高远球挥拍练习，以纠正横扫球拍的错误。

（2）挥拍时，手臂僵直；不是以肩为轴，由上臂带动前臂，前臂带动手腕做协调的挥拍击球。

纠正方法：讲明身体各部分协调发力的顺序，多做放松协调的发球练习（开始不强调用爆发力击球）。

（3）放球与挥拍配合不好，造成击球不准。

纠正方法：① 反复练习放准球——落点固定在身前，保持球托在下落下；② 发球时，眼睛看球。

（4）"脚移动""过腰"等违例。

纠正方法：讲清规则要求。发球时，结合发球裁判实习，及时、准确判罚。

三、击球法

羽毛球运动的各种挥拍击球技术，统称为击球法（也称为手法）。

在比赛过程中，运动员要根据实际情况，随心所欲地灵活、交替运用各种击球方法，使击球力量的大小、落点的远近、飞行弧线的高低、飞行路线的直斜、飞行速度的快慢以及球的旋转等经常变化。这样才能做到攻有手段，守有招数，赢得比赛的主动权。初学者应首先努力掌握击球法中最重要、最基本的一些内容，然后再争取全面、准确、熟练地掌握所有击球技术。

（一）高远球

击出高弧线飞行的、几乎垂直落到对方端线附近场区内的球，称为高远球。在自己处于被动情况下，为了争取时间，调整场上位置，争取变被动为主动时常打出高远球，以使对方远离中心位置而退到端线附近去回击球。运用适当，高远球也能为进攻创造良好的条件。

1. 正手高远球

采用正手握拍法、击球点在身体的右侧方、用正拍面击出的高远球，称为正手高远球。它分原地和起跳正手击高远球两种。初学者应从原地正手击高远球开始，然后过渡到起跳击球法。

原地正手击高远球的方法：以快速、合理的步法移到球降落点的位置上，击球点选择在右肩稍前的上空，做好准备击球的动作——侧身对网（左肩对网），左脚在前以脚尖踮地，右脚在后稍屈膝（脚尖朝右），重心落在右脚上；上体和头稍后仰，眼盯着球，右手正手握拍举于右肩上方，上臂与躯干的夹角和上臂与前臂的夹角以大于 45°、小于 90° 为宜；手臂放松微向后拉，前臂稍内旋，手腕与前臂保持伸直，左臂屈肘自然左上举，左肩高于右肩（在击球过程中有利于带动肩横轴向左后下转转，也有利于腰部发力）。当球降落到适当高度时开始转体，并以肩关节为轴带动上臂上举（肘部稍向前）至与躯干之间的夹角大于 90°、小于 180° 垂于右肩后。发力击球动作是从球拍由前臂带动往上加速挥拍开始的。发球时，手指握紧拍柄，手腕充分后伸，稍微内旋至前屈闪腕，动作产生爆发力，击球托的后下底部，使球往前上方击出。击完球后，由左臂带动和右臂击球后的惯性作用，使身体面对球网，重心移到左脚上，向中心位置回动（见图 6-13）。

图 6-13   正手高远球

起跳正手击高远球的方法：整个动作过程与原地正手击高远球基本一致，不同点：应用右脚起跳，在空中完成挥拍击球过程的同时，左脚后摆，右脚前跨，两脚在空中完成前后交换（这个过程必须协调一致），击球后，以左脚的内侧沿左后方先着地，上体适当前倾（以制止重心后移），紧接着右脚在右前方着地并屈膝缓冲，左脚后蹬，向中心位置回动。

如果击球时球拍面正对前方，发力方向是正前上方，击球托的后下底部，则成直线高远球。如果击球时球拍面斜向左侧，发力方向是左前上方，击球托的右后底部，则呈对角线高远球。

2. 头顶高远球

采用正手握拍法、击球点在头顶的前上方、用正拍面击出高远球，称为头顶高远球。一般在对方击来左后场的高球时，常用它还击。头顶击高远球分原地和起跳两种方式，初学者应先学原地击法，逐步过渡到起跳击法。

原地头顶击高远球的方法：准备击球时，应右脚在后，上体向左后仰，击球点选择在头顶前上方（或左前上方）。挥拍的路线是右臂的肘关节高举过肩，稍靠近头部，使球拍绕过头后再向前挥摆（见图6-14）。在挥拍过程中，前臂稍微内旋带动手腕，由后伸经内旋往前屈腕，与此同时肘关节急速制动，以鞭打状产生爆发力，将球击出（击球托的左后下底部，成对角线球）。击完球后，球拍顺势经体前收至右胸前。

图 6-14　原地头顶高远球

起跳头顶击高远球的方法：其方法与原地头顶击高远球的方法基本一致；不同的是，后退的最后一步，右脚应向左后方撤，右脚着地后应向左后上方起跳，起跳时一定要掌握好时间和选准击球点，在空中完成击球动作的同时，应收腹使上体前压，左脚后摆，右脚前跨，两脚前后交换。击球后，以左脚的内侧沿左后方先着地，紧接着右脚在右前方着地，屈膝缓冲，并用左脚后蹬向中心位置回动（见图6-15）。

1　　2　　3　　4　　5　　6

图 6-15　起跳头顶击高远球

我国运动员步法移动比较快，对自己左后场上空的来球，大多比较习惯用起跳头顶击球。这种击球技术比反手击球力量大，球快而凶狠，在击球之前能较清楚地观察到对方所处的位置和移动方向，有利于选择球路、控制球的落点。

3.反手高远球

在自己左后场区上空的球及反手握拍法、用反拍面击出的高远球，称为反手高远球。一般情况下大多采用原地反手击高远球，很少采用起跳击法，但也常采用右脚往前跨与在挥拍的同时进行击球的方法。

反手击高远球的方法：当判断来球是在左后场区上空，决定采用反手击回高远球时，即刻起动，向左后转向球的降落点位置移动。与此同时，必须将原来的正手握拍法变为反手握拍法，右肘关节稍往左移，上臂与前臂约成90°，手臂与握拍都要放松，举拍于左胸前。当右脚向左后场区跨出最后一步时，重心移到右脚，膝关节微屈，左脚在后，脚跟提起，脚掌内侧点地，背向球网，微收腹，头上仰，眼盯球，击球点选准在右肩上方。当球降落到适当高度时，右脚蹬地，上体往后伸展以带动右肘关节往上提，形成肘关节先行之势以带动前臂内旋至加速伸腕闪击，握紧拍柄，拇指顶压，将球击出。击球后，随着挥拍的惯性和右脚向右后蹬转的力量，身体随即转成面对网，向中心位置回动（见图6-16）。

图6-16　反手高远球

（二）平高球

击出飞行弧线比高远球低、但对方举拍又拦截不到、落点到对方端线附近场区内的球，称为平高球。平高球属于后场快速进攻的主要技术之一，是比赛中控制与反控制、直接进攻或主动过渡以创造进攻机会的有效手段。

平高球技术是从高远球技术发展而来的。我国运动员在20世纪60年代初期，根据当时国内外技术向加快比赛速度方向发展的趋势，在训练与比赛的实践中改革了场上的步法，提高移动速度，改革了击球手法，加大挥拍击球时的爆发力，加快球的飞行速度，调整球的飞行弧线并逐渐发展完善，成为今天的快速进攻的技术。在比赛中，通常运用平高球控制对方后场底线两角，迫使对方在匆忙后退中回击球。如果对方移动步法较慢，反控制能力较差，则回球质量差，就会有机可袭。

击平高球的方法与击高远球的方法基本一致，它们的技术特点和要求的区别在于：① 在击球点的拍面仰角小于击高远球时的拍面仰角（拍面仰角的大小是决定出球弧线的关键）；② 要善于控制球的飞行弧线和落点，击出平高球的高度，要根据对方的身材高矮与弹跳能力，准确控制高度（以不让对方在中场位置起跳拦截为准），同时还要考虑球的轻重和快慢、风速和风向等因素的影响，准确控制力量，才能使落点准确。

（三）扣杀球

在尽量高的击球点上、用大力挥击、把高球下压到对方场区内，称为扣杀球（也称为扣球或杀球）。由于扣杀球力量大，击球点高，因而球速快，球飞行的弧线短直，是后场戟和争取得分的主要手段。在对付防守技术较差、反应较慢的对手时，与平高球、吊球配合运用，效果会更好。

扣杀球有正手扣杀球，头顶扣杀球和反手扣杀球及劈杀球、突击杀球之分。

1. 正手扣杀球

在自己右侧上空的高球、以正后握拍法、用正拍面扣杀球，称为正手扣杀球。

正手扣杀球可以原地或起跳后进行。它们的准备姿势和动作过程与击高远球相似，其技术方法上的区别在于：① 发力要求不同，扣杀球要充分运用腰腹力量和肩关节的力量。发力前，身体较为后仰，特别是起跳扣杀球几乎呈"满弓形"，再发力击球，才能充分发挥身体各部分的力量。发力击球时，手臂以最快的速度挥摆，最后通过手腕高速闪动（屈腕）产生强大的向前下方的爆炸发力。所以，挥拍击球时手臂几乎是伸直的。② 击球点有区别，杀球点选择在右肩前上方稍前一些的位置上（比击高远球略前一点），有利于发力击球。如果击球点太前，则杀球不易过网；如果击球点太后，则不易发力，不易控制拍面角度，杀下去的球既飘浮无力，又不易控制落点。③拍面角度有异：扣杀球时的拍面角度要比击高远球时小，一般角度控制在75°—85°为宜（拍面应前倾）。当拍面正向前下方扣杀，为杀直线球。当拍面斜向一侧扣杀，则为杀斜线球。随着杀球动作，身体稍向左转，手臂和球拍也向左下方下落，维持身体平衡，将拍收至右胸前，即刻挥动（见图6-17、图6-18）。

图 6-17　原地正手扣杀球

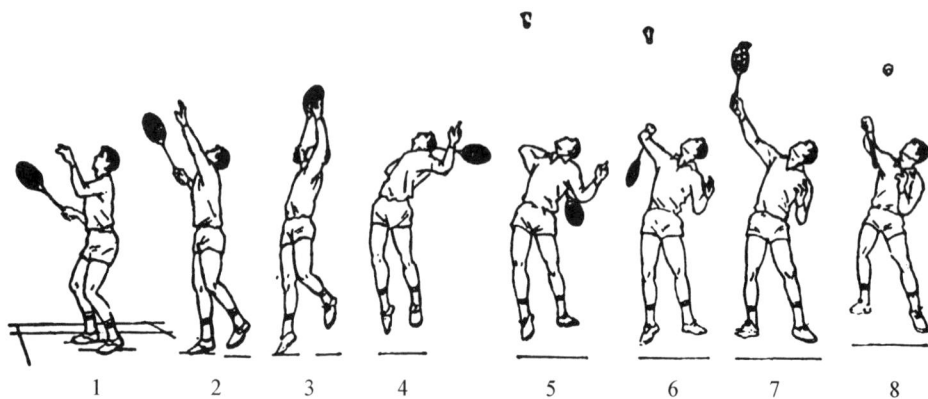

图 6-18　起跳正手扣杀球

劈杀球技术与正手扣杀球基本相同，区别在于：劈杀球主要以前臂和手腕的外旋（或内旋）以及手指控制拍面做劈切动作，使球拍同时击中羽毛和球托的右（左）后部位，把球击向对方中场两侧区域。劈杀球的力量虽比扣杀球小，但很突然，落点较准，是一种很有威力的进攻技术。

2. 头顶扣杀球

在左后场区上空的球、击球点选择在头顶上方、以正手握拍法用正拍面扣杀球，称为头顶扣杀球。头顶扣杀球的方法与头顶击高远球相似，不同点在于：① 击球的力量比击高远球大，发力方向是向前下方的；② 击球点稍前些，拍面角度要小些（一般角度控制在 75°—85° 为宜，拍面保持前倾）。

3. 反手扣杀球

在自己左侧上空的高球、以反手握拍法用反拍面扣杀、称为反手扣杀球。比赛中运用反手扣杀球具有一定的进攻突然性，但其球速和力量都不如头顶扣杀球，球的落点也较难控制。我国运动员运用头顶扣杀球较普遍，采用反手扣杀球较少。

反手扣杀球的方法与反手击高远球基本一致，不同点是：击球时，拍面角度一般控制在 75°—85° 为宜（反拍面则保持前倾），发力方向是前下方。

4. 起跳突击杀球

当对方击来是弧度较低的平高球时，则向侧方（或侧后方）起跳，突然挥拍扣杀球，称为起跳突击杀球（也称为"突击"）。突击杀球多用于中场或中后场区。这项技术的特点就在于进攻的突然性，以双打运用尤多。

起跳突击杀球的方法：用正手握拍法。如果是右侧方的来球，则举拍于右肩上，右脚向右侧上方起跳使身体向右侧上空窜去，到最高点时以肩带臂，主要以前臂和手腕快速挥拍扣杀球。扣杀球后，仍以右脚先着地以缓冲，即刻回动（见图 6-19）。如果球向左侧边飞来，则用左脚向左侧上方起跳使身体向左侧上空窜去，肘关节高举靠近头部，举拍于头后，到最高点时主要以前臂内旋和手腕快速挥拍扣杀球。扣杀球后，仍以左脚先着地以缓冲，即刻回动。

（四）接杀球

把对方扣杀过来的球还击回去，称为接杀球。接杀球较多采用挡球、抽球和推球的技术。由于当代羽毛球运动进攻技术的发展，杀球更加凌厉、快速、多变，促进接杀球技术提高。接杀球虽是防守技术，但只要反应快、判断准、手法娴熟，回球的落点和线路运用得当，在守中体现快的精神，往往能创造由守转为攻。

（1）挡球的方法：两脚屈膝平行站立，两眼注视"杀"过来的球。身体右侧的来球用正手挡球，身体重心移向右脚（如球离身体较远，可右脚先向右跨

图 6-19　起跳突击杀球

出一步，重心移向右脚），右臂向右侧伸出，放松握拍，拍面略后仰对准来球，将球挡回对方网前区（见图 6-20）。身体左侧的来球用手挡球，身体重心移向左（如果球离身体较远，可左脚向左移一步，重心移到左脚上；如果球离身体更远，可以左脚为轴，右脚经左脚前往左方跨出一步，成背对网姿势），右臂向左侧伸去放松握拍，反拍面略后仰对准来球，将球挡回对方网前区。如果接杀自己身边的球，称为接杀近身球。如果是右侧近身旁球，只需身体向左略躲闪用正手将球挡回（见图 6-21）。如果是左侧或正对身体的球，一般采用反手将球挡回。一经判定对方杀球的路线和落点，就要快速起动（稍有迟缓，就会接杀失误）。由于杀球力量大、球速快，一般只需将拍挡住球（或拍触球的一瞬间稍加提拉或稍向下切）即可，主要借来球的力量反弹回去。运用手指控制拍面角度，将拍面对准出球方向（挡直线球），拍面正对网。挡对角线球，拍面斜对网（见图 6-22）。

图 6-20 挡球

图 6-21 接杀近身球

（2）抽球的方法：根据比赛的实际情况，可以采用抽平球，也可以抽高远球。抽平球是一种比较积极的接杀球方法。由于此方法速度快，只要回球路线掌握好，就会有相当的反攻威力。有时也用抽高远球法接杀球，其目的在于把对方牵制在后场，待杀球质量较差时进行反击。

用于接杀球的抽球方法相似，区别在于：抽球时，先有一个向后引拍（后引的幅度要小）的预摆动作，握紧球拍，以前臂为主，带动手腕向前上方急速挥拍抽球。如果抽平球，挥拍时略带向上提拉即可。如果抽高远球，触球时拍面较后仰，有较明显的提拉动作。

（3）推球的方法：当对方杀球无力或球过网较高时，可以推球回击，将球推向后场两角，也可视情况推向中场两侧。其方法与挡球方法类似，不同处在于推球在拍触球前的瞬间要握紧拍子，以前臂和手腕发力为主，向前上方

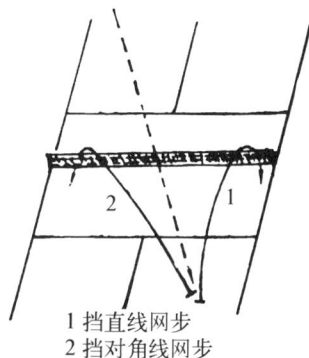

1 挡直线网步
2 挡对角线网步

图 6-22 挡直线和对角线网步

"甩"腕。正手推球时，腕部由伸腕经前臂内旋至屈腕；反手推球时，腕部由展腕经前臂稍外旋至收腕。

四、步法

羽毛球比赛时，运动员在场上为了跑到适当的位置击球而采取的快速、合理、准确的移动方法，称为步法。

羽毛球比赛每边场区双打有 40 多平方米、单打超过 34 平方米，对方击来的任何球都必须在落地前回击。如果运动员步法差，不能及时跑到位，就会影响击球的准确性，甚至击不到球，即使有很好的击球技术也难以施展。如果反应敏捷，判断准确，移动迅速，到位击球，就能发挥击球技术的特长，打出准确、多变的球路，为争取比赛的主动权创造前提条件。由此可见，步法对每一位羽毛球运动员来说很重要，初学羽毛球技术者，往往只重视手法的功夫，而疏忽步法功夫，这是一种片面的认识，必须要改正。步法好是否一定能取得比赛的胜利呢？也不一定，还要看最后一击手上技术的好坏。如果击球技术好，击球落点刁难，也能牢牢地控制对方，扩大其移动范围，消耗其体力，增加击球难度，造成回球质量差。反过来可使自己的移动范围减小，以逸待劳，更有利于击球技术发挥。因此，学习击球技术时，一定要学习相应的步法；学习步法时，不要忘记与击球技术协调配合。总而言之，一位羽毛球运动员必须同时具备良好的步法和击球法，两者是相辅相成的，不可偏废。

（一）步法结构

羽毛球的步法包括起动、移动、到位配合击球和回动四个环节。

1. 起动

对来球有反应判断，即从中心位置的准备接球姿势转为向击球位置出发，称为起动。一场比赛要起动几百次，基本上每回击一拍即要起动一次。要做到起动快，必须反应敏捷、判断准确和起动的准备姿势正确。准备姿势可分为两种类别：一种是接发球姿势（必须按规则要求原地站位），应该左脚在前，右脚在后，侧身对网，重心在前脚上，右脚跟离地，双膝微屈，收腹含胸，放松握拍屈时举在胸前，两眼注视对方发球动作（见图 6-23）。另一种是在双方对打过程中的站位姿势，应该右脚在前，左脚在后，脚前掌着地，脚跟提起，膝关节微屈，上体稍前倾，重心落在两脚之前，持拍于腹前，姿势要协调放松，保持一触即发的起动姿势（见图 6-24）。在对方出球的一刹那，两脚向上轻轻

图 6-23　接发球姿势　　　　图 6-24　起动姿势

一跳，调整好身体重心，即刻起动。在每次击球后，要恢复成上述姿势，直到成"死球"。

2. 移动

移动主要是指从中心位置起动后到击球位置。影响移动速度的因素有步数的多少、步频的快慢和步幅的大小。移动的方法通常采用垫步、交叉步、小碎步、并步、蹬转步、蹬跨步、腾跳步等。运用这些方法，构成从中心位置到场区不同方法击球的组合步法——后退步法，两侧移动步法和上网步法。自中心位置到击球位置的步数，一般用一步、两步或三步，具体要根据当时球离身体的远近来决定（见图 6-25）。中圈内，只需原地击球或移动一步击球。若击球点在中圈与外圈之间，则需移动两步击球。若击球点在外圈之外，就要用移动三步击球了。步幅小的运动员，则需增加步数，以争取到位击球。

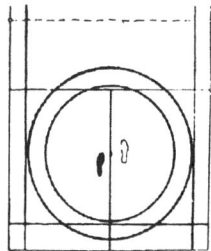

图 6-25　移动

（1）垫步：当右（左）脚向前（后）迈出一步后，紧接着以同一脚向同一方向再迈一步，为垫步。垫步一般用作调整步距。

（2）交叉步：左右脚交替向前、向侧或向后移动为交叉步。经另一脚前面超越的为前交叉步，经另一脚跟后超越的为后交叉步。

（3）小碎步：为小的交叉步。由于步幅小，步频快，一般在快动或回动起始时使用。

（4）并步：右脚向前（或向后）移动一步时，左脚即刻向右脚跟并一步，紧接着右脚再向前（向后）移一步，称为并步。

（5）蹬转步：以一脚为轴，另一脚做向后或向前蹬转迈步。

（6）蹬跨步：在移动的最后一步，左脚用力向后蹬的同时，右脚向球的方向跨出一大步，称为蹬跨步。蹬跨步多用于上网击球，在向后场底线两角移动作抽球时也常应用。

（7）腾跳步：即起跳腾空击球的步法，可分为两种，一种是在上网扑球或向两侧移动突击杀球时，以领先的脚（或双脚）起跳，做扑球或突击杀球；另一种是对击来高远球时，用右脚（或双脚）起跳到最高点时杀球。

3. 到位配合击球

移动本身不是目的，而是为击球服务。所谓"步法到位"是指根据不同的击球方式，运动员应站到最适合这种击球的最有利的位置上。例如，正手扣杀球时，应使球处在身体右前方；正手搓球则应使球处在右前方伸臂伸拍后击到球的地方为宜。如果没有占据理想的位置，最后（击球前）距离远需要做步子小调整，做到击球时使上肢、下肢、躯干动作能协调一致发力。

4. 回动（回到中心位置）

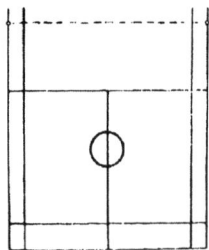

图 6-26　中心位置

击球后，应尽力保持（或尽快恢复）身体平衡，并即刻向中心位置移动，以便在中心位置做好迎击下一个来球的准备，称为回动。所谓"中心位置"一般是指场区的中心略靠后的位置（单打，见图 6-26），这个位置最有利于平衡、兼顾向场区各个方向迎击球。

初学者往往缺乏"回到中心位置"的意识，在哪里打完球就停在哪里，这必须要改正。当然，随着比赛经验增长，逐渐会体会到并非每击完一次球之后都必须回到场区的中心位置，而应根据比赛当时的实际情况，根据双方技战术的特点，选择最有利于回击对方来球的回动路线和回动位置。

（二）步法介绍

1. 后退步法

从中心位置移动到后场各个击球点的位置上击球的步法，称为后退步法。

（1）右后场区后退步法。

侧身后退一步：起动后，以左脚前掌为轴，右脚往右后侧蹬转后退一步，重心移到右脚上（右脚脚尖朝右侧，左脚尖也顺着略转向右），成侧身对网姿势。此时，可做原地击球或起跳击球（见图 6-27）。

侧身并步后退：起动后，以左脚前掌为轴，右脚往右后侧转后退一步，左脚即刻往右脚并一步，紧接着右脚再向右后撤一步（重心移到右脚），呈侧身对网姿势。此刻，可做原地击球或起跳击球（见图6-28）。

交叉步后退：起动后，以左脚前掌为轴，右脚往右后侧蹬转后退一步（步幅不宜太大），左脚即刻往右脚的后近交叉后退一步，紧接着右脚再往右后撤一步（重心落在右脚上），成侧身对网姿势。此刻，可以原地击球或起跳击球（见图6-29）。

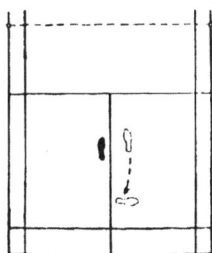

图 6-27　侧身后退一步　　　　图 6-28　侧身并步后退　　　　图 6-29　交叉步后退

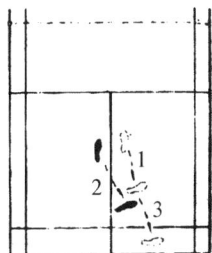

（2）左后场区后退步法。

交叉步后退头顶击球步法：起动后，以左脚前掌为轴，右脚向右后蹬转（蹬转的角度应大些）向左后方撤一步，左脚即刻往身后交叉后退一步，紧接着右脚再往左后场退一步（重心落在右脚上），呈上体后仰面对网的姿势。此刻，可以原地或起跳头顶击球（见图6-30）。如果起跳击球（向左后上方起跳），在挥拍击球的同时，必须在空中做左脚后摆、右脚前跨的两脚交换动作，左脚在身后先着地，上体前压，紧接着右侧脚在体前着地以缓冲，向中心位置回动。

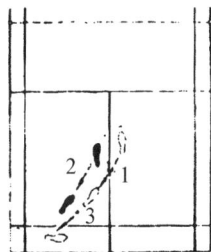

图 6-30　左后场区后退步法

蹬转一步反手击球步法：起动后，以左脚前掌为轴，右脚向左后方蹬转使身体转向左后方，同时右脚经左脚前向左后场跨出一步（重心移到右脚）呈背对球网姿势（在移动过程中，由正手握拍法换成反手握拍法），在右脚跨步着地时发力反手击球。击球后，右脚往右后方蹬转，身体随即转成面对球网，回到中心位置（见图6-31）。

　　垫步蹬转反手击球步法：起动后，上身向左转，同时左脚后撤垫一步，紧接着以左脚前掌为轴，右脚经左脚前向左后场区跨出一步（重心移到右脚）或背对网姿势（在移动过程中，由正手握拍法换成反手握拍法），在右脚跨步着地时发力反手击球。击球后，右脚往右后方蹬转，身体随即转成面对网，回到中心位置（见图6-32）。

　　垫转交叉步反手击球步法：起动后，以左脚前掌为轴右脚向左后方蹬转，使身体转向左后方，同时右脚经左脚前向左后场区跨一步成背对网姿势（在移动过程中，由正手握拍法换成反手握拍法），接着左脚迈一步，右脚再迈一步（重心移到右脚上），在右脚着地时发力反手击球。击球后，右脚往右后方蹬转，身体随即转成面对网，向到中心位置回动（见图6-33）。

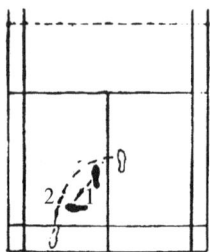

图6-31　蹬转一步反手
　　　　击球步法

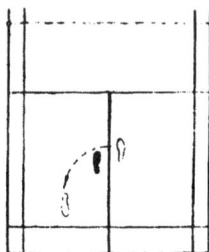

图6-32　垫步蹬转反
　　　　手击球步法

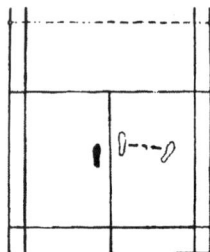

图6-33　垫转交叉步反
　　　　手击球步法

　　上述为从中心位置后退的步法，在比赛中能回到中心位置稍做停顿再起动，表明步法比较主动。但是，在比赛中，往往也会因被对方控制而出现被动的局面。例如，在网前击球后需要直奔后场底角回击对方的平推球。这时，可用交叉步后退，步数不限，但最后一步仍须符合上述步法要求（右脚在后，重心在右脚）。如果从后场上网击球，步法运用也同样如此。

　　2.两侧移动步法

　　从中心位置向左右两侧移动到击球点的击球法，称为两侧移动步法，一般用于中场接杀球，起跳突击。

　　向右侧蹬跨步：起动后，左脚掌内侧用力起蹬（同时向右转髋），右脚向右侧跨出一大步（重心落在右脚上，脚尖偏向右侧，以脚趾制动），上身略向右侧倒，侧倒的程度根据击球点高低而定，做正手抽、挡落。击球后，以右脚前掌回蹬（见图6-34）。若起跳突击，用右脚（或双脚）起跳，突击后，右脚先着地（或双脚同时着地）缓冲，回到中心位置。

向右并步加蹬跨步：起动后，左脚先向右脚并一步，紧接着从左脚掌内侧用力起蹬，此后的动作均与前述"向右侧蹬跨步"一致（见图6-35）。

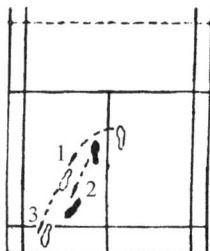

图6-34 向右侧蹬跨步　　图6-35 向右并步加蹬跨步

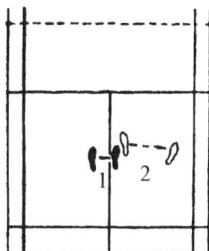

向左侧蹬跨步：起动后，右脚掌内侧用力起蹬，同时向左转髋，左脚向左跨出一步（重心落在左脚上，脚尖偏向左侧，以脚趾制动），上身略向左侧倒做抽、挡球。击球后左脚前掌回蹬，回中心位置（见图6-36）。若起跳头顶突击，用左脚（或双脚）起跳，突击后，左脚先着地（或双脚同时着地）以缓冲，回中心位置。

向左蹬转跨步：起动后，以左脚前掌为轴，向左转髋，同时，右脚内侧用力起蹬，经左脚前向左侧跨一大步（重心在右脚上，以脚趾制动）成背对网姿势，上身略向前倾做反手抽，挡球。击球后，以右脚回蹬随即成面对网，回中心位置（见图6-37）。

向左垫步加蹬转跨步：起动后，左脚先向左侧垫一步。此后的动作与前述"向左蹬转跨步"一致（见图6-34—图6-38）。

3. 上网步法

从中心位置移动至网前击球的步法，称为上网步法。上网步法由交叉步

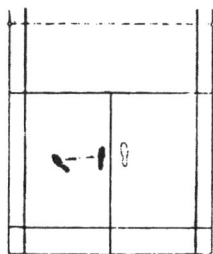

图6-36 向左侧蹬跨步　　图6-37 向左蹬转跨步　　图6-38 向左垫步加蹬转跨步

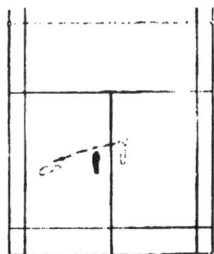

（或并步、垫步等）、蹬跨步（或蹬跳步）构成。所有的上网步法均应做到的要求：① 什么位置做最后一步蹬跨为好，要视球的位置而定，一般以最后一步跨出后侧身对网，自然伸直手臂让拍子能打到球为宜，拍子太远会打不到球，太近也会妨害击球动作，且延长了回动的距离。② 最后的蹬跨步应右脚在前，步幅较大，着地点超越膝关节，重心在右脚。右脚应以脚跟外侧沿先着地，然后过渡到脚掌，脚趾制动，不使身体再向前冲。右臂前伸击球时，左臂自然张开。击球后，立即以右脚回蹬，如果最后跨步步幅很大，左脚应自然跟随前移一些，以便回动。③ 放网前球、挑球一般采用低重心姿势。搓球、推球、勾球时身体较直，重心较高。扑球时往往需向前上方蹬跳。

蹬跨上网步法：起动后，左脚后蹬，接着，侧身将右脚向球的方向跨出一大步击球。图 6-39 所示为向右前场上网，用正手击球。图 6-40 所示为向左前场上网，用反手击球。

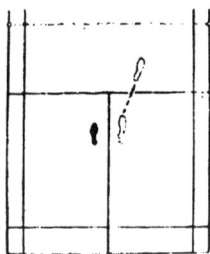

| 图 6-39　蹬跨上网步法：右前场上网 | 图 6-40　蹬跨上网步法：左前场上网 |

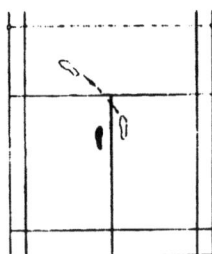

两步蹬跨上网步法：起动后，左脚先朝球的方向迈一步，紧接着左脚后蹬，侧身将右脚朝球的方向跨一大步（见图 6-41），向右前场上网，用正手击球。图 6-42 所示为向左前场上网，用反手击球。

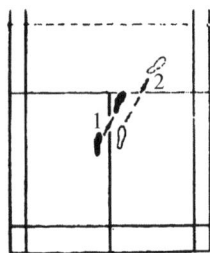

| 图 6-41　两步蹬跨上步网：右前场上网 | 图 6-42　两步蹬跨上网步法：左前场上网 |

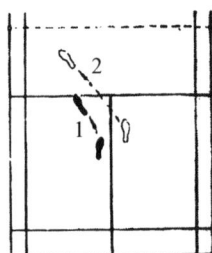

前交叉蹬跨上网步法：起动后，右脚先向球的方向垫一步，左脚再迈一步，紧接着左脚后蹬，侧身将右脚朝球的方向跨一大步，用正手击球（见图6-43）。

后交叉蹬跨上网步法：起动后，右脚先向球的方向垫一步，接着，左脚往右脚后交叉一步（呈侧身后交叉姿势），左脚一着地马上用力后蹬，侧身将右脚向球的方向跨一大步，用正手击球（见图6-44）。

前交叉蹬跨上网步法：起动后，稍向左转身，以右脚向左前场迈一步，左脚再迈一步，紧接左脚后蹬侧身将右脚向前蹬一大步，用反手击球（见图6-45）。

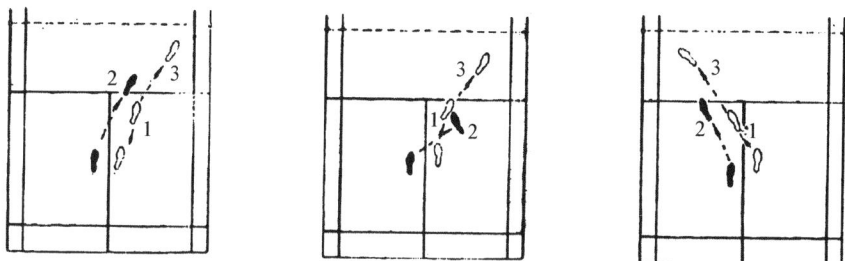

图6-43　前交叉蹬跨上网步法　图6-44　后交叉蹬跨上网步法　图6-45　前交叉蹬跨上网步法

如果从后场击球后上网，则应用更多的步数前跑，然后做蹬跨击球动作。

（三）步法常见的错误及纠正方法

（1）反向移动球的落点在后场却往前场移动；球的落点在网前却往后退。来球在左（右）方地向右（左）方移动。这些是比赛中最被动的步法错误。

纠正方法：这些错误主要由判断失误造成，应多进行教学比赛，提高对假动作和出球路线的识别和判断能力。

（2）反应慢、移动慢。

纠正方法：应保持良好的准备姿势，每击完一次球就回到中心位置并做好准备姿势，尤其要强调起踵、屈膝和全身的动作要自然协调。通过多球练习，或按手势指令做反应起动练习。通过跳绳，跳右级，跳沙池，负重起踵等练习增强脚弓、踝关节和下脚的力量。反复练习各种步法，掌握并能正确运用各种步法。

（3）步法与击球动作配合不好，不协调。

纠正方法：最关键的是要把最后一步做正确。上网时，最后一步右脚在前，重心在右脚上，步幅宜大。后退时，最后一步右脚在后，重心在右脚上。向右侧移动时，右脚在前，重心在右脚上。向左侧移动时，可视情况可左脚在前也可右脚在前，重心应在前面的那只脚上。

（4）打完球就停留在原地，缺乏回到中心位置的习惯。

纠正方法：依手势的指令，在羽毛球场上反复做起动-到位挥拍击球-回动的练习。以上练习也可用多球进行。进行耐力与速度耐力的训练，以加强移动的能力。

第三节　羽毛球基本战术

我国的羽毛球技术风格可总结为八个字："快速、凶狠、准确、灵活"。在此风格指导下，我国羽毛球运动发展的"以我为主、以快为主、以攻为主"打法已在世界羽坛上赢得声誉。我国的羽毛球技术风格是在长期的训练和比赛中逐渐形成和发展起来的，今后，还将在实践中不断总结经验，使其更加完善。

快速：反应判断快，起动快，回动快，步法移动快，抢位快，击球点高，完成技术动作快，突击进攻快，防守反攻快。

凶狠：进攻凶狠凌厉，点多，落点刁难，抓住有利时机突击，连续进攻或一拍解决战斗。

准确：落点准，战机抓得准，在快速多变中准确掌握技术，运用自如。

灵活：握拍活，站位活，步法活，战术变化机动灵活。

"快速、凶狠、准确、灵活"的技术风格，不应仅理解为技术问题，还应包含敢打敢拼、不怕困难、敢于胜利的思想作风。

以我为主：要积极施展自己的特长打法和特长技术，攻击对方的弱点，设法抑制对方发挥优点，以减少自己的被动，而不要受对方某一种打法影响而放弃自己的特长打法。

以快为主：快是方向，快速是为了抢时间、争主动，创造有利战机，速战速决。但是在比赛中不可能自始至终都强调快，在某些时候，由于战术的需要，要主动放慢速度，以便组织快速进攻。

以攻为主：比赛中，应把进攻放在首位，主动快速进攻是羽毛球运动的发展方向。但是，双方攻守是依一定条件相互转变的，盲目的进攻不一定有好的效果，善于防守是以攻为主的不可缺少的条件。

一、单打的打法类型

运动员根据各自的技术特长、身体素质特点和思想意志方面的不同条件，在长期训练和比赛中形成的技术类型，称为打法。

单打的打法是根据比赛者的个人技术特点、身体素质、心理素质等条件而形成的技术打法，常见的大约有以下五种。

（一）控制后场，高球压底

从发球开始就运用高远球或进攻性的平高球压对方后场底线，迫使对方后退，当对方回球不够后时，以扣杀球制胜；或当对方疏于前场防守时，就以轻吊、搓球等技术在网前吊球轻取。轻吊必须在若干次高远球大力压住后场，对方又不能及时回到前场的基础上进行。这种打法主要是力量和后场的高、吊、杀技术的较量。对初学者，这是一种必须首先学习的基础打法。

（二）打四角球，高矮结合

在后场，以高远球、平高球和吊球，在前场则以放网前球、推球和挑球准确地攻击对方场区前后左右四个角落，调动对方前后左右奔跑，顾此失彼，待对方来不及回到中心位置或回球质量差时，向其空档部位发动进攻制胜。这种打法要求进攻队员具有较强的控制球落点的能力和灵活快速的步法，否则难占上风。

（三）下压为主，控制网前

主要通过后场的高远球、扣杀、劈杀、吊球等技术，先发制人，然后快速上网以搓、推、扑、勾等技术，高点控制网前，导致对方直接失误，或被动击球过网，被进攻队员一举击败的一种打法，也称为"杀上网"打法。这种是进攻型打法，能够快速上网高点控制网前，对速度耐力和力量耐力要求较高。这种打法体力消耗较大，如果碰上防守技术好的对手，体力就往往成为成败的关键因素。

（四）快拉快吊，前后结合

以平高球快压对方后场两底角，配合快吊网前两角（或运用劈杀）引对方上网，当对方被动回击网前球时，即迅速上网控制网前，以网前搓、勾球结合推后场底线两角，迫使对方疲于应付，为前场扑杀和中、后场大力扣杀创造机会。

（五）守中反攻，攻守兼备

以平高球和快吊球击向对方前后左右四个角落，以调动对方。让对方先进攻，针对进攻方打高远球、四方球、吊球等，加强防守，以快速灵活的步法、多变的球路和刁钻准确的落点，诱使对方在进攻中匆忙移动、勉强扣杀，造成击球失误，或当对方回球质量较差时，抓住有利战机，突击进攻。

二、单打基本战术

（一）发球战术

发球不受对方干扰，只要在规则允许的范围内，发球者可以随心所欲、以任何方式将球发到对方接球区的任何一点。采用变化多端的发球战术，常能起到先发制人、取得主动的作用。因此，发球在比赛中占有重要的地位。

在采用发球战术时，眼睛不要只看自己的球和球拍，应用余光注视对方，找出薄弱环节。发各种球的准备姿势和动作要注意一致性，给对方的判断带来困难，处于消极等待的状态。发球后应立即把球拍举至胸前，根据情况调整自己的位置，两脚开立，身体重心居中，但一定注意重心不要站死。眼睛紧盯对方，观察对方的任何变化，准备积极还击。

1. 发后场高远球

这是单打中常用的发球方法，要求把球发到对方端线处，迫使对方后退还击，给对方进攻制造难度。发高远球虽然弧线高，飞行时间长，但由于离网距离远，球从高处垂直下落，后场进攻技术差的对手较难下压进攻。把球发到对方左、右发对角线的接球区的底线外角处，能调动对方至底线边角，便于下一拍打对方对角网前，拉开对方的站位。特别是左场区的底线外角位是对方反手区，更是主要攻击的目标。但发右场区的底线外角时要提防对方以直线平高球攻击自己的后场反手区。如把球发到对方接发球区底线的左、右半区的内角位，能避免对方以快速的直线攻击自己的两边。

2. 发平高球

发平高球，球的飞行弧线较低，但对方仍然必须退到后场才能还击。由于球的飞行速度快，对方没有充裕的时间考虑对策，回球质量会受到一定的影响。对于回球飞行弧线的控制，应看对方站位的前后和人的高度及弹跳能力而定，以恰好不给对方半途拦截机会为宜。落点的选择基本与发高远球相同。

3. 发平快球

发平快球（或者平高球）和网前球配合，争取创造第三拍的主动进攻机会，称为发球抢攻战术。发平快球属于进攻性发球，球速很快，称为发球抢攻战术。发平快球作为突袭手段若运用得当，往往能取得主动。但当接球方有所准备时，也能半途拦截，以快制快，发球方反会处于被动。发平快球时球的落点一般应在对方反手区，或直接对准对方的身体，使其措手不及。

4. 发网前球

发网前球能减少对方压球的机会，发球后立即进入互相抢攻的局面把球发到前发球内角，球飞行的路线较短，容易封住对方攻击自己后场的角度。发球到前发球线外角位能起到调动对方离开中心位置的作用。特别是在右场区发前发球线外角位，能使对方反手区出现大片空档。但对方也能以直线推平球攻击发球者的后场反手。如果预先提防，可用头顶球还击。发网前球也可以发对方的追身球，造成对方被动。最好发网前球时配合发底线球才能有较好的效果。

（二）接发球战术

接发球虽然处于被动、等待的状态，但由于发球受到规则的诸多限制，使发球不能给接发球者带来太大的威胁。发球者只能将球发到发球区内，而接发球者只需防守不到半个区域，却可将球还击至对方整个场区。所以，接发球者若能处理好这一拍，也可取得主动。

1. 接发高远球、平高球

一般可用平高球、吊球或杀球还击。但如果对方发球后站位适中，进攻时要注意落点的准确性。若用杀球、吊球还击，自己的速度要跟上；如果对方发球质量很好就不能盲目重杀，可用高远球、平高球还击，伺机再攻，或者用点杀、劈杀、劈吊下压先抑制对方。

2. 接发网前球

可用平推球、放网前或挑高球还击。当对方发球过网较高时，要抢先上网扑杀。接发网前球的击球点应尽量抢高。

3. 接发平快球

要观察对方的发球意图，随时要做好准备。借用对方的发球力量快杀空挡或追身都能奏效，也可借助反弹力拦吊对角网前。

4. 逼反手

就所有运动员而言，后场的反手击球总或多或少地弱于正手击球，进攻性相对不强，球路也较简单（受生理解剖结构限制），有的运动员还不能在后场用反手把球打到对方的端线，所以对对方的反手要毫不放松地加以攻击。

（三）平高球压底线

用快速、准确的平高球打到对方后场两角，在对方不能拦截的前提下尽量降低球的飞行弧线，把对方紧压在底线，当对方回击半场高球时就可以扣杀进攻。使用平高球压底线时，如配合劈吊和劈杀可增加平高球的战术效果。一般情况下，平高球的落点和杀、吊的落点拉得越开效果越好。

（四）拉、吊结合杀球

此战术是把球准确地打到对方场区的四个角上，使对方每次击球都要在场上来回奔跑。使用这种战术时，对不同特点的对手要采用不同的拉、吊方法。若对方后退步法慢，可以多打前、后场；若对方盲目跑动、满场飞，可使用重复球和假动作；若对方灵活性差，应多打对角线，尽量使对方多转身；若对方后场反手差，可通过拉开后攻反手；若对方体力不好，可用多拍拉、吊来消耗其体力，战胜之。如果能熟练地使用平高球、劈吊和网前搓、推、勾技术，快速拉开对方，伺机突击扣杀，这一战术能收到更好的效果。

（五）吊、杀上网

先在后场以轻杀、点杀、劈杀配合吊球把球下压，落点要选择在场地两边，使对方被动回球。对方还击网前球时，迅速上网以贴网的搓球，或勾对角，或快速平推创造半场扣杀机会；若对方在网前挑高球，可在其向后退的过程中把球直接杀到其身上。

（六）防守反攻

这一战术是对付那种盲目进攻而又体力差的对手。比赛开始，先以高球诱使对方进攻，在对方只顾进攻而疏于防守时，即可突击进攻。或者在对方体力下降、速度减慢时发动进攻。这种开始固守、乘虚而入、以逸待劳、后发制人的战术有时效果也较好。

三、双打的打法类型

双打的打法是根据双方的技术水平、身体素质、心理素质以及相互配合的特点，经过长期训练而形成的技术打法。

常见的有以下三种。

（1）前后站位打法：大多是本方处于发球时采用。

（2）左右站位打法：大多是本方处于接发球状态和受压制进攻时所采用。

（3）轮转站位打法：一般特点是发球或接发球时前后站位；发球或接发

时处于作用平行站位。

四、双打基本战术

（一）双打的指导思想

"快速、凶狠、准确、灵活"是我国羽毛球运动技术风格，当然也适用于双打。根据双打的技术特点和发展方向，我国规定了"快、狠、平、近、压"的双打指导思想。

快：积极主动进攻，反应判断快，击球出手快，封网扑球快，守中反攻快，抢位跟进快，战术变化快。

狠：突击性强，扣杀反抽凶狠，攻势凌厉，落点刁难。

平：少挑球，回平球，争取平打、快打。

近：前场紧封挡压，力争前半场解决战斗。

压：力争主动，逢适当高球必压，不失时机，一攻到底。

（二）双打的站位与配合

两名队员必须固定配对，长期训练，通力合作，默契配合，才有可能提高双打水平。

1. 前后站位与配合

（1）一般在本方处于进攻时采用前后站位。发球时的前后站位与配合：根据情况两人可以站得近些或远些，或者稍为偏左或偏右站。如发1号区（指前发球线与中线交接的角区）或2号区（指前发球线与边缘交接的角区），或者1、2号区之间的网前球，发球后即刻举拍封前场区，站后位者则负责中场和后场的各种来球（见图6-46，画有斜线的区域是封网队员主要负责的场区，下同）。如果发2号区的网前球，站前位者在发球后略向左前场移动，重点注意封直线球并兼顾其他。站后位者则负责中场和后场的各种来球（见图6-47）。左发球区发球时的分工配合的原则同上，但是两者要换方位。

（2）处于进攻时（杀球、吊球等下压进攻）的前后站位与配合。站后位者杀、吊进攻，站前位者积极举拍封网。如果站后位者在左后场头顶杀、吊直线球时，站前位者略向左转面朝球的落点，积极举拍封前场和左前半场球（见图6-48）。如果站后位者杀、吊斜线球时，站前位者则略向右转面朝球的落点，积极举拍封前场和右前半场球（见图6-49）。如果站后位者在右后场杀、吊球，两人分工配合的原则同上，但要换方位。

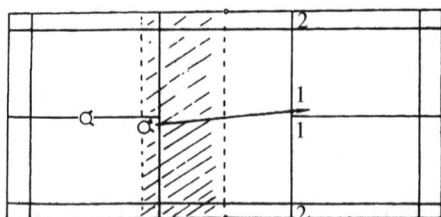

图 6-46 发 1、2 号区之间的网前球

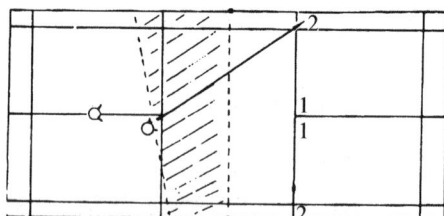

图 6-47 发 2 号区的网前球

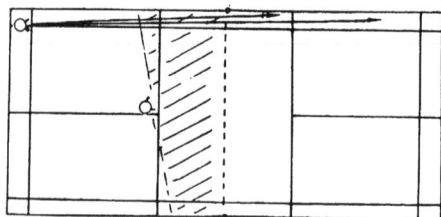

图 6-48 直线进攻

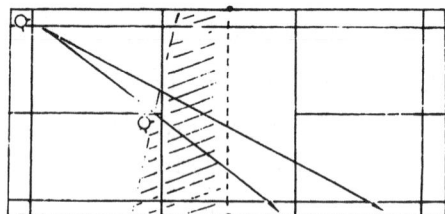

图 6-49 斜线进攻

2. 左右站位与配合

一般在本方受到下压进攻时，采用左右并列站位。

发 3 号区（指后发球线与中线交接的角区）或 4 号区（指后发球线与边线交接的角区）的平高球时，发球后由原来的前后站位即刻转换为左右站位。发球员在右发球区则向右后退步，另一球员向左移动形成左右站位，此时，两人各负责左右半场区的防守（见图 6-50）。如果在左发球区发 3、4 号位平高球后，发球员则向左后退步，另一球员向右移动形成左右站立。

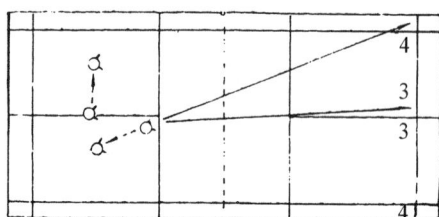

图 6-50 左右站位与配合

当本方打回高球后，应该即刻由前后站位转换成左右并列站位。

当左右站位时，如果对方扣杀中路球，一般以正手回击者接球（也可让水平高者拉球，赛前要商定分工），也可由靠近落点者接球。如果对方吊中间网前球，则由反应判断快者上网接球。如果出现双方平抽快挡、半蹲快打的对攻局面，两人齐心协力封住前半场，争取近打、快打、高打，不让对方有喘息的机会。

3. 站位的轮转配合

一场比赛有攻有守，因此站位也不断地前后、左右转换。站位转换配合一般采用：① 原来是左右站位的，当有机会下压进攻时，一人退至后场杀（吊）球，另一人则上前封网。② 原来是前后站位，当本方击回高球因而会受到下压进攻时，则前面的队员直线后退，后面的队员视情况向侧移动改换成左右站位。

（三）双打的战术

1. 发球抢攻战术

应以发网前球为主，结合运用平快球、平高球，抓住对方接发球的习惯性球路和弱点，抓住战机，突击或封网扑杀。

2. 攻中路战术

当对方采用左右并列站位时，中间的位置是容易出现矛盾的地方，因此可攻其中路，乱其阵脚，伺机制胜。

3. 避强打弱战术

如果对方两人的技术水平悬殊，可重点进攻弱者。如果强者争打来球，场上必然会出现较大的空档，可乘虚击之。

其他还有"后攻前封"战术、"快攻压网"战术和"抽压底线、拉开突击战术"。

第七章　定向运动

第一节　定向运动发展概述

一、定向运动的定义

定向运动是参与者运用地图，在指北针的帮助下，依据定向运动规律、程序和方法，徒步或利用交通工具独立完成寻找标绘在地图上的地面检查点，在有效时间内争取优异成绩的智慧型运动。它集冒险、趣味、竞赛、休闲、娱乐、旅游观光等功能于一身，是一项充满刺激和挑战智慧与体能的时尚运动。参加定向运动可以培养人的独立思考、独立解决问题的能力以及在体力与智力受到压力下做出迅速反应、果断决定的能力。可以想象一个拿着地图和指北针的学生，能在一个未知的地区独自一人有目的的穿越，他的独立能力肯定是一流的。

二、定向运动的起源与发展

定向运动起源于北欧瑞典，现已遍布全球。"定向"这一词于 1886 年首次使用，意思是在地图和指北针的帮助下，穿越不为人所知的地带。第一届正式的定向比赛于 1895 年在瑞典和挪威联合王国的军营中举行，标志着定向运动作为一个体育项目的诞生。20 世纪 30 年代定向运动在瑞典、挪威、芬兰和丹麦立足。1932 年举行了第一次世界定向锦标赛。1961 年国际定向联合会在丹麦首都哥本哈根成立。定向运动是国际体育联合会的成员之一，是国际奥林匹克委员会（奥委会）承认的准奥运会比赛项目。1979 年 3 月成立中国香港野外定向会，1983 年 3 月定向运动传入内地。目前已被我国教育部列为学校体育教材内容之一，有许多大、中学校都开设了定向运动课程。

三、定向运动的特点

（1）广泛性。定向运动是一项男女老少皆宜的体育运动项目，是由定向运动的规则特点所决定。它可以根据参赛人员的体力、年龄等特点选择比赛的场地，比赛的赛程可长可短，比赛检查点的设置可多可少，场地既可以选择复杂环境，又可以选择简单环境。

（2）趣味性。定向运动并不是单纯的赛跑，而是要在跑的同时，根据地图上所标示的检查点，在实际的地理环境中找到此点，于无形中就提高了学生的兴趣，而不像绕着跑道跑步那么枯燥。

（3）知识性。参加定向运动不仅需要体力，还需要智力的支持，必须懂得使用指北针和地图，才能够顺利完成定向比赛任务。

（4）竞争性。定向运动竞争的不只是体力，还有智力、准确识图和使用指北针，果断地判断奔跑的方向和路线，从起点到终点都需要有智力参与。光能跑，不善于观察思考，不行；光是想，没有良好的体力支撑，也不行。只有当智力和体力完美结合时才能领悟定向运动的乐趣。它的魅力就在于"移步换景""不可预见"。

四、定向运动的分类

定向运动分为徒步定向和工具定向两大类。

（1）徒步定向：定向越野（短距离赛、中距离赛、长距离赛）、微型定向（百米定向、积分定向、接力定向）、团队定向、夜间定向、山地穿越等。

（2）工具定向：滑雪定向、山地自行车定向、轮椅定向、水上定向等。

定向运动最早是利用地图和指北针，徒步奔跑完成的，之后衍生出轮椅定向，滑雪定向和山地自行车定向，独木舟定向，越野吉普定向等不同形式的定向运动。每一种定向运动又因参赛者性别不同可分为男女组，因年龄不同可分为老年组、成年组、青年组、少年组和幼年组等。除接力定向外，定向运动比赛又分为单人赛、双人赛和团体赛，还可设立男女混合赛。

五、定向运动的价值

定向运动的价值在于：享受阳光沐浴和呼吸新鲜的空气，在室外自然环境中，锻炼识别方向、选择路线的能力，快速按顺序到达目的地的能力。学习使用地图，培养和锻炼人的勇敢顽强精神，提高人的智力和体能水平，培养野外生存能力。

定向运动与风景如画、空气清新的大自然融为一体，使人回归自然，可放松心情，提高生活质量，减轻心理负担，促进身心全面发展。

有助于学生开阔视野，拉近人与人、人与自然的关系，培养学生独立生活和团结协作克服困难的能力，增强互助意识、自立意识、生存意识，激发对生活的热爱，树立"绿色环保"意识，以及热爱祖国大好河山，乐观、进取的生活激情。

定向运动是人人都可以参与（无关性别、年龄、民族、学历、社会地位等）、都可以在运动中找到自我、实现自身价值的体育项目。在活动中，人们相互交流，在交流中提高对社会环境的适应能力。培养学生集体主义、顽强拼搏的精神，提高他们团结协作、抵御挫折的意识和能力，才能更好地发展个性、增强创新意识和创造能力。定向运动有助于个人、学校、家庭、社会、大自然的有机结合，奠定终身体育的坚实基础，有利于培养适应能力，也有助于培养全面发展的人。

六、定向运动常用器材、设备和个人装备

（一）定向器材

（1）定向地图：是定向运动最重要的器材，它的质量好坏直接影响运动员比赛的成绩，也关系到比赛是否公正。因此，国际定向运动联合会（国际定联）专门为国际定向越野比赛制定了《国际定向运动图制图规范》。

对定向图的基本要求：幅面的大小根据比赛区域的大小确定；比例尺通常为 1∶10 000 或 1∶15 000，等高距为 5 米；精度至少要使以正常速度奔跑的运动员来看没有任何不准确的感觉；内容表示要重点、详细地标示与定向和越野跑直接相关的地物、地貌。要利用颜色、符号等详细区分通行的难易程度。

（2）号码布：为 24 厘米 ×20 厘米，数字高 12 厘米，号码布佩戴在前胸及后背两处。

（3）指卡：佩戴在选手拇指上，这是电子计时系统中选手身份的唯一标识，用于记录选手在各站点的信息。卡内芯片可存储 60 个检查点的数据（包括清除站和起终点站在内），指卡不受磁场干扰，在强磁影响下可正常工作。另外，指卡具有密封防水结构。

（4）点标旗：是检查点在实地的专门标志。点标旗由三面正方形小旗连接组成。每面小旗沿对角线分开，左上为白色、右下为橘红色，旗的尺寸为 30 厘米 ×30 厘米。

（5）检查卡：是运动员到达检查点位置的凭证。目前，检查卡是电子和机

械配合使用。

（二）常用设备

这里的常用设备主要指的是打卡器。

（1）电子打卡系统。从颜色上，黄色的为管理卡，蓝色的为检查卡，如图7-1所示。

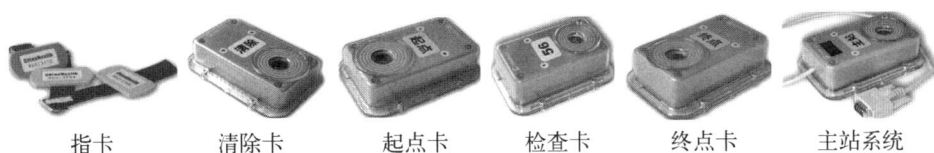

指卡　　　　清除卡　　　　起点卡　　　　检查卡　　　　终点卡　　　　主站系统

图 7-1

（2）机械打卡器。每个检查点上必配一个机械打卡器，规范的比赛在出发前就将密码印按编号打印留存。

（三）个人装备

（1）服装：定向越野比赛对运动员的服装没有特殊要求。衣裤一般选择紧身而又不至于影响呼吸与运动的长袖衣和长裤，最好使用护腿。鞋应选择轻便、柔软而又结实的，便于上下陡坡、踩光滑的树叶或走泥泞地，鞋底的花纹最好是高凸深凹的。头带选择可吸收汗水的。

（2）指北针：依据规则规定，在比赛中运动员可以使用指北针。指北针红色一侧指北。指北针大多由参赛者自备，对其性能和类型原则上没有规定。

七、定向运动组织机构

（一）国际定向运动联合会

定向越野运动于 1977 年成为国际奥委会承认的运动项目。国际定向运动联合会由 10 个国家的协会于 1961 年发起成立，现有 79 个协会会员。国际定向运动联合会总部设在芬兰，中国定向运动协会是该联合会的成员。该组织的宗旨是普及和发展定向越野运动，加强各国运动员的友好关系，尊重《奥林匹克宪章》。联合会的主要赛事是每两年一次的世界定向越野锦标赛、定向越野世界杯、定向滑雪越野锦标赛、定向滑雪越野世界杯和定向滑雪越野青年锦标赛；每年一次的世界定向越野青年锦标赛和世界定向越野老年锦标赛。

（二）世界公园定向组织

世界公园定向组织是于 1995 年在国际定向运动联合会注册的国际组织。它的主要宗旨及目的就是创造一种全新的定向运动概念，即定向运动不仅可以在传统的森林里进行，还可以在城市的公园及大学校园里进行，从而将世界上最富有挑战的体育运动带到观众与摄像机面前，使参赛运动员不仅能现场感受定向的动感及激烈的战况，还可以与观众一起分享这份刺激与乐趣，定向运动已从森林走向城市。该组织每年在世界各地公园举行职业定向精英巡回赛，并设总奖金及排名。为推动定向运动发展，世界公园定向运动组织做出了巨大贡献，中国得以开展定向运动，世界公园定向组织功不可没。

第二节　定向运动基本知识

一、地图基本知识

（一）地图的起源

有人推测地图的起源比文字还要早。我国春秋战国时期地图已广泛用于战争和国家管理，秦汉以后舆图（地图）损失严重（与秦始皇焚书坑儒有关）。西晋时，中国出现了一位著名的地图专家——裴秀。出于政治和军事需要，裴秀领导和组织编制成全世界最早的历史地图集《禹贡地域图》。

地图的定义：依据一定的数学法则，采用地图语言，经过制图综合表示地球表面的图形。地图按比例分为大比例地图（比例尺大于 1：25 000）、中比例地图（比例尺为 1：25 000—1：100 000）和小比例地图（比例尺小于1：1 000 000）。

每一幅地图都包含大量的地理信息，利用点、线、面可以形象地表示地形、河流、湖泊、交通线、城镇等有形事物，也可以表示境界、经纬线、等温线等无形现象。对这些点、线、面组成的符号的解释就是图例。符号系统和注记构成了地图独有的语言。用地图语言表示地理事物，比其他语言、文字、电码等更加直观。

定向运动地图属于专题地图，其主要特点可以简单地概括为"两小两大"，即范围小、每版印量小，总体需求量大、比例尺大。定向运动地图现势性强，用不同的色彩表示地面可奔跑程度。一般定向运动地图的范围约 5—10平方千米，按规定，国家级定向竞赛场地三年内不得再用于同级别的竞赛。定向地图列为一次性产品，有的有收藏、交流价值。标准定向运动地图比例尺为 1：15 000 或 1：10 000，等高距为 5 米；公园定向运动地图比例尺约为 1：2 000—1：5 000。定向运动地图是一种详细的地形图，《国际定向运动地图制图规范》用八色印刷，分别为棕、蓝、绿、白、黄、黑、品红和黄绿色，标示所有对读图和选择路线有影响的要素，特别对地物的可识别性、地类界、树林的空旷程度、地面的可奔跑程度等。

（二）地形图

1. 地形图定义

地形图是按一定的比例尺，表示地貌、地物平面位置和高程的投影图。

地形：是地貌和地物的总称。

地貌：是地表平坦起伏的自然状态，如山地、丘陵、平原等。

地物：是分布在地面上人工或自然的固定性物体，如江河、湖泊、道路、村庄等。

一张完整的定向越野地图由主图和图外注明组成。主图是所在区域地形、地物、地貌在图上的反映。不同的地表覆盖情况用不同的颜色来表示，不同的地物、地貌用不同的符号表示。定向运动地图图外注明是用来说明地图上一些更详细的内容，以及怎样识别地图。一般包括比例尺、等高距、图名、图例、检查点说明符号、制图单位、赛事组织单位等信息。

2. 地形图比例尺

定义：地图上某线段长与相应实地水平距离之比，即图上长是指相应实地的水平距离。如某幅地图上长 1 cm，相当实地水平距离 10 000 cm，则此幅地图的比例尺为 1：10 000。地图比例尺的大小通常依比值大小来衡量，比值大，比例尺就小，如 1：15 000 就小于 1：10 000。比例尺是地图必须标示的符号，是显示地表实际距离与地图显示距离的比例相关性，地图上所标明的比例尺说明地图被缩小的倍数。

当地图的图幅面积一定时，比例尺越大，其包括的实地范围就越小，地图显示的内容就越详细，精度越高；比例尺越小，图幅包括的实地范围就越大，地图显示的内容就越简略，精度也就越低。国际定联规定，定向竞赛用图一般采用 1：15 000、1：10 000、1：5 000 的比例尺，为适应特殊地形的需要，也可使用其他比例尺地图，如 1：7 500、1：4 000。

比例尺的形式：定向地图一般是用数字式和线段式表示。

比例尺精度：人用肉眼能分辨的最小距离一般为 0.1 mm，所以把图上 0.1 mm 所表示的实地水平距离称为比例尺精度，即 0.1 mm×M（M 为比例尺分母），如表 7-1 所示。

表 7-1　比例尺精度

比例尺	1：500	1：1 000	1：2 000	1：5 000	1：10 000
比例尺精度（m）	0.05	0.1	0.2	0.5	1.0

3.地图量读实地距离

（1）用直尺量算：先用直尺量取地图两点的长度，然后依据地图比例尺按公式计算，即实地距离＝地图长 × 比例尺分母。如在 1：10 000 地图上量取两点长度为 1.2 厘米，则实地水平距离 = 1.2 × 10 000 = 120 米。

（2）目估法：即先估计地图上两点的长度，然后按公式计算。

定向越野时，一般是在运动中求实地距离，主要是采用目估法。地图上距离越长，估计误差就越大，由此采用分段目估。地图上量取的距离，都是水平距离，而实地总是起伏不平的，实际距离往往大于水平距离。因此在计算实地距离时，必须将地图上量得的距离加上适当的改正系数（见表 7-2）。定向越野运动通常按地貌的起伏程度，依据经验数据改正。

表 7-2　地形种类的改正系数

地 形 种 类	改 正 系 数
微丘地	10%—15%
丘陵地	15%—20%
一般山地	20%—30%

（3）计算公式：实地距离 = 水平距离＋水平距离 × 改正系数

（三）符号

地面上的各种地物在地图上都用符号表示，地物符号由图形和颜色组成。

1. 符号的分类

依比例尺表示的符号（轮廓符号）。依比例尺量取相应的实地长、宽和面积，表示实地面积较大的地物，如城镇、森林、湖泊、江河等。

半依比例尺表示的符号（线状符号）。表示实地的线状地物，如道路、沟渠，电线、围墙等地物符号的长度是按比例尺缩绘的，而宽度则不是。

不依比例尺表示的符号（点状符号）。表示实地面积很小而对定向越野运动有影响和有方位意义的独立地物，如窑、独立坟、独立树等。在地图上，长与宽都不能依比例尺表示，只能用规定的符号表示。符号的定位点为地物的中心。

在定向越野运动中，独立地物比大面积地物和线状地物作用更大。因为它们不但位置准确，而且大多数突出地面，明显易找，有利于运动员在运动中进行图地对照，准确判定运动方向和确定站立点，准确判定检查点的实地位置。

2. 符号的颜色

为了提高地图的表现能力，专用定向越野地图采用不同的颜色表示不同的地形内容。

蓝色表示水系，如湖泊，溪流，泥沼；

黑色表示人造景观（建筑物，道路，小径）和岩石（大石头，悬崖峭壁）；

棕色表示等高线符号和铺面地（公路，人行道，篮球场等）；

黄色表示空旷地，易奔跑；

白色表示普通的林区，易通过；

绿色表示植被浓密且难以通过的地区（绿色越深，越难通过）；

黄绿色表示禁入私人区，如果园、花坛等；

紫色表示磁北线，起点、终点和必经路线。

地图一般使用单、双色（地貌等高线用棕色，其他均为黑色）以及单色复印图，或者使用经过修测的单色图。但是单色地图层次感差，欠清晰，使用时，要从符号的形状、大小、走向以及组合规律区分符号的性质。

3. 地貌符号

地图显示地貌的方法很多，定向越野地图采用等高线法显示地貌。

（1）等高线的构成原理：等高线是地面上高程相等的各点连接而成的曲线。假想把一座山从底到顶按相等的高度一层一层水平切开，山的表面就出现许多大小不同的截口线，然后把这些截口线垂直投影到同一平面上，便形成一

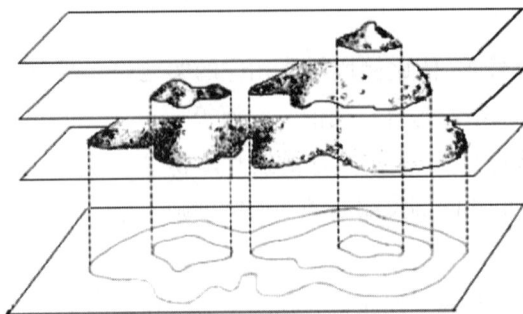

图 7-2　等高线构成原理

圈套一圈的曲线图形。因同一条曲线上各点的高程都相等，所以称为等高线。地图就是根据这个原理显示地貌的，如图7-2 所示。

（2）等高距的规定：相邻两条等高线间的实地垂直距离称为等高距。等高距愈大，等高线愈少，表示地貌愈简略；等高距愈小，等高线愈多，表示地貌愈详细。地图比例尺越大，等高距就越小；地图比例尺越小，等高距就越大。我国现有的 1∶10 000 比例尺地图，等高距一般为 2.5 m。国际定联规定，定向越野地图的等高距一般为 5 m。同一幅图上只采用同一等高距。

（3）等高线的种类与特点。等高线按其作用不同分为首曲线、计曲线、间曲线与助曲线四种，如图 7-3 所示。

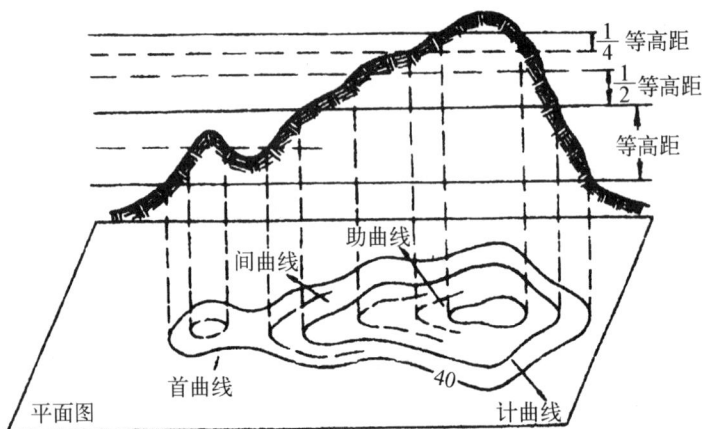

图 7-3　等高线的种类与特点

首曲线，又称为基本等高线，是按规定的等高距测绘的细实线，用以显示地貌的基本形态。

计曲线，又称为加粗等高线，从规定的高程起算面起，每隔五个等高距将首曲线加粗为一条粗实线，以便在地图上判读和计算高程。

间曲线，又称为半距等高线，是按二分之一等高距描绘的细长虚线，主要用于显示首曲线不能显示的某段微型地貌。

助曲线，又称为辅助等高线，是按四分之一等高距描绘的细短虚线，用于显示间曲线仍不能显示的某段微型地貌。

间曲线和助曲线只用于显示局部地区的地貌，故除显示山顶和凹地各自闭合外，其他一般都不闭合。

示坡线，是与等高线正交、指示斜坡方向的短线，与等高线相连的一端指向上坡方向，另一端指向下坡方向。

高程起算和注记：我国规定，把"1956 年黄海平均海水面"作为全国统一的高程起算面，高于该面为正，低于该面为负。从黄海平均海水面起算的高程，称为真高，也称为海拔或绝对高程。从假定水平面起算的高程，称为假定高程或相对高程。地貌、地物由所在地面起算的高度，称为比高。起算面相同的两点间高程之差，称为高差。

地形图上的高程注记有三种，即控制点高程、等高线高程和比高。控制点（包括三角点、埋石点、水准点等）。控制点的高程注记用黑色，字头朝向北图廓；等高线的高程注记，用棕色，字头朝向上坡方向；比高注记与其所属要素的颜色一致，字头朝向北图廓。

（4）等高线的特点。等高封闭性：同一条等高线是封闭的，无论怎样迂回曲折，终必环绕成圈，但在一幅图上不一定全部闭合。两条等高线决不能相交，在一般情况下，同一地点不会有两个高度。但在垂直壁立的峭壁悬崖，等高线可以重合。等高线多，山就高；等高线少，山就低。凹地相反（多高少低）。具体可见图 7-4。

密陡稀缓：等高线疏密反映坡度缓陡。等高线稀疏的地方表示缓坡，密集的地方表示陡坡，间隔相等的地方表示均匀坡。

等高线与山脊线或山谷线垂直相交等高线穿过山脊线时，山脊线两侧的等高线略呈平行状。等高线穿过河谷（山谷线或集水线）时，向上游弯曲，呈反 V 字形。

等高线的弯曲形状与相应实地地貌形态相似（形似实地）。

两对等高线凸侧互相对称时，为山岳的鞍部，也称为山的垭口。

示坡线表示降坡方向，示坡线是与等高线垂直相交的短线，总是指向海拔较低的方向，有时也称为降坡线。

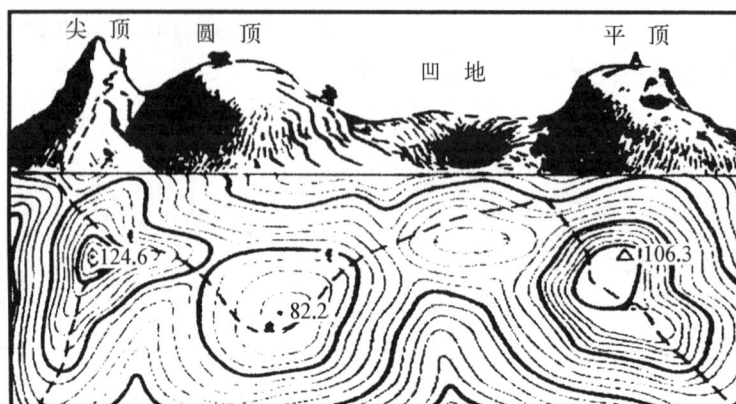

图 7-4 等高线的特点

几条特殊的等高线：0 米线表示海平面，也是海岸线；200 米线区分为平原和低丘；500 米、1 000 米线显示低山丘陵或高原；2 000 米、3 000 米线表示中山和高原；4 000 米表示高原和高山的特征。

二、定向运动符号的运用

（一）等高线与其他符号的区分（见图 7-5）

（1）与小河沟符号区分。等高线一般由互不相交的几条曲线组合而成，有一定的组合规律。小河沟符号在起伏地段一般与等高线的合水线重合；上游终点有的与池塘符号相连，不与池塘符号相连的线条越来越细；小河沟符号有的有分叉，上面大多有小桥、涵洞等符号。从原图复印出的单色图，色度比等高线深。

（2）与大车路符号的区分。两者在关系位置上无规律，或相交，或平行。大车路一般都通过居民地。从原图复印出来的单色图，大车路符号色度比等高线深，且线条比基本等高线略宽。

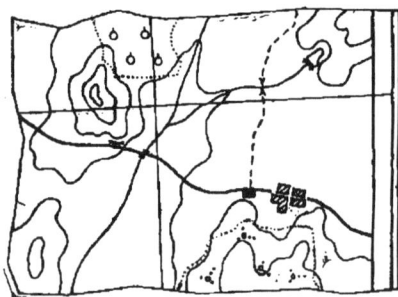

图 7-5 等高线与其他符号的区分

（3）与水塘符号的区分。两色或单色地图上的水塘符号内，一般绘有规律排列的网点或加绘有"塘"字，复印后网点或"塘"字仍清晰可见。如水塘符号内无网点或"塘"字时，可根据水塘所在的位置判断，一般水塘都在低处；起伏地域，一般都在山谷内。有的在水塘下坡方向还绘有堤坎符号。从原图复印的单色图比基本等高线色深线宽。

（4）河沟与大车路符号的区分。除可从上述的各自特点加以区分外，还可依据它们相交处的小桥、涵洞符号，以及其组合规律加以区分。如小河沟和大车路交叉处有小桥符号，与小桥纵方向轴线同向的为大车路符号，相交的为小河沟符号。

（二）地图的地貌识别

地貌的外表形态尽管千差万别、多种多样，但它们都是由某些基本形态组成的。这些基本形态是山顶、凹地、山背、山谷、鞍部、山脊和斜面等，如图7-6所示。

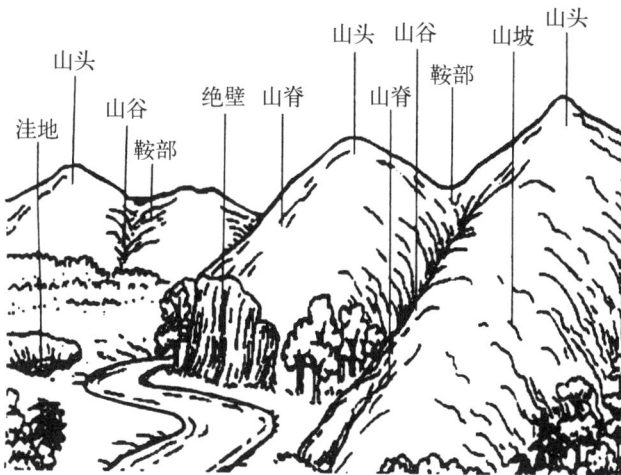

图7-6 地图的地貌识别

（1）山顶，山的最高部位。山顶依其形状可分为尖顶、圆顶和平顶。地图表示山顶的等高线是一个小环圈，环圈外通常绘有示坡线。

（2）凹地，是指比周围地面低下，且经常无水的低地。大面积的低地称为盆地，小面积的低地称为凹（洼）地。地图表示凹地的等高线是用一个或数个小环圈，并在环圈内绘有示坡线。

（3）山背，是从山顶到山脚的凸起部分。地图表示山背的等高线以山顶为准，等高线向外凸出，各等高线凸出部分顶点的连线，就是分水线。

（4）山谷，是指相邻山背、山脊之间的低凹部分。地图表示山谷的等高线以山顶或鞍部为准，等高线向里凹入（或向高处凸出），各等高线凹入部分顶点的连线，就是合水线。

（5）鞍部，是指相连两山顶间的凹下部分，其形如马鞍状，故称为鞍部。地图是用一对表示山背的等高线和一对表示山谷的等高线显示的。

（6）山脊，由数个山顶、山背、鞍部相连所形成凸棱部分。山脊的最高棱线叫山脊线。

（7）斜面，是指从山顶到山脚的倾斜面，也称为斜坡或山坡。地图上明确斜面的具体形状，对定向越野有一定价值。斜面按形状可分为等齐斜面、凸形斜面、凹形斜面和波形斜面（见图7-7）。

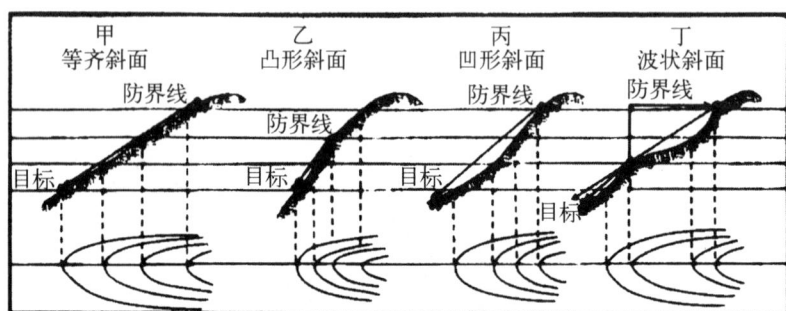

图7-7 斜面的类型

① 等齐斜面，是指实地坡度基本一致的斜面。全部斜面均可通视。地图上，从山顶到山脚，间隔基本相等的一组等高线，表示为等齐斜面。

② 凸形斜面，是指实地坡度为上缓下陡的斜面，部分地段不能通视。地图上，从山顶到山脚，间隔为上面稀、下面密的一组等高线，表示为凸形斜面。

③ 凹形斜面，是指实地坡度为上陡下缓的斜面，全部斜面均可通视。地图上，从山顶到山脚，间隔为上面密、下面稀的一组等高线，表示为凹形斜面。

④ 波状斜面，是指实地坡度交叉变换、陡缓不一、成波状形的不规则斜面，若干地段不能通视。地图表示该状斜面的等高线间隔稀密不均，没有规律。

（三）图上起伏与坡度的判定

1.起伏的判定

判定起伏就是在地图上判定哪里是上坡，哪里是下坡，哪里是平地。判定起伏时，首先要对判定区域进行总体的地势分析，在该区域内，找出明显的山顶，分析山顶间联系，找出山脊以及主要分水线、合水线的走向，然后结合河流、溪沟的具体位置，判定出总体的升降方向。总体地势分析之后，进行具体分析，分析时要注意基本一点，即在地图上凡属运动路线与某条等高线近似平行是平路外，其他情况（与某条等高线越来越近或越来越远或相交）则不是上坡就是下坡。具体分析可从以下几个方面来考虑。

（1）根据高程注记判定：高程注记递增的为上坡方向，递减的为下坡方向；等高线上的高程注记，字头朝向上坡方向，相反方向就是下坡方向。运动路线的起伏：1—2 为上坡；2—3 为上坡；3—4 为下坡（见图 7-8）。

（2）根据示坡线判定：示坡线与等高线连接的一端为上坡方向，另一端指向下坡方向。

（3）根据河流符号判定：当一组等高线在河流一侧，靠近河流的等高线低，远离河流的等高线高，即当离开河流一侧作横方向运动或呈一定角度运动时，就是上坡，相反方向运动时则是下坡。当一组等高线横穿河流，上游等高线高，下游等高线低。运动路线的起伏：1—2 为形卡上坡；2—3、3—4 均为下坡（见图 7-9）。

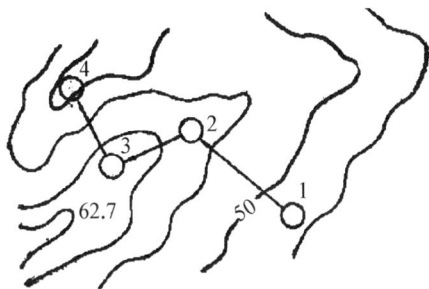

图 7-8 起伏的判定：高程注记　　图 7-9 起伏的判定：河流符号判定

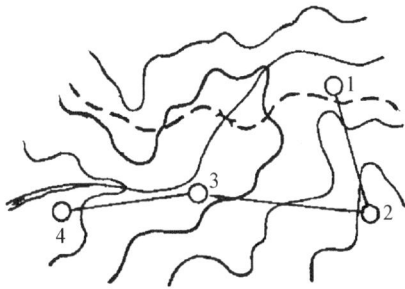

（4）根据地貌的基本形态判定：地貌的一般特点是山地高，平地低；山顶高，鞍部低；山背高，山谷低；山脊高，山脚低。识别地貌的各种基本形态，结合具体运动路线，地形起伏则一目了然。运动路线的起伏为1—2 上坡，2—3 沿斜面，3—4 下坡，4—5 上坡，5—6 上坡，6—7 下坡，如图 7-10 所示。

2.坡度的判定

（1）坡度，即斜面对水平面的倾斜程度，通常以角度或倾斜百分率表示。

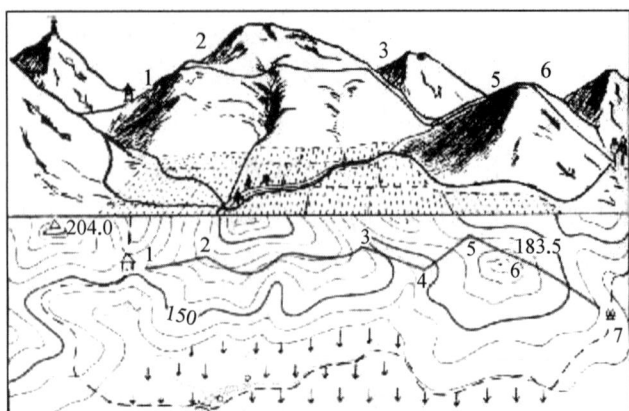

图 7-10 起伏的判定：地貌的基本形态

判定坡度，即判定运动路线的某一局部或山体某一斜面的坡度为多少度，或是百分之几的坡度。斜面坡度对定向越野非常重要，运动员要根据坡度大小，结合自己体力选择理想的运动路线，这就要求运动员必须学会在图上判定坡度。

图 7-11 坡度的判定

（2）判定坡度的方法：根据等高线的间隔做出判定。现以 1 ：10 000 比例尺、等高距为 5 米的地图说明等高线间隔判定坡度的方法。图 7-11 所示为相邻两首曲线（或者计曲线）间隔为 1 毫米，根据对边（等高距）正切定理：5 = tanα，则相应现地坡度＝0.5，查表为 27，邻边（水平距离）10。

间隔大于 1 mm 时，只要用间隔 mm 数去除 27，即可得到相应的实地坡度。例如，两首曲线间隔为 2 毫米，则相应坡度＝27°÷2 = 13.5。间隔小于 1 毫米时，实地坡度大于 27°，通行困难，运动员在选择路线时，一般应避开这种地段。

（3）判定坡度时要注意：求某斜面的最大坡度时应量取该斜面两等高线间隔最小的地方。图 7-11 所示为求该高地南侧斜面的最大坡度，应通过量取 a 间隔来确定；求小路通过高地南侧的最大坡度，应依小路方向量取 b 间隔来确定。

根据等高线间隔判定坡度，可以作为判定坡度的基础训练。经验丰富的运动员，是根据等高线的疏密程度结合自己的经验，判定实地地貌的起伏程度，从而确定理想的运动路线。

（四）地图方位与磁方位角

地图的方位是上北下南，左西右东。在专用定向越野地图上，绘有若干等距离平行的、北端带有箭头（称为指北矢标）的磁北方向线，即磁子午线。指北矢标所指的方向为北。磁北方向线不仅可以确定地图方位，还能标定地图、量测磁方位角和估算距离。地面上某点指向磁北极的方向线称为磁北方向线。

从某点的磁北方向线起，按顺时针方向到目标方向线之间的水平夹角称为磁方位（见图 7-12）。

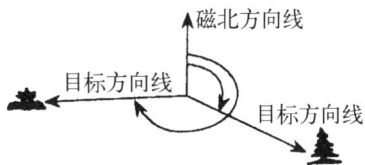

图 7-12　磁方位

1. 在地图上测磁方位角

在定向越野途中，如从某站立点向某目标点（包括检查点）运动，先要用指北针在地图上量测出站立点到目标点的磁方位角。

指北针：用于辨别和保持方向。国际定向越野比赛多用透明有机玻璃制成指北针，其优点是灵敏度高、稳定性好，可透视地图，用图效率高。基本构造如图 7-13 所示。

步骤：① 标定地图。标定地图就是使地图方位与实地方位一致，是使用地图的前提。将透明的指北针圆盒内的磁针红色一侧与地图上的磁北线重合（或平行），批示箭头"↑"指向目标方向，箭头延伸线与检查点连线重合，然后转动地图，使磁针北端对正磁北方向，地图即已标定。② 测方位角。在标定地图的基础上测量 2 号检查点（独立树南侧）到 3 号检查点（十字路口东南侧）的磁方位角，先将指北针的长尺边或任意一条标尺线切于这两点并使前进方向箭头指向 3 号检查点，待磁针稳定后，转动方位罗盘，使定向箭头与磁针北端重合，此时指北针中心指示线所对的度数即为 2 号检查点到 3 号检查点的磁方位角，图 7-14 所示为 63°。

2. 在实地测磁方位角

定向越野途中，有时要在实地测量磁方位角，即在实地测定从站立点到某一目标点的磁方位角。测量时，左手平持指北针，通过前进方向箭头瞄向目

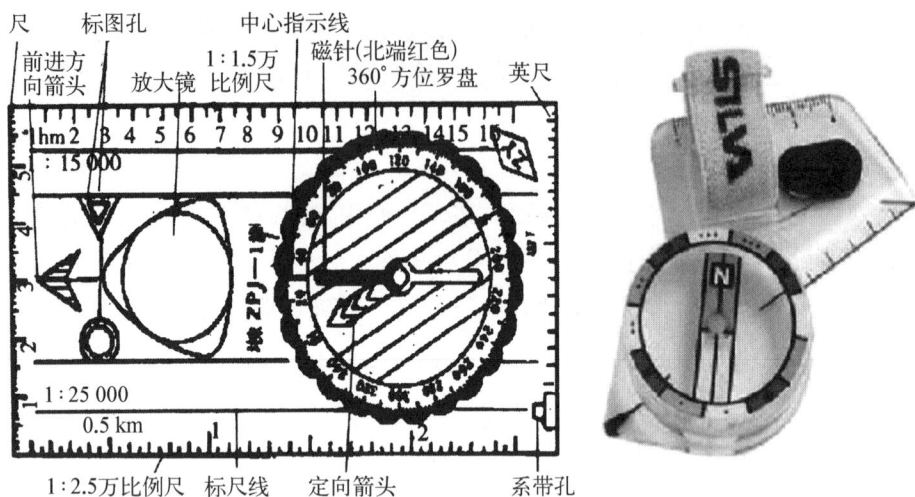

图 7-13　指北针构造

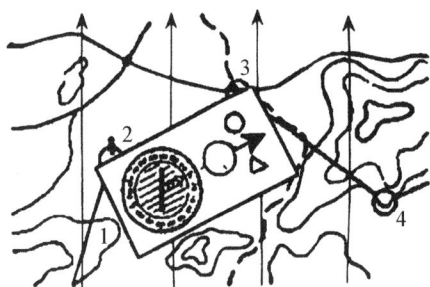

图 7-14　磁方位角度测量

标，待磁针稳定后，转动方位罗盘，使定向箭头与磁针北端重合，此时指北针中心指示线所对正的度数，即为站立点到目标点的磁方位角。

（五）图例注记

专用定向越野地图上的图例注记主要指的是比例尺注记、等高距注记和图例说明（见图 7-15）。在定向越野常设场地所用的地图上，由于实地设置了固定的检查点点标，因此，在地图上还印有简易检查卡和检查点说明，便于业余爱好者随时使用。

三、定向运动地图的用法

识图是基础，用图是关键。

一般原则：先图外后图内、先地物后地貌、先注记后符号、先主要后次要。

（一）标定方位

1. 实地判定方位

（1）利用指北针判定方位。实地利用指北针判定方位是定向运动最基本的方法。判定方位时，平持指北针，待磁针稳定后，磁针红色一端所指的方向

为实地的磁北方向，面向
磁北、左西、右东、背后
为南。

（2）利用自然特征判
定方位。

① 利用日月光判定方
位。以太阳为例，中国多
半在北回归线以北，可根
据太阳阴影确定方位。具
体方法：将一米左右的木
棍垂直插入一平坦地上标
出阴影的端点，15分钟后
标出第二个点，过木棍底
部作第三个点，以这三点
做一直线，该直线的垂线
即指向北方。如果在南北
回归线之间则要依据季节
来判断方向，以夏至，冬
至为转折点。

② 以独立大树判定方
位。大树通常是南面枝叶
茂密，树皮较光滑；北面
枝叶相对稀少，树皮粗糙，
有时还长有青苔。树被砍
伐后，树桩上的年轮，北
面间隔小，南面间隔大。

③ 以突出地面的物体
判定方位。可用土堆、土
堤、田埂、独立岩石和建
筑物等判定方位，通常南
面干燥、青草茂密、冬雪

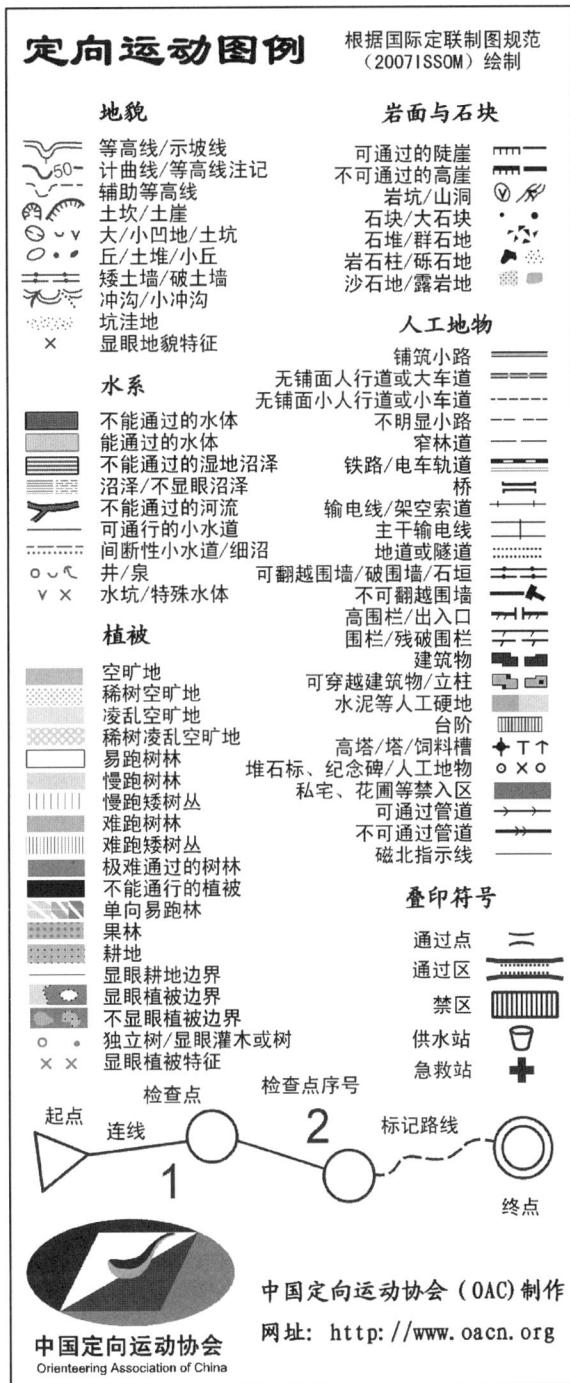

图 7-15　图例注记

先化，北面潮湿、易生青苔、积雪融化较慢，而土坑、沟渠和林中空地则相反。

我国大部分地区，尤其是北方，庙宇、宝塔的正门多朝南方；广大农村住房的正门一般也多朝南开。

有些地物、地貌由于受阳光、气候等自然条件的影响，形成了某种特征，可以利用这些特征大略地判定方位。

2. 标定地图

实地使用地图，首先要标定地图。

（1）用指北针标定，标定方法同上。利用指北针标定地图精度高、不易失误，是初学者标定地图最好的一种方法。

（2）概略标定。现地判明方位后，只要将地图上方对向实地北方，地图即已概略标定。

（3）利用明显地物、地貌点标定。明显的地物点，如烟囱、小桥、独立树等；明显地貌点，如山顶、鞍部、分水线与合水线的转弯点、明显的山背倾斜变换点（由陡变缓或由缓变陡的明显位置）等。利用这些明显点标定地图，前提是已知站立点在地图上位置。标定时，先确定站立点在地图上的位置，再在实地选择一个地图上也有的地物点或地貌点，转动地图，使地图上的站立点和选择的地物点或地貌点构成的一条直线，与实地相应两点构成的一条直线概略重合，并且方向一致，地图即已标定。图 7-16 所示为站立点是在实地桥梁的中间，地图上即为桥梁符号的中点。在实地选择山顶上的宝塔，地图上有相应的宝塔符号。标定地图时，面向实地宝塔，平持并转动地图，使地图上桥梁符号的中点（也可以看成是整个桥梁的符号）和宝塔符号构成的直线与实地相应两点构成的直线概略重合，地图即已标定。但要特别注意的是方向一致，即地图上宝塔符号应在前方。这种标定地图的方法简便、迅速，特别适用在快速奔跑中标定地图。

（4）利用直长地物标定。直长地物是指较直且长的线状地物，如道路、

图 7-16　标定地图：利用明显地物、地貌点标定

沟渠、电线、围墙等。当在直长地物上或一侧运动时，可利用其标定地图。标定时，在地图上找到实地直长地物相应的符号，转动地图，使地图上的直长地物符号与实地相对应的直长地物概略重合，地图即已标定。如图 7-17 所示为

运动员是在道路上运动时需要标定地图，手平持且转动地图，使地图上道路符号与实地道路概略重合，地图即已标定。需要注意的是：实地水渠位于运动员的右侧，标定地图时，地图上水渠也应位于图上运动员站立点的右侧，否则标定后的地图方位和实地方位就会相反。

图 7-17　标定地图：利用直长地物标定

3. 确定站立点

标定地图后，就应随即确定站立点在图上的位置，这是现地用图的关键。

（1）综合分析法。用这种方法确定站立点时，先进行控制对照，即对站立点附近的明显地形特征进行综合分析。这时的控制对照是在站立点不明确的情况下进行的，但站立点在地图上的范围是清楚的，控制对照时，应根据各明显地形点的特征及其相互关系位置，通过综合分析，确定其在地图上位置。图 7-18 所示为用图者站在三角标左下方的山背上，根据左侧冲沟和前方山顶的关系，确定站立点在图上的位置。

（2）后方交会法。这种方法通常是在地形较平坦、通视较好的地段上采用。用这种方法确定站立点时，先通过控制对照，在实地较远处选择两个地图上也有明显的地形点。图 7-19 所示为选择远处的山顶与独立房标定地图，用

图 7-18　综合分析法

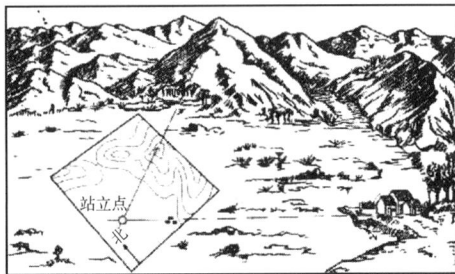

图 7-19　选择远处山顶和独立房标定地图

指北针长尺边切于地图上山顶的定位点，摆动直尺，向实地相应山顶瞄准后，沿直尺边向后画方向线；用同样的方法向实地独立房瞄准后并画方向线；两方向线的交点就是站立点在地图上的位置。定向运动中，由于受时间限制，一般不能采用直尺瞄准精确确定站立点，只能用上述原理目测出方向线，确定站立点的概略位置。

图 7-20　截线法

（3）截线法。这种方法是在线状地物上或一侧运动时采用。其要领：标定地图后，在线状地物一侧较远处的实地，选择一个地图上也有的明显地形点。如图 7-20 所示为运动员在水渠一侧运动，在水渠一侧较远处选择独立房为明显地形点，将直尺切于地图上独立房符号，摆动直尺，向实地独立房瞄准，直尺切于独立房的一侧与水渠符号的交点，就是站立点的图上位置。在定向运动中，同样可以直接采用目测瞄准的方法确定。

（4）磁方位角交会法。当在植被密集、通视不良的地段上运动时，由于地图与实地对照不方便，加之看不到目标实地位置，不能在地图上找准目标，可采用磁方位角交会法确定。其方法：首先攀登到便于通视远方的树上，在远处选定两个在地图上也有的明显地形点。图 7-21 所示为选择远处的独立树和三角点，再分别测出站立点到这两个目标点的磁方位角，在树下近旁标定地图，将指北针长尺边依次切于图上独立树和三角点符号的定位点上，分别以这两点为轴摆动指北针，使磁针北端指向所测相应的磁方位角分划，然后沿长尺边画出方向线，两方向线的交点即为站立点在地图上的位置。也可直接

图 7-21　磁方位角交会法

在树上概略标定地图，按后方交会法用目测方向线的方法确定站立点在地图上的大略位置。

采用以上三种方法确定站立点，两交会线的夹角应大于30°、小于150°，否则误差较大。

4. 确定目标点

在进行地图与实地对照以及在运动中需要明确运动方向和运动路线时，都要确定目标点在地图上的位置。

（1）目估法。当目标点在明显地形点上时，从地图上找出该明显地形点，即为目标点在图上的位置。

当目标点在明显地形点附近时，应先标定地图，在地图上找出该明显地形点，再根据目标与明显地形点的方位、距离和高差等，将目标点目估定于地图上。

图7-22所示为目标（独立树）位于145.0米高地与张家庄北无名高地间的鞍部，且在分水线近处缓坡上，小路的前方。根据目标点离分水线和小路距离，及目标附近地面的倾斜情况，即可目测确定目标点在地图上的位置。

（2）光线法。当目标较多，附近没有明显地形点时，多采用光线法确定目标点在地图上的位置（见图7-23）。

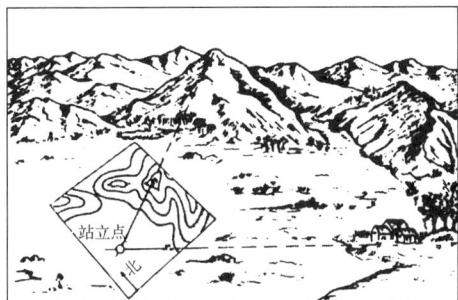

图7-22 目估法

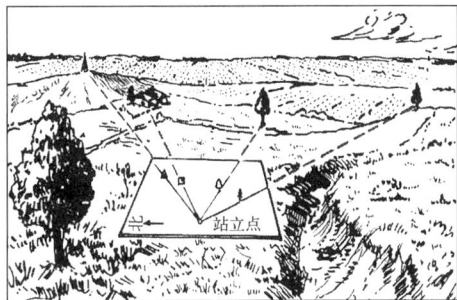

图7-23 光线法

① 标定地图。

② 确定站立点在地图上的位置。

③ 向目标描画方向线。描画时，先将指北针直尺边切于图上的站立点，再向现地各目标瞄准，并向前画方向线。

④ 目测站立点至目标点距离，并根据距离按地图比例尺在各方向线上截

取相应目标在地图上位置。不易目测距离时，也可通过分析地形层次，或目标点与附近地形的关系位置，在方向线上目测定出目标点的图上位置。

（3）前方交会法。当目标点较远且附近又无明显地形点时，可在两个测站点上用前方交会法确定目标点在地图上位置。

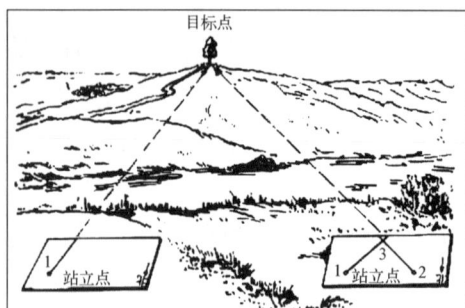

图 7-24　前方交会法

① 选定现地与图上都有的 2—3 个明显地形点，如以 1 和 2 点作为测站点（见图 7-24）。

② 先在第 1 点上标定地图，确定该点在地图上位置；再以指北针直尺边切该点向现地目标点瞄准后，并向前画方向线。

③ 以同样方法在第 2 点上描画方向线，两方向线的交点为第 3 点，即目标点（独立树）在地图上位置。

综上所述，确定站立点和目标点，这两者互为条件。既可以根据已知站立点确定目标点，又可以根据已知目标点确定站立点。

四、定向运动技术

定向运动技术是指参赛者在整个参赛过程中所必须具备的技能，包括比赛前准备、起点、赛中、结束和比赛后的总结五个部分。

（一）赛前准备

明确比赛任务，先制订适宜的比赛目标。运动员只有明确比赛的任务和目标，才能为之努力奋斗，才能动员一切力量投入赛前紧张的训练和即将到来的比赛中去。

激发运动员良好的比赛动机。良好动机是发挥队员积极性的核心因素，运动员参加比赛的动机常常是多种多样的，大多是在直接动机中带有不同成分的个人动机。树立良好动机的方法：① 激发训练的自觉性；② 让运动员知道训练结果；③ 提高训练的积极性；④ 竞赛法；⑤ 不断挑战自我，超越自我。

树立必胜信心，培养认真的态度。自信心在很大程度上能影响运动员的水平发挥。在比赛中，对手愈强大、竞争愈激烈、比赛地形愈复杂，运动员的成绩受自信心的影响就愈明显。自信心是建立在对自己能力充分肯定和估计的基础上，对胜利确信无疑的心理状态；在战略上应藐视对手，战术上充分重视对手，做到心中有数，胸有成竹，减少焦虑。改变忐忑不安的心理状态，树立知难而进和敢打必胜的信心。赛前应当做到：提高战略思想和战术意识；控制好情绪，正确对待比赛的输赢，培养认真的态度；了解对手并正确评价其实力；提高赛前训练成功率；储备充足的体能，掌握定向运动的技、战术，及时了解新的动态和技、战术理念；客观分析并正确认识过去失败的真正原因；教练提出的任务要求不超过队员的能力范围；对身体状况的良好自我调节；教练与队员之间相互信任、协调配合；进行模拟训练，对比赛时可能出现的问题和困难做好充分准备，对自己能力做出正确的评估，切不可盲目自信。另外，定向运动涉及团队，团队的信心构建举足轻重，小组成员间应该相互信任、增进团结、促进沟通与交流，增加团队的自信心。

在训练中进行意志品质培养，提高自控能力。良好的意志品质在定向运动比赛中起着巨大的作用。克服困难，反败为胜就得靠它。要使队员有不断克服困难的信心，可从困难少的方面入手，由易到难，逐渐加大难度，坚定信心，看到自己的力量。

（二）赛中

1. 起点

检录。定向运动比赛通常进行两次检录。组委会一般在技术会议中将运动员比赛所需要的竞赛物品发放给领队，运动员在检录前必须准备好指卡、号码布、出发时间及相关个人装备。第一次检录一般在比赛前十个批次或赛前十五分钟完成，运动员在进行第一次检录前必须完成一切准备工作。通过第二次检录后清除指卡信息，从比赛通道按顺序进入待发区、准备区和出发区。

出发。参赛者在出发区时，要学会调整自己，观察周边的情况，必要时可领取检查点说明；到自己出发时，打起动卡，拿图出发。从起点出发后的一段路程中，要做以下环节：

（1）浏览全图明走向。根据标绘的比赛路线，弄清基本走向。

（2）要明确出发点与终点的关系。若起点和终点设在一地或相距很近，应实地观察终点的设置、终点与附近地形的相互关系，便于终点冲刺。

（3）地图上分析选准线。根据地图上标明的出发点和第1号检查点位置，进行分析，选择最佳运动路线。

（4）标定地图定好向。为准确、迅速起见，在出发区一般利用指北针标定地图，地图上的出发点与第 1 号检查点的延伸方向就是实地运动的方向。

（5）对照地形选准路。 根据确定的运动方向，迅速进行地图与实地对照，依据实地的地形条件，在能通视的地段内，选择好具体的运动路线，与此同时在通视地段尽头的适当位置选好辅助目标，并确定该目标在地图上位置。

通过上述准备，力争做到：图上明，方向明，路线明。

2. 选择路线的基本原则（适用定向越野全过程）

（1）"有路不越野"的原则，（初学者）比赛地图现势性强，道路标识较详细。利用道路进行图地对照，有利于运动中随时明确站立点在地图上位置，不易迷失方向，还可省力节时。图 7-25 所示为从出发点出发，先沿大车路向东到岔路口，然后向北沿小路到第 1 号检查点，而不应翻越山顶运动；利用道路运动要考虑距离。

（2）"选近不选远"的原则，适用于起伏不大，树林稀疏可跑的地段。图 7-26 所示为虽然从第 1 号检查点到第 2 号检查点有路可选，但距离太远，因此不宜采用。两个检查点之间，地形较平坦，树木不多，直接越野为最佳路线。

图 7-25　有路不越野 1

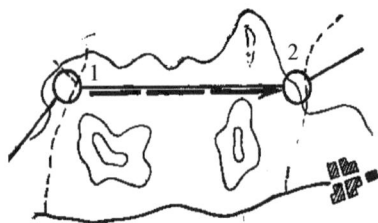

图 7-26　选近不选远

（3）"统观全局提前绕"的原则，适用于起伏较大，树林密集，障碍大的地段。图 7-27 所示为从第 2 号检查点到第 3 号检查点既无道路可利用，又因途中有陡坎、大水塘以及难攀登的高地。因此在选择运动路线时，要分析整体地形，尽量避开这些不易通过的地段，提前做好绕行准备。上述原则要综合利用。选择最佳运动路线后，要在地图上熟悉路线两侧的主要地形。

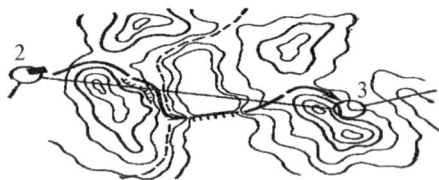

图 7-27　统观全局提前绕

3. 途中

（1）基本原则：随时标定地图、随时明确在地图上的站立位。

随时标定地图。这里所说的"随时"，并不是任何时候都要将地图的方位与实地方位统一，而是指只要看图，就能快速准确地保证地图方位与实地方位一致。为了节约时间，便于在奔跑中标定地图，最理想的方法是以明显的地物、地貌点标定。

随时明确图上站立点。这里所说的"随时"，也不是指眼睛随时都盯在地图上，而是指在奔跑中，任何时候心里都明确自己在地图上的位置，只要看地图就能准确地知道站立点在地图上位置，即"人在实地走，心在图中移"。

（2）基本方法有分段运动法、连续运动法、一次记忆运动法、依线运动法、依点运动法、提前绕行法和指北针定向法。

分段运动法。这是初学者平时训练或参加比赛时最理想的运动方法。图 7-28 所示为参赛者在第 3 号检查点上，选择好运动路线后，通过对照地形在能通视的地段，选择鞍部作为第一个辅助目标。这样在向鞍部运动前，对鞍部在地图上的位置以及向鞍

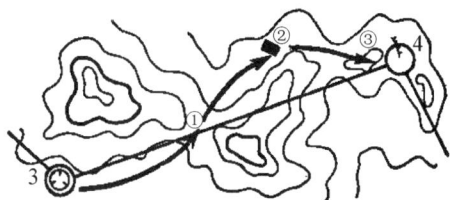

图 7-28　分段运动法

部运动的实地路线都已明确，在运动的途中就不必对照地形了。运动到鞍部后，再通过对照地形，选择山背西北侧独立房作为第二个辅助目标，向独立房运动。到达独立房后，继续选择小高地作为第三个辅助目标，直到找到第 4 号检查点。这种方法让初学者能正确把握运动方向，能随时明确站立点在地图上的位置，减少看地图的时间，可提高运动速度。

连续运动法。采用"分段法"在行进中必须在各个检查点和辅助目标做短暂停留，不易进一步提高运动速度。有一定基础的参赛者可以采用"连续运动法"。连续运动时，可把在各辅助目标要做的工作提前，即从第 3 号检查点出发，未到达第一个辅助目标（鞍部）之前，边跑边进行地图分析，分析下一段能通视地域内的地形，选择好下一个辅助目标（独立房）以及运动路线。到达鞍部后，如观察到的地形与到达之前与地图的地形一致，即可不在鞍部停留而连续运动，以此类推直到检查点。到达检查点之前，同样可以分析检查点之后的路线，到达检查点之后，只需"作记"即可迅速向下一个检查点运动。

一次记忆运动法。技术全面、经验丰富的参赛者，为了取得更理想的比赛成绩，还可采用"一次记忆运动法"。采用此方法者在出发点就把在地图上选择的从出发点到第1号检查点的最佳运动路线，一次性记在脑子里，运动中按记忆的路线运动。未到达第1号检查点之前，在地图上选择从第1号检查点到第2号检查点的最佳运动路线，再一次性记在脑子里，这样在检查点"作记"后，可立即离开检查点连续运动。

依线运动法。这里的"线"是指道路、沟渠、高压线、通信线等。图7-29所示为从第4号检查点出发，先沿小径运动，看到高压线后向右再沿高压线越野（地形条件允许时）运动。依线运动是用"线"控制运动方向。

依点运动法。这里的点是指明显的地物、地貌点。具体方法同"分段运动法"和"连续运动法"，即用"点"控制运动方向。

提前绕行法。这种方法常在检查点之间有大的障碍时采用，结合检查点的位置，提前选择好最佳迂回运动路线，不要等抵近障碍再折线绕行。图7-30所示为从第5号检查点出发，由于受①号高地东侧陡崖的影响，不能取捷径接近小路，只能经该陡崖北端到鞍部；由于受②号高地西侧与南侧陡崖、③号高地南侧冲沟的影响，不能从鞍部取捷径向第6号检查点运动，只能沿小路到冲沟南端，然后取捷径向第6号检查点运动。

图7-29　依线运动法

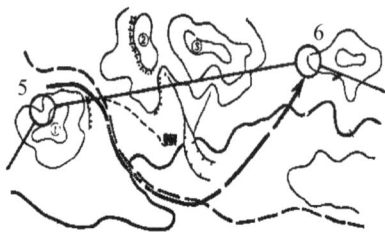

图7-30　提前绕行法

指北针定向法。在起伏不大、无道路，有一定植被覆盖、观察不便的地域内，需要采用指北针定向法运动时，先在地图上测出站立点到检查点（或目标点）的磁方位角，再量算出两点之间的实地距离并换算成步数。出发时，手平持指北针，旋转身体，使磁针北端和定向箭头重合，此时前进方向箭头所指的方向就是实际运动方向（见图7-31）。

除掌握基本技术与采用具体的运动方法外，还应注意以下问题。

尽量按选择的最佳运动路线运动。比赛
地图与实地地形基本相符，在地图上选择最
佳运动路线具有可靠性、可行性，一般均能
保证据此实施运动。因此，不要随意改变预
先选择的最佳运动路线。如果确认自己预先
在地图上选择的最佳运动路线不当，应果断
地修正偏差。

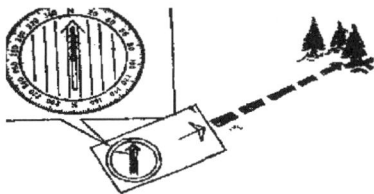

图 7-31　指北针定向法

平时训练时，由于使用的地图一般不是最新的，地图与实地有一定差异，
运动前选择的最佳运动路线会出现不能通过的地段或遇到其他变化情况。一般
地形变化的特点是地物变化大、地貌变化小。遇到这种情况后要重点抓地貌对
照，根据地貌形态调整运动路线。即使比赛时使用最新地图，也应把地貌对照
放在首位。

"有路不越野"，既是地图线的原则，又是实地运动的原则。保证速度，减
少消耗、节约时间。还应指出的是，地图上标明的道路是有限的，而实地还有
许多地图上没有标明的小径，能合理地选用这些小径，将受益匪浅，如图 7-
32 所示。① 一般山脊和明显的山背上都有
沿山脊线走向的小径；② 个别平缓的山谷
内也有小径，一般沿合水线走向；③ 一般
独立房之间都有小径相连；当两个独立房在
山脊或长山背的两侧时，一般也有小径直接
相连，或通过山脊或山背；即便是独立房也
会因放牧与砍伐的需要，有小径上山，并与
山脊山背小径相连。

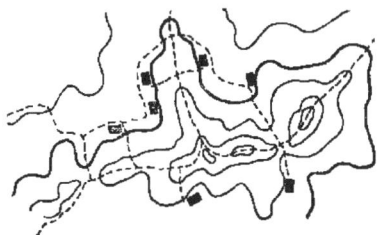

图 7-32　有路不越野 2

宁慢少停。比赛时，除了向终点做必要的冲刺外，途中应做类似长跑的匀
慢加速运动。例如，上坡稍慢，下坡要快；接近检查点稍慢，离开要快等。途
中运动速度宁可慢一点，也要尽量减少"停"（指停下来看图、对照地形）的
次数，或做到不"停"。

走错路是指偏离了运动方向。应能及时明确自己的站立点，若偏差不大，
可取捷径回到预定的最佳路线；若偏差较大，应及时进行图上分析，重新选择
最佳运动路线。

迷失方向是指经过地图与实地对照，还不能明确自己站立点在图上的位

置。此时，可采用下述方法：① 回头法。当确认站立点与最近的已知站立点距离不远时，可返回最近的已知站立点，再按预定路线运动。如果在返回途中，还未到达已知站立点之前，已判定站立点，则可按纠正"走错路"的方法，取捷径回到预定的最佳路线。② 登高法。当确认实地位置与最近已知站立点距离较远时，用"回头法"会耽误更多的时间，这时可选择通视较好、地势较高的位置，根据与已知站立点的距离、概略方向，结合地图与实地对照，确定站立点的图上位置，然后选择新的运动路线，向预定目标运动。

（3）攻击检查点。检查点的"捕捉"。在定向越野比赛时，准确通过各检查点是评定比赛成绩的基础，能否一次"捕捉"成功关系着比赛的速度。

"捕捉"检查点主要有下述方法：① 定点攻击法。当检查点设在明显高大的地物、地貌点或一侧，运动时先找到这些明显点的实地位置，然后根据检查点与明显地物、地貌点的相对方位、距离寻找检查点。图 7-33 所示为第 7 号检查点设在独立房的东侧土坎下，运动时先找到独立房，再找检查点就十分容易了。② 有意偏离法，当检查点设在线状地物上或一侧且运动方向与线状地物的交角较适宜时，可有意向左（或向右）偏离检查点。以该线状地物为攻击目标。运动到该地物时，再向右（或向左）沿线状地物寻找检查点。图 7-34 所示为第 8 号检查点设在高压线下一侧，先有意偏离运动方向向左运动，运动到高压线下后，再向右沿高压线寻找第 8 号检查点。③ 距离定点法。在地势较平坦、无道路、植被较多、观察不便的地域内寻找检查点，一般采用"距离定点法"，具体方法同"指北针定向法"。④ 地貌分析法。地貌有一定起伏，检查点设在低小地物附近时，采用"地貌分析法"寻找检查点比较理想。主要是根据地图上检查点与地貌的关系位置。分析出两者相对应的关系位置，并据此寻找检查点。图 7-35 所示为寻找第 9 号检查点之前，首先运动到检查点西南山顶，在山顶位置通过地图与现地对照，判定检查点所在的山背，然后沿山背下山寻找石碑，即可发现第 9 号检查点。

注意事项：① 接近检查点之前，要在地图上分析、确定下一段最佳运动

图 7-33　定点攻击法　　　图 7-34　有意偏离法　　　图 7-35　地貌分析法

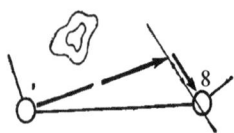

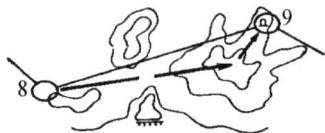

路线，并熟悉路线两侧的主要地形。目的是减少在检查点停留的时间，保证自己能连续运动，避免为他人指示目标。② 发现检查点，不要盲目作记，而要看清该点标上的代号是否与检查点说明卡上注明的代号相符，因为在一定范围内可能设置多个检查点，参赛时必须注意。③ 一次"捕捉"检查点不成功时，应选择合适的位置确定站立点，分析自己是否偏离了运动方向。如果确认偏离了运动方向，应按迷失方向的方法处理；确认只是局部误判，应在明确站立点之后，再次"捕捉"检查点。

4. 终点

找到最后一个检查点后，应依据已选最佳路线，快速向终点冲刺，打终点卡座，图交终点裁判，然后走向成绩统计处打印成绩后迅速离开终点区。通常最后一个检查点与终点有一必经通道。

五、符号与实景图对照

（一）对号入座

对照地形。通过仔细观察，使地图和当地的各种地物、地貌一一"对号入座"，相互对应。对照地形在定向越野比赛中的作用主要有两个：一是在站立点尚未确定时，只有正确地对照地形，才能在地图上找出正确的站立点位置；二是在站立点已经确定、需要变换行进方向时，只有通过对照地形，才能在当地找到已选定的最佳行进路线。

（二）符号与实景对照（见图 7-36）

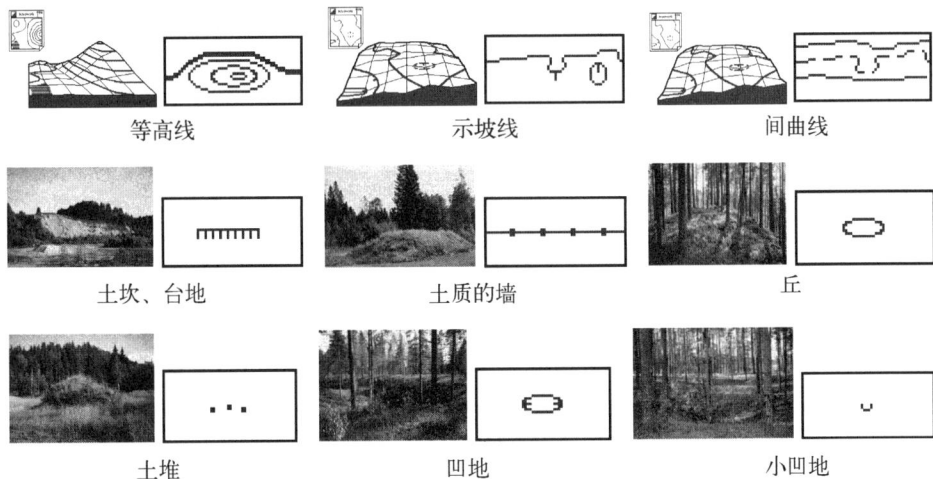

| 等高线 | 示坡线 | 间曲线 |

| 土坎、台地 | 土质的墙 | 丘 |

| 土堆 | 凹地 | 小凹地 |

 坑洼地

 土坑

 石坑

 不可通过的陡壁

 可通过的陡壁

 石块/大石块

 石群

 石堆

 砾石地

 沙地

 岩面地

 不可通过的水域

 水坑

 河流

 季节性水道

 细沼

 不可通过的湿地

 不可通过的杂草乔木密林湿地

 季节性的杂草、乔木、密林沼泽

 水井

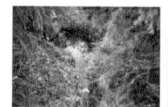 洼坑、泉

 桥

 显眼植被特征
（独树/显眼灌木或树）

 耕地

凌乱空旷地

空旷地

稀树空旷地

难跑矮树丛（砍伐林）

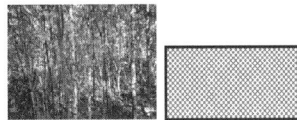
难跑树林

极难通过的树林

果林

易通过植被

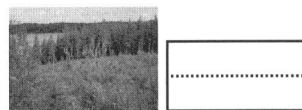
明显植被边界

不明显植被边界

等级道路

石面大路

山地大路

明显岔路口

不明显岔路口

不明显小路

明显植被分界

铁路

输电线

隧道、涵洞

石垣

高围栏

低围栏

高围栏出入口

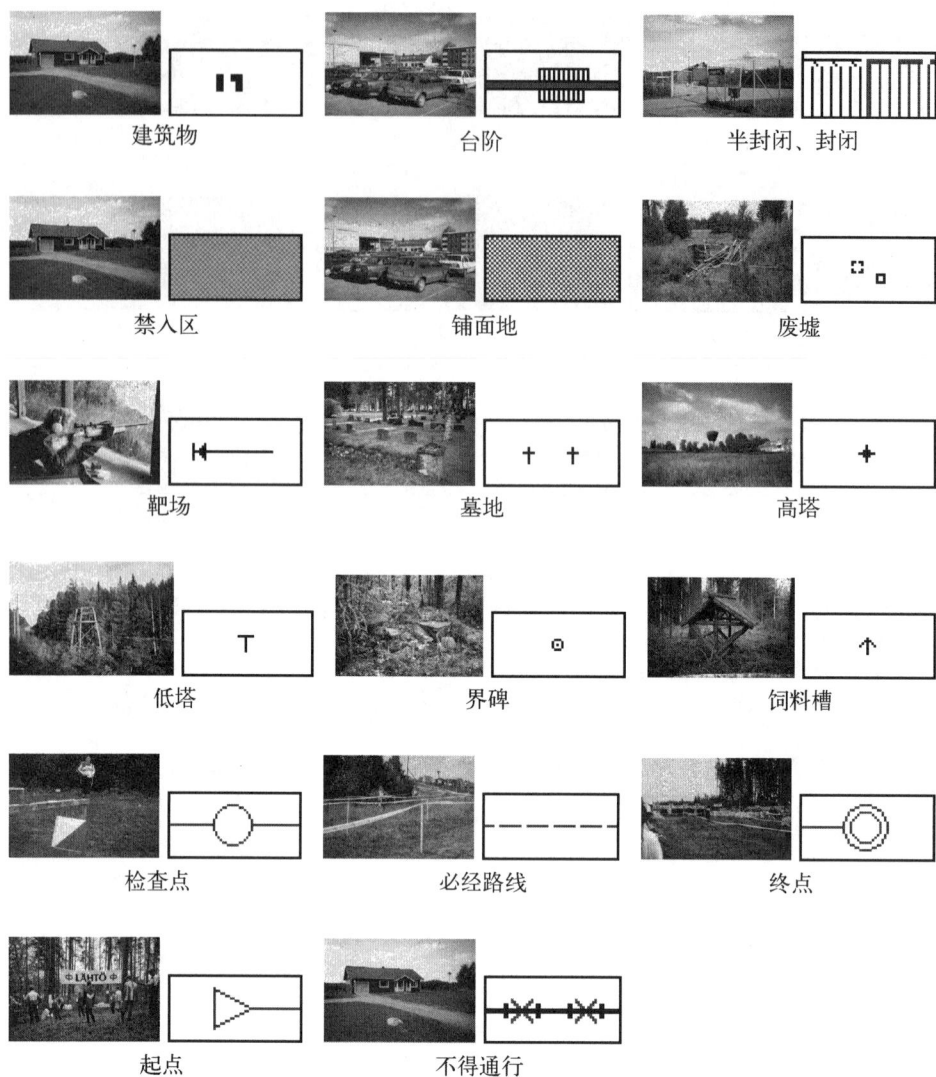

建筑物   台阶   半封闭、封闭

禁入区   铺面地   废墟

靶场   墓地   高塔

低塔   界碑   饲料槽

检查点   必经路线   终点

起点   不得通行

图 7-36　符号与实景对照图

六、IOF 检查点点标说明解读

（一）检查点说明表版式

定向运动路线检查点说明卡包括以下信息：竞赛的标题；路线代号；线路长度精确到 0.1 千米；爬高量精确到 5 米；起点位置；单个检查点的说明；与专用符号说明组合。例如：长度、有标志物的线路特征；从最后一个检查点到终点的线路特征。

检查点说明表的方格应制成正方形，边长为 5—7 毫米，提供全面的文字描述检查点说明，应与符号说明相同，只对个别检查点用文字描述，应尽可能与符号说明保持相同的次序（见图 7-37）。

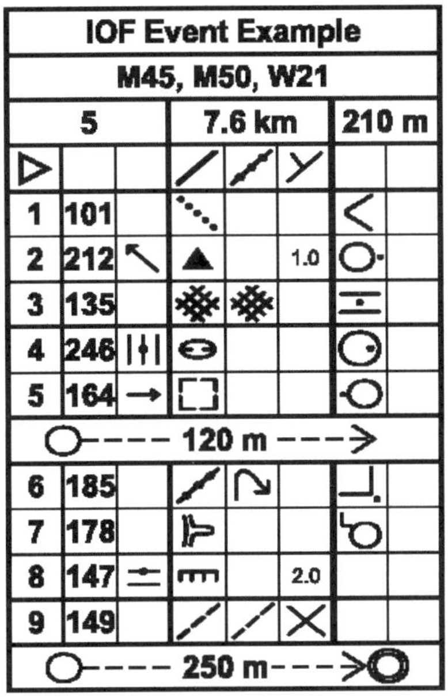

国际定联检查点说明示例		
组别 M45，M50，W21		
线路序号5	距离7.6 KM	爬高量210 m
起点		大路与围墙的交汇处
1	101	窄沼泽，拐弯
2	212	西北的大石头，高1 m，东侧
3	135	两个灌木丛之间
4	246	中间的洼池，东部
5	164	东边的废墟，西侧
沿120 m彩带离开检查点		
6	185	倒下围墙的东南拐角（外面）
7	178	山凸的西北脚下
8	147	上面的陡崖，高2 m
9	149	小路与小路的交叉点
从最后一个检查点沿250 m彩带到终点		

图 7-37　检查点说明图解

（二）各栏目的含义

1.按下面方式描述检查点

A 栏——检查点序号。检查点序号是指检查点被访问的次序。请按顺序访问检查点，积分赛除外。

B 栏——检查点代号。检查点代号必须是大于 30 的数字。

C 栏——哪个相似特征物。检查点圆圈内有多个相似地貌或地物时使用本栏说明。例如：南面的，东面的。

D 栏——检查点所在地形特征物。地图上圆圈中心的检查点位置的地物和地貌。例如：空旷地，石块。每个检查点说明都应按照《国际定向比赛制图规范》（ISOM 2000）。

E 栏——外观细节。对地物和地貌做进一步说明。例如：丛生的，荒废的。在某些情况下，也可以说明另外的地物和地貌。

F栏——尺寸组合。说明那些在地图上用符号表示且不按比例，但是又必须给出尺寸的地形特征（如交叉点，交汇处）。也用组合符号表示。

G栏——检查点位置。检查点与特征物的相对位置关系。例如：西拐角（外面），南部脚下。

H栏——其他说明。这一栏的信息对运动员很重要。如：电台，饮料等。

2.特殊说明

这行位于表格中，给出必须沿指定路线走的明确信息，例如：沿着50米长的彩带离开检查点；强制跨越口；最后一个检查点到终点的线路特征，指出最后一个检查点到终点的距离，这两点之间的路线是否有彩带。

（三）符号解释

（给出 ISOM 索引号用来指示出该符号与 ISOM2000 规范的关联）

1. C栏   检查点所在地貌的方位（见表 7-1）

表 7-1   检查点所在地貌的方位

符　号	名　称	详　细　说　明
↑	北面的	两个或两个以上的相似地形特征物中北面的那个
↘	东南面的	两个或两个以上的相似地形特征物，东南方的那个
●—	上面的	在竖直方向上是上面的那个相似地形特征物
—●	下面的	在竖直方向上是下面的那个相似地形特征物
｜●｜	中间的	实地有多个相似地形特征物，中间的那个

2. D栏   检查点所在地貌的名称

表 7-2—表 7-7 所示为检查点所在地貌的名称及其他地形、地物。

表 7-2   检查点所在地貌的名称

符　号	名　称	详　细　说　明	ISOM
�𝄂	台　地	在山地上高于附近邻域地表面的平缓地区	
⟩	山　凸	比周围的地面高，有点像鼻子	

（续 表）

符 号	名 称	详 细 说 明	ISOM
∧	谷 地	山谷，与山凸相反	
～	陡 坡	较陡的坡地	106
⌒	采石场	开采石头的地方	106
⊞	土 垣	用泥堆成的墙。有些表面砌石头。与符号 8.11 一起使用，表示倒塌的土垣	107，108
∧	冲 沟	水流冲蚀而成的小峡谷，通常是没有水的	109
⟩⟩	小干沟	水流冲蚀而成的小沟渠，通常是没有水的	110
◯	小山包	圆形的山顶。在地图上，可以用等高线表示	101 111
•	土 墩	高出地面的小高地。与符号 8.6 一起使用表示，小石墩	112 113
)(	鞍 部	相邻两山之间的地形	
⊖	洼 地	中间低，四周围高的无水凹地。在地图上可以用等高线表示	114
∪	小凹地	小而浅的，自然形成的中间低，四周围高的无水凹地	115
∨	坑	有明显边缘的深坑。与符号 8.6 一起使用表示石坑	116 204
⌣⌣	坑穴地	有很多明显的、杂乱的小坑或动物的洞穴。以至不能具体地在地图上显示	117
✳	白蚁堆	蚂蚁建起的小高地，是蚁穴	

表 7-3 岩石与石块

符 号	名 称	详 细 说 明	ISOM
⊓⊓	陡 崖	表面是石质的陡崖。有的可以通过，有的不能通过	201 203

（续　表）

符　号	名　称	详　细　说　明	ISOM
▲	岩石柱	很高的天然石柱	202
⼂	山　洞	入口是在山表面的洞，通常是通向地下进行开采	205
▲	石　块	独立而突出的大岩石	206 207
⠿	石块地	在区域内有很多的大岩石块。不能在地图上独立显示	208
⚌	石　垒	明显的大岩石堆。一堆一堆，不能在地图上显示	209
⦂	砾石地	有很多的小石头的地面	210
✳	石　坪	上部较平、很大的岩石，且没有被任何东西盖住	212
][	峡　路	两个石壁或陡崖之间的夹缝，可以人行通过	

表 7-4　水系与沼泽

符　号	名　称	详　细　说　明	ISOM
∾	湖　泊	大面积的水域，通常不能通过	301
∾	池　塘	小区域的水	302
∾	水　坑	有水的坑和洼地	303
∿	河　流	天然河流、运河。河水可能是静止的，也可能是流动的	304 306
∿	小沟渠	天然的或人工的水渠，包含随季节变化的时令河	307
⋱	小沼泽地	很小的湿地。因为太小而不能在地图上用沼泽符号表示	308
≡	沼泽地	长期长有植被的湿地	309 311
⊡	沼泽地中的硬地	沼泽地中或两沼泽地之间不是沼泽的区域	309 311

（续　表）

符　号	名　称	详　细　说　明	ISOM
♨	井	明显含有泉水的水坑。有明显的人工建筑围着	312
∿	泉	河水的源泉，有明显的流动	313
⛲	蓄水池	人造的，用来装水的容器	

表 7-5　植被

符　号	名　称	详　细　说　明	ISOM
◇	开阔地	没有树林的地方。草原，牧场，田地和荒野	401 403
◌	半开阔地	有稀疏树林的空旷地	402 404
◁	树林拐角	树林与空地明显拐弯的地方	
◌	林中空地	树林中没有树木的空地	401 403
❋	灌木丛	小片的森林，长满了灌木。难通行	408 410
⸾	线状灌木丛	人工种植的线状树木或灌木丛。难通行	410
⋰	植被分界	不同种类植物的明显分界线	416
⋀	矮树丛	空旷地里面的一小块面积的树丛	405 406
⏏	突出树	在空旷地和树林与众不同的树。通常是指它的种类	
⊗	树　桩	被砍去树干的树，余下的根部	

表 7-6　人工地形特征物

符　号	名　称	详　细　说　明	ISOM
	大　路	柏油路，公路。适合各种车辆通行	501—504
	小　路	能被人和动物识别的路径	505—508
	林　道	穿过树林间隔，没有明显的小路	509
	桥	横跨过河道的路	512 513
	输电线	电线、电话线、空中索道	516 517
	高压线铁塔	用来支持电线、电话线、空中索道	516 517
	隧　道	在地下的路	518
	墙、垣	用石头砌成分界线的墙，表面砌有石头的堤坝。与符号 8.11 一起使用表示倒塌的墙	519—521
	围　栏	用金属丝，木料做成的分界线。与符号 8.11 一起使用表示荒废的围栏	522—524
	出入口	可以走过、跨过围墙或围栏的出入口处	525
	建筑物	用石、木材、砖等建成的建筑物	526
	铺筑硬地	人工铺筑的用来停放车辆或有其他用途的硬地面	529
	废　墟	建筑物倒塌后的遗迹	530
	管　道	在地面上的输油管、输气管等	533 534
	塔形建筑	金属结构，木材结构，砖块结构的塔。大多数为了森林观测而建造	535 536

（续 表）

符 号	名 称	详 细 说 明	ISOM
⌐	狩猎台	筑在树上的平台，方便猎人在上面休息，或观察	536
⊙	界 碑	用石头做的分界碑	537
↑	食 槽	用来喂动物吃饲料的建筑	538
⬭	炭灰堆	木柴烧过后余下的灰	
△	雕 像	纪念碑、纪念物、雕像	
∏	走 廊	通过房屋的道路，上面有拱形的盖	852
⌐	阶 梯	楼梯，最小可以只有两级阶梯	862

表 7-7　特殊地物

符 号	名 称	详 细 说 明
✕	特别地物	如果使用该符号其含义需要事先通知选手
○	特别地物	如果使用该符号其含义需要事先通知选手

3. E栏　检查点所在地貌的外观特征

表 7-8 所示为检查点所在地貌的外观特征。

表 7-8　检查点所在地貌的外观特征

符 号	名 称	详 细 说 明
⌢	低 的	特指低或平的地形特征物，在地图上没有显示。例如：低的小山
⌣	浅 的	特指浅的地形特征物，在地图上没有显示。例如：浅的山谷
⋃	深 的	特指深的地形特征物，在地图上没有显示。例如：深的坑

（续　表）

符　号	名　称	详　细　说　明
▦	丛生的	特指被灌木丛覆盖，但是没有在地图上指示。例如，杂草丛生的废墟
⁝⁚⁝	空旷的	指那些长着的树木比周围少的地方，但是没有在地图标示。如空旷的沼泽地
▲▲	岩石的	指地形特征物是一个岩石的区域，并没有在地图上标示。如岩石坑
≡	沙化的	指地形特征物是一个沼泽化的区域，并没有在地图上标示。例如，沼泽化的山谷
⁘⁚	沙漠化的	指地形特征物是在一个沙漠的区域，并且没有在地图上标示。例如，沙漠化的山凸
♧	针叶的	树木的特征，叶是针叶形的。例如，针叶形的突出树
♧	阔叶的	树木的特征，叶是阔叶形的。例如，阔叶小树林
⌐	倒塌的	那些已经倒塌的地形特征物。例如，倒塌的围栏

4. F栏　检查点所在地貌的大小

表 7-9 所示为检查点所在地貌的大小。

表 7-9　检查点所在地貌的大小

（单位：米）

符　号	名　称	详　细　说　明
2.5	比高	地形特征物的高度或深度
8×4	尺寸	水平方向上的尺寸大小
0.5/3.0	坡度	计算坡度
3.0	间高	两个地形特征物之间的高度

5. G栏　检查点标志与地貌相对的位置

表 7-10 所示为检查点标志与地貌相对的位置。

表 7-10 检查点标志与地貌相对的位置

符　号	名　称	详　细　说　明
○˙	东北侧	凸出地面的地形特征物。例如，石块的东北侧，废墟的西侧
Q	东南边缘	（1）陷入地面的地形特征物，检查点就在其边缘。如洼地的东南边缘。 （2）用在有明显界线的地形特征物，检查点就放置在这些地形特征物的边界。例如，沼泽地的西边缘，空旷地的西北边缘
⊙	西　部	有明显界线的地形特征物，检查点就放置在这些物的中心与边缘之间。例如，沼泽地的西部，洼地的东南部
⟩	东拐角内	（1）地形特征物的边界转弯的内部角度为 45°—135°。例如，开阔地的东拐角内。 （2）线状地形特征物的转弯拐角。例如，围栏的南拐角内
⌵	南拐角外	符号指出方位是拐角的顶端。例如，墙的西拐角外
⟍	西南角	地形特征物的边缘拐角的角度小于 45°。例如，沼泽地的西南角
⟨	拐弯	用表示线状地形特征物平滑地改变方向。例如，小路的拐弯，河流拐弯
⟍	西北端	表示线状地形特征物的头（尾）端。例如，林道的东北末端，石墙的南尾端
｢˙｣	上　部	表示的地形特征物有两条以上的等高线，而检查点就放在接近该地形特征物顶端的地方。例如，冲沟的上部
｣˙｢	下　部	检查点被置于有两条以上等高线的地形特征物，接近于底部的地方。例如，山谷的下部
∩˙	顶　部	检查点放在地形特征物的最高点的特殊位置。例如，陡崖的顶部
⌐˙	在底下	检查点地形特征物的下面。例如，管道的下面
∟˙	在脚下	检查点放置于斜坡与地面的交汇处。例如，土垣的脚下
○ᴸ	东北脚下	同上面所述，但是所表示的地形特征物一般比较大，在其周围放置了多个点。例如，山丘的东北脚下
⸱⸱⸱	两者之间	检查点被放置于两个地形特征物之间。例如，两个灌木丛之间，石块与小山丘之间

6.H 栏　其他说明

表 7-11 所示为其他说明。

表 7-11　其他说明

索　引	符　号	名　称	详　细　说　明
12.1	✚	医疗站	该位置上可以找到医护人员
12.2	🪣	饮料站	该位置上可以找到饮料
12.3	⚡	电　话	该位置上有通信设备
12.4	🚶	工作人员	该位置上有赛会的工作人员

7.特殊说明

规定路线应在说明表格中写出来给比赛选手看。通常强调的是在地图上指示出来的路线，如表 7-12—表 7-15 所示。

表 7-12　特殊说明（一）

符　号	名称、详细说明
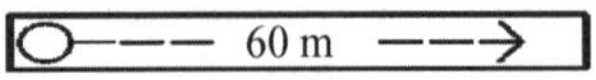 ◯— — 60 m — —➤	沿着 60 米的彩带，离开检查点
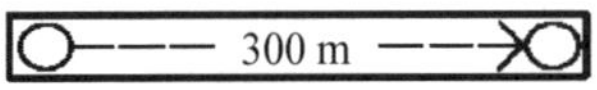 ◯— — 300 m — —◯	沿着 300 米的彩带，去下一个检查点。

表 7-13　特殊说明（二）

符　号	名称、详细说明
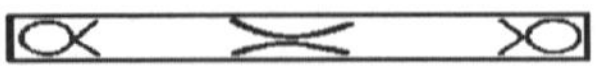 ⊗ ✕ ⊗	规定必须经过的出入口
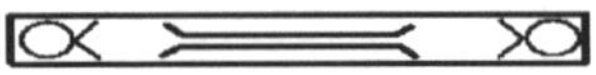 ⊗ ⧓ ⊗	指定通过禁入区的路线

表 7-14 特殊说明（三）

符 号	名称、详细说明
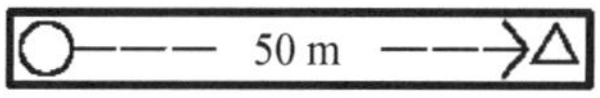 ◯ —— 50 m ——▷△	沿 50 米的彩带到交换地图的地方

表 7-15 特殊说明（四）

符 号	名称、详细说明
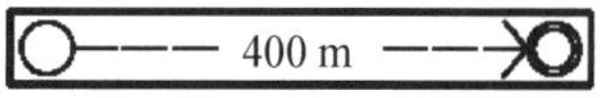 ◯ —— 400 m ——◯	从最后检查点到终点 400 米，全程有彩带
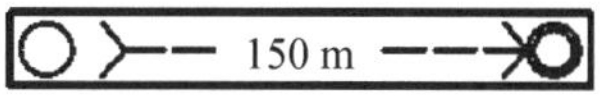 ◯▷ — 150 m —◯	从最后检查点到终点 150 米。接近终点时有彩带
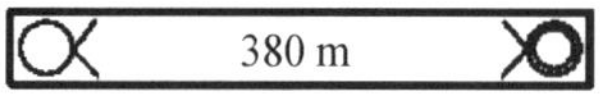 ◯✕ 380 m ◯	从最后检查点到终点 380 米，没有彩带

（四）检查点说明表图解

表 7-16 所示为检查点说明表图解。

表 7-16 检查点说明表图解

地 图	地 形	检查点说明	解 释
 ◉		 1 | | ◿ | | |	台地
 ◉		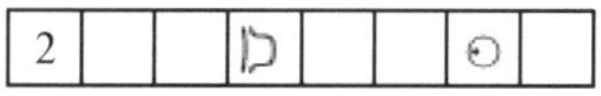 2 | | ◷ | | ◉	台地，西部
 ◎		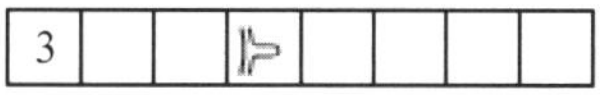 3 | | ◿ | | |	山凸
 ◎		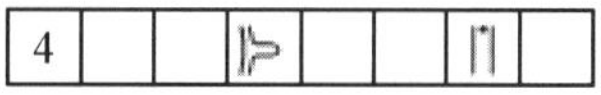 4 | | ▷ | | ◫	山凸，上部

（续　表）

地 图	地 形	检查点说明	解 释
		5	山凸
		6	谷地
		7	谷地，上部
		8	浅的谷地
		9	东面的谷地
		10	陡坡的脚下
		11	采石场 5 米 × 5 米
		12	采石场东边缘
		13	采石场，西部
		14	土垣的东末端
		15	冲沟的下部

（续 表）

地 图	地 形	检查点说明	解 释
		16	小干沟的东北末端
		17	小山包
		18	小山包的东北部
		19	两个小山包之间
		20	小山包与土墩之间
		21	土墩，1.0 米
		22	1.0 米的土墩的东脚下
		23	鞍部
		24	洼地
		25	洼地的东部
		26	中间洼地的东边缘

（续　表）

地　图	地　形	检查点说明	解　释
		27 　 ∨ 　 ↺	坑的西边缘
		28 　 ✳	白蚁堆
		29 　 ⊓	陡崖
		30 　 ⊓ 　 ♂	陡崖的北脚下
		31 ● ⊓	上面的陡崖
		32 　 ⊓ 　 ⌂	陡崖的顶部
		33 　 ⊓⊓ 　 ⊡	两个陡崖之间
		34 　 ▲ 　 ♀	石柱的南脚下
		35 　 ⚡	山洞
		36 　 ▲ 　 ⊙	石块的西侧
		37 ＼ ▲ 　 ⊙	东南方向的石块东侧
		38 　 ▲ ▲ 1.0/1.5 ⊡	高为 1.0 米与 1.5 米的两个石块之间

（续 表）

地 图	地 形	检查点说明	解 释
		39 ▲ 0.5/3.0 ○	斜坡上的石块的西侧
		40 ⁂ ○	石块地的东南边缘
		41 ▲ ○	石垒的南侧
		42 ▦ ○	砾石地的北边缘
		43 ✳	石坪
		44 ✳ ○	石坪西部
		45 ∏	峡路
		46 ◎ ＞	湖泊的东角
		47 ∪ ○	池塘的东边缘
		48 ∨ ○	水坑的东边缘
		49 ∿ ＜	河流的拐弯
		50 ↓ ∿ ＜	河流南面的拐弯

（续　表）

地　图	地　　形	检查点说明	解　　释
		51 〔　〕〔　〕〔∿∿〕〔Y〕〔　〕	河流的交汇处
		52 〔　〕〔※〕〔　〕〔⟍〕〔　〕	水渠的东北端
		53 〔　〕〔※〕〔　〕〔<〕〔　〕	水渠的拐弯
		54 〔　〕〔↑〕〔※〕〔　〕〔<〕	水渠北面的拐弯
		55 〔　〕〔※〕〔※〕〔Y〕〔　〕	水渠的交会处
		56 〔　〕〔※〕〔※〕〔×〕〔　〕	水渠的交叉
		57 〔　〕〔　〕〔⋱〕〔　〕〔⟍〕	小泽沼的东南端
		58 〔　〕〔≡〕〔　〕〔⊙〕〔　〕	沼泽的西北部
		59 〔　〕〔≡〕〔　〕〔Ｙ〕〔　〕	沼泽的南角
		60 〔　〕〔≡〕〔　〕〔⊙⟍〕〔　〕	沼泽的东边缘
		61 〔　〕〔≡〕〔8×8〕〔　〕〔　〕	沼泽地，面积 8 米 × 8 米
		62 〔　〕〔≡〕〔≡〕〔⊡〕〔　〕	两个沼泽地之间

（续　表）

地 图	地　　形	检查点说明	解　　释
		63 ⌗ ↗	硬地的西北角
		64 ⌘ ○·	井的东侧
		65 ℯ ◖	泉的西边缘
		66 ☲ ○·	蓄水池的东侧
		67 ◇ >	开阔地的东拐角内
		68 ◇▦ ◖	沙漠化的开阔地的西边缘
		69 ◇ ◖	半开阔地的东边缘
		70 ↰ ∨	树林南角
		71 ○	林中空地
		72 ✳ ○·	灌木丛的东侧
		73 〰 >·	线状灌木丛的东拐角外
		74 > >·	植被分界线的东拐角外

（续 表）

地 图	地 形	检查点说明	解 释
		75 ⚠ ◅	矮树丛的西角
		76 △ ♧	阔叶的突出树
		77 ⊗ ⊙	树根的东侧
		78 / ＼	大路的东南端
		79 / / ↗	大路的交汇处
		80 / / ×	大路与小路的交叉
		81 / ◀	小路的拐弯
		82 ← / ◁	东面的小路拐弯
		83 / ↗	小路的交会
		84 / / ×	小路的交叉
		85 / 〜 ×	小路与河流的交叉
		86 / ⟁ ×	小路与水渠的交叉

（续 表）

地 图	地 形	检查点说明	解 释
		87		⫽			<		林道的拐弯
		88		⫽			T		桥的北端
		89			⊘				电线塔
		90		⊣⊢			✓		隧道的西南端
		91			⫽		>		石垣的东拐角内
		92			⫽	↱		T	倒塌的墙的西端
		93			⌇	⫽	×		河流与墙的交叉
		94			⫽	⫽	×		小路与墙的交叉
		95			⫽			Y	围栏的南拐角外
		96			╫			♀	出入口的南侧
		97			■			◌·	建筑物的东侧
		98			⎕			·◌	废墟的西侧

（续　表）

地图	地　形	检查点说明	解　释
⌀		99 ↗ ⊡	管道的下面
⊤		100 ⊤ ♀	塔的南侧
⊤		101 Γ	狩猎台
⊙		102 ⊙ ⊖	界碑的东侧
↑		103 ↑ ⊙	食槽的西侧
⊙		104 ◬	炭灰堆
▲		105 △	雕塑
◆		106 ∏ ✓	走廊西南端
◆		107 ⌇ ∟	楼梯的脚下

（五）轮椅定向的检查点说明

轮椅定向的点标说明（见图 7-38）有两栏发生变化。

B栏，点标旗序号：用来表示可以看见的点标旗序号。例如，A—C 有 3 个点标旗可选择；A—D 有 4 个点标旗可以选择。

H栏，寻找的方向：用来表示要寻找的地貌所在的方向。例如，一个指向北的箭头，指示竞赛者循检查点圆圈的南方而行。

A	B	C	D	E	F	G	H
1	A-D		⬭			◓	↑

图 7-38 轮椅定向的点标说明

第三节 校园定向

一、校园定向运动简介

定向运动现在已成为我国大、中学校体育课程改革和实施素质教育的一个重要内容，深受师生喜爱。在素质教育、学校教育要树立"健康第一"与学校体育教学改革的背景下，定向运动很快在全国各大、中学校开展，特别在浙江、广东、湖南等省发展较快。2004年定向运动被纳入"体育、艺术2+1项目"和国家级课题野外生存生活训练课程，预示着定向运动将成为大、中学校体育开展的一个重要项目，为定向运动发展奠定了坚实的基础。

虽然定向运动在部分地区和学校发展较快，但很多学校仍处在比赛或部分学生培训层次。定向运动在学校体育发展中，特别是中学，仍存在很大的困难和问题，场地、器材等教学条件欠缺，对定向运动开展影响较大。西南林业大学开展定向运动已有两年多历史，西南林业大学根据定向运动的教学和训练，针对校园的场地条件，提出中学开展定向运动八种练习方法。

（一）开展校园定向的基本要素

1. 基本思路

建立俱乐部或协会形式，宣传和推广定向运动。

采用"积分赛"机制，为学生创造更多比赛实践机会。

校内外教学相结合，可适当收费，组织学生外出实践、比赛。

2. 基本条件

培训学生骨干力量。培养他们独立或合作完成教学比赛场地选择，校园地图修绘，教学比赛路线设计，赛事宣传工作，赛前的准备工作，比赛期间的裁判工作及赛后的收尾工作。对新加入学生的教学讲解；稳妥、正确地主持起点，场地及终点的全部程序。

地形条件。地形单调还是丰富，是否适合定向。在过于单调或不适合定向的地形条件中比赛，既不能体现定向运动的特性，又会引发其他问题。

地图与成绩。地图符合标准，定向高手会赢；反之，新手会侥幸获胜，甚至会让比赛过程安全、顺利的基本要求都得不到保障。

3. 路线设计原则

比赛路线的总长度、爬高量：是预计参赛人体力消耗的主要参数。

检查点数量：点多困难，点少容易；点多用时长，点少则用时短。

点的位置选择：初级比赛的检查点运用基本定向技术就能找到，高级比赛的检查点需要运用高级的定向技术才能找到。

分组：面对在技术、体能、参赛目的等方面差异巨大的参赛人群，分组设计可较好地适应他们的技能、体能情况，基本满足他们对参加比赛的期待。

比赛时限及有效时间：要设法使 80% 以上的参赛者能够完成，夺分式比赛除外。

只有进行过仔细、严格的现地路线踏勘，包括试赛，并掌握参赛人员的各方面情况之后，才有可能准确设计出合适的路线。

4. 气候因素

季节。植被会因季节变化而变化，参赛人员的技术、体力、心态也会随之受到影响。在某些地理环境中，还有可能增大运动伤害。

温度。路线的难度，长度，点数，应随着气温的改变而有所改变。譬如，同一位运动员，在春暖花开的春季可以顺利地完成 10 千米赛程，但在炎热的夏季，只能勉强完成 8 千米。

天气。晴天、雨天、刮风、起雾，包括昼夜。这些天气状况都会对参加人员有所影响，应预先做好应对方案。

5. 参赛人员的因素

参赛人员的定向技能、体能。对初次参赛人员的教学、讲解要浅显易懂、简单明确。必须把关键的、直接影响他们安全与成绩的问题讲解透彻。例如，识图、用图是关键；比赛规则要清楚；比赛常识不能漏。并且申明，在野外有可能发生的意外，必须量力、多加小心。

参赛人员的心态。他们参赛的目的，基本可以忽视，但是商业性、娱乐性的定向活动必须认真对待。

6. 组织与裁判

奖励问题。奖励包括物质和精神两方面，奖励不要设立得过高。

判罚、处理的尺度。虽然规则是铁律，必须严格执行并要一视同仁、贯彻始终，但是也有不得不"严教轻罚"的时候。比如，在赛事标准不高、组织工作有缺陷、使用不良或落后的设备器材的赛事时。

7."二八定律"

比赛结束，要判断是否有 10% 的人希望提高定向技能，想成为专业选手；是否有 70% 的人希望还能再次参加；综合判断各种情况，了解大多的参赛人员对赛事的满意度，若有少部分对赛事人不满意，也不要太在意。一场定向比赛就像一桌丰盛的菜肴，即使厨艺高超，也不可能让所有人都满意，若能有80% 的人员对赛事满意，那么这次比赛可以说是较成功的。

定向运动是充满魅力的项目，就其特点来讲，如果一次赛事的满意度低于80%，表明此次定向越野比赛存在一定问题，有很大的提升空间。

（二）公园定向运动的基本技术与方法

（1）地图正置及拇指辅行法。标定地图，拇指放在地图上站的位置。拇指尖指向前进方向，观察四周的环境及地理特征。当前进时，拇指随着移动；当改变前进方向时，随时标定地图，随时明确站立点。这样可以在任何时候都能立即明确自己在地图中的位置。

（2）利用指北针准确找出目标的方向，每次前往目标前，可先观察目标周围的地势，加深印象，务求快速、准确地到达目的地。

（3）辅助法。利用明显的地物或地貌作为特征引导，如小径、围栅、小溪涧、山咀等，皆是有用的辅助。

（4）搜集途中所遇特征辨别前往检查点途中所遇到的地理特征，确保前进方向及路线正确。切勿将相似的特征误认。

（5）攻击点。先找出控制点附近特别明显的特征，利用指北针，从攻击点准确、迅速地前往控制点。攻击点必须是容易辨认的，如电塔架，小路交点等。

（6）数步测距。先在地图上度量两点间的距离，然后利用步幅测量要走的路程。方法：先量度 100 米步行的步数，设 120 步，当从地图上得知由 A 点到 B 点的距离是 150 米便可算出应走 180 步。为了减少数步的数目，可利用"双步数"，只数右脚落地的一步，便可把步数减半。上面的例子中"双步数"为 90 步。

（7）目标偏测。利用指北针前进，当目标偏移，到达目标的上面或下面时，可沿参考项进入目标。除比赛时经常运用上述基本技术外，可赛后"复盘"，找出常犯错误的原因，以改善定向技术。初学者应多从基本技术下功夫，切勿操之过急。

二、微型定向教学项目介绍

（一）校园（公园）定向

（1）练习目的：发展耐力，提高定向运动兴趣，培养机智、果断、独立思考能力或团结协作精神。

（2）练习条件：学校定向图、点标旗、电子打卡器（针式打孔器或图章或笔等）、打印机。

（3）练习准备：① 准备好练习器材、足够的定向地图；② 教师课前根据地图点标布点。

（4）练习方法：安排出发顺序，提出练习中应注意的问题，如安全方面、爱护校园设施等。学生按顺序出发找目标点，回终点后打印成绩或记录成绩，检查成绩的有效性，学生总结和交流。

（5）教学建议：① 由于练习场地较大，需要教师提前布点；② 学生练习时间相对较长，可考虑多人（4—6人）一组出发，也可培养团结合作精神；③ 练习前对学生提出练习要求。

（二）百米定向

（1）百米（微型）定向：是在约100米×100米的山地和运动场地内进行比赛。在比赛过程中，观众可以看到运动员比赛的全过程，而且赛场内还可以伴有音乐。比赛区、起点和终点有严格的界限，未出发的运动员不能看到其他运动员的比赛过程。世界上首场微型定向比赛的场地约为100米×50米，因此微型定向又称为百米定向。比赛地图采用1：500的大比例地图，等高距为1米。在比赛区域内的每一棵树都标注在地图上；与此同时，组织者还要另外加上一些迷惑检查点以增加比赛难度。比赛的路线一般为150—400米，设置5—13个点标，预计胜出时间为1—3分钟。百米定向具有观赏性强、技术性高、易参与、易组织等特点，能够锻炼运动员的反应敏捷能力和奔跑速度。在健身的同时充满了乐趣，还能够学会识图用图，受到定向界的广泛推崇。

（2）百米定向的技术练习。

练习目的：培养兴趣，提高识图能力和心理素质、观察能力、反应能力、身体素质（速度、耐力）等。

练习条件：百米定向图（见图 7-39）、点标旗、电子打卡器（针式打孔器或图章或笔等）、打印机。

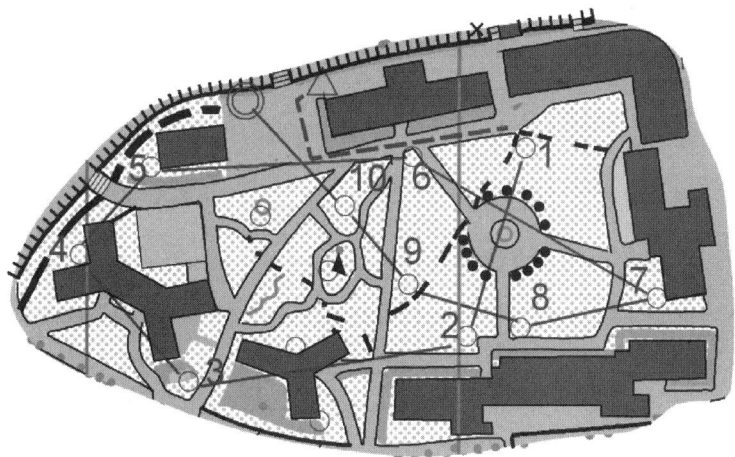

图 7-39 百米定向图

练习准备：练习器材、足够的百米定向地图。

教师课前根据地图点标布点。

练习方法：每组 4 人，同时出发，同组线路相同，前两名进入下一轮，直到决出最后的胜利者。

教学建议：准备几套不同路线的定向图；比赛较激烈、速度快，安全要求高。每组出发人数可根据班级人数安排，一般以 3—5 人为宜；若人数较少，一组队员出发可采用不同路线的定向图，一轮结束后不被淘汰者，进入下一轮，每个队员交换路线，若成绩有效，所有线路跑完后计算总成绩，时间少者为胜。

（三）台阶定向练习

练习目的：提高兴趣，发展力量及上下坡速度和技术，打卡技术。

练习条件：田径场看台（台阶）或类似场地、点标旗、电子打卡器（针式打孔器或图章或笔）、打印机。

练习准备：准备好练习器材。根据台阶场地布置若干个点标，线路设计为"之"字形（见图 7-40）。

练习方法：教师讲解方法，安排出发顺序，提出练习要求（主要是下台阶

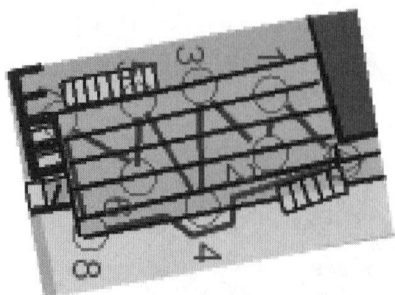

图 7-40　台阶定向练习：线路设计

时的安全问题），每组间隔时间可为 2—5 分钟，记录练习时间，交流练习体会。

教学建议：强调安全，特别是下台阶时的安全问题；练习次数一般安排 2—3 次为宜；点标数可根据台阶长度或练习者的水平增加或减少。

（四）蛛网定向游戏

游戏目的：提高兴趣，发展速度和耐力，提高打卡技术和方向方位感。

游戏条件：一块空地，最好是草地或泥地，如足球场；点标旗；电子打卡器（针式打孔器或图章或笔等）、打印机。

游戏准备：① 准备好游戏器材；② 根据场地布置若干个点标，线路设计以变换多种方向方位为主，如图 7-41、图 7-42 所示。

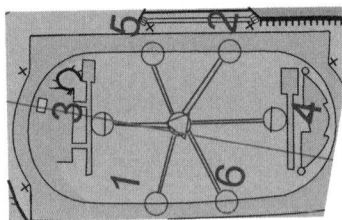

图 7-41　蛛网定向游戏：线路设计（a）

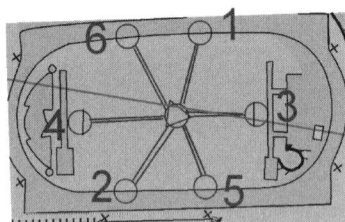

图 7-42　蛛网定向游戏：线路设计（b）

游戏方法：图 7-41、图 7-42 是利用足球场的六个足球门架进行两种游戏方法。图 7-41 的游戏方法：起点终点在场地中央，起点出发后跑向 1 号点，打卡后向 1 号点的相反对应点 2 号点跑去，打卡后跑向 1 号点的顺时针方向的另一点，即 3 号点，打卡后向相反对应点跑去，依次类推直到跑完所有点后回到终点。每组可有 6 人同时出发，每人依次跑向不同的第一点。图 7-42 的游戏方法：起点终点在场地中央，起点出发后跑向 1 号点，打卡后跑向起点打卡，后向 1 号点的顺时针方向的另一点，即 2 号点，打卡后跑向起点打卡，后向 3 号点跑去，依次类推直到跑完所有点后回到终点。每组可有 6 人同时出发，每人依次跑向不同的第一点。教师讲解游戏方法，安排出发顺序，提出游戏要求，每组可多人同时出发，一组结束后，下一组再出发，记录游戏时间，交流体会。

教学建议：① 场地的选择，不宜选择水泥地或地砖类等较滑的地，以草地或泥地为佳；② 可根据场地和队员水平安排点标数量；③ 可根据练习人数确定每组同时出发的人数；④ 可根据需要变换多种路线的练习方法，以提高学生练习兴趣，培养方向方位感。

（五）狩猎游戏

游戏目的：培养兴趣，发展速度、灵敏、果断素质，提高合作能力。

游戏条件：一块空地（篮球场大小）、点标旗（可不用）、电子打卡器（针式打孔器或图章或笔等）、打印机。

游戏准备：① 准备好游戏器材。② 用石灰或粉笔画出一个限制圈，大小为 10 米 × 20 米的方形或椭圆形，中间放三个打卡器（见图 7-43）。

游戏方法：将人分成两队，守点队由 2 人组成负责守住三个打卡器，防止进攻队队员打卡，可以对跑进限制圈内的进攻队队员拍抓，拍抓到一人次得 1 分，限制圈外的区域为进攻队的安全区，守点队拍抓到无效。进攻队队员想办法打卡，打到一次得一分，最后在规定时间内得分最高的队伍获胜。

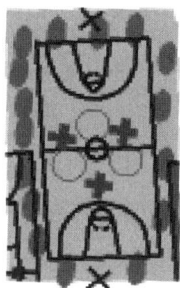

图 7-43 狩猎游戏：线路设计

教学建议：① 可根据参加人数安排场地的大小及打卡器的数量；② 守点的人数可根据练习难度安排，若要增加守点队的难度，守点人数一般少于点标数的 1—2 人，若要增加进攻队的难度，可安排守队人数与点标数相同或多于 1 人；③ 安排 1—2 人记录好守队的拍抓次数及裁判工作，负责确认守队的拍抓是否有效。

（六）往返跑练习

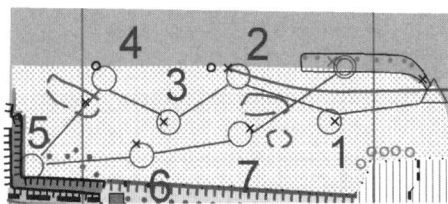

练习目的：提高兴趣，发展速度、灵敏素质及打卡技术。

练习条件：一块空地（篮球场大小）、电子打卡器（针式打孔器或图章或笔等）、打印机。

练习准备：① 准备好练习器材；② 按要求安放打卡器（见图 7-44）。

图 7-44 往返跑：线路设计

练习方法：从起点出发跑向斜对面的 1 号点，成"之"字形路线再跑向 2 号点，依次类推直到终点，打印成绩，队员之间相互交流比赛比较。组与组之间可间隔 2—3 分钟出发。

教学建议：① 可以进行个人赛，也可以进行团体赛。团体赛时，分成若干队，每队人数相同，以每队队员成绩之和计算，以用时最少的队为胜；② 比赛的点标数可根据参赛者的水平增加或减少，点标间的距离也可根据参赛者的水平安排远近；③ 为增加参赛者的兴趣可适当改变比赛方法。

（七）9 选 6 游戏

游戏目的：提高兴趣，发展速度、灵敏、果断素质，以及路线选择能力和打卡技术。

游戏条件：一块空地（篮球场大小），有 9 个打卡器、起点和终点打卡器（打卡器的放置可见图 7-45）。

电子打卡器（针式打孔器或图章或笔等），打印机。

游戏准备：① 准备好练习器材；② 根据游戏要求布置好点标（见图 7-46）。

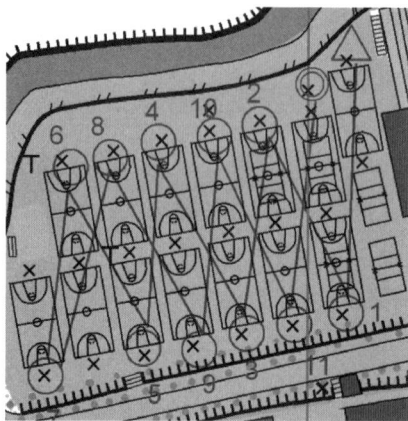

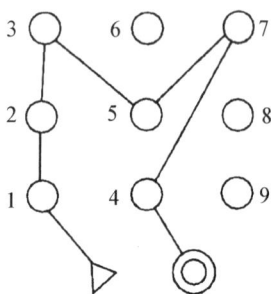

图 7-45　9 选 6 游戏：打卡器位置　　图 7-46　9 选 6 游戏：线路图

游戏方法：从起点出发，从 9 个点标中选择任 6 个点标依次打卡，到终点则打终止卡，以用时最少者为胜。打印成绩，队员之间相互交流比较。

教学建议：① 此游戏可安排多次练习，让学生体会选择不同路线的体验；② 可以规定某一点为必选点。

（八）过障碍练习

练习目的：提高兴趣，发展灵敏、果断、自信、过障碍技术及打卡技术。

练习条件：一块空地（篮球场大小）或体操房，高跳箱 2 个、跳箱盖 3 个、栏架 2 个、体操垫 1 块、标志杆 8 个、体操凳 3—4 条，电子打卡器（针式打孔器或图章或笔等），打印机。

练习准备：准备好练习器材。根据练习要求布置场地（见图 7-47）。

练习方法：根据场地布置，从起点打卡出发，绕过标志杆，打 1 号点，踏过三个跳箱盖，跑上由体操凳搭起的斜坡，并跳落至体操垫，打 2 号点后从体操凳上走过至 3 号点，打卡后直线跑至 4 号点打

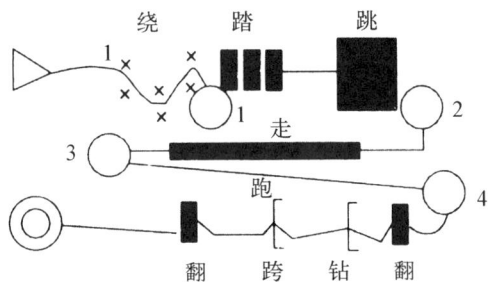

图 7-47　过障碍练习：场地图

卡并翻过高跳箱，钻过一栏架后跨过一栏架，再翻过高跳箱后打终卡结束（见图 7-47）。

教学建议：① 可根据学生水平设置障碍物的数量及难度；② 练习前一定要讲清练习方法，强调安全。

（九）定向记忆游戏

游戏目的：提高兴趣，发展定向记忆能力和路线选择能力，提高起动速度和打卡技术。

游戏条件：自然地形（以树林地为佳）、电子打卡器（针式打孔器或图章或笔等）、打印机。

游戏准备：① 准备好练习器材；② 根据练习场地布置若干个点标（有点标号）。

游戏方法：教师向学生说明场地有多少个点标，从几号开始到几号为止。学生到场地内查看各点标位置并记忆各点分布位。安排出发顺序（第一个学生按顺序号打卡；第二个学生先打奇数号，后打偶数号；第三个学生先打偶数号，后打奇数号；以此类推）。每组间隔时间可为 10 秒。每组结束后打印成绩，跑同一顺序的队员交流练习体会。

教学建议：① 强调安全，特别在场地较小，人数较多的时候，注意学生奔跑中的碰撞；② 一般练习次数以 3 次为宜，每次按顺序跑；③ 点标数和场

地大小可根据练习者的水平增加或减少。

（十）接力定向

接力定向是团体之间的定向越野比赛项目之一，其成绩好坏有赖于每个队员的能力发挥。在接力比赛中，比赛路线可分成若干段（国际比赛通常为四段），每名选手完成其中一段，各段参赛选手的成绩相加即为该队团体总成绩。为便于观众欣赏选手之间的激烈竞争，接力定向的场地必须设置一个中心站，各段选手的交接（"换段"）均在中心站以触手方式进行（不使用接力棒）。接力定向的观赏性较好，被国际定联纳入了正式比赛项目。

（十一）积分定向

记分定向赛通常以个人方式进行。在比赛区域内预先设置许多个检查点，根据地形的难易程度、距离远近、点的位置的相互关系不同给每个检查点赋予不同的分值。选手必须在规定的时间内自行寻找到若干或全部检查点，以积分最高者为优胜。

（十二）专线定向

专线定向比赛与其他比赛的最大区别是在地图上明确地标示了比赛路线，运动员必须按这些规定的路线行进，并将途中遇到的检查点位置标绘在地图上。比赛成绩以检查点位置标绘的准确程度和所用时间的长短而确定。

（十三）夜间定向

夜间定向运动是一种高难度的比赛形式。由于比赛是在视野不良的夜间进行，不仅增加了比赛难度，还对观众和选手增加了吸引力和刺激性。夜间定向运动已被列入国际定联的正式比赛项目中。第一届世界夜间定向锦标赛于1986年10月27—28日在匈牙利举行。

（十四）定向越野

定向越野是定向运动的主要比赛项目之一。参赛者要依靠标有若干检查点和方向线的地图并借助指北针自己选择行进路线，依次寻找各个检查点，以用最短时间完成比赛者为优胜。定向越野比赛的成败全在于个人的识图、定向和奔跑能力的强弱，因此运动适合各种年龄、性别的人参加。据国外有关资料记载，这类项目的参赛人员中，年龄最小的运动员只有五岁、年龄最大为八十多岁，可谓老少皆宜。为增加比赛的乐趣，也可以在判定比赛成绩的方法上有所区别。例如：个人跑，既可以计个人成绩，又可以计团体成绩，或计个人与团体成绩等。定向越野比赛是国际定向运动联合会正式承认的比赛项目之一。

（十五）滑雪定向

滑雪定向比赛可以按个人、团体或接力比赛等形式进行。它与个人徒步定向越野赛的区别在于选手需要使用滑雪装备（非机动）。供比赛用的滑道需要使用摩托雪橇开辟。同一比赛路线的滑道通常不止一条，便于选手自行选择。滑雪定向也是国际定联的正式比赛项目之一。滑雪定向在东欧国家十分流行，许多世界高山、越野和速度滑雪选手同时又是滑雪定向的高手。

（十六）山地自行车定向运动

竞赛者利用山地自行车，借助指北针和比赛图在尽可能短的时间里到达比赛图上所标示的一系列检查点的体育运动。山地自行车定向运动结合读图技能、路线选择和自行车驾驶技能于一体。与徒步定向运动一样，山地自行车定向运动是一项竞技运动，也是一项愉快的户外休闲运动。

地图要求：使用详细的、大比例尺的地图（比例在 1：20 000 或 1：25 000）。地图显示了主要的地形以及道路和网状小路。竞赛者必须尽可能快地通过检查点。正确路线的选择包括用最短的途径和最小的爬高量到达目标点。选择正确的路线与驾驭山地自行车的技能同样都是山地自行车定向比赛的技术要求。

（十七）五日定向

这是瑞典独有的一项特别吸引人的比赛项目。比赛共进行五日，比赛路线由若干段组成，每段都单独记录个人成绩，最后算出总成绩。在几十千米或者一百余千米的多条比赛路线中，除设置了许多检查点外，还设有若干营地，供运动员与观众休息或参加丰富多彩的文化娱乐活动。近年来，瑞典组织五日定向比赛活动十分频繁，每次比赛均有来自世界各地选手参加，选手人数都超过 15 000，大大超过任何一届奥林匹克运动会的选手人数。

（十八）有轨定向

有轨定向又称为残疾人定向或轮椅定向，是一项考核在自然地形环境中读图能力的定向运动形式。这一运动形式使得所有人，包括行动有障碍的人们都有机会参与定向运动这一有意义的运动。由于此竞赛形式，速度并不是考核内容，因此手动或电动轮椅、拐杖等协助人们行动的工具均被允许在运动中使用。

在有轨定向运动中，组织者在地图标定的每个点附近悬挂若干个点标旗，其中只有一个是与地图标定的位置相吻合，运动员必须精确定位并将这一点标找到。由于在此项运动中，运动员不能离开既定的轨道，所有运动员只能在较远的地方进行定向判断，使得健全人和残疾人得以在完全平等的条件下竞争。绝大多数有轨定向比赛是对所有人群公开的。

（十九）其他

1.特里姆定向

在一定的区域内设置许多永久性的检查点，不规定完成时间，以寻到点数的多少给予纪念品以资鼓励。

2.山地穿越

设计路线：考虑的因素主要有同伴的身体状况、旅行目标、地貌、障碍物、水源、宿营地等。

测距：用丝线测距，把丝线一端放在起点，让丝线和路线吻合，直到终点。然后用尺子量出丝线的长度。

地图：每个参加野外活动的人都应该携带地图。由于自然条件变化万千，即使是最有经验的队员也不可能洞悉一切，凭直觉做出的判断可能会冒极大的危险。随身携带地图，可以把重要的部分复印下来，分开保存，以免遗失。地图最好放在胸前的口袋里。有人把地图用透明胶带封存，这是一个非常实用的办法。至少应该把地图装在不透水的塑料袋内，以免下雨或渡河时浸湿。利用不同颜色的荧光笔在地图上标出路线、溪流、宿营地等，以便灯光昏暗时也能准确、迅速地查找到检查点。若地图遗失，要尽快借到同伴的地图，利用休息时间画出简易示意图。如果是一个人行动，那么只能查阅旅游观光手册之类，或者查看自己本次行动的详细笔记。

如何寻找更适合的地图：① 根据使用目的选择地图，如果登山，应该准备专业的登山地图；如果是一般旅游可察看旅游地图。② 出版年代，地图的出版年代是衡量地图质量的一个重要指标，购买地图时别忘了查看一下出版时间。③ 范围，一般范围越小的地图越详细，如县级地图。

第八章　武术

第一节　武术概论

武术是中华民族文化遗产中一颗光彩夺目的明珠。武术以踢、打、摔、拿、击、刺等技术动作为素材，按照攻守进退、动静急缓、刚柔虚实等矛盾变化的运动规律，组成徒手和器械的运动形式。它以中国古代朴素唯物主义哲学中的阴阳五行学说为理论根据，并与哲学、医学、军事学、生理学、力学等多种学科紧密联系。武术集健身、自卫、艺术欣赏、陶冶情操等多种功能于一体，是深受广大群众所喜爱的一种运动项目。

远古时代，人们为了生活与自卫，在狩猎、觅食和抵抗毒蛇猛兽袭击的原始生活中，就逐渐形成徒手或使用简陋工具的格斗与搏杀技能。这些技能虽然原始、低级，却是武术格斗技术的萌芽。随着生产工具和劳动技能的改进，部落战争出现，武术技术也得到发展。人们不断地总结从战争中获得的攻防技能和经验，一代又一代地传承，武术的内容也在社会实践中逐步得到丰富和发展。在长期的生活中，人们认识到增强体魄的重要意义，于是武术又成为人们强筋骨、增体力、调气息、除疾病的一个重要手段。这样，原来以技击为主的武术技能逐步演变、发展成"体用兼备"的武术体系，成为一种具有丰富内容的体育运动项目。

中华人民共和国成立后，本着"发展体育运动，增强人民体质"及"古为今用，推陈出新"的精神，武术运动又一次获得新生。1950 年国家召开了武术工作座谈会，继而成立了武术协会，原国家体委也设置了武术科。1953 年举行的第一次全国民族形式体育表演大会，将武术列为表演项目。从 1956 年开始，武术被列为全国性体育运动竞赛项目。另外，《武术竞赛规则》以及长拳、刀、枪、剑、棍五项甲、乙组和初级组的规定套路和《简化太极拳》等也相继颁布和出版，武术被列为大、中、小学体育教学的基本内容，使武术在青少年中得到广泛开展。近年，武术理论探讨和研究也有了很大的进展。在武术运动中，强调"体用兼备"和攻防技击的特点，将散打、推手等都列入武术竞赛项目。1979 年 1 月，国家体委发布了《关于挖掘整理武术遗产的通知》，组成武术调研组到 13 个省市进行考察，挖掘和革新了许多传统项目和内容，使武术发展进入一个崭新阶段。我国武术代表团先后出访了 70 多个国家，以精湛的技艺和表演在世界许多国家和地区引起了反响，一股"武术热"风靡全球。英国、法国、瑞士、意大利、西班牙、联邦德国等还成立了专门研究中国武术的"六国功夫联盟"，美国成立了"中国武术学会"，西班牙成立了"中国武术学院"，东南亚地区建立了"精武协会"。许多国家派出教练员、运动员专程来我国考察学习。1985 年 8 月 21 日，第一届国际武术邀请赛在我国西安市举行，有 17 个国家和地区参加。同时由中国、日本、新加坡、意大利、英国等五个国家的代表组成了国际武术联合会筹委会。1990 年 10 月 3 日，国际武术联合会在北京正式成立，1994 年 10 月 22 日被国际单项体育联合会接纳为正式会员。1999 年 6 月 20 日，国际武术联合会得到奥委会的临时承认。2002 年 2 月，国际奥委会第 113 次全会通过正式承认国际武术联合会的决定，武术成为国际奥委会承认的体育项目。国际武术联合会目前拥有来自五大洲 86 个国家和地区的会员协会，每两年举办一次世界锦标赛。

2001 年国际武术联合会向国际奥委会正式递交了武术进入奥运会的申请，现在武术已连续两届成为亚运会的比赛项目。2008 年在中国举行的奥运会，武术被列为正式的表演项目。这些都表明我国的武术运动已走向世界。

一、武术的特点

（一）具有攻防技击性

武术的技击性是武术的精髓与魅力，也是区别于其他体育项目的重要标志。武术最初作为军事训练和战争手段，与古代军事斗争紧密相连，体现了它的军事价值。由于古代武术直接为战争服务，受兵法学影响较深，技击性是显而易见的。激烈的军事斗争促进了多种攻防技能的发展与提高，后来出现的所谓"十八般武艺"之说，就是用来形容古代兵器之多和攻防格斗技术的多样化。

今天，武术作为体育运动中的一个项目，技法上仍不失攻防技击的特性，而且将技击性寓于搏斗运动与套路运动之中。散手是训练技击性的主要手段，即使是套路运动，其中的许多动作也都具有攻防技击含义。

（二）以套路运动为主

中国武术一直循着技击的搏斗运动和演练的套路运动这两种形式向前发展。古代以前者为主，近代以后者为主。套路由若干单个动作，按照一定的顺序恰当地连接而成。拳种不同，风格各异，套路的长短也不尽相同，套路有单练、对练和集体表演之分。

（三）内外合一、形神兼备

内外合一、形神兼备的练功方法是武术运动的又一大特点。所谓内，指的是心、神、意、气等内在的心志活动和气息运行；所谓外，指的是手、眼、身、法、步等外在的形体活动。内与外、形与神是相互联系和统一的整体，既要求内外合一，又讲究形体规范，精神传意。许多拳种和流派都十分强调内外合一、形神兼备的练功方法。"内练精气神，外练筋骨皮"是各家各派练功的准则。

（四）广泛的适应性

武术内容十分丰富、形式多样。不同的拳术和器械有着不同的动作结构、技术要求、运动风格和运动量，不受年龄、性别、体质、时间、季节、场地和器材的限制，人们可以根据自己的情况和需要选择适合的项目进行锻炼。

二、武术的功能价值

武术的价值取决于武术本身的特点和社会的需要。随着社会进步，体育科学发展，人们对武术价值的认识有新的发展。武术的功能价值可归纳为以下五个方面。

（一）增强体质

武术运动的强身健体作用已经得到了科学证明，武术的健身效应是通过平时的训练、节庆表演、比赛等形式获得的。由于武术的运动方法特殊，要求心悟体练、内外合一、形神兼备，可以运动身体肌肉、韧带、关节及五脏六腑。武术不但是外在形体上的锻炼，而且对内能理脏腑、通经脉、调精神，达到"壮内强外"的效果。尤其是武术的许多功法都注意调息行气和意念活动，对调节体内环境平衡、调养气血、改善人体功能、增强体质是十分有益的。

（二）防身御敌

武术的技击性具有防身御敌功能。通过习武，不仅能增强体质，提高身体的灵活性和反应能力，还能掌握各种踢、打、摔、拿、劈、刺的技击方法，既可以用于公民自卫和御敌，又可应用到公安、军警训练和对敌斗争之中。

（三）医疗保健

现代医学已证明，武术锻炼能防治很多慢性疾病。特别是武术中的太极拳、八卦掌、形意拳及各种桩功，对动作、呼吸、意念均有一定的要求，称为"三调"。通过"三调"锻炼，对多种慢性疾病具有较好的医疗保健作用。

（四）锻炼意志，涵养道德

学武者需要有坚韧不拔的精神和意志品质。练习基本功，要不断地克服疼痛关，坚持"冬练三九，夏练三伏"。练习武术基本动作和套路，要克服枯燥关，培养刻苦耐劳的意志品质。参加武术比赛，可培养良好的心理素质，锻炼勇敢无畏、坚韧不屈的战斗意志。

武术是一种传承中华民族历史、民族文化及社会规范的教育形式。中国武术具有强烈的民族性和教育功能。植根于"礼仪之邦"的中国武术，深深地烙上了中国传统的道德观念。儒家"仁学"和道家"道学"对武术理论影响较深，从而构成了武术道德内涵——武德。通过武术实践和武术文化教育，可以提高人们热爱祖国民族文化的爱国思想和民族自豪感，可以培养和增强中华民族的尚武精神。

（五）娱乐观赏

武术具有很高的观赏价值。赛场上双方斗智较勇的对抗性散手比赛，或是显示武功与技巧的套路表演，引人入胜，给人以美的享受，满足人们的精神需要。通过观赏，给人以教育和乐趣，同时也丰富了健康文明的余暇生活。

武术的作用远不止这些，还有教育、政治、经济等方面的价值。

三、武术的内容、分类和流派

（一）武术的内容和分类

武术运动历史悠久，内容极为丰富，种类繁多。为了便于学习，现按其运动形式，分为以下三大类。

1. 基本功和各种单势练习

武术基本功主要包括肩臂功、腰功、腿功、桩功、跳跃、平衡等以及各种拳种和器械的单势动作。这些动作是套路运动和对抗性运动的基础，也是武术运动的重要组成部分。

肩臂功：肩臂练习主要是增强肩关节柔韧性，加大肩关节的活动范围和发展臂部力量，为学习武术动作提供专项素质。

腰功：腰是连贯上下肢的枢纽，腰功是反映身法技巧的关键，俗话说"练拳不练腰，终究艺不高"充分说明腰功的重要性。

腿功：腿部练习主要是发展腿部的柔韧性、灵活性和力量等素质。腿功不仅关系着套路运动的质量，在武术散打中更为重要。

跳跃：跳跃动作的练习，对增强腿部力量，提高弹跳力具有很好的作用，是基本动作练习的组成部分。

平衡：平衡动作分为持久性平衡（保持 2 秒以上）和非持久性平衡两种。

桩功：桩功主要锻炼周身气血的流畅，增强腿部肌肉的力量，下肢各关节韧带的坚韧性。所谓"桩"是指像木桩那样静稳，用静桩的方法锻炼身体。

单式动作：除上述基本功之外，还有很多单式动作穿插在套路、对抗性项目之中，这些单式动作是武术运动中不可缺少的。

2. 套路运动

套路运动是武术运动的主要形式，内容极其丰富。武术套路可分为拳术套路、器械套路、对练套路、集体表演套路。

拳术：主要有长拳、太极拳、南拳、形意拳、八极拳、通臂拳、劈挂拳、翻子拳、象形拳、地趟拳、八卦掌、戳脚等百余种。

器械：包括刀、剑等短器械，枪、棍、大刀等长器械，双刀、双剑等双器械，九节鞭、绳标、三节棍等软器械，飞镖，袖剑等暗器械。

对练：是指两人以上对练，按照固定套路的程序进行攻防格斗的假设性实战练习。对练包括徒手对练、器械对练、徒手与器械对练等，要求动作准确、清晰、逼真。

3. 对抗性运动

对抗性运动是指在一定条件下，两人按照一定的规则，运用攻防技术，进行斗智较力的实战性搏击运动。现行开展的对抗性运动有散手、推手、短兵三项。

散手：是指两人按照一定的规则，使用踢、打、摔等技击方法制胜对方的搏斗运动。可用各种拳种（除擒拿以外）的各种招法进行散打。

推手：是指两人按照一定的规则，使用棚、捋、挤、按、采、挒、肘、靠、推、托、带、领、搬、拦、截、穿等技击方法制胜对方的搏斗运动。

短兵：是指两人各持一种用藤条、皮、棉制制成的类似短棒的器械，按照一定的规则，使用击、点、劈、斩等剑法和刀法进攻对方以决胜负的搏斗运动。

（二）武术流派的形成与划分

武术流派的形成与发展，绝不是孤立的，而是伴随着我国历史进程，科学发展的，以及几千年封建社会的国情和无数次内外战争逐步形成的。武术与我国的历史、文化、政治、经济、哲学、军事、社会制度、技法特征、运动规律、师承门派等有着密切的联系，这些都是影响和生成流派的诸多因素。

每种拳术通过长期反复的技术实践和理论升华，逐步形成内容丰富、名目众多、枝繁根固、独具特色、系统完整的体系。其中影响较大的拳派，称为武术流派。目前影响较大的拳派有少林拳派、太极拳派、形意拳派、南拳派、通臂拳派、华拳派等。

第二节　武术基本动作

武术基本功和基本动作一般包括肩、臂、腰、腿、手、步，以及跳跃、平衡等练习。通过武术基本功和基本动作练习，可使身体各部位得到较全面的训练，并能较快地发展武术专项身体素质，为学习拳术和器械套路，为提高技术水平打下良好的基础。

经常练习武术基本功和基本动作，能增强各个关节、韧带的柔韧性和灵活性，提高肌肉的控制能力和必要的弹性。通过原地动作和腾空旋转动作的练习，能提高前庭功能，对提高动作质量和防止、减少练习中伤害事故都能起到重要的作用。

一、肩臂练习

（一）压肩

预备姿势：面对肋木（或一定高度的物体）站立，距离一大步，两脚左右分开，与肩同宽或稍宽。

动作说明：两手抓握肋木，上体前俯并做下振压肩动作（见图8-1）。

动作要求：两臂、两腿伸步加大，压点集中于肩部。

（二）单臂绕环

预备姿势：两脚开立或成弓步，左手叉腰，右臂垂于体侧。

动作说明：右臂由上向后、向下、向前绕环，为向后绕环。右臂由上向前、向下、向后绕环，为向前绕环。练习时，左右臂交替进行（见图 8-1）。

动作要求：臂伸直，肩放松，画立圆，逐渐加速。

（三）双臂绕环

预备姿势：两脚开立，与肩同宽，两臂垂于体侧。

前后绕环：左右两臂依次做绕环动作。左臂由下向前、向上、向后做向前绕环；右臂由上向后、向下、向前做向后绕环。然后再做反方向的绕环（见图 8-1）。

左右绕环：左右两臂同时向右、向上、向左、向下划立圆绕环，然后再反方向划立圆绕环（见图 8-1）。

图 8-1　压肩（1），单臂绕环（2—4），双臂环绕（5—12）

交叉绕环：两臂直臂上举，左臂向前、向下、向后，右臂向后、向下、向前，同时于身侧划立圆绕环。练习时可左右交替进行（见图8-1）。

（四）仆步抢拍

预备姿势：两脚开立，略宽于肩，两臂垂于体侧。

动作说明：左脚向左迈出一步成左弓步，上体随之左转，同时右臂向左前下方伸出，左掌手心向里；掌指向下，插于右臂肘关节处。上动不停，上体右转成右弓步，同时右臂直臂由左向上、向右抢臂划弧至右上方，左掌下落至左下方。上动不停，上体右后转，同时右臂直臂向下，向后抢臂划弧至后下方，左臂直臂向上、向前抢臂划弧至前上方。上动不停，上体左转成右仆步，同时右臂直臂向上、向右、向下抢臂划弧至右腿内侧拍地；右臂向下、向左抢臂划弧停于左上方。练习时，左右交替进行（见图8-2）。右仆步抢臂动作，称为右仆步抢拍；左仆步抢臂动作，称左仆步抢拍。

图8-2　仆步抢拍

动作要求：向上抢臂时要贴近耳；向下抢臂时要贴近腿。右仆步抢拍时，眼随右手；左仆步抢拍时，眼随左手。

二、腰部练习

在手、眼、身法、步法四个要素中，腰是较集中地反映身法技巧的关键。主要练腰的方法有俯腰、甩腰、涮腰和下腰四种。

1. 前俯腰

并步站立，两手手指交叉，直臂上举，手心朝上，上体前俯，两手尽量贴地。然后两手松开，抱住两脚跟腱逐渐使胸部贴近腿部，持续一定的时间再起立。还可以向左或向右侧转体，两手在脚外侧贴触地面（见图8-3）。

动作要求：两腿挺膝伸直，挺胸、塌腰、收髋，并向前折体。

图 8-3　前俯腰（1—3）；甩腰（4—5）；涮腰（6—7）；下腰（8—9）

2. 甩腰

开步站立，两臂上举。然后以腰，髋关节为轴，上体做前后屈和甩腰动作，两臂也跟着甩动，两腿伸直。

动作要求：前后甩腰要快速，动作紧凑且有弹性（见图 8-3）。

3. 涮腰

两脚开立，略宽于肩，两臂自然下垂。以髋关节为轴，上体前俯，两臂随之向左前下方伸出，然后向前、向右、向后、向左翻转绕环（见图 8-3）。

动作要求：尽量增大绕环幅度。

4. 下腰

两脚开立，与肩同宽，两臂伸直上举。腰向后弯，抬头、挺腰，两手撑地成桥形。

动作要求：挺膝、挺髋、腰向上顶。桥弓要大，脚跟不得离地（见图 8-3）。

三、腿部练习

腿部练习主要发展腿部的柔韧性、灵活性和力量等素质。练习方法有压腿、搬腿、劈腿和踢腿等。

（一）压腿

正压腿：面对肋木或一定高度的物体，并步站立。右腿提起，脚跟放在肋木上，脚尖勾起，踝关节屈紧，两手扶按膝上。两腿伸直，立腰，收髋，上体前屈，并向前、向下做压振动作。练习时，左右腿交替进行。

动作要求：直体向前、向下压振，逐渐加大振幅，逐步提高腿的柔韧性（见图8-4）。

侧压腿：侧对肋木或一定高度的物体，右腿支撑，脚尖稍外撇。左腿举起，脚跟搁在肋木上，脚尖勾起，踝关节紧屈。右臂屈肘上举，左掌附于右胸前。两腿伸直，立腰、开髋，上体向左侧压振。练习时，左右交替进行。

动作要求：同正压腿（见图8-4）。

后压腿：背对肋木或一定高度的物体；并步站立，两手叉腰或扶一定高度的物体。右腿支撑，左腿举起，脚背搁在肋木上，脚面绷直，上体后屈并做压振动作。练习时，左右交替进行（见图8-4）。

动作要求：两腰挺膝，支撑腿全脚着地，脚趾抓地，挺胸、展髋、腰后屈。

仆步压腿：两脚左右开立，右腿屈膝全蹲，全脚着地，左腿挺膝伸直，脚尖里扣。然后两手分别抓握两脚外侧，成左仆步。接着右脚蹬地，右腿伸膝，

图8-4　正压腿（1—2）；侧压腿（3—4）；后压腿（5）；仆步压腿（6—7）

重心左移，左膝弯屈，转成右仆步。练习时，左右仆步可交替进行。

动作要求：挺胸、塌腰，左右移动不要过快。沉髋，使臀部尽量贴近地面移动（见图 8-4）。

（二）搬腿

正搬腿：左腿屈膝提起，右手握住左脚，左手抱膝。然后，左腿向前上方举起，挺膝，脚外侧朝前，也可由同伴托住脚跟上搬。练习时，左右交替进行（见图 8-5）。

动作要求：挺胸、塌腰、收髋。

侧搬腿：右腿屈膝提起，右手经小腿内侧向下托住脚跟。然后将右腿向右上方搬起，左臂上举亮掌，也可由同伴托住脚跟向侧搬腿（见图 8-5）。

动作要求：与侧压腿同。

后搬腿：手扶肋木或一定高度的物体，并步站立。左腿支撑，由同伴托起右腿从身后向上举，挺膝，脚尖绷直，上体略前俯。当同伴向后上方振腿时，上体后仰，也可由同伴用肩扛大腿做后搬动作。练习时，左右交替进行（见图 8-5）。

动作要求：与后压腿同。

图 8-5 正搬腿（1—3）；侧搬腿（4—5）；后搬腿（6）

（三）劈腿

竖叉：两手左右扶地或两臂侧平举，两腿前后分开成直线。左腿后侧着地，脚尖勾起，右腿的内侧或前侧着地（见图8-6）。

动作要求：挺胸、立腰、沉髋、挺膝。

横叉：两手在体前扶地，两腿左右分开成直线，脚内侧着地（见图8-6）。

动作要求：与竖叉同。

图8-6　竖叉（1）；横叉（2）

（四）踢腿

1. 直摆性腿法

（1）正踢腿。

预备姿势：两脚并立，两手立掌或握拳，两臂侧平举。

动作说明：左脚向前上半步，左腿支撑，右脚脚尖勾起向前额处猛踢。两眼向前平视。练习时左右交替进行（见图8-7）。

动作要求：挺胸、直腰，踢腿时，脚尖勾起绷落或勾起勾落。收髋猛收腹，踢腿过腰后加速，要有寸劲。

易犯错误：俯身弯腿。拔跟或送髋。踢腿速度缓慢无力。

纠正方法：收下颚，头上顶，强调直腰，两臂外撑以固定胸部。可先踢低腿，并适当放慢速度。上步可小一些，上踢时支撑腿挺膝，脚趾抓地。可用手扶器械，一腿连续按口令要求的速度踢，然后左右交替做。

（2）斜踢腿。

预备姿势：与正踢腿同。

动作说明：右脚向前半步，右腿支撑，左脚勾紧绷尖向对侧耳际猛踢。两眼向前平视。练习时左右腿交替进行（见图8-7）。

动作要求：与易犯错误和纠正方法均与正踢腿同。

（3）侧踢腿。

预备姿势：与正踢腿同。

图 8-7 正踢腿（1—2）；斜踢腿（3）；侧踢腿（4—5）；外摆腿（6—7）；里合腿（8—9）

动作说明：右脚向前上半步，脚尖外展，右脚脚跟稍提起，身体略右转，左臂前伸，右臂后举。随即，右脚脚尖勾紧向左耳侧踢起，同时右臂屈肘上举亮掌，左臂屈肘立掌于右肩前或垂直于裆前。眼向前平视。踢左腿为左侧踢；踢右腿为右侧踢（见图 8-7）。

动作要求：挺胸、直腰、开髋、侧身、猛收腹。

易犯错误：参看正踢腿，侧身不够。

纠正方法：支撑腿外展，上体正直，强调摆动腿向耳侧踢。

（4）外摆腿。

预备姿势：与正踢腿同。

动作说明：右脚向右前方上半步，左脚尖勾紧，向右侧上方踢起，经面前向左侧上方摆动，直腿落在右腿旁。眼向前平视。左掌可在左侧上方击响，也可不做击响。练习时左右交替进行（见图 8-7）。

动作要求：挺胸、塌腰、松髋、展髋。外摆幅度要大，成扇形。

易犯错误：同正踢腿，外摆幅度不够。

纠正方法：可做抱膝外展髋等练习，以提高髋关节的灵活性，也可先踢低腿。强调加大外摆的幅度。

（5）里合腿。

预备姿势：与正踢腿同。

动作说明：右脚向右前方上半步，左脚脚尖勾起里扣并向左上方踢起，经面前向右侧上方直腿摆动，落于右脚外侧。右手掌可在右侧上方迎击左脚掌（击响），也可不做击响动作。眼向前平视。练习时，左右腿交替进行（见图8-7）。

动作要求：挺胸、直腰、松髋、合髋。里合幅度要大并成扇形。

易犯错误：同正踢腿。

纠正方法：可先踢低腿，强调加大幅度；也可使里合腿越过适当高度的障碍物（如椅子），体会先踢起后里合的动作要领。

2. 屈伸性腿法

（1）弹腿。

预备姿势：两腿并立，两手叉腰。

动作说明：右腿屈膝提起，大腿与腰平，左脚绷直。提膝接近水平时，要迅速猛力挺膝，向前平踢（弹击），力达脚尖。大腿与小腿成一直线，高与腰平，左腿伸直或微屈支撑。两眼平视（见图8-8）。

动作要求：挺胸、直腰、脚面绷直、收髋。弹击要有寸劲，即爆发力。

易犯错误：屈伸不明显，类似踢摆动作。力点不明显。

纠正方法：强调收髋，屈膝后再弹出。强调猛挺膝，绷脚尖。

（2）蹬腿。

预备姿势：与弹脚同。

图8-8 弹腿（1—2）；蹬腿（3）；侧踹腿（4—5）

动作说明：与弹腿同，唯脚尖勾起，力点达于脚跟（见图 8-8）。

动作要求：与易犯错误和纠正方法均与弹腿同，唯强调勾脚尖。

（3）侧踹腿。

预备姿势：两脚并立，两手叉腰。

动作说明：两腿左右交叉，右腿在前，稍屈膝。随即，右腿伸直支撑，左腿屈膝提起，左脚里扣，脚跟用力向左侧上方踹出，高与肩平，上体向右侧倒，眼视左侧方。练习时，左右可交替进行（见图 8-8）。

动作要求：挺膝、开髋、猛踹、脚外侧朝上，力达脚跟。

易犯错误：脚尖朝上，成侧蹬腿。高度不够或收髋。

纠正方法：强调侧踹腿内旋后再踹出。多做仆步压腿、侧压腿和横叉等练习；还可用手扶一定高度的物体来练习上体侧倒，借以使腿踹得高些。

（五）扫腿

1. 前扫腿

预备姿势：两脚并立，两臂垂于体侧。

动作说明：左脚向右腿后插步，同时两手由下向左、向上、向右弧形摆掌，右臂伸直，高与肩平，成侧立掌；左掌附于右上臂内侧，掌指向上。头部右转，目视右方。上体左后转 180°，左臂随体转向左后方平搂至体左侧，稍高于肩；右臂随体转自然平移至体右侧，掌心朝前，掌指朝右下方。上体继续左转，左脚尖外撇。右掌从后向上、向前屈肘降落；同时，左臂屈肘，掌指朝上从右臂内侧向上穿出，变横掌架于头部左上方，拇指一侧向下。随即右掌下降并摆向身后变勾手，勾尖朝上。在左脚尖外撇的同时，左腿屈膝，左脚跟抬起，以左脚前掌碾地，右腿平铺，脚尖内扣，脚掌着地，直腿向前扫转一周。

动作要求：头部上顶，眼睛随体转平视前方，上体正直。在扫转时，始终保持右仆步姿势，保持身体重心平衡，右膝不要弯屈（见图 8-9）。

易犯错误：左腿屈腿角度不够，扫腿时重心太高。身体重心不稳，左右倾倒。扫转时，拧腰与扫腿配合得不协调或用力不当，造成上体前后倾倒和扫转动作中断。如拧腰速度过慢，或上体前倾，凹胸，往往会使右腿在扫转过程中与左腿之间形成的角度太小（夹髋），造成身体后倒、动作中断；如拧腰过早或速度过快，使右腿拖在身后，与左腿之间形成的角度太大（敞髋），造成身体前倾，旋转中断。扫转腿的脚型不正确，使动作不能充分发挥惯性作用，速

图 8-9　前扫腿（1—3）；后扫腿（4—6）

度慢，扫转不够一周。

纠正方法：在扫转起动的同时，强调左腿迅速全蹲。头部上顶，眼睛向前平视，上体正直，左掌尽量上撑，用以提高旋转时身体的稳定性。上体要正直，旋转起动时以拧腰带动扫腿；左大腿后侧要贴近左脚跟，两腿间形成的右仆步姿势的角度始终不变。仆步后强调右脚尖内扣，向左拧腰，转头与扫腿动作要衔接连贯、协调。

2. 后扫腿

预备姿势：两腿并立，两臂垂于体侧。

动作说明：左脚向前开步，左腿屈膝半蹲，右腿挺膝伸直，成左弓步；同时两掌从两腰侧向前平直推出，掌指朝上，小指一侧朝前；眼看两掌尖。左脚尖内扣，左脚屈膝全蹲，成右仆步姿势，同时上体右转并前俯。两掌随体右转在右腿内侧扶地，右手在前。随着两手撑地，上体向右后拧转的惯性力量，以左脚前掌为轴，右脚贴地向后扫转一周。

动作要求：转体、俯身、撑地用力，要连贯紧凑、一气呵成，上下肢动作不要脱节（见图 8-9）。

易犯错误：向右转体拧腰速度慢，以致旋转无力和腰腿动作脱节。手扶地的位置不对，右手没有插于右膝下方。

纠正方法：身体直立，左腿支撑，多做高姿势的快速甩头、拧腰、扫腿动作的练习，体会拧腰、扫腿动作的用力方法和如何使动作快速、连贯的要领。强调上体右转，两掌掌指向右同时扶地。

四、手型手法练习

（一）手型

拳：四指并拢拳握，拇指紧扣食指和中指的第二指节［见图 8-10（1）］。

动作要求：拳握紧，拳面平，直腕。

掌：四指并拢伸直，拇指弯屈紧扣于虎口处［见图 8-10（2）］。

勾：五指第一指节捏拢在一起，屈腕［见图 8-10（3）］。

（二）手法

1. 冲拳

分平拳与立拳两种。平拳拳心向下，立拳拳眼向上（见图 8-10）。

预备姿势：两脚左右开立，与肩同宽，两拳抱于腰间，肘尖向后，拳心向上。

动作说明：挺胸、收腹、直腰，右拳从腰间向前猛力冲出，转腰、顺肩，在肘关节过腰后，右前臂内旋。力达拳面，臂要伸直，高与肩平，同时左肘向后牵拉。练习时，左右可交替进行。

动作要求：出拳要快速有力，要有寸劲（爆发力），做好拧腰、顺肩、急旋前臂的动作。

易犯错误：冲拳时肘外展，使拳从肩前冲出。冲拳无力。冲拳过高或太低。

纠正方法：强调肘贴肋运行，使拳内旋冲出。强调紧握拳和肩下沉。冲拳时，前臂要内旋，动作要快速。可在练习人前面设一与肩同高的目标（如手掌），让他向目标冲击。

2. 架拳

预备姿势：与冲拳同。

动作说明：右拳向下、向左、向上经头前向右上方划弧架起，拳眼向下，眼看左方。练习时，左右可交替进行（见图 8-10）。

动作要求：松肩，肘微屈，前臂内旋。

易犯错误：经体侧亮拳，动作路线不对。

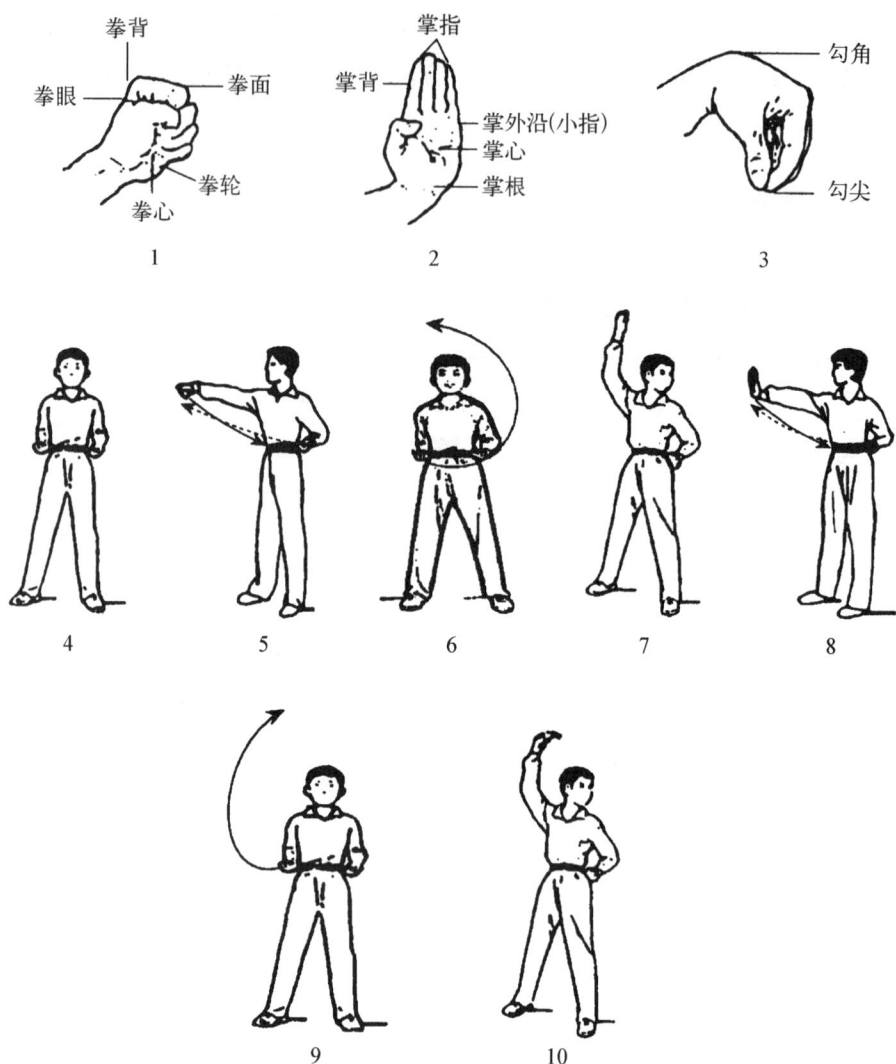

图 8-10　手型（1—3）；冲拳（4—5）；架拳（6—7）；推掌（8）；亮掌（9—10）

纠正方法：同伴对其头部冲拳（给以目标），体会上架动作要领。

3. 推掌

预备姿势：与冲拳同。

动作说明：右拳变掌，前臂内旋，并以掌根为力点向前猛力推击。推击时要转腰，顺肩，臂要伸直，高与肩平。同时左肘向后牵拉。练习时，左右可交替进行（见图 8-10）。

动作要求：挺胸、收腹、直腰。出掌要快速有力，有寸劲；同时还要做好拧腰、顺肩、沉腕、翘掌等动作。

易犯错误和纠正方法均与冲拳同。

4. 亮掌

预备姿势：与冲拳同。

动作说明：右拳变掌，经体侧向右、向上划弧，至头部右前上方时，抖腕亮掌，臂成弧形。掌心向前，虎口朝下，眼随右手动作转动，亮掌时，注视左方。练习时，左右手交替进行（见图 8-10）。

动作要求：抖腕、亮掌与转头要同时完成。

易犯错误：抖腕动作不明显，形成以臂部动作为主。

纠正方法：做亮掌时，用信号（如击掌）或语言提示，使其配合一致。

五、步型步法练习

（一）步型

（1）弓步：左脚向前一大步（约为本人脚长的 4—5 倍），脚尖微内扣，左腿屈膝半蹲（大腿接近水平），膝与脚尖垂直。右腿挺膝伸直，脚尖内扣（斜向前方），两脚全脚着地。上体正对前方，眼向前平视，两手抱拳于腰间。弓右腿为右弓步；弓左腿为左弓步［见图 8-11（1）］。

动作要求：前腿弓，后腿绷；挺胸、塌腰、沉髋；前脚同后脚成一直线。

易犯错误：后脚拔跟、掀掌。后腿屈膝。弯腰和上体前俯。

纠正方法：提高膝和踝关节的柔韧性，并强调脚跟蹬地。强调后腿挺膝和用力后蹬。强调头部上顶，并注意沉髋。

（2）马步：两脚平行开立（约为本人脚长的三倍），脚尖正对前方，屈膝半蹲，膝部不超过脚尖，大腿接近水平全脚着地，身体重心落于两腿之间，两手抱拳于腰间［见图 8-11（2）］。

动作要求：挺胸、塌腰、脚跟外蹬。

易犯错误：脚尖外撇。两脚距离过大或太小。弯腰跪膝。

纠正方法：经常站立做里扣脚尖的练习；或做马步练习，强调两脚跟外蹬。量出三脚距离后再下蹲做马步。强调挺胸、塌腰之后再下蹲，膝不得超过脚尖的垂直线；或手扶一定高度的物体做动作。

（3）虚步：两脚前后开立，右脚外展45°，屈膝半蹲，左脚脚跟离地，脚

图 8-11　步型

面绷平，脚尖稍内扣，虚点地面，膝微屈，重心落于后腿上。两手叉腰，眼向前平视。左脚在前为左虚步；右脚在前为右虚步［见图 8-11（3）］。

动作要求：挺胸、塌腰、虚实分明。

易犯错误：虚实不清。后腿蹲不下去。

纠正方法：前脚先不着地，等支撑腿下蹲后再以脚尖虚点地面成虚步。可做单腿屈蹲或双腿负重屈蹲等练习，以发展下肢力量。

（4）仆步：两脚左右开立，右腿屈膝全蹲，大腿和小腿靠紧，臀部接近小腿，右脚全脚着地，脚尖和膝关节外展，左腿挺直平仆，脚尖里扣，全脚着地。两手抱拳于腰间，眼向左方平视。仆左腿为左仆步；仆右腿为右仆步［见图 8-11（4）］。

动作要求：挺胸、塌腰、沉髋。

易犯错误：平仆腿不直，腿外侧掀起，脚尖上翘外展。全蹲腿没蹲到底，脚跟提起。上体前倾。

纠正方法：使平仆的脚外侧抵住固定物体（如墙壁），不让脚外侧掀起。多做仆步压腿练习，同时强调平仆腿一侧用力沉髋、拧腰。挺胸、塌腰后再下蹲成仆步。

（5）歇步：两腿交叉靠拢全蹲，左脚全脚着地，脚尖外展，右脚前脚掌着地，膝部贴近左腿外侧，臀部坐于右腿接近脚跟处。两手抱拳于腰间。眼向左前方平视。左脚在前为左歇步；右脚在前为右歇步［见图 8-11（5）］。

动作要求：挺胸、塌腰、两腿靠拢并贴紧。

易犯错误：动作不稳健。两腿贴不紧。

纠正方法：前脚脚尖充分外展，两腿贴紧。强调后腿贴紧前腿外侧，并加强膝与踝关节柔韧性的练习。

（6）坐盘：两腿交叉，右腿屈膝，大小腿均着地，脚跟接近臀部，左腿在身前横跨于右腿上方。左大腿贴近胸部。两手抱拳于腰间。眼向左前方平视。左腿在前为左坐盘，右腿在前为右坐盘［见图 8-11（6）］。

动作要求：易犯错误和纠正方法均与歇步同。

（7）丁步：并步站立，两腿屈膝半蹲，右脚全脚着地，左脚脚跟掀起，脚尖里扣并虚点地面，脚面绷直，贴于右脚脚弓处，重心落于右腿上。两手叉腰，眼向前平视。左脚尖点地为左丁步；右脚尖点地为右丁步［见图 8-11（7）］。

动作要求：易犯错误和纠正方法均与虚步同。

（二）步法

1. 击步

预备姿势：两脚前后开立，同肩宽。两手叉腰。

动作说明：上体前倾，后脚离地提起，前脚随即蹬地前纵。在空中时，后脚向前碰击前脚。落地时，后脚先落，前脚后落。眼向前平视［见图 8-12（1—3）］。

动作要求：跳起空中时，要保持上体正直并侧对前方。

2. 垫步

预备姿势：与击步同。

动作说明：后脚离地提起，脚掌向前脚处落步，前脚立即以脚掌蹬地向前上跳起，将位置让于后脚，然后再屈膝提腿向前落步。眼向前平视［见图 8-12（4—5）］。

动作要求：与击步同。

3. 弧形步

预备姿势：与击步同。

动作说明：两腿略屈，两脚迅速连续向侧前方行步。每步大小略比肩宽，走弧形路线。眼向前平视。

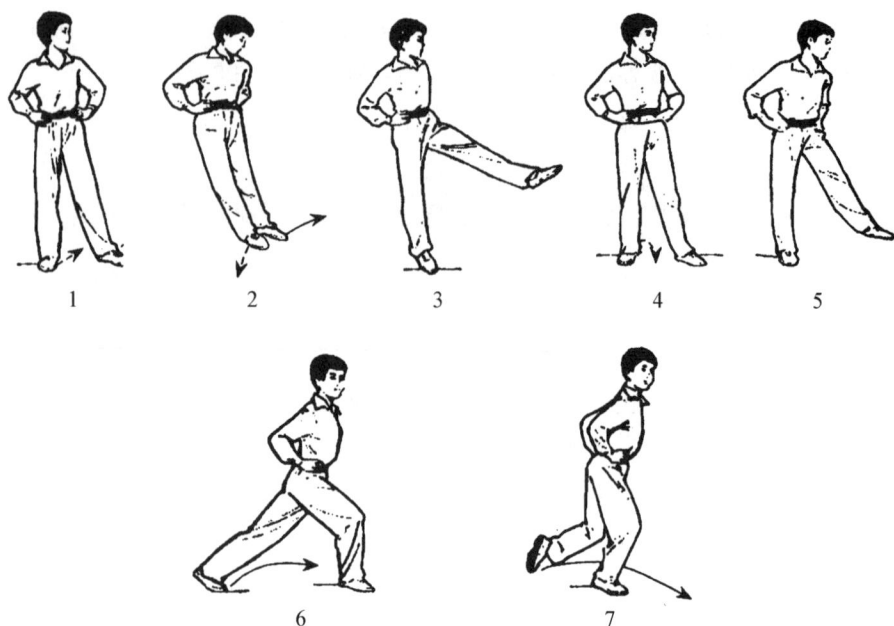

图 8-12　步法

动作要求：挺胸、塌腰，保持半蹲姿势，身体重心要平稳，不要有起伏现象。落地时，由脚跟迅速过渡到全脚掌，并注意转腰［见图 8-12（6—7）］。

六、跳跃练习

跳跃动作的练习对于增强腿部力量，提高弹跳能力具有很好的作用，是基本动作练习的组成部分之一。一般常见的基本跳跃动作有腾空飞脚、旋风脚、腾空摆莲等。

（一）腾空飞脚

预备姿势：并步站立。

动作说明：右脚上步，左腿向前、向上摆踢，右脚蹬地跃起，身体腾空，两臂由下向前、向头上摆起，右手背迎击左手掌。在空中，右腿向前上方弹踢，脚面绷直，右手迎击右脚面；同时左腿屈膝，左脚收控于右腿侧，脚面绷直，脚尖向下。左手在击响的同时摆至左侧方变勾手，勾尖向下，略高于肩。上体微前倾，两眼平视前方（见图 8-13）。

动作要求：① 右腿在空中踢摆时，脚高必须过腰，左腿在击响的一瞬间，

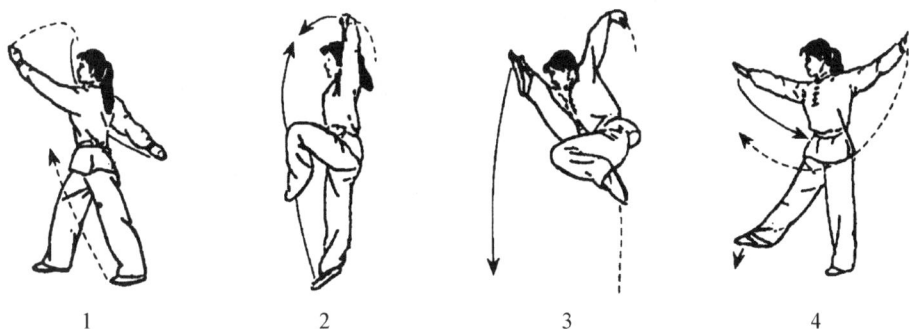

图 8-13 腾空飞脚

屈膝收控于右腿侧；② 在腾空的最高点完成击响动作，拍击动作必须连续、准确、响亮；③ 在空中，上体正直、微向前倾，不要坐臀。

易犯错误：右腿蹬伸与左腿踢摆脱节，动作不协调。起跳后，上体过于前俯，坐臀，致使重心下坠。

纠正方法：可多作练习。多做行进间的单拍脚练习。在练习中强调上体正直。在此基础上降低腾空高度，掌握正确动作。待正确动作形成后，逐步加大腾空高度，完成空中造型。

（二）旋风脚

预备姿势：开步站立。

动作说明：

（1）高虚步亮掌。右臂向前上方弧形摆掌，同时左臂屈肘，左掌收于左腰间，上体微左转，目随右掌。右掌经体前向左、向下、向右、向头上抖腕亮掌，掌心向前，掌指朝左；同时左掌从右臂内穿出，经胸前向上、向左摆至左侧，掌指朝上，高与肩平。右脚在右臂抖腕亮掌的同时收于体前，脚尖虚点地面，成高虚步。头部左转，两眼随右掌抖腕亮掌转视左侧［见图 8-14（1—3）］。

（2）旋风脚。左脚向左上步，同时左手向前、向上摆起，右臂伸直向后、向下摆动。右腿随即上步，脚尖内扣，准备蹬地踏跳。左臂向下摆动并屈肘收至右胸前，同时右臂向上、向前抢摆，上体向左旋转前俯。重心右移，右腿屈膝蹬地跳起，左腿提起向左上方摆动，上体向左上方翻转，同时两臂向下、向左上方抢摆。身体旋转一周，右腿作里合腿，左手在面前迎击右脚掌，左腿自然下垂［见图 8-14（4—7）］。

动作要求：① 右腿作里合腿时，要贴近身体；摆动时，膝挺直，由外向

图 8-14 旋风脚

里成扇形。② 击响点要靠近面前。左腿外摆要舒展，并在击响的一刹那离地腾空。初学时，左腿可自然下垂。当能够较熟练地完成腾空动作时，左腿逐步高摆，屈膝或直腿收控于身体左侧。③ 抡臂、踏跳、转体、里合右腿等环节要协调一致。身体的旋转角度不少于 270°。

易犯错误：上下脱节，转体角度不够，动作不协调。跳起后，两腿摆动时屈膝、坐髋。跳起后上体后仰。

纠正方法：多做转体 360° 的"翻身跳"练习。在不加腿法的"翻身跳"练习中，要求上下肢协调，提高身体的旋转能力。可多做"转身左外摆右里合"的腿法练习，在练习中强调伸膝的正确姿态。在"提左膝、右腿单脚跳转360°"的练习中，加强锻炼上体直立、头部上顶的能力。

（三）腾空摆莲

预备姿势：并步站立。

动作说明：

（1）高虚步挑掌。右脚后撤一大步，同时右臂向前、向上挑掌，左臂后摆至体后。重心后移，右脚回收至身前虚点地面，成高虚步。同时右臂向上、向后、向下、向前绕环一周于身前挑掌，高与肩平，掌指朝上；左臂向前、向上、向后绕环抡摆至身后与肩齐平的部位，掌指上挑。两肩随两臂转动，上体挺胸、直腰、顺肩，两眼随右掌转视前方［见图 8-15（1）］。

（2）弧形步上跳。左脚向前进半步，右脚随之向前进一大步，脚尖外展，展膝略蹲。在上右步的同时，右掌弧形回收至腰间，右臂由后经上摆至头前上方。右脚蹬伸上跳，右脚屈膝提起收扣于身前，身体腾空。右臂在跳起的同时，经右臂内侧向上弧形斜上举，右臂顺势摆向身后，两眼随右掌转视左侧，头部左转，右肩前顺。右脚落地，左脚随之在身前落步、右脚再进一步，脚尖外展；身体右转，同时右臂顺势下落，左臂前摆［见图 8-15（2—5）］。

（3）腾空摆莲。右脚蹬地跳起，同时左腿向右上方里合踢摆，两手于头上击响，上体向右旋转，身体腾空。右腿外摆，两手先左后右地拍击右脚面，左腿屈膝收控于右腿侧。上体微前倾，两眼随视两手。在空中击响时，左腿可伸直分开摆动，控于体侧［见图 8-15（6—9）］。

动作要求：① 上步要成弧形。右脚踏跳时，注意脚尖外展和屈膝微蹲。② 上跳时，左腿注意里合扣踢。③ 右腿外摆要成扇形，上体微前倾，要靠

1　　　　2　　　　3　　　　4　　　　5

6　　　　7　　　　8　　　　9

图 8-15　腾空摆莲

近面前击掌。两手先左后右拍击右脚面。击拍要准确、响亮。④ 在击拍的一瞬间，左腿屈膝收控于右腿内侧，或伸膝外展置于身体左侧。⑤ 在完成动作过程中，要注意起跳、拧腰、转体。里合左腿与外摆右腿等动作要紧密协调。

易犯错误：转体不够。击响不准。右腿外摆幅度小、右腿不能里合收扣。

纠正方法：可多做向右后转体360°的"转体跳"练习。可多做外摆腿击响练习。在外摆腿练习中提高开髋幅度。在"转体跳"的练习中，解决左腿的里合收扣问题。

第三节　武　术　套　路

一、五步拳

（一）动作名称

① 拗弓步冲拳；② 弹踢冲拳；③ 马步架打；④ 歇步盖打；⑤ 提膝仆步穿拳；⑥ 虚步挑掌。

（二）动作说明

预备姿势：并步抱拳［见图 8-16（1）］。

（1）拗弓步冲拳：左脚向左迈出一步，成弓步；同时左手向左平搂并收回腰间抱拳，右拳向前冲拳成平拳。目视前方［见图 8-16（2）］。

（2）弹踢冲拳：重心前移，右腿向前弹踢；同时左拳由腰间向前冲拳成平拳，右拳收回腰间。眼视前方［见图 8-16（3）］。

（3）马步架打：右脚落地向左转体 90°，两腿下蹲成马步；同时左拳变掌，屈臂上架，右拳由腰间向右冲拳成平拳。头部右转，目视右前方［见图 8-16（4）］。

（4）歇步盖打：左脚向右后插步，同时右拳变掌经头上向左下盖，掌外沿向前，身体左转 90°，左掌收回腰间抱拳。目视右手［见图 8-16（5）］。上动不停，两腿屈膝下蹲成歇步；同时左拳向前冲出成平拳，右掌变拳收回腰间。目视左拳［见图 8-16（6）］。

（5）提膝仆步穿掌：两腿起立，身体左转。随即左拳变掌，手心向下，右拳变掌，手心向上，由左手背上穿出。同时左腿提膝，左手顺势收至右腋下。目视右手［见图 8-16（7）］。左脚落地成仆步，左手掌指朝前沿左腿内侧穿

图 8-16　五步拳

出。目视左掌［见图 8-16（8）］。

（6）虚步挑掌：左腿屈膝前弓，右脚蹬地向前上步，成右虚步；同时左手向上、向后划弧成正勾手，略高于肩，右手由后向下、向前顺右腿外侧向上挑掌，掌指向上，高与肩平。目视前方［见图 8-16（9）］。继续练习，动作相同，方向相反。

（7）收势：两腿靠拢，并步抱拳［见图 8-16（10）］。

（三）动作要求

五步拳结合五种步型、步法和三种手型编成组合。要求均与前同。

二、初级长拳

长拳是一种姿势舒展、动作灵活、快速有力、节奏鲜明的拳术。它包括踢打摔拿、蹿蹦跳跃、闪展腾挪、起伏转折等动作和技术。该套初级长拳共分四段，共 36 个招式。内容丰富，步型、步法、手型、手法、肘法、腿法、跳跃、平衡等动作都比较齐全。布局合理，造型优美，特别适合青少年练习。

（一）动作名称

预备势：并步抱拳。

第一段

1. 虚步架掌	2. 弓步搂手冲拳	3. 弹腿冲拳
4. 弓步冲拳	5. 并步半蹲砸拳	6. 马步架冲拳
7. 弓步推掌	8. 弓步双摆掌	9. 仆步搂手撩掌
10. 斜拍脚	11. 弓步架推掌	

第二段

12. 震脚弓步冲拳	13. 提膝推掌	14. 大跃步前穿
15. 弓步连环冲拳	16. 单拍脚	17. 弓步顶肘
18. 弓步撩掌	19. 并步上冲拳	20. 弓步架冲拳
21. 提膝双挑掌		

第三段

22. 击步挑掌	23. 腾空飞脚	24. 仆步亮掌
25. 弓步摆掌	26. 丁步摆掌	27. 里合腿
28. 弓步推掌		

第四段

29. 抡臂正踢腿	30. 斜拍脚	31. 二起脚
32. 弓步架冲拳	33. 歇步冲拳	34. 仆步抡拍
35. 抡臂半蹲砸拳	36. 并步按掌	

收势：并步站立。

（二）动作说明

预备势：并步抱拳。并步站立，两手握拳收抱于腰间，拳心向上，头向左转，目视左前方［见图8-17（1—2）］。

动作要点：挺胸、塌腰，抱拳和转头要快。

第一段

（1）虚步架掌：① 右脚向前上一步，屈膝前弓。同时左拳变掌向右前方伸出，略高于肩，掌指向前，掌心斜向上。目视左掌［见图8-17（3）］。② 右腿屈膝半蹲，右腿屈膝前伸，成左虚步。同时右拳变掌经左臂内侧上穿架于头上，掌指向左，掌心朝上。左掌向下、向后成反勾手举于体后。目向左平视［见图8-17（4）］。动作要点：挺胸、塌腰，虚实分明，架掌臂要撑圆。

图 8-17 初级长拳第一段

（2）弓步搂手冲掌：① 左脚向左横上一步，身体右转成右弓步。同时左勾手变掌由后随转体向上、向右摆于右胸前，右掌变拳收抱于右腰间。目左视［见图8-17（5）］。② 右腿全蹲，身体左转成左仆步。同时左掌经左腿内侧搂过左脚面，目随手动。右腿蹬直，重心前移，左腿屈膝成左弓步。同时右掌由腰间向前冲出，拳心朝下，左掌变拳收抱于左腰间。目视前方［见图8-17（6—7）］。动作要点：仆步要低，弓步不要拔跟，冲拳有力。

（3）弹腿冲拳：重心前移，左腿支撑体重，右腿屈膝提起，随即挺膝绷足用力向前弹出，高与腰平。同时左俯拳向前冲出，右拳收抱于右腰间。目向前平视［见图8-17（8）］。动作要点：挺膝、收髋、立腰。冲拳、弹腿要有爆发力。

（4）弓步冲拳：右脚前落，屈膝半蹲成右顺弓步。同时右拳从腰间向前冲出，左拳收抱于左腰间。目视右拳［见图8-17（9）］。动作要点：顺肩，弓步不拔跟，冲拳有寸劲。

（5）并步半蹲砸拳：① 体左转90°，左腿支撑身体重心，右腿屈膝绷足提起。同时右拳上举，拳面向上，拳心向左，左拳变掌伸举于体侧，掌心朝前。双目向前平视［见图8-17（10）］。② 左腿屈膝半蹲，随即右腿震踏下落成并腿。同时右拳下砸，左掌内收，使右拳面砸击于左掌心作响。目视右拳［见图8-17（11）］。动作要点：震腿与砸拳同时作响，并配合呼气以气助力。

（6）马步架冲拳：双脚蹬地跳起，体右转180°下落成马步。同时右拳变掌上架于头上，掌指向左，掌心向上；左掌变拳经左腰间向左平拳冲出。目视左拳［见图8-17（12）］。动作要点：挺胸、塌腰，马步下落要与架掌和冲拳同时完成，协调一致。

（7）弓步推掌：右脚经左脚前向左上一步，右腿屈膝成右顺弓步。同时右掌下落，随上步经右腰间向前推出，掌指向上，小指一侧朝前，左拳收抱于左腰间。目视右掌［见图8-17（13）］。动作要点：上步和推掌协调一致，顺肩，推掌用力。

（8）弓步双摆掌：体左转，右腿蹬直成左弓步。同时左拳变掌上穿至右胸前，与右掌一起向左立圆划弧摆至体左侧，左臂伸直与肩平，掌指向上，小指一侧向左，右臂屈肘立掌附于左肘内侧。目视左掌［见图8-17（14）］。动作要点：转腰、摆掌要协调一致，眼随手动。

（9）仆步搂手撩掌：① 左脚尖内扣，左腿屈膝全蹲，体右转成右仆步。同时左臂内旋成反勾手，左臂伸直，勾略高于肩，右掌经右腿内侧搂至右脚面。目视右掌［见图 8-17（15—16）］。② 接上动作，右掌向身后搂去，至身后成反勾手。同时左腿蹬直，右腿屈膝成右弓步，左勾手变掌向下、向前撩至身体前下方，掌心斜向上。目视左掌［见图 8-17（17）］。动作要点：仆步搂手至弓步撩掌，整个动作要连贯、协调、完整。仆步时要挺胸、塌腰，弓步时前弓后绷。

（10）斜拍脚：重心前移，右腿支撑，左腿绷脚面向前上摆踢。同时右勾手变掌由后向上、向前拍击左脚面，左掌变拳收抱左腰间。目视左脚［见图 8-17（18）］。动作要点：支撑腿站稳，击拍准确、响亮。

（11）弓步架推掌：左脚前落，左腿屈膝成左弓步。同时左拳变掌向前立掌推出，右掌上架于头上方，掌指向左，掌心向上。目视左掌［见图 8-17（19）］。动作要点：推掌与架掌同时完成，推掌有力。

第二段

（12）震脚弓步冲拳：① 体右转 180°，右脚向内提收，随即向下震踏，左脚提起使脚面贴附于右腿膝弯处。同时左掌向右、向下盖按于胸前，掌心朝下，右掌变拳收抱于右腰间。目视左掌［见图 8-18（1）］。② 左脚向前上一大步，屈膝前弓成左弓步。同时右拳用力向前冲出，拳心向下，左掌收于右腋下，掌心向下。目视右拳［见图 8-18（2）］。动作要点：转身、震脚、盖掌要协调一致，冲拳要有力。

（13）提膝推掌：重心后移至右腿上，左腿屈膝提起，右腿蹬直站立。同时右拳收抱于右腰间，右掌顺右臂下沿向前推出，掌指朝上。目视左掌［见图 8-18（3）］。

（14）大跃步前穿：① 体左转并微前倾，同时左掌向下、向左后划弧于体后成斜举，掌指向后，虎口朝下；右拳变掌向下经左腿内侧向前上抄挂于体前。目视右掌。右脚前落，重心前移，左腿支撑，左腿屈膝后举。同时右掌向上举于头前，左掌下落于体后斜下方。目视右掌［见图 8-18（4）］。② 左脚蹬地，右脚向前跃出，体右转，随即左腿屈膝抬起，身体腾空，同时右手向上、向后立圆划弧于体侧成平举，掌指向上，小指一侧向右；左手向前、向上立圆抡举于头上亮掌。目视右掌［见图 8-18（5）］。③ 右脚前落，左脚向左侧横出一步，右腿屈膝半蹲成右弓步。同时右掌变拳收抱于右腰间；左臂屈肘下落于胸前，掌指朝上，虎口向内。目视左掌［见图 8-18（6）］。要点：转体迅速，撩击要准确，目随手动。跃步要远，空中动作要舒展，落地要轻灵。

（15）弓步连环冲拳：① 体左转，成左仆步。同时左掌经左腿内侧向前平搂过左脚面并向左后划弧，然后变拳收抱于左腰间。身体左转，左腿屈膝成左弓步，随即右拳向前冲出。目视右拳［见图 8-18（7—8）］。② 上动不停，右拳收抱于右腰间，左拳迅速向前冲出。目视左拳［见图 8-18（9）］。动作要点：冲拳时用转腰发力，两拳连环紧密。

（16）单拍脚：① 左腿蹬直，右手向前、向上；左手向上，使右掌背与左掌心在头前击拍。目视前方［见图 8-18（10）］。② 右腿屈膝前提并向前上弹踢，脚面绷平，右掌在与左掌相击之后速向下击拍右脚面，左掌向左伸举于体侧，掌指向上，掌心向外。目视前方［见图 8-18（11）］。动作要点：支撑腿站稳，身体正直，击拍准确、响亮。

（17）弓步顶肘：① 右腿屈膝下落扣于左腿膝弯处，体微左转。同时两臂从上向左、向下屈肘停于左胸前、左掌心贴于右拳面。目视右拳［见图 8-18（12）］。② 右腿向右上一大步，屈膝成右弓步，同时左掌推右拳，右肘尖用力向前顶出，肘与肩平。目视顶肘方向［见图 8-18（13）］。动作要点：顶肘要平，发力要猛，摆头要快。

（18）弓步撩掌：体左转 90°，左腿屈膝成左弓步。同时左掌从胸前向下、向左前摆起，右拳变掌向上、向右、向下、向前撩击，掌心着力，掌略低于肩，左掌按于右前臂上面，掌心向下。目视右掌［见图 8-18（14）］。

（19）并步上冲拳：① 体右转 90°，右腿屈膝侧弓，成右弓步；同时右掌变拳向上、向右、向下划弧收抱于右腰间；左掌向上、向右、向下划弧摆于右胸前，掌指向上，虎口向内。目视左掌［见图 8-18（15）］。② 左脚向右脚并拢，体直立；同时右拳由腰间向上用力冲出，拳心向左，右掌立附于右腋下。目向左平视［见图 8-18（16）］。要点：转体、并步、冲拳要连贯、紧凑。

（20）弓步架冲拳：左脚向左横迈一大步，体左转 90° 成左弓步；同时右拳下落经右腰侧用力向前冲出，拳心向下；左掌经下向前、向上划弧架于头上，掌心朝上，掌指向右。目向前平视［见图 8-18（17）］。动作要点：前腿弓，后腿绷，后脚不得拔跟，冲拳有力。

1　　2　　3　　4　　5

6　　7　　8　　9

10　11　12　13　14

15　16　17　18

图 8-18　初级长拳第二段

（21）提膝双挑掌：左脚蹬地，重心移至右腿，随即左腿屈膝上提，脚面绷直。同时左手向前下落于体前与右臂交叉，随即两臂前后经下、向上分开成平举，两掌掌指均向上。目视左掌〔见图 8-18（18）〕。动作要点：支撑腿要站稳，提腿要过腰。

第三段

（22）击步挑掌：① 左脚前落，重心移至左腿。同时两臂向内交叉下落于胸前，左臂在外，两掌掌指均向上，虎口向内〔见图 8-19（1）〕。② 左脚蹬地跳起，在空中右脚碰击左脚。同时两掌前后分摆成平举，虎口均向上。目视左掌〔见图 8-19（2）〕。动作要点：上体舒展，顺肩，直腰，向前要有冲力。

（23）腾空飞脚：① 左脚前落，随之右脚向前上一步，重心移至右腿，左腿蹬地跳起，左腿屈膝上摆，身体腾空。同时两臂由下向前、向上摆动至头顶上方，右掌背迎击左掌心〔见图 8-19（3—4）〕。② 在空中右腿绷足上踢，并以右手掌迎击右脚面，上体微前倾。随即左掌分摆于左侧上方〔见图 8-19（5）〕。左脚落地，左脚下落至体前（未落地），如图 8-19（6）所示。动作要点：踏跳有力，击拍准确、响亮，高度过胸。

（24）仆步亮掌：① 右脚落地，屈膝前弓成右弓步。同时右臂外旋并向右前方举起，左拳收抱于左腰间。目视右掌〔见图 8-19（7）〕。② 右掌继续向上、向右屈肘抖腕，在头右上方亮掌。同时左掌从右臂内上穿并向前、向左、向后划弧，摆至左后侧变勾手，勾尖朝上。右腿在亮掌的同时，屈膝全蹲成左仆步。上体左转，目视左前方〔见图 8-19（8）〕。动作要点：挺胸、直腰、上体微前倾。甩头、抖腕要协调。

（25）弓步摆掌：上体向左转，左腿屈膝前弓成左弓步。同时右臂屈肘向前、向下摆落于左胸前，掌指向上，虎口向内。且向前平视〔见图 8-19（9）〕。

（26）丁步摆掌：体右转 90°，右腿屈膝半蹲，左脚收至右脚内侧并拢，脚尖点地成丁步；同时右掌向右、向后平摆于体后成反勾手；左勾手变掌向前、向右平摆于右胸前，掌指朝上，虎口向内。目视左前方〔见图 8-19（10）〕。

（27）里合腿：① 体左转 90°，左脚上步屈膝前弓。同时左掌向左、向上撩出，掌心向外，虎口向下，臂与肩平。目视左掌〔见图 8-19（11）〕。

图 8-19　初级长拳第三段

② 右脚蹬地，重心移至左腿支撑，右腿从右向上、向左弧形摆击，高与头平，脚掌朝左，左掌用掌心在脸前迎击右腿掌。目视击拍方向［见图 8-19（12）］。动作要点：里合腿要成扇形，动作开始至击响结束，转体 180°，里合击拍要快、准、响。

（28）弓步推掌：以左腿为轴，体左后转 180°，右腿后落，左腿屈膝成左弓步；左掌从体前向下、向后摆至体后成反勾手，右手变掌经腰侧向前推出，掌指朝上，小指一侧朝前。目视右掌［见图 8-19（13）］。动作要点：转体、落步、推掌要连贯协调，一气呵成。

第四段

（29）轮臂正踢腿：① 右后转体180°，同时左勾手变掌，两臂先右后左依次向上、向后抡绕至右臂在体后成后斜下举，左臂成前上斜举虎口均朝上。目视前方［见图8-20（1）］。② 重心移至右腿支撑，随即左腿勾足向额前踢起；同时右掌举于头上亮掌，左手向下、向后划弧于体后成反勾手。目视前方［见图8-20（2）］。动作要点：身体正直，踢腿过腰时猛加速，脚尖接近前额。

（30）斜拍脚：① 左脚前落，右掌变拳收抱于右腰间；左勾手变掌向上、向前绕举于体前，掌指朝上，掌心朝前。目向前视［见图8-20（3）］。② 重心前移，左腿支撑，随即右脚挺膝绷足向前、向上踢起，同时左掌心下击右脚面［见图8-20（4）］。

（31）二起脚：① 右脚前落，右拳变掌伸向体后。重心前移，右脚蹬地跳起，左腿屈膝上摆，身体腾空。同时两臂向前、向上摆起，使右掌背与左掌心在头上方相击［见图8-20（5—6）］。② 在空中右腿绷足上踢，左腿屈膝收控于体前，上体微前倾。同时右掌心在脸前迎击右脚面；左掌变勾手摆至体左侧。目视前方。左脚落地，随之右脚下落于体前微控［见图8-20（7—8）］。动作要点：蹬地要有力，两响要连贯，击拍腿高过胸，击拍肘左腿尽量屈膝上提。

（32）弓步架冲拳：① 右脚前落，右腿屈膝成右弓步。同时右掌变拳收抱于右腰间；左掌向下、向前伸举于腹前，掌指向前，虎口朝上。目视左掌。② 体左转成右顺弓步，同时右拳用力向前平拳冲出；左臂架于头上方，掌指向右，掌心朝上。目视右前方［见图8-20（9—10）］。要点：挺胸、顺肩，冲拳要有寸劲。

（33）歇步冲拳：① 身体直立并左转体180°，左脚向后退步，两腿成交叉步。同时右拳变掌向上、向前、向下盖按于胸前，掌心朝下；左掌变拳收抱于腰间。目视右掌［见图8-20（11）］。② 两腿全蹲成右歇步，同时左拳迅速向前冲出，右掌变拳抱于右腰间。目视左拳［见图8-20（12）］。要点：歇步要两腿交叉全蹲，臀部贴于左小腿外侧，膝关节在右小腿外侧，脚跟提起；右脚尖外展。

（34）仆步抡拍：① 右脚向后撤一大步成左弓步。同时右拳变掌向右下伸

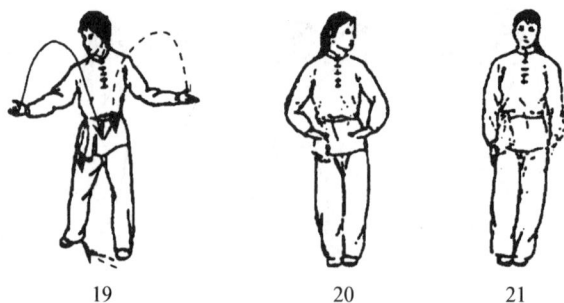

图 8-20　初级长拳第四段

出，掌心向后；左拳变掌向左后微举〔见图 8-20（13）〕。② 体右转 180° 成
右弓步。同时右臂向左、向上、向右、向后抡绕至体后斜下方；左臂向上、
向右、向下抡绕至体前上方。目视左掌〔见图 8-20（14）〕。③ 上动不停，
体左转 90°，左腿屈膝全蹲，成右仆步。同时左臂向下、向左、向上抡绕至
身体上方，掌心朝前，掌指斜向上；右臂向上、向后、向下抡绕至右脚内侧
拍地。目视右掌〔见图 8-20（15）〕。动作要点：抡臂时要松肩、活腰，要臂
力抡成圆。

　　（35）抡臂半蹲砸拳：① 左腿挺膝蹬直，右腿屈膝前弓成右弓步。同时左
手向下、向右绕于体前，掌指斜向下，掌心向内；右臂屈肘向内插收于左腋
下，掌心朝下，虎口向内。目视左掌〔见图 8-20（16）〕。② 右脚蹬地，身
体直立，左腿支撑，随即右腿屈膝绷足提起。同时左臂向上、向左、向下抡
绕至体左侧成平举，掌心朝前；右掌变拳向右、向上抡成直臂上举，拳心向
左。目视前方〔见图 8-20（17）〕。③ 左腿屈膝半蹲，随即右脚向左脚内侧
震踏，成并步半蹲。同时右拳下砸，左掌以掌心在腹前迎击右拳。目视右拳
〔见图 8-20（18）〕。动作要点：震脚、砸拳要同时作响，上体保持挺胸、塌
腰姿势。

　　（36）并步按掌：① 身体直立，右脚向后撤一步。同时右拳变掌，两臂外
旋左右分开，两掌心朝上。目视右掌〔见图 8-20（19）〕。② 重心后移，随即
左脚收至右脚内侧，成并步站立。同时两掌向上、向内经胸前下按于腹前，两
掌指相对，掌心朝下。目向左平视〔见图 8-20（20）〕。动作要点：动作要连
贯，眼随手动。

　　收势：两臂放下垂于体侧，目视前方〔见图 8-20（21）〕。

（三）动作要求

（1）手型、步型、手法、步法、腿法、跳跃平衡等动作要正确连贯，舒展大方。

（2）劲力要充足，用力要顺达，力点要准确，手眼身法步要协调一致，动作要干净利落。

（3）精神饱满，节奏要分明，风格要突出。

（四）易犯错误和纠正方法

易犯错误：腾空飞脚坐臀，致使重心下降；右腿蹬伸与左腿踢摆脱节。歇步不稳。仆步抡拍时两臂抡不圆。

纠正方法：腾空时强调头往上顶，提臀、提气；多做右腿蹬地起跳，左腿屈膝摆起，同时两臂用力上摆，在头上击拍的踏跳练习。强调臀部坐落在左小腿上，右脚尖外展，使脚掌放横，加大支撑面。多做站立式左右抡臂动作，并强调挺肘直臂。上抡时臂贴近耳，下抡时臂贴近腿。

易犯错误：手眼配合差。

纠正方法：强调"眼随手动、目随势注"。

三、二十四式太极拳（简化太极拳）

"太极"一词源于《周易·系辞上》："易有太极，是生两仪……"，含有至高、至极、绝对、唯一之意。太极拳的取义也是这个含义。

太极分阴阳，而太极拳动作处处分虚实；太极是圆形，太极拳运动也讲弧形，也是圆的，故称为"太极拳"。

（一）动作名称

第一段　　1. 起势　　　　　　　2. 左右野马分鬃

　　　　　3. 白鹤亮翅　　　　　4. 左右搂膝拗步

　　　　　5. 手挥琵琶

第二段　　6. 左右倒卷肱　　　　7. 左揽雀尾

　　　　　8. 右揽雀尾　　　　　9. 单鞭

　　　　　10. 云手

第三段　　11. 单鞭　　　　　　 12. 高探马

　　　　　13. 右蹬脚　　　　　 14. 双峰贯耳

　　　　　15. 转身左蹬脚

第四段　16. 左下势独立　　　　17. 右下势独立

　　　　　18. 左右穿梭　　　　　19. 海底针

　　　　　20. 闪通臂　　　　　　21. 转身搬拦捶

　　　　　22. 如封似闭　　　　　23. 十字手

　　　　　24. 收势

（二）动作说明

　　在文字说明中，凡有"同时"两字，不论先写或后写身体的某一部分动作，都要求一起活动，不要分先后。动作的方向是以人体的前、后、左、右为依据的，不论怎样转变，总是以面对的方向为前，背向的方向为后，身体左侧为左，身体右侧为右。

第一段

　　（1）起势：① 身体自然直立，两脚开立，与肩同宽，脚尖向前；两臂自然下垂，两手放在大脚外侧；眼向前平看［见图 8-21（1）］。头颈正直，下颌微向后收，不要故意挺胸或收腹。精神要集中。② 两臂慢慢向前平举，两手高与肩平，与肩同宽，手心向下［见图 8-21（2—3）］。③ 上体保持正直，两腿屈膝下蹲；同时两掌轻轻下按，两肘下垂与两膝相对；眼平看前方［见图 8-21（4）］。动作要点：两肩下沉，两肘松垂，手指自然微屈。屈膝松腰，臀部不可凸出，身体长落于两腿中间。两臂下落和身体下蹲的动作要协调一致。

　　（2）左右野马分鬃：① 上体微向右转，身体重心移至右腿上；同时右臂收在胸前平屈，手心向下，两手心相对成抱球状；左脚随即收到右脚内侧，脚尖点地；眼看右手［见图 8-21（5—6）］。② 上体微向右转，左脚向左前方迈出，右脚跟后蹬，右腿自然伸直，成左弓步；同时上体继续向左转，左右手随转体慢慢分别向左上右下分左手高与眼平（手心斜向上），肘微屈；右手落在右胯旁，肘也微屈，手心向下，指尖向前；眼看左手［见图 8-21（7—9）］。③ 上体慢慢后坐，身体重心移至右腿，右脚尖翘起，微向外撇（45°—60°），随后脚掌慢慢踏实，左腿慢慢前弓，身体左转，身体长再移至左腿；同时左手翻转向下，左臂收到胸前平屈，右手向左上划弧放在左手下，两手心相对成抱球状；右脚随即收到左脚内侧，脚尖点地；眼看左手［见图 8-21（10—12）］。④ 右腿向右前方迈出，左腿自然伸直，成右弓步；同时上体右转，左右手随转体分别慢慢向左下右上分开，右手高与眼平（手心斜高上），肘微屈；左手落在左胯旁，肘也微屈，手心向下，指尖向前；眼看右手［见图 8-21（13—14）］。⑤与③解同，只是左右相反［见图 8-21（15—17）］。⑥与④解同，只是左右相反［见图 8-21（18—19）］。动作要点：上体不可前俯后仰，胸部必须宽松舒展。两臂分开时要保持弧形。身体转动时要以腰为轴。弓步动作与分手的速度要均匀一致。做弓步时，迈出的脚先是脚跟着地，然后脚掌慢慢踏实，脚尖向前，膝盖不要超过脚尖；后腿脚夹角成 45°—60°（需要时后脚脚跟可以后蹬调整）。野马分鬃式的弓步，前后脚的脚跟要分在中轴线两侧，它们之间的横向距离（以动作行进和中线为纵轴，其两侧的垂直距离为横向）应该保持在 10—30 厘米。

（3）白鹤亮翅：① 上体微向左转，左手翻掌向下，左臂平屈胸前，右手向左上划弧，手改转向上，与左手成抱球状；眼看左手［见图 8-21（20）］。② 右脚跟进半步，上体后坐，身体重心移至右腿，上体先向右转，面向右前方眼看右手；然后左脚稍向前移，脚尖点地，成左虚步，同时上体再微向左转，面向前方，两手随转体慢慢向上左下分开，右手上提停于右额前，手心向左后方，左手落于左胯前，手心向下，指尖向前；眼平看前方［见图 8-21（21—22）］。动作要点：完成姿势胸部不要挺出，两臂上下都要保持半圆形，左膝要微圆。身体重心后移和右手上提、左手下按要协调一致。

（4）左右搂膝拗步：① 右手从体前下落，由下向后上方划弧至右肩外，手与耳同高，手心斜上；左手由左下向上，向右划弧至右胸前，手心斜向下；同时上体先微向左再向右转；左脚收至右脚内侧，脚尖点地，眼看右手［见图 8-21（23—25）］。② 上体左转，左脚向前（偏左）迈出成左弓步；同时左手屈回由耳侧向前推出，高与鼻尖平，左手向下由左膝前搂过落于左旁，指尖向前；眼看右手手指［见图 8-21（26—27）］。③ 右腿慢慢屈膝，上体后坐，身体重心移至右腿，左脚尖翘起微向外撇，随后脚掌慢慢踏中宣部，左腿前弓，身体左转，身体重心移至左腿，右随收到左脚，脚尖点地；同时左手向外翻掌由左后向上划弧至左肩外侧，肘微屈，手与耳同高，手心斜向下；右手随转体向上、向左下划弧落于左胸前，手心斜向下；眼看左手［见图 8-21（28—30）］。④ 与②解同，只是在右相反［见图 8-21（31—32）］。⑤与③解同，只是左右相反［见图 8-21（33—35）］。⑥与②解同［见图 8-21（36—37）］。动作要点：前手推出时，身体不可前俯后仰，要松腰松胯。推掌时要肩垂肘、坐腕舒掌，同时须与松腰、弓腿上下协调一致。搂膝拗步成弓步时，两脚跟的横向距离保持约 30 厘米。

（5）手挥琵琶：右脚跟进半步，上体后坐，身体重心转至右腿上，上体半面向右转，左脚略提起稍向前移，变成左虚步，脚跟着地，脚尖翘起，膝部微屈；同时左手由左下向上挑举高与鼻平，掌心向左，臂微屈；右手收回放在左臂肘部里侧，掌心向左；眼看左手食指［见图 8-21（38—40）］。动作要点：身体要平稳自然，沉肩垂肘，胸部放松。左手上起时不要直向上挑，要由左向上、向前，微带弧形。右脚跟进时，脚掌先着地，再全脚踏实。身体重心后移和左手上、右手回收要协调一致。

第二段

（6）左右倒卷肱：① 上体右转，右手翻掌（手心向上）经腹前由下向后上方划弧平举，臂微屈，左手随即翻掌向上；眼的视线随着向右转体先向右看、再转向前方看左手［见图 8-21（41—42）］。② 右臂屈肘折向前，右手由耳侧向前推出，手心向前，左臂屈肘后撤，手心向上，撤至左肋外侧；同时左腿轻轻提起向后（偏左）退一步，脚掌先着地，然后全脚慢慢踏实，身体重心移到左腿上，成右虚步，右脚随转体以脚掌为轴转正；眼看右手［见图 8-21（43—44）］。③ 上体微向左转，同时左手随转体向后上方划弧平举，手心向上，右手随即翻掌。掌心向上；眼随转体先向左看，再转向前方看右手［见图 8-21（45）］。④与②解同，只是左右相反［见图 8-21（46—47）］。⑤与③解同，只是左右相反［见图 8-21（48）］。⑥与②解同［见图 8-21（49—50）］。⑦与③解同［见图 8-21（51）］。⑧与②解同，只是左右相反［见图 8-21（52—53）］。动作要点：前推的手不要伸直，后撤手也不可直向回抽，随转体仍走弧线。前推时，要转腰松胯，两手的速度要一致，避免僵硬。退步时，脚掌先着地，再慢慢全脚踏实，同时，前脚随转体以脚掌为轴转正。退左脚略向左后斜，退右脚略向右后斜，避免使两脚落在一条直线上。后退时，眼神随转体动作先向左看，然后再转看前手。最后退右脚时，脚尖外撇的角度略大些，便于接做"左揽雀尾"的动作。

（7）左揽雀尾：① 上体微向右转，同时右手随转体向后上方划弧平举，手心向上，左手放松，手心向下；眼看左手［见图 8-21（54）］。② 身体继续向右转，左手自然下落逐渐翻掌经腹前划弧至右肋前，手心向上；右臂屈肘，手心转向下，收至右胸前，两手相对成抱球状；同时身体重心落在右腿上，左脚收到右脚内侧，脚尖点地；眼看右手［见图 8-21（55—56）］。③ 上体微向左转，左脚向左前方迈出，上体继续向左转，右腿自然蹬直，左腿屈膝，成左弓步；同时左臂向左前方掤出（左臂平屈成弓形，用前臂外侧和手背向前方推出），高与肩平，手心向后；右手向左下落放于右胯旁，手心向下，指尖向前；眼看左前臂［见图 8-21（57—58）］。动作要点：掤出时，两臂前后均保持弧形。分手、松腰、弓腿三者必须协调一致。揽雀尾弓步时，两脚跟横向距离不超过 10 厘米。④ 身体微向左转，左手随即前伸翻掌向下，右手翻掌向上，经腹前向上、向前伸至左前臂下方；然后两手下捋，即上体向右转，两手经腹前向右后上方划弧，直至右手手心向上，高与肩齐，左臂平屈于胸前，手心向后；同时身体重心移至右腿；眼看右手［见图 8-21（59—60）］。动作要点：下捋时，上体不可前倾，臀部不要凸出。两臂下捋须随腰旋转，仍走弧线。左脚全掌着地。⑤ 上体微向左转，右臂屈肘折回，右手附于左手腕里侧（相距约 5 厘米），上体继续向左转，双手同时向前慢慢挤出，左手心向后，右手心向前，左前臂要保持半圆；同时身体重心逐渐前移变成左弓步；眼看左手腕部［见图 8-21（61—62）］。动作要点：向前挤时，上体要正直。挤的动作要与松腰、弓腿相一致。⑥ 左手翻掌，手心向下，右手经左腕上方向前、向右伸出，高出左手齐，手心向下，两手左右分开，宽与肩同；然后右腿屈膝，上体慢慢后坐，身体重心移至右腿上，左脚尖翘起；同时两手屈肘回收至腹前，手心均向前下方；眼向前平看［见图 8-21（63—65）］。⑦ 上式不停，身体重心慢慢前移，同时两手向前、向上按出，掌心向前；左腿前弓成左弓步；眼平看前方［见图 8-21（66）］。动作要点；向前按时，两手须走曲线，手腕都高与肩平，两肘微屈。

（8）右揽雀尾：① 上体后坐并向右转，身体重心移至右腿，左脚尖里扣；右手向右平行划弧至右侧，然后由右下经腹前向左上划弧至左肋前，手心向上；左臂平屈胸前，左手掌向下与右手成抱球状；同时身体长再移至左腿上，右脚收至左脚内侧，脚尖点地；眼看左手［见图 8-21（67—70）］。② 同"左揽雀尾"③解，只是左右相反［见图 8-21（71—72）］。③ 同"左揽雀尾"④解，只是左右相反［见图 8-21（73—74）］。④ 同"左揽雀尾"⑤解，只是左右相反［见图 8-21（75—76）］。⑤ 同"左揽雀尾"⑥解，只是左右相反［见图 8-21（77—79）］。⑥ 同"左揽雀尾"⑦解，只是左右相反［见图 8-21（80）］。动作要点：均与"左揽雀尾"相同，只是左右相反。

（9）单鞭：① 上体后坐，身体重心逐渐移至左腿上，左脚尖里扣；同时上体左转，两手（左高右低）向左弧形运转，直至左臂平举，伸于身体左侧，手心向左，右手经腹前运至左肋前，手心向后上方；眼看左手［见图 8-21（81—82）］。② 身体重心再渐渐移至右腿上，上体右转，左脚向右脚靠拢，脚尖点地；同时右手向右上方划弧（手心由里转向外），至右侧方时变勾手，臂与肩平；左手向下经腹前向右上划弧停于右肩前，手心向里；眼看左手［见图 8-21（83—84）］。③ 上体微向左转，左脚向左前侧方迈出，右脚跟后蹬，成左弓步；在身体重心移向左腿的同时，左掌随上体的继续左转慢慢翻转向前推出，手心向前，手指与眼齐平，臂微屈；眼看左手［见图 8-21（85—86）］。动作要点：上体保持正直，松腰。完成式时，右臂肘部稍下垂，左肘与左膝上下相对，两肩下沉。左手向外翻掌前推时，要随转体边翻边推出，不要翻掌太快或最后突然翻掌。全部过渡动作，上下要协调一致。

（10）云手：① 身体重心移至右腿上，身体渐向右转，左脚尖里扣；左手经腹前向右上划弧至右肩前，手心斜向后，同时右手变掌，手心向右前；眼看左手［见图 8-21（87—89）］。② 上体慢慢左转，身体重心随之逐渐左移；左手由脸前向左侧运转，手心渐渐转向左方；右手由右下经腹前向左上划弧，至左肩前，手心斜向后；同时右脚靠近左脚，成小开立步（两脚距离 10—20 厘米）；眼看右手［见图 8-21（90—91）］。③ 上体再向右转，同时左手经腹前向右上划弧至右肩前，手心斜向后；右手向右侧运转，手心翻转向右；随之左腿向左横跨一步；眼看左手［见图 8-21（92—94）］。④ 与②同解［见图 8-21（95—96）］。⑤ 同③解［见图 8-21（97—99）］。⑥ 同②解［见图 8-21（100—101）］。动作要点：身体转动要以腰脊为轴，松腰、松胯，不可忽高忽低。两臂随腰的转动而运转，要自然圆活，速度要缓慢均匀。下肢移动时，身体重心要稳定，两脚掌先着地再踏实，脚尖向前。眼的视线左右手而移动。第三个"云手"，右脚是后跟步时，脚尖微向里扣，便于接"单鞭"动作。

第三段

（11）单鞭：① 上体向右转，右手随之向右运转，至右侧方时变成勾手；左手经腹前向右上划弧至右肩前，向内；身体长落在右脚上，左脚尖点地；眼看左手［见图 8-21（102—104）］。② 上体微向左转，左脚向左前侧方迈出，右脚跟后蹬，成左弓形；在身体重心移向左腿的同时，上体继续左转，左掌慢慢翻转向前推出，成"单鞭"式［见图8-21（105—106）］。动作要点：与前"单鞭"式相同。

（12）高探马：① 右脚跟进半步，身体重心逐渐后移至右腿上；右勾手变成掌，两手心翻转向上，两肘微屈；同时身体微向右转，左脚跟渐渐离地；眼看左前方［见图8-21（107）］。② 上体微向左转，面向前方；右掌经右耳旁向前推出，手心向前，手指与眼同高；左手收至左侧腰前，手心向上；同时左脚微向前移，脚尖点地，成左虚步；眼看右手［见图8-21（108）］。动作要点：上体自然正直，双肩要下沉，右肘微下垂。跟步移换重心时，身体不要有起伏。

（13）右蹬脚：① 左手手心向上，前伸至右手腕背面，两手相互交叉，随即向两侧分开并向下划弧，手心斜向下；同时左脚提起向左前侧方进步（脚尖略外撇）；身体向前移，右腿自然蹬直，成左弓步；眼看前方［见图8-21（109—111）］。② 两手由外圈向里圈划弧，两手交叉合抱于前，右手在外，手心均向后；同时右脚向左脚靠拢，脚尖点地；眼平看右前方［见图8-21（112）］。③ 两臂左右划弧分开平举，肘部微屈，手心均向外；同时右腿屈膝提起，右脚向前方慢慢蹬出；眼看右手［见图8-21（113—114）］。要点：身体要稳定，不可前俯后仰。两手分开时，腕部与肩齐平。蹬脚时，左腿微屈，右脚尖回勾，劲使在脚跟。分手和蹬脚须协调一致。右臂和右腿上下相对。

（14）双峰贯耳：① 右腿收回，屈膝平举，左手由后向上、向前下落至体前，两手心均翻转向上，两手同时向下划弧分落于右膝盖两侧；眼看前方［见图8-21（115—116）］。② 右脚向右前方落下，身体重心渐渐前移，成右弓步，面向右前方；同时两手下落，慢慢变拳，分别从两侧向上、向前划弧至面部前方，成钳形状，两拳相对，高与耳齐，拳眼都斜向下（两拳中间距离约10—20厘米）；③ 眼看右拳［见图8-21（117—118）］。动作要点：完成式时，头颈正直，松腰松胯，两拳松握，沉肩垂肘，两臂均保持弧形。双峰贯耳式的弓步和身体方向与右蹬脚方向相同。弓步的两脚跟横向距离同"揽雀尾"式。

（15）转身左蹬脚：① 左腿屈膝后坐，身体重心移至左腿，上体左转，右脚尖里扣；同时两拳变掌由上向左右划弧分开平举，手心向前；眼看左手［见图8-21（119—120）］。② 身体重心再移至右腿，左脚收到右脚内侧，脚尖点地；同时两手由外圈向里圈划弧合抱于胸前，左手在外，手心均向后；眼平看左方 [见图 8-21（121—122）]。③ 两臂左右划弧分开平举，肘部微屈，手惊动匀向外；同时左腿屈膝提起，左脚向左前方慢慢蹬出；眼看左手 [见图 8-21（123—124）]。动作要点；与右蹬脚相同，只是左右相反。左蹬脚方向与右蹬脚呈 180°。

第四段

（16）左下势独立：① 左腿收回平屈，上体右转；右掌变成勾手，左掌向上、向右划弧下落，立于右肩前，掌心斜向后；眼看右手 [见图 8-21（125—126）]。② 右腿慢慢屈膝下蹲，左腿由内向左侧（偏后）伸出，成左仆步；左手下落（掌心向外）左下顺左腿内侧向前穿出；眼看左手 [见图 8-21（127—128）]。动作要点：右腿全蹲时，上体不可过于前倾。左腿伸直，左脚尖须向里扣，两脚脚掌全部着地。左脚尖与右脚跟踏在中轴线上。③ 身体重心前移，左脚跟为轴，脚尖尽量向外撇，左腿前弓，右腿后蹬，右脚尖里扣，上体微向左转并向前起身；同时左臂继续向前伸出（立掌），掌心向右，右勾手下落，勾尖向后；眼看左手 [见图 8-21（129）]。④ 右腿慢慢提起平屈，成左独立式；同时右勾手变成掌，并由后下方顺右腿外侧向前弧形摆出，屈臂立于右腿上方，肘与膝相对，手心向左；左手落于左胯旁，手心向下，指尖向前；眼看右手 [见图 8-21（130—131）]。动作要点：上体要正直，独立的腿要微屈，右腿提起时脚尖自然下垂。

（17）右下势独立：① 右脚下落于左脚前，脚掌着地，然后左脚前掌为轴脚跟转动，身体随之左转；同时左手向后平举变成勾手，右掌随着转体向左侧划弧，立于左肩前，掌心斜向后；眼看左手 [见图 8-21（132—133）]。② 同"左下势独立"②解，只是左右相反 [见图 8-21（134—135）]。③ 同"左下势独立"③解，只是左右相反 [见图 8-21（136）]。④ 同"左下势独立"④解，只是左右相反 [见图 8-21（137—138）]。动作要点：右脚尖触地后必须稍微提起，然后再向下仆腿。其他均与"左下势独立"相同，只是左右相反。

（18）左右穿梭：① 身体微向左转，左脚向前落地，脚尖外撇，右脚跟离地，两腿屈膝成半坐盘式；同时两手在左胸前成抱球状（左上右下）；然后右脚收到左脚的内侧，脚尖点地；眼看左前臂 [见图 8-21（139—141）]。② 身体右转，右脚向右前方迈出，屈膝弓腿，右右弓步；同时右手由脸前向上举并翻掌停在右额前，手心斜向上；左手先向左下再经体前向前推出，高与鼻尖平，手心向前；眼看左手〔见图 8-21（142—144）〕。③ 身体重心略向后移，右脚尖稍向外撇，随即身体重心再移至右腿，左脚跟进，停于右脚内侧，脚尖点地；同时两手在右胸前成抱球状（右上左下）；眼看右前臂〔见图 8-21（145—146）〕。④ 同②解，只是左右相反〔见图 8-21（147—149）〕。动作要点：完成姿势面向斜前方手推出后，上体不可前俯。手向上举时，防止引肩上耸。一手上举一手前推要与弓腿松腰上下协调一致。做弓步时，两脚跟的横向距离同搂膝拗步式，保持在 30 厘米左右。

（19）海底针：右脚向前跟进半步，身体重心移至右腿，左脚稍向前移，脚尖点地，成左虚步；同时身体稍向右转，右手下落经体前向后、向上提抽至肩上耳旁，再随身体左转，由右耳旁斜向前下方插出，掌心向左，指尖斜向下；与此同时，左手向前、向下划弧落于左胯旁，手心向一，指尖向前；眼看前下方〔见图 8-21（150—151）〕。动作要点：身体要先向右转，再向左转。上体不可太前倾。避免低头和臀部外凸。左腿要微屈。

（20）闪通臂：上体稍向右转，左脚向前迈出，屈膝弓腿成左弓步；同时右手由体前上提，屈臂上举，停于右额前上方，掌心翻转斜向上，拇指朝下；左手上起经胸前向前推出，高与鼻尖平，手心向前；眼看左手〔见图 8-21（152—154）〕。动作要点：完成姿势上体自然正直，松腰、松胯；左臂不要完全伸直，背部肌肉要伸展开。推掌、举掌和弓腿动作要协调一致。弓步时，两脚跟横向距离同"揽雀尾"式（不超过 10 厘米）。

（21）转身搬拦捶：① 上体后坐，身体重心移至右腿上，左脚尖里扣，身体向右后转，然后身体重心再移至左腿上；与此同时，右手随着转体向右、向下（变拳）经腹前划弧至左肋旁，拳心向下；左掌上举于头前，掌心斜向上；眼看前方〔见图 8-21（155—156）〕。② 向右转体，右拳经胸前向前翻转撇出，拳心向上；左手落于左胯旁，掌心向下，指尖向前；同时右脚收回后（不要停顿或脚尖点地）即向前迈出，脚尖外撇；眼看右拳〔见图 8-21（157—158）〕。③ 身体重心移至右腿上，左脚向前迈一步；左手上起经左侧向前上划弧拦出，掌心向前下方；同时右拳向右划弧收到右腰旁，拳心向上；眼看左手〔见图 8-21（159—160）〕。④ 左腿前弓成左弓步，同时右拳向前打出，拳眼向上，高与胸平，左手附于右前臂里侧；眼看右拳〔见图 8-21（161）〕。动作要点：右拳不要握得太紧。右拳回收时，前臂要慢慢内旋划弧，然后再外旋停于右腰旁，拳心向上。向前打拳时，右肩随拳略向前引伸，沉肩垂肘，右臂要微屈。弓步时，两脚横向距离同"揽雀尾"式。

（22）如封似闭：① 左手由右腕下向前伸出，右拳变掌，两手手心逐渐翻转向上并慢慢分开回收；同时身体后坐，左脚尖翘起，身体重心移至右腿；眼看前方［见图 8-21（162—164）］。② 两手在胸前翻掌，向下经腹前再向上、向前推出，腕部与肩平，手心身前；同时左腿前弓成左弓步；眼看前方［见图 8-21（165—167）］。动作要点：身体后坐时，避免后仰，臀部不可凸出。两臂随身体回收时，肩、肘部略向外松开，不要直着抽回。两手推出宽度不要超过两肩。

（23）十字手：① 屈膝后坐，身体重心移向右腿，左脚尖里扣，向右转体；右手随着转体动作向右平摆划弧，与左手成两臂侧平举，掌心向肘部微屈；同时右脚尖随着转体稍向外撇，成右侧弓步；眼看右手［见图 8-21（168—169）］。② 身体重心慢慢移至左腿，右脚尖里扣，随即向左收回，两脚距离与肩同宽，两腿逐渐蹬直，成开立步；同时两手向下经腹前向上划弧交叉合抱于胸前，两臂撑圆，腕高与肩平，右手左外，成十字手，手心均向后；眼看前方［见图 8-21（170—171）］。动作要点：两手分开和合抱时，上体不要前俯。站起后，身体自然正直，头要微向上顶，下颚稍向后收。两臂环抱时须圆满舒适，沉肩垂肘。

（24）收势：两手向外翻掌，手心向下，两臂慢慢下落，停于身体两侧；眼看前方［见图 8-21（172—174）］。动作要点：两手左右分开下落时，要注意全身放松，同时气也徐徐下沉（呼气略加长）。呼吸平稳后，把左脚收到右脚旁，再走动休息。

（三）动作要求

① 手型、步型、手法、步法、身法、腿法要正确。② 运劲要顺达，动作要沉稳准确，连贯圆活，手眼身法步要协调统一。③ 意识要集中，精神要饱满，神态要自然，速度要适中。

（四）易犯错误和纠正方法

易犯错误：前俯后仰，左歪右斜。重心起伏。动作僵硬，使拙力。步法莽重。动作不圆。

纠正方法：强调腰脊中正，顶悬竖颈，如头上顶着一碗水。塌腰落臀防前俯，收腹含胸防后仰。起势时两腿屈膝下蹲，就奠定了重心的高低，重心不要或高或低直到套路结束始终保持起势时的重心。首先，要大脑安静，用意念指导周身肌肉、关节和内脏器官放松；其次，动作缓慢，轻松柔和，用意不用力。强调"迈步如猫行"。轻起轻落，无息无声。要明确太极拳的运动是圆运动，动作路线处处带有弧形。练习时不要挺肘和伸腕，以免手臂伸得过直。

（五）二十四式太极拳动作图示

①起势［见图 8-21（1—4）］；②左右野马分鬃［见图 8-21（5—19）］；

图 8-21（a） 二十四式太极拳动作图示：起势；左右野马分鬃

③白鹤亮翅 ［见图 8-21（20—22）］；④左右搂膝拗步 ［见图 8-21（23—37）］；⑤手挥琵琶 ［见图 8-21（38—40）］；

35　　　　　36　　　　　37　　　　　38　　　　　39

图 8-21（b） 二十四式太极拳动作图示：白鹤亮翅；左右搂膝拗步；手挥琵琶

⑥ 左右倒卷肱［见图 8-21（41—53）］；⑦ 左揽雀尾［见图 8-21（54—66）］；

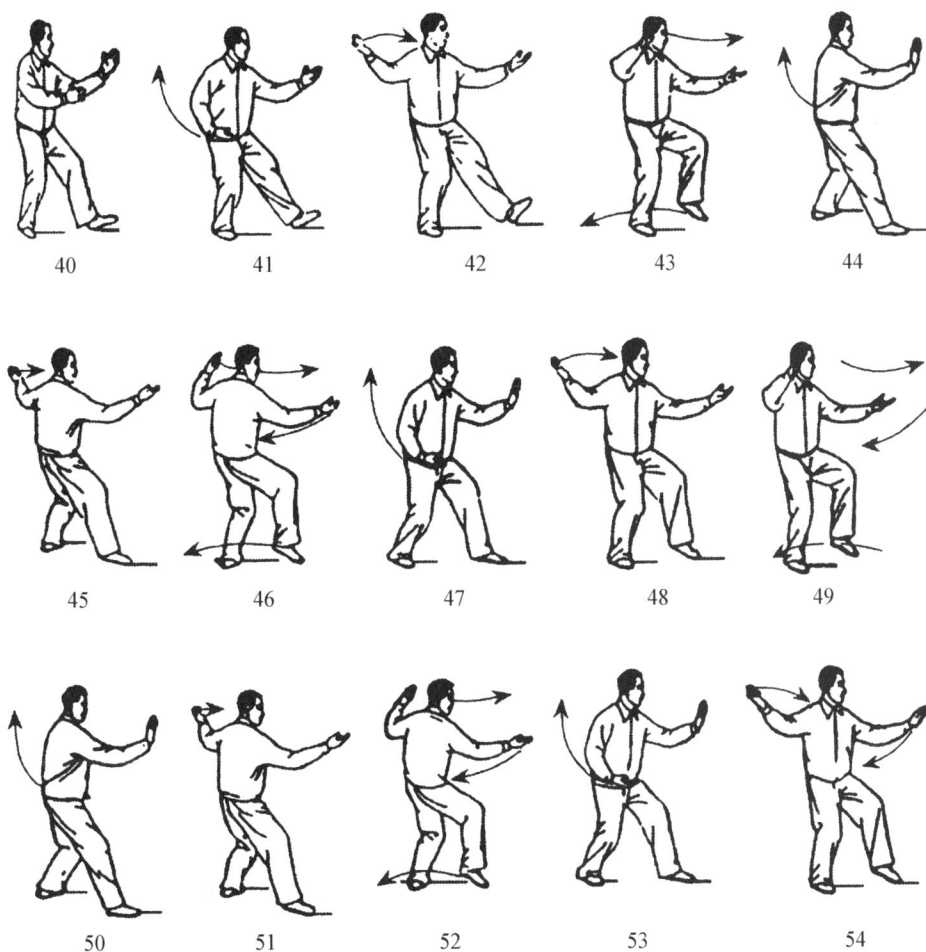

40　　　　　41　　　　　42　　　　　43　　　　　44

45　　　　　46　　　　　47　　　　　48　　　　　49

50　　　　　51　　　　　52　　　　　53　　　　　54

图 8-21（c） 二十四式太极拳动作图示：左右倒卷肱；左揽雀尾

⑧ 右揽雀尾［见图 8-21（67—80）］；⑨ 单鞭［见图 8-21（81—86）］；
⑩ 云手［见图 8-21（87—101）］；⑪ 单鞭［见图 8-21（102—106）］；

73　　　　　74　　　　　75　　　　　76

图 8-21（d）　二十四式太极拳动作图示：右揽雀尾；单鞭；云手；单鞭

⑫ 高探马［见图 8-21（107—108）］；⑬ 左蹬脚［见图 8-21（109—114）］；

77　　　　　78　　　　　79　　　　　80　　　　　81

82　　　　　83　　　　　84　　　　　85　　　　　86

87　　　　　88　　　　　89　　　　　90　　　　　91

图 8-21（e） 二十四式太极拳图示：高探马；左蹬脚

⑭ 双峰贯耳［见图 8-21（115—118）］；⑮ 转身左蹬脚［见图 8-21（119—124）］；⑯ 左下势独立［见图 8-21（125—131）］；

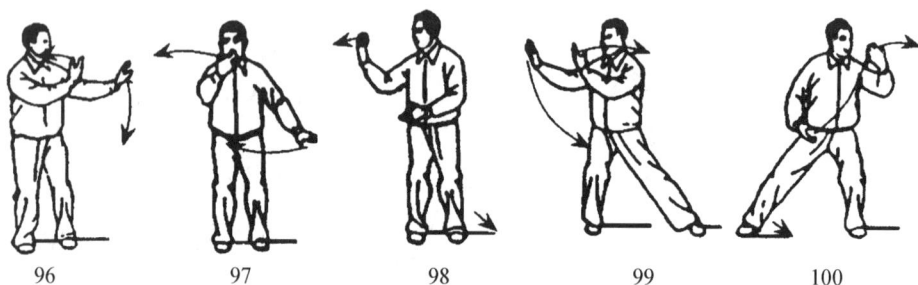

111　　　112　　　113　　　114　　　115

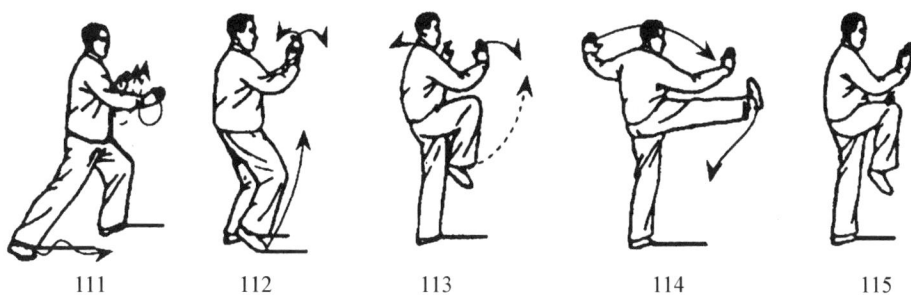

图 8-21（f）　二十四式太极拳图示：双峰贯耳；转身左蹬脚；左下势独立

⑰ 右下势独立［见图 8-21（132—138）］；⑱ 左右穿梭［见图 8-21（139—149）］；⑲ 海底针［见图 8-21（150—151）］；

116　　　117　　　118　　　119　　　120

121　　　122　　　123　　　124　　　125

126　　　127　　　128　　　129　　　130

图 8-21（g）　二十四式太极拳图示：右下势独立；左右穿梭；海底针

⑳ 闪通臂［见图 8-21（152—154）］；㉑ 转身搬拦捶［见图 8-21（155—161）］；

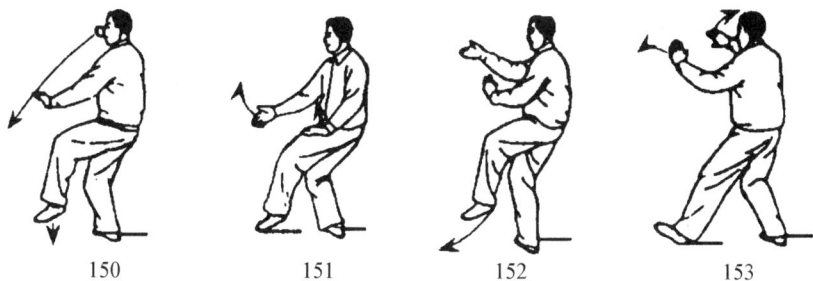

图 8-21（h） 二十四式太极拳图示：闪通臂；转身搬拦捶

㉒ 如封似闭 [见图 8-21（162—167）]; ㉓ 十字手 [见图 8-21（168—171）]; ㉔ 收势 [见图 8-21（172—174）];

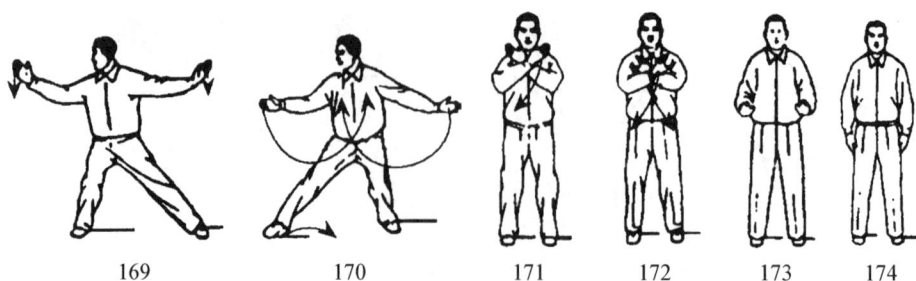

图 8-21（i）二十四式太极拳图示：如封似闭；十字手；收势

四、四十二式太极剑（竞赛套路）

（一）动作名称

预备势

第一段	1. 起势	2. 并步点剑
	3. 弓步斜削	4. 提膝劈剑
	5. 左弓步拦	6. 左虚步撩
	7. 右弓步撩	8. 提膝捧剑
	9. 蹬脚前刺	10. 跳步平刺
	11. 转身下刺	
第二段	12. 弓步平斩	13. 弓步崩剑
	14. 歇步压剑	15. 进步绞剑
	16. 提膝上刺	17. 虚步下截
	18. 右左平带	19. 弓步劈剑
	20. 丁步托剑	21. 分脚后点
第三段	22. 仆步穿剑（右）	23. 蹬脚架剑（左）
	24. 提膝点剑（左）	25. 仆步横扫（左）
	26. 弓步下截（右、左）	27. 弓步下刺
	28. 右左云抹	29. 右弓步劈
	30. 后举腿架剑	31. 丁步点剑
	32. 马步推剑	
第四段	33. 独立上托	34. 挂剑前点
	35. 歇步崩剑	36. 弓步反刺

37. 转身下刺　　　　　　　　38. 提膝提剑

38. 行步穿剑　　　　　　　　40. 摆腿架剑

41. 弓步直刺　　　　　　　　42. 收势

（二）动作说明

预备式：两脚并拢，脚尖朝前；畅胸舒背；身体直立，两臂自然垂于自然两侧，右手成剑指，手心朝里；左手持剑，手心朝后；剑身竖直贴靠在左臂后面，剑尖朝上，目视前方［见图 8-22（1）］。动作要点：颈自然竖直，下颌微收，上体保持自然，不可挺胸收腹。两臂要自然松沉。剑刃不可触及身体。精神要集中。

（1）起势：① 左脚提起向左迈半步，与肩同宽；身体重心在两腿中间，同时两臂微屈略内旋，两手距身体约 10 厘米；目视前方［见图 8-22（2）］。② 两臂自然伸直向左前方摆举至与肩平，手心朝下；上体略右转，随转体右手剑指右摆，至右前方后屈肘向下划弧至腹前，手心朝上；左手持剑，右摆后屈肘置于体前，腕同肩高，手心朝下；两手心相对；同时重心左移，左腿屈膝半蹲，右脚收提至左脚内侧（脚不触地）；目视右前方［见图 8-22（3—4）］。③ 右脚向右前方（约 45°）上步，随身体重心前移成右弓步；同时右手剑指经左臂下向前上方摆举，臂微屈，腕同肩高，手心斜朝上；左手持剑附于右前臂内侧（剑柄在右前臂上方），手心朝下；继而，身体重心移向右腿，左脚跟至右脚内侧后方，脚尖点地；同时右手剑指向右前方伸送；左手持剑屈肘置于右胸前，手心朝下；目视剑指方向［见图 8-22（5—6）］。④ 重心左移，右脚尖内扣，身体左转（约 90°），左脚向左前方上步，成左弓步；同时左手持剑经膝前向左划弧搂至左胯旁，臂微屈，手心朝后，剑身竖直，剑尖朝上；右手剑指屈肘经右耳旁向前指出，手心斜朝前，指尖朝上，腕同肩高；目视前方［见图 8-22（7）］。动作要点：两手摆举转换要与重心移动协调配合，上体保持中正安舒，不可左、右摇摆或前俯后仰。两肩要松沉，两臂不可僵直。

（2）并步点剑：① 重心前移，右脚经左脚内侧向右前方（约 45°）上步，随重心前移成右弓步；同时左手持剑经胸前向前穿出至右腕上（剑柄贴靠右腕）；继而，重心前移，左脚收提至右脚内侧；同时两手分别向左、右两侧摆举后屈肘向下划弧置于胯旁，手心均朝下；目视前方［见图 8-22（8—9）］。② 左脚向左前方（约 45°）上步，随重心前移成左弓步；同时两手侧分摆举，略高于肩后向前划弧于体前相合，左手在外，高与胸齐，手心朝外，臂呈弧形；剑身贴靠左前臂，剑尖斜朝后，右手虎口对剑柄准备接剑；目视前方［见图 8-22（10）］。③ 身体重心前移，右脚向左脚并步，屈膝半蹲；同时右手接握剑柄，随以腕关节为轴，使剑尖由身体左后方经上向前划弧，至腕与胸高时，提腕使剑尖向前下方点剑；左手变剑指附于右腕内侧；目视剑尖方向［见图 8-22（11）］。动作要点：两手侧分摆举划弧与成弓步要协调一致，两臂不要僵挺。右手接剑时动作要自然，勿停顿。点剑时，两肩要保持松沉，上体正直，不可耸肩、躬背或突臀；劲注剑尖。

（3）弓步斜削：① 身体重心移至左腿，右脚跟提起；同时右手握剑、沉腕、变手心朝上，使剑尖划一小弧指向左下方；左手剑指屈肘附于右前臂内侧，手心朝右，指尖朝上；目视剑尖方向［见图 8-22（12）］。② 右脚向右后方后撤步，脚跟着地，随身体重心右移，右腿屈膝，左脚跟外展成右弓步；身体右转（约 90°）；同时右手握剑随转体向右上方斜削，腕同肩高；左手剑指左摆置于胯旁，手心斜朝下，指尖朝前；目视剑尖方向［见图 8-22（13）］。动作要点：削剑时要与转腰、弓步协调一致，以腰带臂，使剑重力达剑刃前端。上体中正神态自然。

（4）提膝劈剑：① 左腿屈膝，身体重心后移，上体随之略向右转，右脚尖翘起外摆；同时右手握剑屈肘向右、向后划弧至体右后方，手心朝上，腕略高于腰；左手剑指向前、向右划弧摆至右肩前，手心斜朝下；目随视剑尖［见图 8-22（14）］。② 身体略向左转，重心前移，右脚掌踏实，右腿自然直立；左腿屈膝提起成右独立步；同时右手握剑向前劈出，剑、臂平直；左手剑指经下向左划弧摆举至与肩平，手心朝外，指尖朝前；目视剑尖［见图 8-22（15）］。动作要点：身体左、右转动要与两臂动作协调一致。提膝独立要与劈剑协调一致。劲贯剑身下刃。

（5）左弓步拦：① 右脚屈膝半蹲，上体略左转，左脚向左落步，脚跟着地；同时右手握剑以腕关节为轴使剑尖在体前顺时针划一圆弧；左手剑指附于右前臂内侧，手心朝下；目视剑尖方向［见图 8-22（16）］。② 身体左转（约 90°），随重心前移；左脚踏实，右脚跟外展成左弓步；同时右手握剑，随转体经下向左前方划弧拦出，手心斜朝上，腕同胸高；左手剑指经下向左、向上划弧，臂呈弧形举于头前上方，手心斜朝上；目视剑尖方向［见图 8-22（17）］。动作要点：身体转动与剑绕环要协商一致。弓步时上体不可前俯。

（6）左虚步撩：① 右腿屈膝，重心稍后移，左脚尖翘起并稍外展，上体左转；继而，随重心前移左脚落地踏实，上体略右转，右脚向右前方上步，脚跟着地；同时右手握剑随转体屈肘向上，向左划弧至左胯旁，手心朝里，剑尖斜朝后上方；左手剑指下落附于右腕部；目视剑尖方向［见图 8-22（18）］。② 身体右转，右脚尖外展，随重心前移落地踏实，右腿屈膝半蹲，左脚向左前方上步成左虚步；同时右手握剑，剑刃领先经后向下、向右前上方立圆撩架至头前上方，臂微屈，手心朝外，剑尖略低于手；右手剑指附于右腕部；目视左前方［见图 8-22（19）］。动作要点：剑向左后绕环要与身体转换协调一致，向前撩剑要与迈左步协调一致，整个动作要连贯圆活。

（7）右弓步撩：① 身体略向右转，左脚向左上步，脚跟着地；同时右手握剑向上、向右划弧至身体右上方，腕稍低于肩，臂微屈，剑尖朝右上方；左手剑指屈肘落于右肩前，手心斜朝下；目视剑尖方向［见图 8-22（20）］。② 身体左转，随重心移至左腿，左脚尖外展落地踏实，继而右脚向前上步，随重心前移成右弓步；同时右手握剑经下向前立剑撩出，腕同肩高，手心斜向上，剑尖斜向下；左手剑指向下、向左上方划弧，臂呈弧形举于头上方，手心斜朝上；目视剑尖方向［见图 8-22（21）］。动作要点：撩剑时剑贴身体立圆撩出，幅度宜大，且要做到势动神随；上步时重心要平稳，勿起伏。

（8）提膝捧剑：① 左腿屈膝半蹲，重心后移，身体略向左转；同时右手握剑随转体向左平带，手心朝上，腕同胸高，剑尖朝前；左手剑指屈肘下落附于右腕部，手心朝下；目视剑尖方向［见图 8-22（22）］。② 身体略向右转，右脚向后撤步，随重心后移成左虚步；同时右手握剑随转体手心转向下，使剑经体前向右平带至右胯旁，剑尖朝前；左手剑指向下、向左划弧至左胯旁，手心朝下；目视剑尖方向［见图 8-22（23）］。③ 左脚向前活步，随重心前移，左腿自然直立，右腿屈膝提起成左独立步；同时两手手心翻转朝上随提膝由两侧向胸前相合，左手剑指捧托在右手背下，与胸同高；剑尖朝前，略高于腕；目视前方［见图 8-22（24）］。动作要点：左、右转体带剑要协调连贯。捧剑与提膝协调一致。提膝时膝不得低于腰部。

（9）蹬脚前刺：左腿直立，右脚以脚跟为力点，勾脚向前蹬出；同时两手捧剑略回引再向前平刺；目视剑尖方向［见图 8-22（25）］。动作要点：蹬脚时身体不可前俯或挺腹，脚高不得低于腰部。剑向前平刺时两臂要保持松沉。

（10）跳步平刺：① 右脚向前落步，随身体重心前移右脚蹬地向前跳步，左脚前摆落地踏实，腿微屈；右脚在左脚将落地时迅速向左侧内侧靠拢（脚不着地）；同时两手捧剑随右脚落步向前平刺；左脚落地时两手腕部内旋，同时撤回置于两胯旁，手心均朝下；目视前方［见图 8-22（26—27）］。② 右脚向前上步成右弓步；同时右手握剑经腰部向前平刺，腕同胸高，手心朝上，劲注剑尖；左手剑指经左向上，向前划弧，臂呈弧形举于头上方，手心斜朝上；目视剑尖方向［见图 8-22（28）］。动作要点：右脚落步与前刺、左跳步与两手回轴要协调一致。左脚落地后右脚有刹那间暂停，再进步平刺。

（11）转身下刺：① 左腿屈膝，重心后移；右腿自然伸直，脚尖上翘；同时右手握剑向左、向后平带屈肘收至胸前，手心朝上；左手剑指屈肘置于胸前，剑身平贴于左前臂下，两手心斜相对；目视左前方［见图 8-22（29）］。② 右脚尖内扣落地，重心移至右腿；继而以右脚掌为轴身体左后转（约270°），左脚屈膝提起收至右脚内侧（不着地）；两手仍合于胸前；目视左前方［见图 8-22（30）］。③ 左脚向左前方落步成左弓步；同时右手握剑向左前下方平剑刺出，手心朝上；左手剑指向左、向上划弧，臂呈弧形举于头前上方，手心斜朝上；目视剑尖方向［见图 8-22（31）］。动作要点：转身时要平稳自然，不可低头弯腰。弓步与刺剑要协调一致。

（12）弓步平斩：① 重心前移，右脚收提于左脚内侧（脚不触地）；同时右手握剑，沉腕，手心斜朝上；左手剑指屈肘向前附于右前臂上；目视剑尖［见图 8-22（32）］。② 右脚向右后方撤步，左脚碾步内扣成右横挡步，身体右转（约90°）；同时右手握剑向右平斩；左手剑指向左分展侧举，略低于胸，手心朝左，指尖朝前；目视剑尖［见图 8-22（33）］。动作要点：肩、肘松活，以腰带臂，眼随剑走，运劲沉稳不断。

（13）弓步崩剑：① 重心左移，身体略左转；随转体右手握剑，以剑柄领先，屈肘向左带剑至面前，手心朝后；左手剑指弧形左摆至左胯旁，手心朝下，指尖朝前；继而重心再右移，左腿经右脚向后右插步成叉步；同时右手握剑略向左带后内旋翻手心朝下、向右格带，腕同胸高，手臂自然伸直，剑尖朝前，与肩同高；左手剑指向左摆举，腕同肩高，手心朝外，指尖朝前；目视右侧［见图 8-22（34—35）］。② 重心移至左腿，右腿屈膝提起；同时两前臂向内划弧合于腹前，手心朝上，剑尖朝前；左手剑指捧托于右手背下；目视前方［见图 8-22（36）］。③ 右脚向右落步成右弓步，上体略右转；同时，右手握剑右摆崩剑，劲贯剑身前端，腕同肩高，剑尖高于腕，臂微屈，手心朝上；左手剑指向左分展，停于胯旁，手心朝下；目视剑尖［见图 8-22（37）］。动作要点；捧剑与提膝、崩剑与弓步要协调一致。崩剑为一发劲动作，要转腰、沉胯，发劲松弹。整个动作要连贯。

（14）歇步压剑：身体左转，重心移至左腿；右脚向左脚后插步，脚前掌着地；同时右手握剑经上向左划弧，变手心朝下；继而两腿屈膝下蹲成歇步；同时右手握剑向下压剑，臂微屈，腕同膝高；左手剑指向上划弧，臂呈弧形举于头上方，手心斜朝上；目视剑尖［见图8-22（38—39）］。动作要点：压剑时，肩、肘、松沉，不可僵直；剑身距地约10厘米。

（15）进步绞剑：① 身体略右转，两腿蹬伸，左腿屈膝，右脚向前上步成右虚步；同时右手握剑虎口朝前上方立剑上提，腕同肩高，剑尖略低于腕；左手剑指经上弧形前摆，附于右前臂内侧，手心朝下；目视前下方［见图8-22（40）］。② 右脚向前上步，重心前移；同时右手握剑绞剑；左手剑指向下、向左划弧侧举，腕略高于肩，手心朝外，指尖朝前，臂呈弧形；目视剑尖方向［见图8-22（41）］。③ 左脚向前上步，重心前移；同时右手握剑再次绞剑；左手剑指动作不变；目视剑尖［见图8-22（42）］。④ 右脚向前上步成右弓步；同时右手握剑继续绞剑后前送；左手剑指经上向前附于右前臂上，手心朝下；目视剑尖［见图8-22（43）］。动作要点：上步要轻灵平稳，不可急高忽低。上一步，绞一剑，共上三步，并使上步与绞剑协调一致，剑尖运转呈螺旋形。

（16）提膝上刺：① 重心后移，上体略左转，左腿屈膝半蹲，右膝微屈；同时右手握剑屈肘回抽带至左腹前，手心朝上，剑身平直，剑尖朝右；左手剑指附于剑柄上；目平视剑尖方向［见图8-22（44）］。② 重心前移，身体略右转，右腿自然直立，左腿屈膝提起成右独立式；同时右手握剑向前上方刺出，手心朝上，左手剑指附于右前臂内侧；目视剑尖［见图8-22（45）］。动作要点：提膝与刺剑要协调一致。提膝不得低于腰部，上体要保持端正自然。

（17）虚步下截：① 右腿屈膝半蹲；左脚向左落步，脚跟着地，上体略左转；同时右手握剑随转体屈肘外旋向左上方带剑，手心朝里，腕同头高，剑尖朝右；左手剑指经下向左划弧至左胯旁，手心斜朝下；目视右侧［见图8-22（46）］。② 随重心左移，左脚踏实，屈膝半蹲，上体右转，右脚向左移半步，脚尖点地成右虚步；同时右手握剑随转体略向左带后向右下方截剑至右胯旁，剑尖朝左前，与膝同高，劲贯剑身下刃；左手剑指向上，臂呈弧形举于头上方，手心斜朝上；目视右侧［见图8-22（47）］。动作要点：虚步与截剑要协调一致，截剑时，右臂不可僵直。

（18）右左平带：① 左膝微屈，右腿屈膝提起，脚尖下垂；同时右手握剑立刃向前伸送至与胸高，臂自然伸直，剑尖略低于手；左手剑指经上向前附于右前臂内侧；继而，右脚向右前方落步，上体略右转成右弓步；同时右手握剑前伸，手心转向下后屈肘向右带剑至右肋前，剑尖朝前，左手剑指仍附于右前臂内侧；目视剑尖［见图 8-22（48—49）］。② 随重心前移，左脚向左前方上步成左弓步；同时右手握剑随剑尖前伸，前臂外旋，至手心朝上后微屈肘向左带剑至左肋前，剑尖朝前；左手剑指经下向左，臂呈弧形举于头上方，手心斜朝上；目视前方［见图 8-22（50）］。动作要点：弓步与带剑协调一致；上体不可前俯或突臀。

（19）弓步劈剑：① 随重心前移，右脚摆步向前，屈膝半蹲；左腿自然伸直，脚跟提起，上体右转；同时右手握剑向右后方下截；左手剑指屈肘向下附于右肩前，手心斜朝下；目视剑尖［见图 8-22（51）］。② 上体左转，左脚向前上步成左弓步；同时右手握剑经上向前劈剑，与肩同高，剑尖略高于腕；左手剑指经下向左上方划弧，臂呈弧形举于头上方，手心斜朝外；目视前方［见图 8-22（52）］。动作要点：上右步与回身截剑要协调一致，弓步与劈剑要协调一致；整个动作要连贯完成。

（20）丁步托剑：① 随重心前移，右腿屈膝上提成独立式；上体右转并微前倾；同时右手握剑向右后方截剑；左手剑指屈肘摆至右肩前，手心朝右后；目视剑尖［见图 8-22（53—53）］。② 右脚向前落步，屈膝半蹲，左脚跟步至右脚内侧，脚尖点地成左丁步；同时右手握剑向前、屈肘向上托剑，剑尖朝右；左手剑指附于右腕内侧，手心朝前；目视右侧［见图 8-22（54）］。动作要点：提膝与回身下截剑、丁步与托剑要协调一致。剑上托肘劲贯剑身上刃。整个动作要连贯。

（21）分脚后点：① 左脚向左前方上步，脚尖内扣，膝微屈，上体右转（约 90°）；随以右脚前掌为轴脚跟内转，膝微屈；右手握剑使剑尖向右、向下划弧至腕与肩同高，手心斜朝上，剑尖斜向下；左手剑指仍附右腕；目视剑尖［见图 8-22（55）］。② 右脚向后撤步，腿自然伸直，左脚以脚跟为轴，脚尖内扣碾步，屈膝半蹲，身体右转（约 90°）；同时右手握剑，剑尖领先，经下向后划弧穿至腹前，手心朝外，剑尖朝右，稍低于腕；左手剑指仍附于右腕；目视剑尖方向［见图 8-22（56）］。③ 随重心前移，右腿屈膝前顶成右弓步；上体略右转；同时右手握剑沿右腿内侧向前穿刺，与肩同高；左手剑指向左后方划弧摆举，与肩同高，手心朝外；目视剑尖［见图 8-22（57）］。④ 随重心前移，左脚向右脚并步，两腿屈膝半蹲，上体略左转；同时右手握剑，剑柄领先，向上、向左划弧带剑至左胯旁，手心朝内，剑尖朝左上方；左手剑指向上，在头上方与右手相合后，屈肘下落附于右腕内侧；目视左侧［见图 8-22（58）］。⑤ 左腿自然伸直；右腿屈膝提起，脚尖自然下垂；上体右转（约 90°）；同时右手握剑使剑尖在体左侧立圆划弧至后下方时，以剑柄领先，前臂内旋上提举至头前上方，手心朝右，剑尖朝前下方；左手剑指外旋，向前下方伸出至右脚踝内侧前方，手心朝前上方；目视剑尖方向［见图 8-22（59）］。⑥ 右脚向前摆踢成分脚；同时上体略向右拧转，随转体右手握剑经上向右后方点剑，腕同肩高；左手剑指向左上方摆举，臂呈弧形举于头上方，手心斜朝上；目视剑尖［见图 8-22（60）］。动作要点：提膝与提剑、分脚与后点剑要协调一致。整个动作要连贯圆活，一气呵成。

（22）仆步穿剑（右）：① 左脚屈膝半蹲，右腿屈膝向后落步成左弓步；同时上体左转，随转体右手握剑弧形向体前摆举，腕同胸高，手心朝上，剑身平直，剑尖朝前；左手剑指向下，屈肘附于右前臂内侧，手心朝下；目视剑尖［见图 8-22（61）］。② 随身体重心后移，两脚以脚掌为轴碾步，身体右转（约 90°）成右横弓步；同时右手握剑屈肘经胸前向右摆举斩剑，臂微屈，手心朝上，剑尖略高于腕；左手剑指向左分展侧举，与腰同高，臂微屈，手心朝外；目视剑尖［见图 8-22（62）］。③ 重心左移，成左横弓步；上体略左转；同时右手握剑屈臂上举、带至头前上方，手心朝内，剑身平直，剑尖朝右；左手剑指向上摆举，附于右腕内侧，臂呈弧形，手心朝前；目视剑尖方向［见图 8-22（63）］。④ 左腿屈膝全蹲成右仆步，上体略右转；同时右手握剑向下置于裆前，手心朝外，使剑立剑落至右腿内侧，剑尖朝右；左手剑指仍附右腕；目视剑尖方向［见图 8-22（64）］。⑤ 随重心右移，右脚尖外展，右脚尖内扣碾步成右弓步；同时身体右转（约 90°），随转体右手握剑沿右腿内侧向前立剑穿出，腕同胸高，臂自然伸直，手心朝左；左手剑指仍附于右腕内侧；目视前方［见图 8-22（65）］。动作要点：身体重心左右转换要平稳，上体切忌摇晃，动作时，以身带臂、使剑，动作连贯圆活。

（23）蹬脚架剑（左）：① 右脚尖外展；身体略右转；同时右手持剑向右上方带剑至头前上方（腕距右额约 10 厘米），手心朝外，剑尖朝前；左手剑指屈肘附于右前臂内侧，手心朝右；目视剑尖方向［见图 8-22（66）］。② 右腿自然直立，左脚经右脚踝内侧屈膝提起，脚尖自然下垂；同时右手握剑略向右带；目视剑尖方向［见图 8-22（67）］。③ 左脚以脚跟为力点向左侧蹬脚；同时右手握剑上架，臂微屈；左手剑指向左侧指出，臂自然伸直，腕同肩高，手心朝前，指尖朝上；目视剑指方向［见图 8-22（68）］。动作要点：剑指、剑尖、蹬脚均朝同一方向；蹬脚与架剑、剑指动作要协调一致；右腿独立要站稳。蹬脚高度不得低于腰部。此势为一平衡动作。

（24）提膝点剑（左）：左腿屈膝成右独立步，上体略右转；同时右手握剑经上向右前下方点剑，剑尖与膝同高；左手剑指屈肘右摆，附于右前臂内侧，手心朝下；目视剑尖方向［见图 8-22（69）］。动作要点：左腿屈膝扣脚与点剑要协调一致。右腿站立要稳。

（25）仆步横扫（左）：① 右腿屈膝全蹲，左脚向左后方落步成左仆步；上体略左转；同时左手剑指屈肘内旋，经左肋前向后反插至左腿外侧，手心朝外；右手握剑沉腕下落至右膝前上方，手心朝上；目视剑尖［见图 8-22（70）］。② 随身体重心左移，身体左转（约 90°），左腿屈膝，脚尖外展，右脚跟外展碾步成左弓步；同时右手握剑向左平扫，腕同腰高，手心朝上，臂微屈，剑尖朝前下方略低于腕；左手剑指经左向上，臂呈弧形举于头上方，手心朝上；目视剑尖［见图 8-22（71）］。动作要点：由扑步转换成弓步时，上体不要前倾和突臀。

（26）弓步下截（右、左）：① 身体重心前移，右脚跟至左脚内侧（脚不触地）；同时右手握剑内旋划弧拔剑，腕同腰高，手心朝下，剑尖朝左前下方；左手剑指屈肘下落附于右腕内侧，手心朝下；目视剑尖［见图 8-22（72）］。② 右脚向右前方上步成右弓步，上体略右转；同时右手握剑向右前方划弧截剑，臂微屈，腕同胸高，虎口朝下，剑尖朝前下方，左手剑指仍附右腕；目视剑尖［见图 8-22（73）］。③ 身体重心移至右腿；左脚跟至右脚内侧（脚不触地），上体右转；同时右手握剑外旋划弧拔剑至右胯旁，手心朝上，剑尖朝右前下方；左手剑指附于右腕内侧，手心朝下；目视剑尖［见图 8-22（74）］。④ 身体重心左移，左脚向左前方上步，右脚跟外展成左弓步，上体左转（约 45°）；同时右手握剑向左划弧截剑至身体左前方，臂微屈，腕同胸高，手心朝上；剑尖朝前下方；左手剑指向左前上方划弧摆举，臂呈弧形举于头前上方，手心朝外；目视剑尖［见图 8-22（75）］。动作要点：划弧拔剑，以腕为轴，手腕松活，剑尖形成一小圆弧。截剑时以身带剑，身随步转。整个动作要柔和连贯，眼随剑走。

（27）弓步下刺：① 身体重心前移，右脚在左脚后震脚，屈膝半蹲；左脚跟提起，上体略右转；同时右手握剑屈肘回带至右肋前，手心朝上，剑尖朝前，略低于手；左手剑指先前伸；后随右手回带屈肘附于右腕内侧，手心朝下；目视剑尖［见图 8-22（76）］。② 随身体重心前移，左脚向左前方上步成左弓步，上体略左转；同时右手握剑向左前下方刺出，腕同腰高，手心朝上，左手剑指仍附于右腕内侧，手心朝下；目视剑尖［见图 8-22（77）］。动作要点：震脚与刺剑均为发力动作。震脚与两手相合屈肘回带、刺剑与弓步均要协调一致。刺剑时先转腰回带为之蓄劲，继而以转腰沉胯带剑下刺，力注剑尖，发劲要松弹。

（28）右左云抹：① 随身体重心前移，右脚跟至左脚内侧（脚不触地），身体略左转；同时右手握剑沉腕略向左带，腕同腰高，臂微屈，手心朝上，剑尖略低于手；左手剑指略向左带后经胸前向右划弧至右臂上方，手心朝右；目视剑尖［见图 8-22（78）］。② 右脚向右上方成右横弓步，上体右转；同时右手握剑向右上方划弧削剑，臂微屈；左手剑指向左划弧分展举于左前方，与胸同高，手心朝外；目视剑尖［见图 8-22（79）］。③ 上体略右转，身体重心右移；继而上体略左转，左脚向右盖步，膝微屈；左脚在左脚即将落地时，蹬地，屈膝后举于左小腿后，脚尖下垂（离地面约 10 厘米）；同时右手握剑在面前逆时针划弧云剑，摆至体前，腕同胸高，臂微屈，手心朝下，剑尖朝左前方；左手剑指与右手在胸前相合，附于右腕内侧，手心朝下；目视剑尖［见图 8-22（80）］。④ 右脚向右上步成右弓步，上体右转；同时右手握剑向右抹剑至右前方，手心朝下；左手剑指仍附于右腕内侧，目视剑尖方向［见图 8-22（81）］。动作要点：以上为右云抹剑。盖步时，步法要轻灵；云剑时，要以身带剑，使剑运行连贯圆活，身剑要协调。⑤ 身体重心右移，左脚跟至右脚内侧（脚不触地），身体略右转；同时右手握剑略屈肘右带，腕同腰高，剑尖朝左前；左手剑指仍附于右腕内侧；目视剑尖方向［见图 8-22（82）］。⑥ 左脚向左上步成左弓步，上体左转；同时右手握剑向前伸送后向左抹带，腕同胸高，手心朝下，剑尖朝前；左手剑指经前向左划弧摆举至体左侧，手心朝外；目视剑尖［见图 8-22（83）］。⑦ 身体重心左移，右脚向左盖步；右脚将落地时，左脚蹬地，屈膝后举于右小腿后，脚尖下垂（离地约 10 厘米）；上体略右转；同时右手握剑在面前顺时针划圆云剑，摆至体前，腕同胸高，手心朝上，剑尖朝右前方；左手剑指在云剑地向右与右手相合，附于右腕内侧，手心朝下；目视剑尖［见图 8-22（84）］。⑧ 左脚向左上步成左弓步，上体略左转；同时右手握剑向左抹剑，手心朝上；左手剑指向左划弧后，臂呈弧形举于头前上方；目视剑尖［见图 8-22（85）］。动作要点：此势为左云抹剑，要领同右云抹剑。左、左云抹剑要连贯完成。

（29）右弓步劈：① 身体重心前移，右脚跟至左脚内侧（脚不触地），身体略左转；同时右手握剑，剑刃领先，经下向左后方划弧至左腹前，臀微屈，手心斜朝上，剑尖朝左后下，与胯同高；左手剑指屈肘向下落于右前臂上，手心朝外；目视剑尖［见图 8-22（86）］。② 右脚向右上步成右弓步，上体略右转；同时右手握剑经上向右划弧劈剑，腕同胸高，剑臂一线；左手剑指经下向左划弧，臂呈弧形举于头上方，手心朝外；目视剑尖［见图 8-22（87）］。动作要点：弓步与劈剑要协调一致，速度要缓慢均匀，动作要圆活连贯，劲贯剑身。

（30）后举腿架剑：① 身体重心前移，左脚摆步向前，屈膝半蹲；右脚跟提起，上体略左转；同时右手握剑向左挂剑，腕同腰高，剑尖朝左；左手剑指屈肘下落附于右前臂上，手心朝外；目视左下方［见图 8-22（88）］。② 左腿直立，右腿屈膝，后举小腿，脚面展平同臀高，上体略右转；同时右手握剑上架（离头部约 10 厘米）；剑尖朝左；左手剑指经面前向左摆举，臂微屈，指尖朝上；目视剑指［见图 8-22（89）］。动作要点：左手剑指与剑尖为同一方向；右腿后举与举剑上架、剑指动作要协调一致。独立要稳，此势为平衡动作。

（31）丁步点剑：① 左腿屈膝，身体略右转；右脚向右落步，脚跟着地，腿自然伸直；同时右手握剑略向右摆举使剑尖向上，高于右腕；目视左前方［见图 8-22（90）］。② 重心右移，身体右转，右脚踏实，屈膝半蹲，左脚跟至右脚内侧，脚尖点地成左丁步；同时右手握剑向右点击，腕同胸高；左手剑指经体前向右划弧屈肘附于右腕内侧；目视剑尖［见图 8-22（91）］。动作要点：丁步与点剑要协调一致。点剑时力注剑锋。

（32）马步推剑：① 左脚向左后方撤步，右腿屈膝，随身体重心后移，以脚掌擦地撤半步，脚跟提起，腿微屈，上体向右拧转；同时右手握剑，虎口朝上，屈肘收至右肋下，剑身竖直，剑尖朝上；左手剑指附于右腕，手心朝下；目视右侧［见图 8-22（82）］。② 左脚蹬地，随身体重心前移，右脚向右前方上步，脚尖内扣，左脚跟滑半步，两腿屈膝半蹲成马步；上体左转；同时右手握剑向右前方立剑平推，腕同胸高，剑尖朝上，力贯剑身前刃；左手剑指经胸前向左推举，手心朝外，指尖朝前，与肩同高；目视右侧［见图 8-22（93）］。动作要点：此势为发力动作。马步与推剑要协调一致，推剑时要转腰沉胯，劲力顺达。

（33）独立上托：① 身体重心左移，右脚向左插步，身体右转；同时右手握剑以腕为轴，外旋翻转手腕，使剑尖经下向后、向上在体右侧立圆划弧至头部右侧，剑尖朝右上方，虎口仍朝上，腕同胸高；左手剑指略向前摆举；目视右前方［见图 8-22（94）］。② 随身体重心后移，两腿屈膝下蹲，并以左脚跟、右脚掌为轴碾步，身体右后转（约 180°）；同时右手握剑前臂内旋。剑柄领先向下、向右后方划弧摆举至右膝前上方，剑尖朝前；左手剑指屈肘向右附于右腕内侧，手心朝下；目视剑尖［见图 8-22（95）］。③ 上体略右转，右腿自然直立，左腿屈膝提起成右独立式；同时右手握剑臂内旋向上托举停于右额上方（约 10 厘米），剑身平直，剑尖朝左；左手剑指屈肘附于右前臂内侧，手心朝外；目视左侧［见图 8-22（96）］。动作要点：插步转体时，上体不要过于前俯和突臀；提膝与上举剑要协调一致。此势为平衡动作。

（34）挂剑前点：① 左脚向左摆步，随身体重心前移，右脚跟提起，上体略左转；同时右手握剑向左下方划弧挂剑，手心朝内；左手剑指屈肘附于右上臂内侧，手心朝外；目视剑尖方向［见图 8-22（97）］。② 随身体重心前移，右脚摆步向前，上体略右转；同时右手握剑经上向前划弧，前臂外旋，手心朝上，剑尖朝前，低于右腕；左手剑指仍附于右前臂内侧，手心朝右；目视剑尖方向［见图 8-22（98）］。③ 随身体重心前移，右脚踏实，左脚跟提起，上体略右转；同时右手握剑向右划弧穿挂剑，手心朝外；左手剑指向上，臂呈弧形举于头上方，手心朝左；目视剑尖方向［见图 8-22（99）］。④ 随身体重心前移，左脚摆步向前，脚跟着地；身体略左转；同时右手握剑向右伸举，手心朝上，腕同腰高，剑尖朝右下方；左手剑指下落至与肩同高，手心朝外；目视剑指方向［见图 8-22（100）］。⑤ 随身体重心前移，左脚踏实，屈膝半蹲，右脚向右前方上步成右虚步；上体左转（约 90°）；同时右手握剑经上向右前下方点剑；左手剑指经下向左划弧，臂呈弧形举至头上方，手心朝外；目视剑尖［见图 8-22（101）］。动作要点：左右挂剑，动作要连贯圆活，贴近身体；立圆挂剑，虚步与点剑要协调一致。

（35）歇步崩剑：① 右脚跟内扣踏实，屈膝半蹲；左脚跟提起，身体重心前移，上体右转；同时右手握剑翘腕向后带剑至右胯旁，手心朝内，剑尖朝左上方，略低于肩；左手剑指屈肘下落附于右腕上，手心朝下；目视右前下方 ［见图 8-22（102）］。② 身体重心略左移，右腿屈膝；左脚向左上步成右弓步，上体略右转；同时右手握剑经下向右划弧反撩，腕同胸高，手心朝后，剑尖朝右；左手剑指经下向左划弧摆举至与肩平；目视剑尖 ［见图 8-22（103）］。③ 重心后移，右脚向左脚后撤步成歇步；身体略右转；同时右手握剑，变虎口朝上后沉腕崩剑，腕同腰高，左手剑指向上，臂呈弧形举于左上方，手心斜朝上；目视右前方 ［见图 8-22（104）］。动作要点：歇步与崩剑动作要协调一致；沉腕崩剑，劲贯剑锋。

（36）弓步反刺：① 右脚踏实，右腿伸起直立，左腿屈膝提起，脚尖下垂；上体稍左倾；同时右手握剑屈肘侧举，腕低于胸，使剑身斜置于右肩上方，手心朝前，剑尖朝左上方；左手剑指下落，与肩同高；目视右前方 ［见图 8-22（105）］。② 左脚向左落步，成左弓步，上体略向左倾；同时右手握剑向前上方探刺；左手剑指向右与右臂在体前相合，附于右前臂内侧；目视剑尖 ［见图 8-22（106）］。动作要点：动作要舒展。弓步与探刺要协调一致。

（37）转身下刺：① 随身体重心后移，身体右转，左脚尖内扣；同时右手握剑屈肘回带至左肩前，手心朝内，剑尖朝右；左手剑指附于右腕内侧；手心朝外；目视右侧 ［见图 8-22（107）］。② 身体重心左移，右脚屈膝提起，脚尖下垂；以左脚掌为轴碾步，身体右转；同时右手握剑向右摆至右肩前，使剑尖向下划弧至右膝外侧，手心朝后，剑尖斜朝下；左手剑指仍附于右腕上；目视剑尖 ［见图 8-22（108）］。③ 随身体右转（约 180°），左脚跟向左辗转，右脚向右后方落步成右弓步；同时右手握剑向前下方刺出，腕同腰高，手心朝上；左手剑指附于右腕上，手心朝下；目视剑尖 ［见图 8-22（109）］。动作要点：动作要连贯圆活，上体不要过于前倾。弓步与刺剑要协调一致。

（38）提膝提剑：① 身体重心后移，上体左转；左脚尖外摆，屈膝半蹲，右腿自然伸直；同时右手握剑，以剑柄领先，屈臂外旋，向左上方带剑（距头部约 20 厘米），手心朝内，剑尖朝右；左手剑指附于前臂内侧，手心朝外；目视剑尖 ［见图 8-22（110）］。② 身体重心右移，右腿屈膝，左腿自然伸直，左脚跟外转，上体略右转；同时右手握剑，剑柄领先，前臂内旋，手心朝下，经腹前摆至右胸前（约30厘米），使剑尖经上向右前划弧，剑尖低于腕；左手剑指附于右腕内侧，手心朝外；目视剑尖［见图8-22（111）］。③左腿屈膝提起成右独立步；上体略右转并稍前倾；同时右手握剑，剑柄领先，向右、向上划弧提剑，臂呈弧形举于右前方，腕同额高，虎口斜朝下，剑尖置于左膝外侧；左手剑指经腹前向左划弧摆举，与腰同高，手心朝外；目视左前下方［见图8-22（112）］。动作要点：提膝与提剑要协调一致。

（39）行步穿剑：①右腿屈膝，左脚向左落步，脚跟着地，上体左转；同时右手握剑，手心转向上，剑尖领先，经左肋下向左、向前穿剑，腕与腰同高，剑尖朝前；左手剑指向右上方划弧摆举至右肩前，手心朝下；目视剑尖［见图8-22（113）］。②随身体重心前移，左脚踏实，膝微屈，右脚向右摆步，上体右转；同时右手握剑，剑尖领先，向前、向右划弧穿剑，腕与胸同高，剑尖朝右；左手剑指经胸前向左分展侧举，臂呈弧形，手心朝外；目视剑尖［见图8-22（114）］。③随身体重心前移，左脚向右扣步，上体略右转；两手动作不变［见图8-22（115）］。依次右、左脚再各上一步。动作要点：穿剑时，略沉胯拧腰蓄劲；行步时，左脚扣、扣脚摆，行走平稳，勿飘浮，共走5步，轨迹成一圆形。

（40）摆腿架剑：①右手握剑，前臂内旋经面前使剑尖在头前方逆时针划弧，屈肘向左脚至左肋前，剑尖朝左上方；当右手握剑左摆至面前时，右脚外摆腿，下落至水平时屈收小腿；左手剑指向上，在面前与右手相合，屈肘附于右腕内侧，手心朝下；目视前方［见图8-22（116—117）］。②左腿屈膝，右脚向右前方落步，身体略右转；同时右手握剑经前向右划弧抹剑，腕与胸同高，手心朝下，剑尖朝左；左手剑指附于右前臂内侧，手心朝下；目视剑身前端［见图8-22（118）］。③右腿屈膝半蹲，左脚跟外展成右弓步，上体略左转；同时右手握剑上举架剑，剑尖朝前；左手剑指随右手上举后经面前向前指出，指尖朝上，与鼻同高；目视剑指方向［见图8-22（119）］。动作要点：外摆腿不得低于胸，并要与剑和剑指紧密配合；弓步与抹剑上架要协调一致；剑指与剑为同一方向。

（41）弓步直刺：①身体重心移至右腿，左脚收提至右脚内侧（脚不触地）；同时右手握剑经右向下收至右胯旁，虎口朝前，剑尖朝前；左手剑指经左向下收至左胯旁，手心朝下，指尖朝前；目视左前下方［见图8-22

（120）〕。② 左脚向前上步成左弓步；上体略左转；同时右手握剑立刃向前平刺；左手剑指在胸前与右手相合，附于右腕内侧后向前伸送，手心斜向下；目视前方〔见图 8-22（121）〕。动作要点：弓步与刺剑要协调一致，上体要自然直立，不要挺腹、突臀。

（42）收式：① 身体重心后移，右腿屈膝，上体右转；同时右手握剑屈肘向右回带至右胸前；左手剑指仍附腕随之右移，两手心相对（准备接剑），剑身微贴左前臂外侧；目视前下方〔见图 8-22（122）〕。② 上体左转，重心前移，右脚上步成平行步；同时左剑指变掌接剑（反握），随经腹前向左摆置于左胯旁，手心朝后，剑身竖直，剑尖朝上；右手变剑指经下向右后方划弧，随屈肘举至右耳侧，手心朝内，指尖朝上，与头同高；目视前方〔见图 8-22（123）〕。③ 两腿自然伸直；同时右手剑指经胸前向下落于身体右侧；然后左脚向右脚并拢，身体自然站立，两臂垂于体侧；目视前方〔见图 8-22（124—125）〕。动作要点：动作要连贯、圆活、缓慢。最后成并步自然站立时，全身放松，深呼气，神气归元。

（三）动作要求

① 手型、步型、手法、步法、身法、腿法要正确。② 运劲要顺达，动作要沉稳准确，连贯圆活，手眼身法步要协调统一。③ 意识要集中，精神要饱满，神态要自然，速度要适中。

（四）易犯错误和纠正方法

易犯错误：前俯后仰，左歪右斜；重心起伏；动作僵硬，使拙力；步法莽重；动作不圆。

纠正方法：强调腰脊中正，顶悬竖颈，如头上顶着一碗水。塌腰落臀防前俯，收腹含胸防后仰。起势时两腿屈膝下蹲，就奠定了重心的高低，不要再升高或降直到套路结束都始终保持起势时的重心。首先要大脑安静，用意念指导周身肌肉、关节和内脏器官放松；其次是动作缓慢，轻松柔和，用意不用力。强调"迈步如猫行"。轻起轻落，无息无声。首先要明确太极拳的运动是圆运动，动作路线处处带有弧形。练习时不要挺肘和伸腕，以免手臂伸得过直。

（五）四十二式太极剑动作图示

预备式〔见图 8-22（1）〕；① 起势〔见图 8-22（2—7）〕；② 并步点剑〔见图 8-22（8—11）〕；③ 弓步斜削〔见图 8-22（12—13）〕

图 8-22（a）　四十二式太极剑动作图示：预备式；起势；并步点剑；弓步斜削

④ 提膝劈剑［见图 8-22（14—15）］；⑤左弓步拦［见图 8-22（16—17）］；⑥ 左虚步撩［见图 8-22（18—19）］；⑦ 右弓步撩［见图 8-22（20—21）］；⑧ 提膝捧剑［见图 8-22（22—24）］；⑨ 蹬脚前刺［见图 8-22（25）］；⑩ 跳步平刺［见图 8-22（26—28）］

图 8-22（b） 四十二式太极剑动作图示：提膝劈剑；左弓步拦；左虚步撩；右弓步撩；提膝捧剑；蹬脚前刺；跳步平刺

⑪ 转向下刺［见图 8-22（29—31）］；⑫ 弓步平斩［见图 8-22（32—33）］；⑬ 弓步崩剑［见图 8-22（34—37）］；⑭ 歇步压剑［图见图 8-22（38—39）］；⑮ 进步绞剑［见图 8-22（40—43）］

图 8-22（c）　四十二式太极剑动作图示：转向下刺；弓步平斩；弓步崩剑；歇步压剑；进步绞剑

⑯ 提膝上刺［见图 8-22（44—45）］；⑰ 虚步下截［见图 8-22（46—47）］；⑱ 右左平带［见图 8-22（48—50）］；⑲ 弓步劈剑［见图 8-22（51—52）］；⑳ 丁步托剑［见图 8-22（53—54）］；㉑ 分脚后点［见图 8-22（55—60）］

图 8-22（d） 四十二式太极剑动作图示：提膝上刺；虚步下截；右左平带；弓步劈剑；丁步托剑；分脚后点

㉒仆步穿剑（右）[见图8-22（61—65）]；㉓蹬脚架剑（左）[见图8-22（66—68）]；㉔提膝点剑[见图8-22（69）]

图 8-22（e） 四十二式太极剑动作图示：仆步穿剑（右）；蹬脚架剑（左）；提膝点剑

㉕仆步横扫（左）[见图 8-22（70—71）]；㉖弓步下截（右、左）[见图 8-22（72—75）]；㉗弓步下刺 [见图 8-22（76—77）]

图 8-22（f）四十二式太极剑动作图示：仆步横扫（左）；弓步下截（右、左）；弓步下刺

㉘ 右左云抹［见图 8-22（75—85）］；㉙ 右弓步劈［见图 8-22（86—87）］；
㉚ 后举腿架剑［见图 8-22（88—89）］；㉛ 丁步点剑［见图 8-22（90—91）］

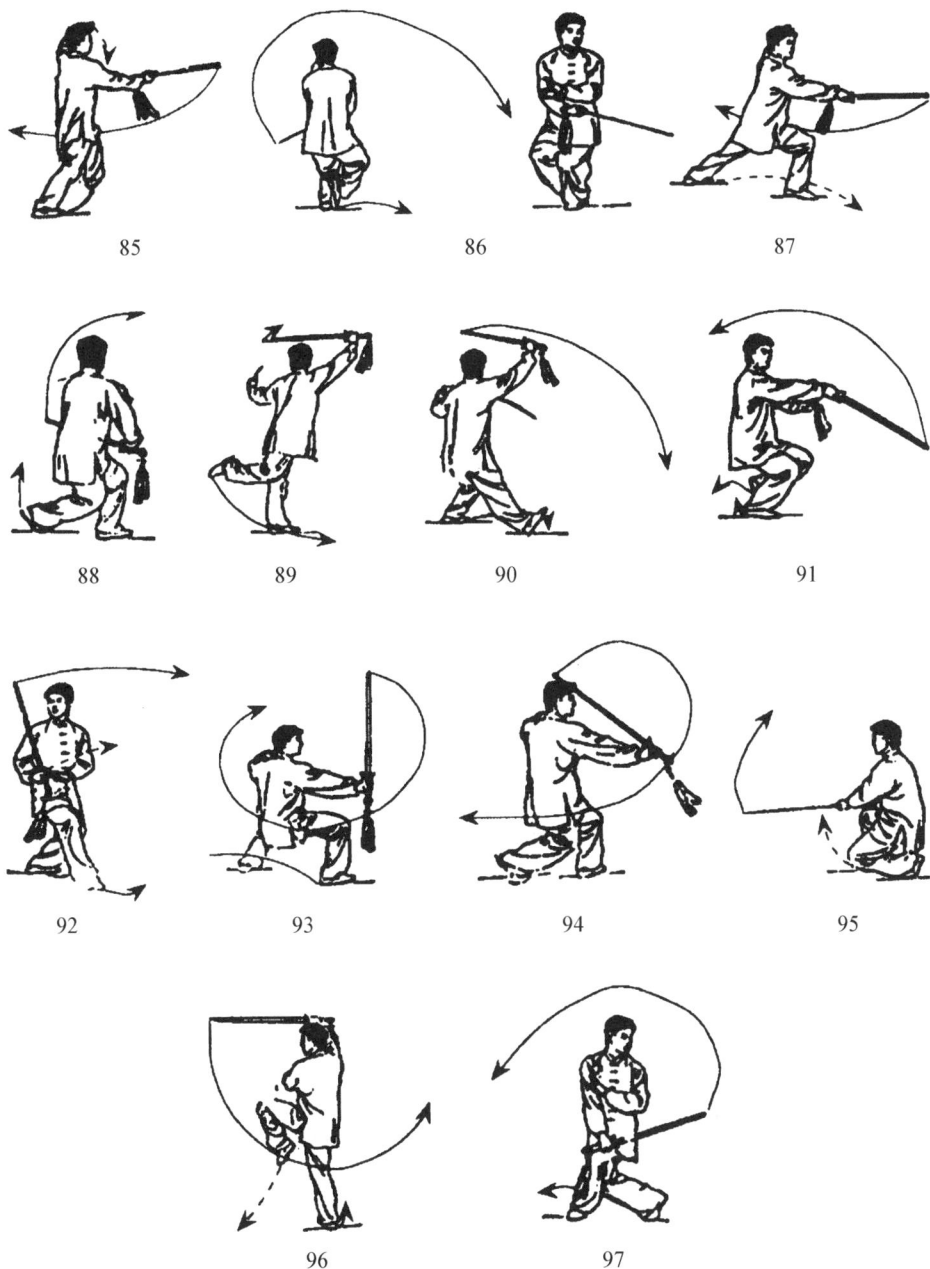

85　　　　　　　　　86　　　　　　　　　87

88　　　　　　89　　　　　　90　　　　　　91

92　　　　　　93　　　　　　94　　　　　　95

96　　　　　　97

图 8-22（g）　四十二式太极剑动作图示：右左云抹；右弓步劈；后举腿架剑；丁步点剑

㉜ 马步推剑［见图 8-22（92—93）］；㉝ 独立上托［见图 8-22（94—96）］；
㉞ 挂剑前点［见图 8-22（97—101）］；㉟ 歇步崩剑［见图 8-22（102—104）］；
㊱ 弓步反刺［见图 8-22（105—106）］；㊲ 转身下刺［见图 8-22（107—109）］

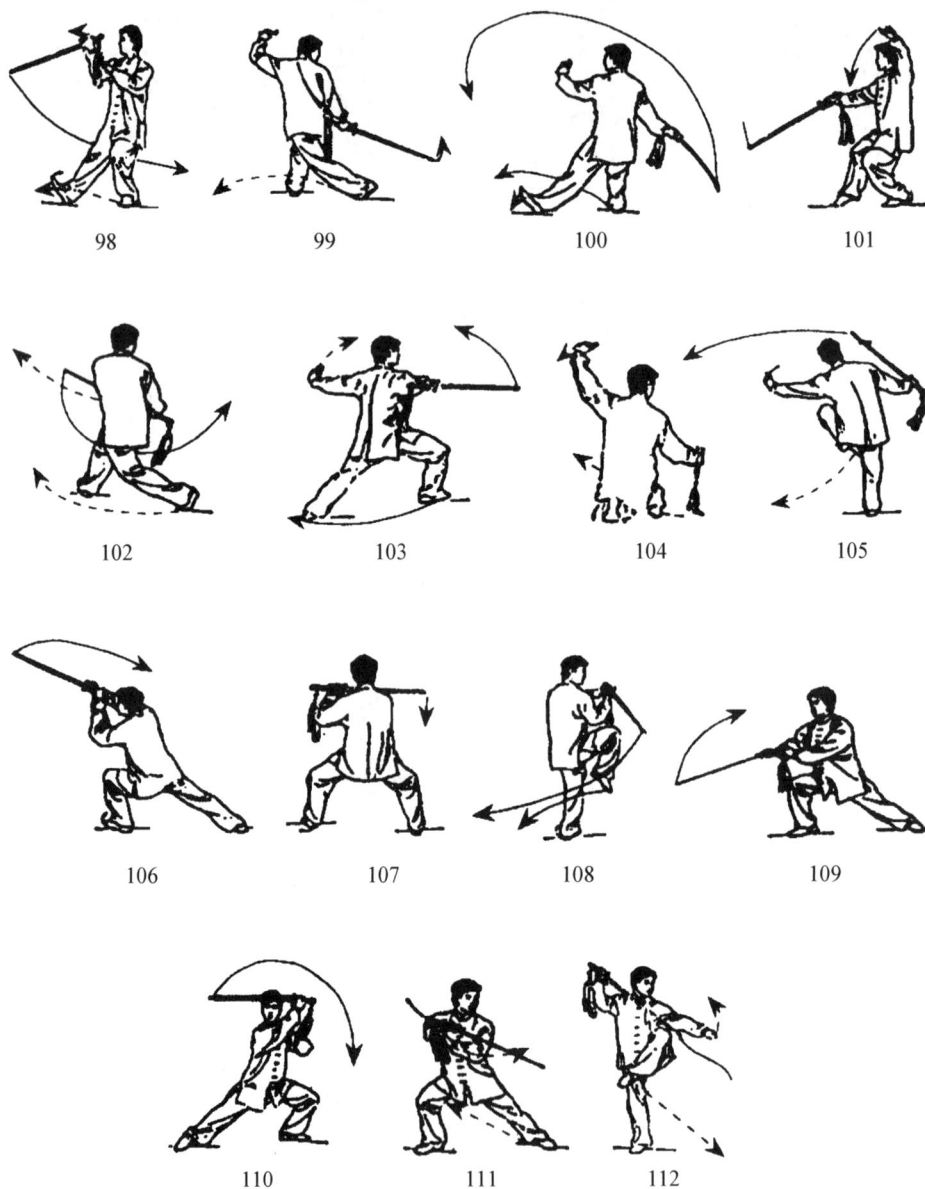

图 8-22（h） 四十二式太极剑动作图示：马步推剑；独立上托；挂剑前点；歇步崩剑；弓步反刺；转身下刺

㉚ 提膝提剑［见图 8-22（110—112）］；㊴ 行步穿剑［见图 8-22（113—115）］；㊵ 摆腿架剑［见图 8-22（116—119）］；㊶ 弓步直刺［见图 8-22（120—121）］；㊷ 收势［见图 8-22（122—125）］

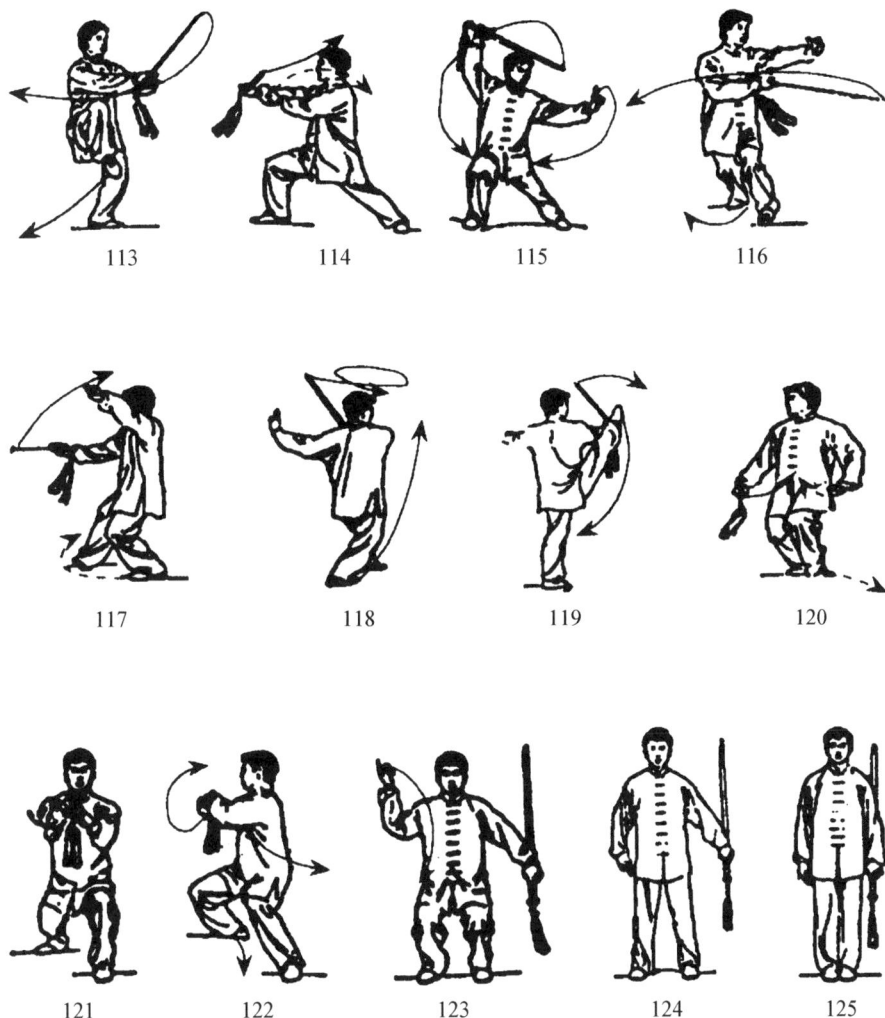

113　　　　　114　　　　　115　　　　　116

117　　　　　118　　　　　119　　　　　120

121　　　　122　　　　123　　　　124　　　　125

图 8-22（i）　四十二式太极剑动作图示：提膝提剑；行步穿剑；摆腿架剑；弓步直刺；收势

第九章　体育舞蹈

第一节　体育舞蹈运动概述

一、体育舞蹈运动发展简述

体育舞蹈也称为"国际标准交谊舞"。它是由文艺范畴的舞蹈演变而来的体育项目，兼有文艺和体育的特点，是介于文艺和体育之间的边缘项目。体育舞蹈以竞赛为目的，具有自娱性和表演观赏性的竞技舞蹈。

体育舞蹈是源于西方国家的一种舞蹈形式，经历了数百年的演变过程，从劳动人民的文化中汲取营养，经过一代又一代人的加工创造而逐渐形成现代各种形式的交际舞。体育舞蹈的发展过程经历了原始舞蹈–公众舞–民间舞–宫廷舞–社交舞–新旧国际标准舞等阶段。体育舞蹈的前身是社交舞，也称为交际舞、交谊舞。

国际标准舞源于古代土风舞，经历对舞、圈舞、行列舞、集体舞等演变过程，并与欧洲贵族在宫廷举行的交谊舞会结合，成为流传广泛的社交舞，于法国大革命后民间开始流行。第二次世界大战后，美国人将该舞蹈传播到全球各地。1904年，英国皇家舞蹈教师协会成立。

19世纪20年代，英国皇家舞蹈教师协会开始研究传统宫廷舞、交谊舞及拉美国家的各式土风舞，将当时欧美流行的舞姿、舞步、方向等整理成统一标准，制定了有关舞蹈的理论、技巧、音乐、服装等竞技标准。

1925年，英国皇家舞蹈教师协会正式颁布了华尔兹、探戈、狐步、快步四种舞的标准步伐，总称为摩登舞。

1950年，英国世界舞蹈组织于英国黑池主办了首届黑池舞蹈节，并把规范后的舞蹈命名为国际标准舞，以后每年的5月底（期间有停办），都会在黑池举办一届世界性的大赛。

之后摩登舞中又增加了维也纳华尔兹。

1960年，非洲和拉美一些国家的民间舞经过规范加工后，又增加了拉丁舞比赛，包括五种舞：伦巴、恰恰恰、桑巴、牛仔、斗牛。

国际标准交谊舞于 20 世纪 30 年代传入中国，80 年代发展较快。

1987 年举办首届中国国际标准交谊舞比赛。

1991 年举行首届中国体育舞蹈锦标赛。

1992 年国际标准舞被列为奥运会表演项目。

随后国际标准舞又称为"体育舞蹈"，被计划纳入体育运动项目。

1995 年 4 月，国际奥委会正式将体育舞蹈列为奥林匹克承认项目。

1997 年 9 月 5 日国际奥委会执委会在洛桑会议上正式承认国际体育舞蹈联合会为体育舞蹈的全球管理机构。

2000 年国际标准交谊舞成为悉尼奥运会闭幕式的表演项目。

二、体育舞蹈运动的特点

（一）音乐引导下的律动性

在有特定节奏风格的舞曲音乐引导下，翩翩起舞，时而端庄典雅，时而顿挫磊落，时而婀娜柔媚，时而奔放激越……用有音乐节律伴奏的舞动来表现各舞种的风格、特点，是体育舞蹈的基本特征。

（二）严格的规范性

规范性首先表现在体育舞蹈是一个完整的舞蹈系统，是经过数百年历史锤炼、几代人加工而成的；其次表现在技术的规范性，严格到"多一分嫌过，少一点欠火"。

（三）表演性、观赏性

体育舞蹈融音乐、舞蹈、服装、风度、体态美于一体，既有观赏的价值，又有参与的可能，被认为是一种"真正的艺术"。

（四）体育性

竞技性：即比成绩、拿冠军、为国争光。

锻炼价值：研究表明，跳华尔兹和探戈舞时，人体能量代谢为 7.57（J/s），高于网球的代谢 7.30（J/s），与羽毛球的代谢 8.0（J/s）相近；进行体育舞蹈时，人体最高心率：女子 197 次 / 分，男子 210 次 / 分。可见，体育舞蹈促进人体生理变化是明显的。体育舞蹈是一种陶冶情操、锻炼体魄的极好形式。

三、体育舞蹈健身价值

（一）心理学价值

体育舞蹈是一项集音乐、舞蹈、服装、艺术于一体，非常有益于身心健康，是有益于心理健康的有氧运动。从心理学角度讲，人的注意力是受指向性制约的。当人们进入华尔兹舞蹈优雅的气氛中时，就会听到各种活泼、轻松、热情、奔放、缠绵悦耳的音乐曲调，此时，就会情不自禁进入舞池中翩翩起舞，由于受音乐节奏与旋律的影响，加上异性舞伴的陪伴，身心的不舒服以及学习和生活的一切忧愁和烦恼全抛到九霄云外，即使不跳舞，坐在一旁欣赏音乐和他人的舞姿也是一种精神上的享受。尤其对学习紧张的学生来说，听听音乐，跳跳舞，精神上得以解脱与放松，舒缓紧张的情绪，放松头脑，可以更好地解决生活和学习中遇到的困难。体育舞蹈不仅具有陶冶情操、消除疲劳的作用，更重要的是通过学习体育舞蹈还可加强人们之间和睦相处、团结友爱的集体主义观，促进了人们之间的情感、文化交流，培养人们良好的人际关系和追求美好生活的自信心，使人们形成积极、乐观向上的世界观和人生观，也非常有利于青少年、儿童的性格成熟与完善。

（二）强身健体的运动学价值

体育舞蹈是在音乐伴奏下，通过人体各环节有节奏的变化而塑造出不同难度的形体动作和造型，以舞蹈的形式表现不同的情感和技艺，达到自娱自乐和增强体质的一项体育运动。练习舞蹈不但可以促进机体生长发育，提高运动系统的功能水平，而且可以使血液供应、蛋白质等营养物质的吸收和供应增强。舞蹈对肌肉有牵拉作用，还可使骨骼变得更加坚硬。由于舞蹈练习有一定的运动量，体内能量消耗也增加，此时人体在神经系统支配下，心肌兴奋性提高，心脏收缩力加强，收缩速度加快，血液循环加快，血液输出量也增加，从而满足练舞蹈对能量的需要。人长期练习舞蹈不但可以提高内脏器官的功能，还可以改善和提高中枢神经系统的活动能力。体育舞蹈以独特的运动形式产生负荷，刺激内脏器官，促进呼吸、消化、循环、神经等系统的功能增强，维持机体新的平衡。

（三）社会价值

体育舞蹈具有非常高的社会价值，舞蹈学习不仅能互相学习、互相帮助，广交朋友、增进友谊，还可以进行文化和思想情感交流，可以培养人们良好的人际关系。学生在学习舞蹈的过程中，良好的身体姿势和人们之间的情感交流可以培养学生良好的组织纪律性，可以提高团结友爱、奋发向上的优良品质，具有教育和宣传的作用。

四、体育舞蹈运动内容体系

国际标准舞，也称为国际标准交谊舞，又称为体育舞蹈，是由社交舞（或舞厅舞）发展而来的一种竞技舞蹈。其中包括摩登舞和拉丁舞两大系列共10个舞种。摩登舞包括华尔兹、维也纳华尔兹、探戈、狐步和快步舞。拉丁舞包括伦巴、恰恰恰、桑巴、牛仔舞和斗牛舞。每个舞种均有各自的舞曲、舞步及风格。根据各舞种的乐曲和动作要求，组编成各自的成套动作。

（一）摩登舞

摩登舞又译为"现代舞"，是体育舞蹈项目之一。其特点是由贴身握抱的姿势开始，沿着舞程线逆时针方向绕场行进。其步法规范严谨，上体和胯部保持相对稳定、挺拔，完成各种前进、后退、横向、旋转、造型等舞步动作，具有端庄、典雅的绅士风度。其曲调大多抒情优美，旋律感强；服饰雍容华贵，一般男着燕尾服，女着过膝蓬松长裙。

1. 华尔兹舞

华尔兹舞（W）也称为"慢三步"，是摩登舞项目之一。其舞曲旋律优美抒情，节奏为3/4的中慢板，每分钟28—30小节；每小节三拍为一组舞步，每拍一步，第一拍为重拍，三步一起伏循环。华尔兹舞以膝、踝、足底、掌和趾的动作，结合身体的升降、倾斜和摆荡带动舞步移动，使舞步起伏连绵，舞姿华丽典雅。华尔兹舞是维也纳华尔兹（快三步）的变化舞种。19世纪中叶，维也纳华尔兹传到美国，当时的美国崇尚舒缓、优美的舞蹈和音乐，于是将快节奏的维也纳华尔兹逐渐改变成悠扬而缓慢、有抒发性旋律的慢华尔兹舞曲，舞蹈也变成连贯滑动的慢速步型，即现今的华尔兹舞。

2. 维也纳华尔兹

维也纳华尔兹舞（V）也称为"快三步"，是摩登舞项目之一。其舞曲旋律流畅华丽，节奏轻松明快，为3/4拍节奏，每分钟56—60小节，每小节为三拍，第一拍为重拍，第四拍为次重拍；基本步伐是六拍走六步，二小节为一循环，第一小节为一次起伏。基本动作是左右快速旋转步，完成反身、倾斜、摆荡、升降等技巧。舞步平稳轻快，翩跹回旋，热烈奔放，舞姿高雅庄重。维也纳华尔兹舞是源于奥地利的一种农民舞蹈，由男女成对扶腰搭肩共同围成一个圆圈而舞，故称为"圆舞"。著名的作曲家约翰·施特劳斯（Johann Strauss）为华尔兹谱写了许多著名的圆舞曲。

3. 探戈舞

探戈舞（T）是摩登舞项目之一。其节奏为 2/4 拍，每分钟 30—34 小节，每小节二拍，第一拍为重拍。其舞步有快步和慢步，快步（quick，Q）占半拍；慢步（slow，S）占一拍；基本节奏是慢、慢、快、快、慢（S、S、Q、Q、S）。舞曲节奏带有停顿并强调切分音；舞步顿挫有力、潇洒豪放，身体无起伏、无升降、无旋转，表情严肃，有左顾右盼的头部闪动动作。探戈舞源于阿根廷民间，20 世纪传入欧洲上层社会，后流行于世界各国。

4. 狐步舞

狐步舞（F）也称为"福克斯"，是摩登舞项目之一。其舞曲抒情流畅，节奏为 4/4 拍，每分钟 28—30 小节，每小节为四拍，第一拍为重拍，第三拍为次重拍；基本步伐是四拍走三步，每四拍为一循环；分快、慢步，第一步为慢步（S），占二拍；第二、三步为快步（Q），各占一拍。基本节奏为慢、快、快（S、Q、Q）。以足踝、足底、掌趾的动作，完成升降起伏，注重反身、肩引导和倾斜技术。舞步流畅平滑，步幅宽大，舞态优雅从容飘逸，似行云流水。狐步舞于 20 世纪源于欧美，后流行全球。福克斯（Fox）是创作者的姓氏。

5. 快步舞

快步舞，用 Q 表示，是摩登舞项目之一。其舞曲明亮欢快，舞步轻快灵活，跳跃感强，是体育舞蹈中一种轻快欢乐的舞蹈。其节奏为 4/4 拍，每分钟 50—52 小节。每小节四拍，第一拍为重拍，第三拍为次重拍。舞步分快步和慢步。快步（Q）时值为一拍，慢步（S）时值为二拍；基本节奏是慢、慢、快、快、慢。其舞步组合有跳步、荡腿、滑步等动作。快步舞源于美国，20 世纪流行于全球。

（二）拉丁舞

拉丁舞是流行于拉丁美洲的民间舞蹈，最早起源于美洲，由移民带入拉美并与当地的土风舞相互影响融合，逐渐形成新的舞种，即伦巴、恰恰恰、桑巴、斗牛、牛仔。拉丁舞以独特的风格，充满激情的音乐和舞步受到舞蹈界和大众的欢迎，并很快在世界范围内广泛流传和发展。

1. 伦巴舞

伦巴舞（R）是拉丁舞项目之一。其节奏为 4/4 拍，每分钟 27—29 小节。每小节四拍；乐曲旋律的特点是强拍落在每小节的第四拍。舞步从第 4 拍起跳，由一个慢步和两个快步组成。四拍走三步，慢步占二拍（第 4 拍和下一小节的第一拍），快步各占一拍（第二拍和第三拍）；胯部摆动三次，胯部动作由控制重心的一脚向另一脚移动而形成向两侧作"∞"型摆动。伦巴舞具有舒展优美、婀娜多姿、柔美抒情的风格。伦巴舞的产生与西班牙和非洲的舞蹈有着密切关系，后在古巴得到发展。

2. 恰恰舞

恰恰舞（C）是拉丁舞项目之一。其节奏为 4/4 拍，每分钟 30—32 小节，每小节四拍，强拍落在第一拍；四拍走五步，包括两个慢步和三个快步；第一步踏在第二拍，时间值占一拍；第二步占一拍：第三步和第四步各占半拍；第五步占一拍，踏在舞曲的第一拍上。胯部每小节向两侧摆动六次。其舞曲热情奔放，舞步花哨利落步频较快，诙谐风趣。恰恰舞源于非洲，后传入拉丁美洲，在古巴得到发展。

3. 桑巴舞

桑巴舞（S）是拉丁舞项目之一。其舞曲欢快热烈，节奏为 2/4 拍或 4/4 拍，每分钟 52—54 小节。强拍落在每小节的第二拍或第四拍；每小节完成一个基本舞步。舞步在全脚掌踏地和半脚掌垫步之间交替完成，以膝盖上下屈伸弹动，使全身前后摇摆，并沿着舞程线绕场行进，属"游走型"舞蹈。其特点是流动性大，律动感强，步法摇曳紧凑，风格热烈奔放。桑巴舞源于巴西，是巴西一年一度狂欢节的舞蹈。

4. 斗牛舞

斗牛舞（P）是拉丁舞项目之一。其音乐为旋律高昂雄壮、鲜明有力的西班牙进行曲。其节奏为 2/4 拍，每分钟 60—62 小节。一拍一步，八拍一循环，特点是舞步流动大，沿着舞程线绕场行进，属"游走型"舞蹈。其舞姿挺拔，无胯部动作及过分的膝盖屈伸，用踝关节和脚掌平踏地面完成舞步；动静鲜明，力度感强，发力迅速，收步敏捷顿挫。斗牛舞源于法国，盛行于西班牙，系据西班牙斗牛场面创作而成的。男为斗牛士，气宇轩昂，刚劲威猛；女象征斗牛士用以激怒公牛的红色，英姿飒爽，柔美多变。

5. 牛仔舞

牛仔舞（J）是拉丁舞项目之一。其旋律欢快，强烈跳跃，节奏为 4/4 拍，每分钟 42—44 小节、六拍跳八步。由基本舞步踏步、并合步，结合跳跃、旋转等动作组合而成；要求脚掌踏地，腰和胯部作钟摆式摆动。特点是舞步敏捷、跳跃，舞姿轻松、热情、欢快。牛仔舞源于美国，原是美国西部牛仔跳的踢踏舞。20 世纪 50 年代爵士乐流行，加速和完善了牛仔舞，但风格上还保持美国西部牛仔刚健、浪漫、豪爽的气派。

五、体育舞蹈的教学方法

教师在舞蹈教学中采用的方法不应该是主观随意的，而应该像其他学科一样，依据教学对象的年龄、能力、所要教授教材的内容和要求制订相应的教学方法。舞蹈初学者大多是十岁左右的少年，由于年龄特点，他们的模仿能力强，善于模仿教师的舞蹈动作，却不易理解教师对动作的理论讲解和分析。因此，对初学体育舞蹈的少年儿童应该更多地采用直观教学（教师给予学生反复的动作示范）。此外，初学者做动作时往往自我知觉比较迟钝，不善于按照教师的要求自觉地自我纠正动作。因此，教师要耐心、细致地一个人一个人地、一个动作一个动作地纠正学生动作存在的误差。

一般有两年以上舞蹈训练基础的学员，通过实践对舞蹈动作的理解有了提高，对自身训练时动作中存在的问题进行自我纠正的能力也相应提高。这时，教师除了做必要的示范外，可因势利导对学生进行必要和适量的舞蹈动作理论分析，使学生在实践的基础上从感性认识向理解认识飞跃，以举一反三、触类旁通。此外，教师还可以在训练中加强口头提示，帮助学生及时纠正动作，以节省时间。舞蹈教师需要研究自己的教学对象和所要教授的舞蹈内容，制订与两者相适应的科学的教学方法。实践证明，当教学方法同教学对象相适应时，学生就能较快地、正确地掌握教师教授的舞蹈动作，也会较自觉地及时纠正自己练习舞蹈动作时出现各种问题，教学质量会显著提高。下面谈谈几种具体的教学方法。

（一）教授新的动作

（1）教授新动作时，教师首先应当给学生以正确的示范，并讲清动作的规格和要领，说明动作的形态和用力的方法。教师讲解时的语言要简练，要精讲多练，把大部分时间用在动作练习上。

（2）动作规格和概念要有步骤地提出。教授新动作时不能毕其功于一役，将全部要求一股脑儿地教给学生。这样学生不但记不住，而且也达不到预期的教学效果。学生掌握一个新动作往往是先会做，然后做到较好，最后才能达到精美，一蹴而就是不可能的，必须循序渐进，逐步提高。一个舞蹈动作的教学程序，教师要精通，才能胸有成竹，方能在训练的不同阶段提出合理的要求，使学生按教学步骤去掌握每一个动作。

（3）选择有效的训练步骤。教授一个新动作往往要经过若干个步骤然后达到"完成体"，即经过由简至繁、由易到难的过程。步骤过于烦琐或者一开始即练习"完成体"显然是不适当的。前者不但浪费时间，而且容易造成动作机械、不连贯的问题；后者会使学生难以正确地完成动作。教学中应避免这两种倾向。教师制订的训练步骤要根据教学对象的年龄、能力、理解力来设计。

（4）教授新动作或开技巧"法儿"，教师要认真备课。学生往往会先入为主。一个动作初学时养成的不良习惯，以后改正极为费力，甚至难以改正。初学每一个新动作时，是否正确掌握其规格与方法，对学生以后能否很好掌握这一动作，并上升到精美的程度，关系极大。教师在教授新动作前一定要熟记动作的规格和要领。

（5）教授新动作和新组合时都是要将节奏及动作记在脑子里。教学时不要当着学生的面不断地翻备课本，这样不仅浪费时间，还影响教学效果。教师应当成为学生的榜样，而教师是要求学生记住动作和节奏的。

（6）教授新动作时，可先解说动作的做法，然后解说节奏；也可以由教师口数节拍让学生练习，再配上音乐练习新动作。

（7）教授一个新动作后（即使仅仅是动作中的某一步骤），教师要在教室中选择一个能纵观全班学生练习动作的位置，观察学生掌握动作的进程，以便对学生在练习动作时出现的问题和毛病及时指点、纠正。

（二）纠正动作

纠正动作要有计划、有目的、有重点。

（1）有计划。教师在上课前必须预见学生在训练过程中可能出现的问题和错误（基于对前一节课的分析），在备课时就计划好这堂课重点纠正的错误，哪些动作需要细致纠正的，哪些动作在练习过程中口头提示即可，哪些学生要重点纠正，等等。

（2）有重点。在课前就计划好在课堂上对某个学生重点纠正，并通过对重点学生的错误动作纠正，示范全班，给他们留下深刻的印象，使他们能从他人的毛病中汲取教益，从教师的纠正与指导中获取自觉纠正动作的教益。对重点的错误动作要抓住不放。教师计划重点纠正的错误，可以在一堂课中自始至终严格要求，锲而不舍。例如拔背，可以从把杆练习到中间练习，从第一个动作到最后一个动作，始终严格要求、严格训练。在对某一重点动作进行重点纠正时，要全神贯注、全力以赴，即便发现了其他错误、弱点，心中有数。

（3）边做边提示。经过了重点纠正错误的动作或毛病，为了巩固，教师可在学生练习动作过程中再口头提示。口头提示语言要精简、有的放矢。为此教师要与学生建立共同语言，即教师的一个字、一句话、一个手势、一个眼色，学生都能心领神会，遵照进行。

（4）及时找原因。有的动作或技巧学生多次练习还不能达到要求，教师要及时找出其中的原因。如果是学生能力不足，可以暂时搁置这一动作或技巧，先做些辅助能力练习。如果是练习动作的方法不对，可帮助学生找到完成动作的正确方法。能力与方法两者缺一不可，只有能力没有正确的方法不能做好动作；反之，只有方法没有能力，也不奏效。

第二节　伦　　巴

一、伦巴基本功练习

伦巴的音乐节拍是 4/4 拍，节奏是 2—3—4&1。重音在第一和第三拍。伦巴的基本舞步是随着音乐节拍，由快、快、慢的动作所合成的。两个快步是横步，跟着是一个慢步，这样就完成一个步法。伦巴的每个舞步有两个动作，一个是迈步，另一个是重心移动；一只脚踏在地上，重心保持在另一只脚上，在跨步时逐渐改变重心。

（一）前进步

图 9-1 所示为前进步。

准备姿势：主力腿在前，动力腿在后，前脚脚跟与后脚脚尖在同一直线

图 9-1　前进步

上，重心在前脚脚前掌，后脚脚尖虚点地，后胯最大幅度打开及提高。

动作要领：前进步分 ABC 三个位置，练习中可将此过程分成 4 个部分以降低难度，掌握到一定程度后还原到 3 个部分。熟练掌握后再形成连贯性动作。前进步是伦巴舞的最基本舞步，始终贯穿伦巴舞的学习过程，是应用最为广泛的舞步，因此必须多练，以求掌握。

音乐节奏：and-2-and-3-and-4-1。

（二）后退步

图 9-2 所示为后退步。

图 9-2　后退步

准备姿势：动力腿在前，主力腿支撑，重心位于主力腿脚心，胯部闭合，上身保持基本姿势。

动作要领：后退步也分为 ABC 三个位置。胯部完全打开，重心不动，动力腿快速移动到主力腿后边，胯部闭合，前脚掌推地板使身体重心后移，胯部继续闭合，到达 B 位，此时主力腿与动力腿互换，即现在的主力腿是前面的动力腿，而现在的动力腿是前面的主力腿。胯部打开，继续做下一个动作。

音乐节奏：and-2-and-3-and-4-1。

（三）库克拉恰

图 9-3 所示为库克拉恰。

准备姿势：两脚开立，重心放在一只脚上，另一条腿在旁膝盖绷直脚尖点地。

动作要领：两脚开立，脚下重心转移带动胯部左右绕环，上体躯干动作和手臂动作是由髋部动作带动的，躯干没有任何弯曲动作，保持直立。

图 9-3　库克拉恰

音乐节奏：and–2–and–3–and–4–1。

二、伦巴套路组合

图 9-4 所示为伦巴套路组合。

动作顺序：准备姿势［见图 9-4 中（1）］→扇形打开［见图 9-4 中（2—10）］→阿列曼娜［见图 9-4 中（11—18）］→闭式扭臀［见图 9-4 中（19—21）］→扇形打开［见图 9-4 中（22—26）］→曲棍步［见图 9-4 中（27—35）］→陀螺转［见图 9-4 中（36—49）］→左右分展步［见图 9-4 中（50—58）］

准备姿势：右脚在后，右腿支撑重心，左脚在前，左腿膝盖绷直脚尖点地，身体直立，右手持握男生，左手臂侧平举。男生动作相反［见图 9-4 中（1）］。

扇形打开［见图 9-4 中（2—10）］起步时，男士身体向下挤压，右腿踩压地板，带动胯部转动，左脚收至右脚旁。同时男士将力量传递给女士，女士感受到男士的力量，首先左胯延伸至最大，到男士给予的力量达到最大时，右

1　　　2　　　3　　　4　　　5　　　6

7　　　8　　　9　　　10　　　11　　　12

13　　　14　　　15　　　16　　　17　　　18

19　　　20　　　21　　　22　　　23　　　24

25　　　26　　　27　　　28　　　29　　　30

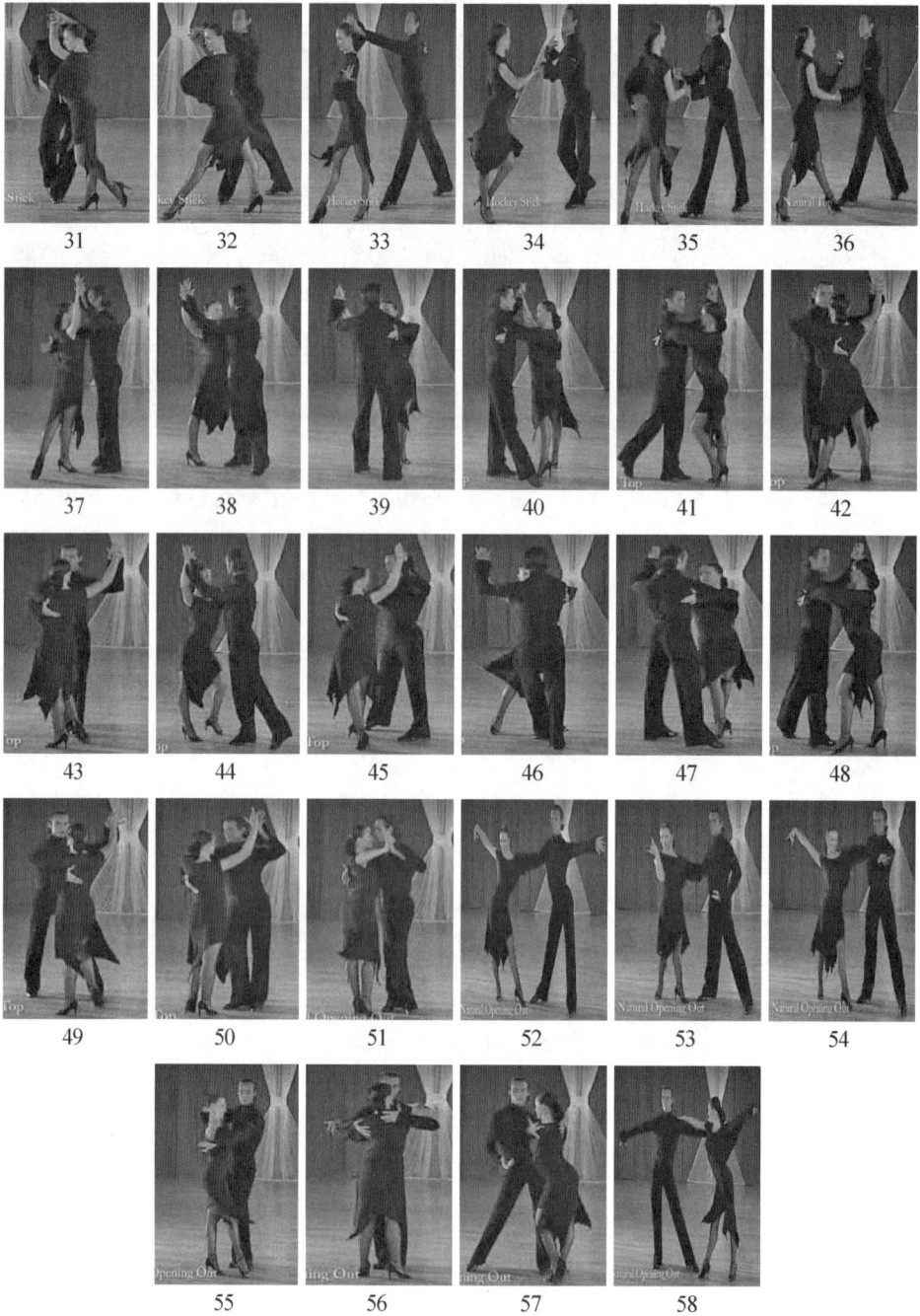

图 9-4 伦巴套路组合

脚迅速推至后边，右胯及身体向后延伸至最大［见图9-4中（3—5）］；男士做原地扭胯，并引带女士，女士随男士引带向前走步至男士身旁形成挤压［见图9-4中（6）］，女士继续随男士引带至男士体侧［见图9-4中（7—9）］，形成挤压后，男女身体分别向右向左打开，至扇形位［见图9-4中（10）］。

音乐节奏：4-1-and-2-3-4-1-and-2-3-4-1。

阿列曼娜：男士出左脚，身体向下挤压，左臂延伸至最远处，将身体力量传递给女士，女士感受到力量的同时做胯部转换［见图9-4中（11）］，男士引带女士向前运行至左臂下方［见图9-4中（12）和（13）］，男士向右后方出脚，身体向右后方转动，利用转身的力量引带女士做原地转身［见图9-4中（14—17）］，至闭合位［见图9-4中（18）］。

音乐节奏：and-2-3-4-1-and-2-3-4-1。

闭式扭臀至扇形位：男士换重心，左胯在前，右胯在后，男女身体相互挤压，男士出左脚，同时推动女士，使女士身体以左腿为轴转动至开式位［见图9-4中（20）］，男女胯位继续延伸至最大［见图9-4中（21）］，男士引带女士身体转动360°［见图9-4中（22—25）］，男士推动女士继续转动，并引带女士至扇形位打开［见图9-4中（26）］

音乐节奏：and-2-3-4-1-and-2-3-and-4-1。

曲棍步：男士出左脚，身体向下挤压，左臂延伸至最远处，将身体力量传递给女士，女士感受到力量的同时做胯部转换［见图9-4中（27—29）］，男士引带女士向前运行至左臂下方［见图9-4中（30）］，男士向右后方出脚，身体重心保持在两腿之间，同时引带女士向前运行［见图9-4中（31—32）］，至两人空间距离最大［见图9-4中（33）］，男士身体重心推至C位时，引带女士转身，推重心至准备姿势［见图9-4中（35）］。

音乐节奏：and-2-3-4-1-and-2-3-and-4-1。

陀螺转：男士向前上步，女士向后撤步，男士引带女士至闭合位［见图9-4中（36）和（37）］，男士右脚向左后方转动，脚前掌踩在地板上，大腿夹紧，女士向左前方上步，身体重心落在右脚［见图9-4中（38—39）］，男士右脚踩碾地板，推动身体右转至开位，女士右脚上步，身体扭转，胯打开，重心落于右脚［见图9-4中（40）］，男士右脚继续向左后方转动，脚前掌踩在地板上，大腿夹紧，女士向左前方上步，身体重心落于右脚，连续做四个陀螺转，动作要领与上相同。

音乐节奏：2-3-4-1-2-3-4-1-2-3-4-1-2-3-4-1。

分展步：男士做原地扭胯，身体重心落于右脚，女士做原地扭胯，身体重心落于左脚，身体形成挤压［见图9-4中（50）和（51）］，男士出左脚，同时推动女士向右后方转身，至开位，胯打开，男士左臂、女士右臂要延伸开［见图9-4中（52）］，男女身体重心分别向右向左移动，同时男士引带女士向前运行，女士经男士体前至男士身体左侧，将身体完全打开［见图9-4中（58）］。

第三节　恰　恰　恰

一、恰恰舞基本功练习

恰恰舞的律动和伦巴基本相同，由于伴奏舞曲及舞步速度轻快，因而具有活泼、热烈而俏皮的风格特点。它的步法音乐每小节四拍走五步，节奏为慢、慢、快、快。

（一）前进步

前进步如图9-5所示。

准备姿势：主力腿在前，动力腿在后，重心位于主力腿脚心，胯部打开，上身保持基本姿势。

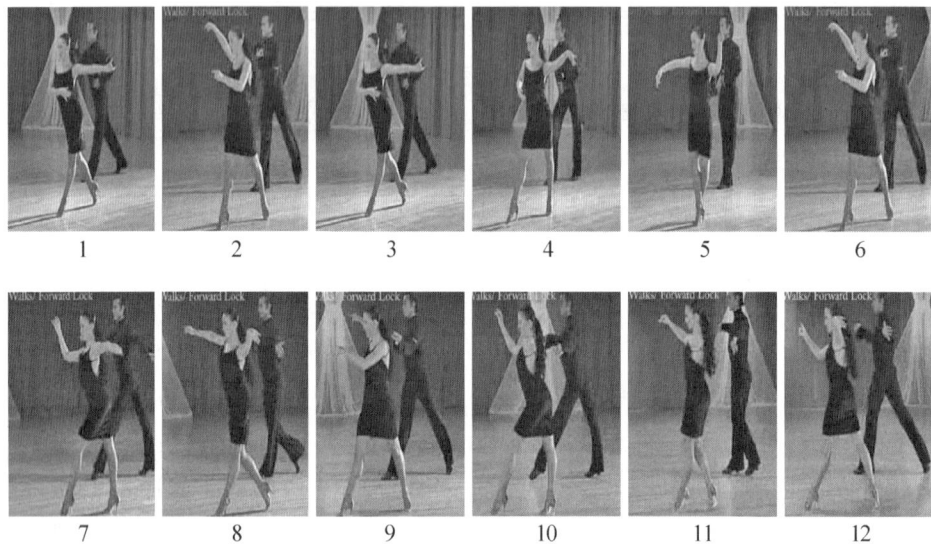

图9-5　前进步

动作要领：恰恰前进步主要分为两个部分即前进走步、前进锁步。前进走步在运行过程中要由准备姿势直接到达 C 位，速度要快。前进锁步要胯部完全打开，做锁步时动力腿膝盖要收至主力腿膝盖窝处，同时两腿微屈，身体重心跟随脚步向前移动，要保持重心平稳运行。

音乐节奏：2- 3-恰恰-1（1 拍、1 拍、半拍、半拍、1 拍）。

（二）后退步

后退步如图 9-6 所示。

图 9-6　后退步

准备姿势：动力腿在前，主力腿在后并支撑身体重心，胯部打开，身体直立。

动作要领：恰恰后退步同样主要分为两个部分即后退走步和后退锁步。后退走步在运行过程中要将动力腿直接推到后边，并将动力腿侧的胯完全打开，速度要快。后退锁步要胯部完全打开，做锁步时动力腿膝窝要靠在主力腿膝盖处，同时两腿微屈，身体重心跟随脚步向后移动，要保持重心平稳运行。

音乐节奏：2-3-恰恰-1（1 拍、1 拍、半拍、半拍、1 拍）。

注意事项：做连续锁步时后面的脚跟离地，膝盖靠拢，手臂动作要左右交替。

（三）恰恰方形步

图 9-7 所示为恰恰方形步。

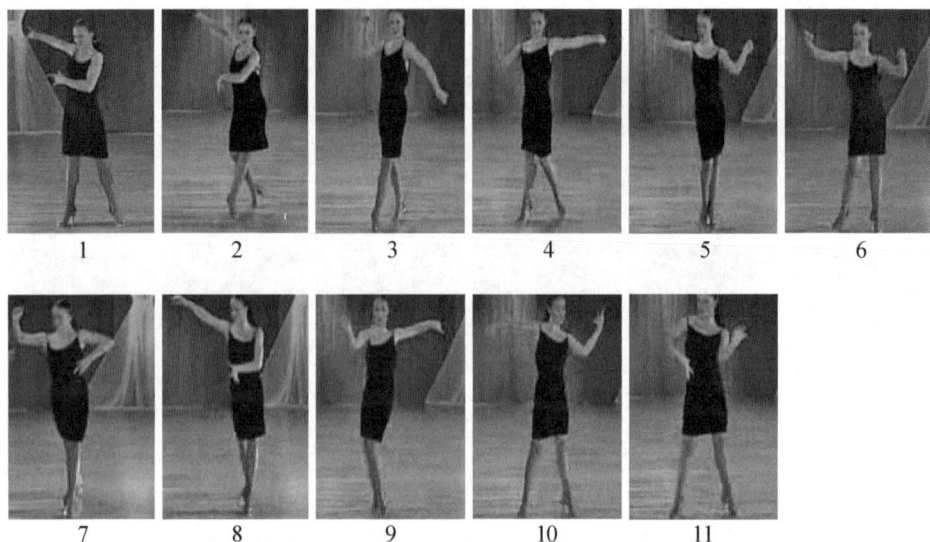

图 9-7　恰恰方形步

准备姿势：右腿为主力腿，左腿为动力腿，胯位处于水平方向（见图 9-7 中 1）。

动作要领：主力腿支撑，右胯向后转动，将动力腿迅速推到前边，右腿膝盖顶到左腿膝盖窝处，身体重心稍后仰，保持头部、身体、胯、腿在同一倾斜面上［见图 9-7 中（2）］；左腿用力向后推动，将胯完全打开，右脚保持不动［见图 9-7 中（3）］；左脚移动到右脚旁，左腿膝盖内扣，身体重心位于右腿［见图 9-7 中（4）］；左腿用力踩地板，胯部转动，右脚收至左脚旁，右腿弯曲，左腿伸直［见图 9-7 中（5）］；右腿用力踩动地板，将身体重心向左推出，胯打开［见图 9-7 中（6）］；左腿踩动地板，左胯向后转动，右腿迅速向后推出，胯打开，重心到两腿之间［见图 9-7 中（7）］；重心向前推，至左腿，胯完全打开［见图 9-7 中（8—10）］；后面动作与图 9-7 中（4）和（5）相同，但方向相反；结束［见图 9-7 中（11）］。

音乐节奏：2-3-恰恰-1-2-3-恰恰-1。

二、恰恰套路组合

恰恰套路组合如图 9-8 所示。

| 1 | 2 | 3 | 4 | 5 | 6 |

| 7 | 8 | 9 | 10 | 11 | 12 |

| 13 | 14 | 15 | 16 | 17 | 18 |

| 19 | 20 | 21 | 22 | 23 | 24 |

| 25 | 26 | 27 | 28 | 29 | 30 |

31　　32　　33　　34　　35　　36

37　　38　　39　　40　　41　　42

43　　44　　45　　46　　47　　48

49　　50　　51　　52　　53　　54

55　　56　　57　　58　　59　　60

| 61 | 62 | 63 | 64 | 65 | 66 |

图 9-8 恰恰套路组合

动作顺序：准备姿势［见图 9-8 中（1）］→向后的恰恰恰［见图 9-8 中（2—6）］→向前的恰恰恰［见图 9-8 中（7—11）］→向后的三个恰恰恰［见图 9-8 中（12—21）］→向前的三个恰恰恰［见图 9-8 中（22—33）］→定点转［见图 9-8 中（34—48）］→肩对肩［见图 9-8 中（49—54）］→纽约步［见图 9-8 中（55—67）］。

准备姿势：男女闭合位站立，女士两腿伸直，重心位于左脚，右脚脚尖点地，胯关闭，身体保持直立，男士动作相反［见图 9-8 中（1）］。

向后的恰恰恰：男士右腿支撑，右脚踩压地板，右胯向后转动，推动左脚向前上步，做切克，并将力量传递给女士，女士感受男士力量，右脚向后撤步，胯完全打开，两腿绷直［见图 9-8 中（2）］，男女架形要保持住。男士向后做锁步，女士跟随男士做向前的锁步［见图 9-8 中（4—6）］。

音乐节奏：2-3-恰恰-1（即 1 拍、1 拍、半拍、半拍、1 拍）。

向前的恰恰恰：男士身体向左侧打开，引带女士经由体前上步，男士继续向左侧转动，引带女士以右腿为轴转体 180°［见图 9-8 中（7）和（8）］，至图 9-8 中（9）的位置。男士向前上步做恰恰锁步，女士向后做恰恰锁步［见图 9-8 中（9—11）］。

音乐节奏：and-2-3-恰恰-1。

向后的三个恰恰恰：男士右腿支撑，右脚踩压地板，右胯向后转动，推动左脚向前上步，做切克，并将力量传递给女士，女士感受男士力量，右脚向后撤步，胯完全打开，两腿绷直［见图 9-8 中（12）］，做连续向后的三个恰恰锁步（与向后的恰恰恰做法相同）［见图 9-8 中（13—21）］。

音乐节奏：and-2-3-恰恰-1-恰恰-1-恰恰-1。

向前的三个恰恰恰：男士向后撤步，女士向前上步做切克［见图 9-8 中（22）］，男士向前推重心上步，女士以右腿为轴做 180° 转体［见图 9-8 中（23）］，男士向前上步，推动女士做恰恰锁步［见图9-8中（24）和（25）］，至图9-8中（26）位置时，女士转体。第二个恰恰恰与向后的恰恰恰做法相同［见图9-8中（27—29）］，第三个恰恰恰与第一个恰恰恰做法相同［见图9-8中（30—32）］。

音乐节奏：and-2-3-恰恰-1-and-恰恰-1-and-恰恰-1。

定点转：男士上步做切克，女士后撤步［做法同图9-8中（2）］，男士左脚收至体侧，与右脚在同一水平面，做横向移动步，动作干脆，女士动作与男士动作相同，方向相反［见图9-8中（34—36）］。至横向位打开，男士重心位于左脚，两腿伸直，右脚脚尖点地，女士动作相同，方向相反［见图9-8中（36）］。男士以左腿为轴转动身体45°，上右脚，左腿向前推动身体，使重心位于右腿［见图9-8中（37）］，男士以右腿为轴转动身体180°，右腿向前推动身体，使重心位于左脚，女士动作相同，方向相反［见图9-8中（38）］，男士继续转体至横向位，做横向移动步，女士动作相同，方向相反［见图9-8中（39）和（40）］图9-8中（41—45）与（36—40）动作相同，方向相反。第三个定点转［见图9-8中（46—49）］同第一个定点转［见图9-8中（36—40）］。

音乐节奏：and-2-and-3-恰恰-1-and-2-and-3-恰恰-1 and-2-and-3-恰恰-1。

肩对肩：男士以右腿为轴，引带女士向右转动身体，出左脚，右脚推重心至左脚，时间为两拍［见图9-8中（50）］，男士以左腿为轴，引带女士转动身体至横向位，做横向移动步［见图9-8中（51—53）］，男士以右腿为轴向左后方转体，身体重心位于两腿之间，两腿伸直，身体保持直立，女士动作相同，方向相反［见图9-8中（54）］，男士推重心至右腿，以右腿为轴转体至横向位［见图9-8中（55）］，做横向移动步。

音乐节奏：2-3-恰恰-1-and-2-3-恰恰-1。

纽约步：男士以左腿为轴，向左后方转体，做切克，前腿伸直，后退弯曲，女士动作相同，方向相反，男女两臂向斜后方打开［见图9-8中（56）］。图9-8中（57—60）与（61—63）动作相同，方向相反。

音乐节奏：2-3-恰恰-1-2-3-恰恰-1-2-3-恰恰-1。

第四节　牛仔舞

一、牛仔基本功练习

要点一：牛仔舞的弹性不在于往上跳，而在于（自有落体式的）下降产生的弹性。牛仔舞的弹性不是向上弹，而是向下。

要点二：牛仔舞的重拍在双数，跟桑巴一样。

要点三：弹性基本步的重拍表现在下降后的撑起，而不是下降的过程。

要点四：在点脚的时候，点的那只脚是动力脚，不支撑重心，所以不要让它去借力，要让支撑脚直立，再产生自由落体式的下降，然后迅速撑起来，完成动作。

要点五：在点脚时，动力腿保持弯曲，不能踩直。

（一）横向基本步

横向基本步如图 9-9 所示。

准备姿势：两腿并拢，脚外八，臀部微内收，身体微微前倾［见图 9-9 中（1）］。

图 9-9 横向基本步

动作要领：大腿向上提拉，带动小腿上提，右脚外八，身体重心向右移动〔见图9-9中（2）〕，右脚下压，用力踩压地板，胯向右移动，同时将左脚带至右脚旁，两腿微屈〔见图9-9中（5）〕，重心下落，右脚向侧出脚，重心右移，胯摆动至身体右侧〔见图9-9中（7）〕。图9-9中（8—14）与（1—7）动作相同，方向相反。

音乐节奏：and-1-and-2-and-3-and-4。

（二）向前的基本步

向前的基本步如图9-10所示。

准备姿势：两腿并拢，脚外八，臀部微内收，身体微微前倾〔见图9-10中（1）〕。

动作要领：大腿向上提拉，带动小腿上提，身体向右前方转动〔见图9-

图9-10　向前的基本步

10中（2）]，右脚下压，用力踩压地板，胯向右前方转动，同时将左脚带至右脚旁，两腿微屈［见图9-10中（4）]，重心下落，右脚向前方出脚，重心随之前移，胯摆动至身体右前方［见图9-10中（7）]。图9-10中（8—14）与（1—7）动作相同，方向相反。

音乐节奏：and-1-and-2-and-3-and-4。

（三）向后的基本步

向后的基本步如图9-11所示。

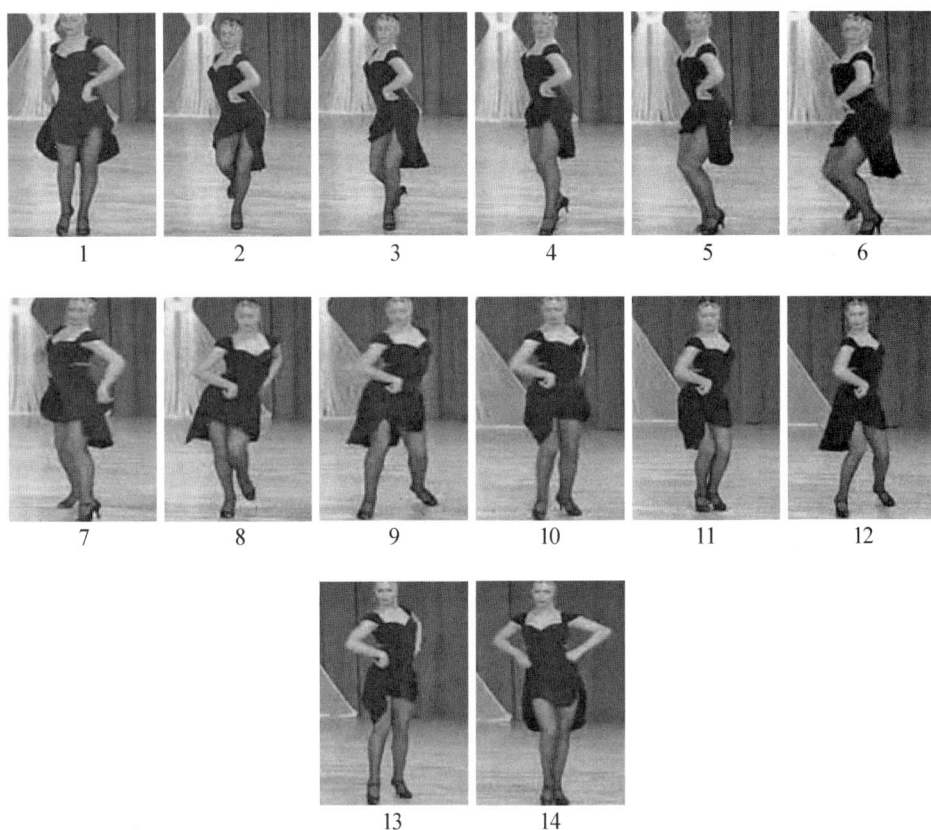

图 9-11　向前的基本步

向后的基本步与向前的基本步动作相同，方向相反。

二、牛仔套路组合

牛仔套路组合如图9-12所示。

1 2 3 4 5 6

7 8 9 10 11 12

13 14 15 16 17 18

19 20 21 22 23 24

25 26 27 28 29 30

图 9-12　牛仔套路组合

动作顺序：准备姿势［见图 9-12 中（1）］→并退基本步［见图 9-12 中（2—6）］→并退抛掷步［见图 9-12 中（7—12）］→左至右换向步［见图 9-12 中（13—18）］→背后换手步［见图 9-12 中（19—28）］→并退基本步［见图 9-12 中（29—32）］→右至左换向步［见图 9-12 中（33—38）］→背后换手步［见图 9-12 中（39—45）］。

准备姿势：男女相对而立，身体保持基本站立形态，重心稍前倾，手呈持握状态［见图 9-12 中（1）］。

并退基本步：男士身体、胯部向外转动，大腿带动小腿上提，左手推动女士向外转体［见图 9-12 中（4）］，男士左腿主动下压，踩压地板，女士右脚主动下压，踩压地板［见图 9-12 中（5）］，通过踩压地板的力量做向前的基本步［见图 9-12 中（6）］。

音乐节奏：and-1-and-2-and-3-and-4。

并退抛掷步：男士继续做向前的基本步，引带女士经由体前做逆时针转体，转体速度要快［见图9-12中（8）和（9）］，继续做向前的基本步至图9-12中（12）位置。

音乐节奏：and-3-and-4。

左至右换向步：男士引带女士至体前做逆时针转体，转体时速度要快［见图9-12中（13—18）］。

音乐节奏：1-2-3-and-4。

背后换手步：男士引带女士，女士环绕男士左向前的基本步，然后转体，男士做逆时针转体［见图9-12中（25—28）］至闭合位［见图9-12中（29）］。

音乐节奏：1-2-3-and-4。

并退基本步：动作与上相同，方向相反。

右至左换向步：男士引带女士做顺时针转体，转体速度要快［见图9-12中（34—37）］。

音乐节奏：1-2-3-and-4。

背后换手步至结束位：动作与上相同。

音乐节奏：1-2-3-and-4。

第十章 器械健美

第一节 健美运动与健康

一、健美运动的发展

健美运动是一项以徒手、哑铃、杠铃、壶铃、拉力器及其他轻重或特制的器材，如多功能的联合训练器等，采用规范的动作和方法，通过系统、全面的反复锻炼，使男生增长力量、发达肌肉，女生既锻炼了身体，又可减脂塑形，健美是一项男女生都能达到改善体型、体态和陶冶情操目的的运动。

由于健美运动既可以进行徒手练习，如各种徒手的健美操和自抗力练习，又可以采用各种各样轻重不同的运动器械进行练习，不太受场地、器材和时间的限制，练习成本相对较低而练习效果却相对较好，深受男女学生喜爱，在学校有深厚的群众基础，是一项十分受欢迎的体育项目。

健美运动既是一项锻炼身体的体育运动，又是一个独立的体育比赛项目，有其专门的评判标准、评分方法和比赛规则。

在古希腊，人们认为健美的人体应该有宽广的胸部，灵活强壮的脖子，雄伟的躯干，结实隆起的肌肉，矫健轻快的双腿。这些特征为人体健美的集中体现。例如：肌肉高度发达的雕像"掷铁饼者"和丰润柔和的女性"断臂维纳斯"，都是那个时代的健美代表者。

1928 年底，美国《体育》杂志主编 Bernarr Macfadden 首创健美比赛——全美男子健美比赛，使健美运动正式成为竞赛项目，人们尊称他为"健美运动之父"。20 世纪 30 年代末期，女子健美运动在北美和欧洲开始流行。1942 年美国首先举行了"健美小姐"评选会，奠定了女子健美比赛的基础。20 世纪 40 年代初，加拿大的 Ben Weider 先期做了大量的工作，终于在 1946 年正式创建了国际健美联合会，制定了健美比赛国际规则，并开始举办正式的国际业余健美锦标赛，他被推选为国际健美联合会终身主席。目前，全世界参加国际健美联合会的国家和地区有 130 多个，成为世界业余体育协会中最有影响的组织之一。

20 世纪 30 年代，现代健美运动传入我国，我国健美运动的开创人——赵竹光首先在上海成立了我国最早的健美组织，即沪江大学健美会，继而创建了"上海健身院"，并翻译出版了《肌肉发达法》和《力之秘诀》两本健身著作。他还主办《健力美》杂志，继后，曾维祺、娄琢玉、胡维予、谭文彪等先后在上海、广州等地建立了健身院，开展健美运动。1946 年在上海八仙桥青年会举行了我国第一次男子健美比赛，柳颙庵荣获冠军。

1949 年至 20 世纪 60 年代，我国健美运动发展很快，上海、广州、北京、苏州等城市都兴建了健美场馆。由于种种原因，健美运动曾一度中断达二十余年。1980 年以后，健美运动再次兴起，各行各业的男女老少，特别是广大青少年积极参加健美锻炼，从 1983 年开始上海、广州、北京等城市先后举办了多届全国"力士杯"男子健美邀请赛，同时女子健美运动也开始登台表演。1981 年以来，《健与美》《健康之友》《竞技与健美》等杂志先后出版，对宣传推动和普及健美运动在我国开展起到了积极的作用。

二、健美运动的功能与价值

马克思关于人的需要的理论，把人的需要分为生存需要、享受需要、发展需要等三个方面。生存需要即吃、穿、住、行等，是最基本的、首要的。近几十年，随着我国国民经济发展，人民的物质生活水平得到了相当大的提高，较低层次的生存需要已基本得到满足，因而对较高层次的享受需要和发展需要，显得尤为重要。体育活动在满足人们的享受和发展需要在整个社会生活中的积极作用也越来越明显和重要。它能够给人们提供丰富多彩、健康文明的内容。健美运动就是其中之一。经常参加健美锻炼能够促使练习者血液循环加速，提高人体心脏功能；使呼吸肌增强，肺活量增大，肺功能得到提高；改善大脑的供血状况，消除疲劳，让人头脑清醒，思维更加敏捷；在有效地增强体质的同时还能促进人体全面、协调地发展。经常参加锻炼，能使人体的力量、柔韧、速度、耐力等素质得到提高，为参加其他体育活动打下良好的基础。通过科学的、有计划的、有目的的各种姿势和器械的反复锻炼，能使肌肉粗壮结实，肌红蛋白增多，骨骼坚韧，骨密质增厚，骨的抗弯、抗折能力增强。长期坚持锻炼，能使人的体能、体形和体态都得到较大改善。具有良好的体能、匀称的体形、优美的体态，能使人充满活力、身心愉悦、朝气蓬勃，使人的生理和心理都得到较大程度的满足。

三、健美运动对肌肉形态的影响

（一）体重计算方法

通常，学生参加健美训练的目的是减肥，但是在实践中我们发现，大多数学生并不知道什么样的情况属于肥胖的程度，盲目性很大。下面介绍判断体重是否处于正常范围的方法。通过大量的统计数据得出一个数值范围为正常值，也就是所说的标准体重。一般在正常值 ±10％ 以内的范围都属于正常体重。超过这一范围，就可称为异常体重。目前较普遍采用并得到广泛认同的计算正常值的方法有两种。一种是用于成年男性：［身高（厘米）－ 100］×0.9= 标准体重（千克），用于成年女性：相同公式再减去 2.5（千克）。另一种是计算体重指数（BMI）的方法，用体重（千克）÷［身高（米）^{2}］。例如：一个身高 1.70 米的人，体重 68 千克，他的 BMI=68 ÷（1.70）^{2} ＝ 23.5。一般认为，正常的体重指数为 18—25。超重的体重指数为 25—30，肥胖的体重指数为 30 以上。

（二）肌肉组织概述

1. 肌肉组织

肌肉组织的主要成分是肌细胞，肌细胞有肌膜和肌浆，呈纤维状，又称为肌纤维。肌细胞具有收缩能力。肌细胞内有肌动蛋白、肌球蛋白等收缩物质，故能收缩。

人体的各种动作，如行走、持物、吞咽、发音、表情等，以及体内各脏器活动，如呼吸、循环、排泄、胃肠蠕动等，都由肌组织完成。完成这些动作主要依靠肌细胞的收缩作用。

肌组织在人体分布很广。肌肉以形态、功能和位置等不同可分为三种类型。第一种是骨骼肌，即附着在骨骼上的肌肉。骨骼肌的肌细胞有明暗相间的横纹，收缩随人的意志支配；第二种是平滑肌，不显横纹，大多构成脏器的壁，故又称为内脏肌；第三种是心肌，分布在心脏的壁上，也有横纹，心肌不受人的意志支配。人体的肌肉很多，有 600 多块，与学习健美紧密相关的主要是骨骼肌。

骨骼肌又称为横纹肌，骨骼肌的基本成分是骨骼肌纤维。骨骼肌纤维是一种多核细胞，较平滑肌纤维更长，结构也较复杂。肌肉是器官，由肌纤维、血管和神经组成。肌纤维成束排列，每条肌纤维外周包有薄层结缔组织，称为肌内膜。许多肌纤维组成肌束，外被结缔组织膜包裹，称为肌束膜。在整个肌肉外面又包有一层较厚的结缔组织，称为肌外膜。各膜的结缔组织彼此连续，分布至肌肉的血管和神经都沿着结缔组织膜入内。

人体的骨骼肌绝大多数附着于骨骼上，它的功能与心肌和平滑肌不同，骨骼肌收缩时牵动骨骼引起人体的运动，进行各种各样的体育活动和劳作。骨骼肌的特点是收缩快而有力，但易于疲劳。骨骼肌在人体中分布广泛，全身有骨骼肌约434块。成年人骨骼肌约占人体体重的40%，不同年龄、性别的骨骼肌占人体体重的比例是不同的。四肢的肌肉占全身肌肉总重的80%，其中下肢肌肉约占50%，上肢肌肉约占30%。

人体各部分肌肉由于功能不一，发达程度也不一样。为了维持身体的直立姿势，背部、臀部、大腿前面和小腿后面的伸肌特别发达。上下肢分工不一样、肌肉发达程度也有差异。下肢起支撑和位移作用，因而下肢肌肉较粗大有力。上肢进行抓握劳动，上肢肌数量较多，较细小灵活。由于人体的肌肉数量较多，为了方便学习，必须清楚各部位肌肉的名称。

人体的肌肉很多，形状也多种多样。肌肉按外形轮廓可区分为长肌、短肌、扁肌和轮匝肌等。长肌多分布于四肢，肌纤维一般与肌肉长轴平行，收缩时引起大幅度运动。短肌多分布于躯干深部，如椎骨之间的肌肉，收缩引起的运动幅度不大，但收缩时力大而能持久。阔肌多分布于胸腹壁，肌肉扁而薄，可以局部和整体收缩，除了能引起躯体运动外，还有保护内脏的作用。轮匝肌分布于孔裂的周围，肌纤维成环状，收缩时能使孔裂关闭，如口轮匝肌和眼轮匝肌。此外还有斜方形、三角形、菱形、方形、锯齿形、梨状、蚯蚓状、比目鱼状的分别称为斜方肌、三角肌、菱形肌、方肌（腰方肌）、锯肌（前锯肌）、梨状肌、蚯蚓状肌和比目鱼肌等。

2. 按肌腹和肌头多少分类命名

肌头按多少可分为二头肌、三头肌和四头肌。每个肌头都有一个起点，由两个肌头合成一个肌腹称为二头肌，由三个肌头合成一个肌腹称为三头肌，由四个肌头合成一个肌腹称为四头肌。

3. 按肌纤维排列方向分类命名

肌纤维按排列方向可分为直肌、斜肌、横肌等。长肌根据肌束与肌肉长轴的关系又分为菱形肌和羽状肌。菱形肌肌纤维与肌肉长轴平行（如缝匠肌）。

羽状肌肌纤维与肌腱长轴成锐角。羽状肌又可分为半羽状肌、羽状肌和多羽状肌。半羽状肌肌纤维与肌腱长轴成锐角，排列在肌腱的一侧，如半膜肌。羽状肌肌纤维成锐角的排列在肌腱两侧，如股直肌。多羽状肌由若干个羽状肌组成，如三角肌。

4.按肌肉的功能分类命名

屈肌、伸肌、展肌、收肌、旋前肌、旋后肌、括约肌、开大肌、提肌、降肌等，分别能使肌体在关节处作屈、伸、外展、内收、旋前、旋后，使孔裂缩小、开大，使身体某部位上提、下降。

5.根据肌肉位置分类命名

胸肌、腹肌、肋间肌、臀肌等分别位于胸部、腹部、肋骨之间和臀部。

6.根据肌肉的起止点附着部位命名

例如，肱桡肌起于肱骨止于桡骨，胸锁乳突肌则起于胸骨，锁骨止于颞骨乳突，等等。

还有根据肌肉跨过的关节情况分类，有的肌肉跨过一个关节称为单关节肌，如肱肌；有的肌肉跨过两个关节称为双关节肌，如肱二头肌；有的肌肉跨过二个以上的关节称为多关节肌。

（三）肌肉体积增大的原理

通过器械健美运动的锻炼和训练，对肌肉实施反复刺激后，可以看到肌肉明显增大。不同的锻炼和训练水平，肌肉增大的程度也不一样。

1.肌纤维增粗

肌肉体积增大的原因包括肌纤维增粗，但也有人认为是肌纤维数目增多，可是没有足够的实验证明。肌纤维增粗还包括产生更多的细胞内含物质，如线粒体增多、增大，肌原纤维纵裂增多和增粗，肌浆网和 T 系统按比例相应增大。力量练习如器械健美和举重等项目，可使肌纤维得到最大程度的增粗，通过这些项目的锻炼可使快缩和慢缩的肌纤维都增粗，但往往快缩肌纤维相对增粗较大。

线粒体是肌纤维中的细胞器，是肌纤维的供能中心，产生的三磷酸腺苷是体内最直接的能量来源。通过长期、系统、科学的锻炼，可使肌纤维中线粒体数量明显增加，可为肌肉收缩提供更多的能量。

2.肌肉中脂肪减少

通过系统的锻炼和训练，可使肌肉中脂肪减少。一般在活动不多的情况下，骨骼肌表面和肌纤维之间有脂肪堆积，肌肉内的脂肪在肌肉收缩时会产生摩擦，因而降低了肌肉收缩效率。通过锻炼，可以减少肌肉内的脂肪，从而提高肌肉的收缩效率。

力量性练习还可使肌肉内的结缔组织明显增厚。围绕在每根肌纤维周围的肌内膜和肌束周围的肌束膜均增厚，使肌腱和韧带中的细胞增殖，从而变得坚实粗大。

3. 肌肉内的化学成分发生变化

长期坚持锻炼，肌肉组织的化学成分可发生变化，如肌肉中的肌糖原、肌球蛋白、肌动蛋白、肌红蛋白和水分等含量都有增加。肌球蛋白和肌动蛋白是肌肉收缩的基本物质，这些物质增多，不仅提高了肌肉收缩能力，还能使三磷酸腺苷酶的活性加强，使三磷酸腺苷分解速度加快，及时给肌肉提供能量。肌红蛋白具有与氧结合的作用，肌红蛋白含量增加，则肌肉内氧的贮备量也相应增加，使肌肉在耗氧量很大的情况下，能够延长工作时间。肌肉内水分增加，有利于肌肉内氧化反应的进行，有助于肌肉力量的增长。

4. 肌肉内毛细血管增多

从动物实验证明，体力活动（静力和动力负荷）可以使骨骼肌毛细血管无论在数量上还是在形态上都有所改变。肌纤维之间的毛细血管平均配布数量在系统训练后增多，在静力负荷下毛细血管增加的数量较动力负荷要多。静力负荷促使骨骼肌内毛细血管形态明显的迂曲以及丰富的分支吻合，同时毛细血管分支处出现局限性扩张。动力负荷的跑步和游泳训练主要促进毛细血管分支吻合，对毛细血管形态影响不显著。肌肉内这些变化，改善了骨骼肌的血液供应情况，从而提高了肌肉的工作能力，有利于肌肉持续长时间的紧张活动。

5. 参加活动的肌纤维数量增加

每块肌肉内的肌纤维在运动时并不全部都是收缩的，只有一部分肌纤维对神经冲动产生反应，发生收缩。另一部分不收缩称为不活动肌纤维。肌纤维之所以不收缩是由于神经在控制过程中不使用它们，或是到达运动终板的神经冲动太弱。坚持体育锻炼可以改善神经控制，增强神经冲动的传递，使一些不活动的肌纤维能活动起来。一般训练水平低的肌肉只有 60% 的肌纤维参加收缩活动，训练水平高的肌肉参加活动的肌纤维可达 90%。经常参加锻炼的人肌肉力量大，就是因为锻炼改善了神经控制过程使参加收缩的肌纤维数量增多之故。

四、营养对健美和体育运动的重要性

（一）营养的概念

生命的存在、有机体的生长发育、各种生理活动以及体力活动，都有赖于体内不断进行的物质代谢。而在物质代谢过程又必须不断地从外界获得新的物质，其主要途径是从食物中摄取。获得与利用食物的过程称为营养过程。

营养是保证人体正常生长发育，保持健康与增强体质的重要外界因素。合理的营养能促进人体生长发育，增进健康，预防疾病和提高工作能力。营养和体育锻炼都是维持和促进人体健康的主要因素。营养素是构成和修补组织的原料，是调节器官功能的主要物质，而体育锻炼则可以促进组织器官发育以及其功能改进。如果注意营养而忽视体育锻炼，其结果只能是形成肌肉松弛、肥胖无力。如果进行体育锻炼而缺乏适当的营养，身体会因消耗过多而有损健康。这两者不可偏废。

凡是能在体内消化吸收，能供给热能、构成体质和调节生理功能的功用，为身体提供正常物质代谢所必需的物质均称为营养素。营养素即食物中所含的各种营养成分，分为糖、脂肪、蛋白质、维生素、无机盐和水这六大类。

（1）糖：由 C、H、O 三种元素组成。就其分子结构的不同分为单糖（葡萄糖）、双糖（如蔗糖）和多糖（如淀粉）三类。各类糖在消化道内都要分解为单糖才能吸收，它们的功能一样，只是消化吸收的快慢不同。单糖吸收快，多糖吸收慢。两者各有其特殊意义：单糖能在身体急需时很快提高血糖水平和供给热能，多糖在胃肠道中停留的时间较长，慢慢地被吸收，可维持较长时间的血糖水平。1 克糖能在体内产生 4 千卡热能，因此糖是重要的供能物质，是能量的最重要和经济的来源。糖对中枢神经系统代谢极为重要。中枢神经组织中储存的营养素非常少，主要是利用血糖供其代谢的需要。当体内缺糖时，血糖降低，最先受到影响的是中枢神经系统，严重时可发生晕厥，甚至死亡。核糖及脱氧核糖是核酸和核蛋白的重要组成部分，在人体所有的神经组织和细胞核中都含有糖的化合物，以肝与肌肉中的糖原含量最高。

糖除能保护蛋白质和肝外，还具有解毒等功能。

糖的主要来源是粮食（米、麦、玉米、高粱等）、豆类和根茎类食物（白薯、马铃薯、萝卜等）所含的淀粉。此外，水果和瓜类食物也含有糖。由于我国膳食是多糖膳食，糖在膳食中的比例较高，只要膳食热量充分，一般是不会缺乏糖的。

（2）脂肪：主要是由 C、H、O 三种元素组成。脂肪比糖含的 C 和 H 要多，O 较少；有的也含有 N 和 P，这几种元素组成两种化合物：甘油与脂酸。脂肪产生的热能很高，1 克脂肪在体内氧化后能产生 9 千卡热能。脂肪也是构成细胞的重要成分，在神经组织中，磷脂也很重要。脂肪组织在体内存在于皮下、内脏和关节周围，有储存热能、调节体温和保护器官的作用。此外，脂肪是脂溶性维生素 A、D、E、K 的良好溶剂，膳食中含有适量的脂肪可促进脂溶性维生素吸收和利用。脂肪供给量过多或过少都会对身体造成不良的影响，过多会使身体肥胖，并能使血液中胆固醇含量增高，引起高血压病和心脏病；过少则可引起脂溶性维生素缺乏。脂肪来源主要是各种动物性油脂和植物性油脂。两者相比，动物性油脂可使血液中胆固醇增高，而植物性油脂无此缺点。

脂肪来源除油脂和动物性食物外，植物性食物中也能提供一定量的脂肪。在油脂和动物性食物供给量较少的情况下，可选含脂肪较丰富的植物性食物，如大豆、核果等补充。

（3）蛋白质：蛋白质由 C、H、O、N 和 S、P 等元素组成，化学结构十分复杂，基本结构是氨基酸。组成蛋白质的氨基酸有 20 种，每一种蛋白质中至少含有 10 种氨基酸。蛋白质所含的氨基酸中，有 8 种是人体自身不能合成的，必须从食物中摄取，称为必需氨基酸。凡含有各种必需氨基酸的蛋白质，称为完全蛋白质；含必需氨基酸不全的蛋白质，称为不完全蛋白质。蛋白质是构成细胞的主要成分，占细胞内固定成分的 80% 以上，肌肉、血液、骨和软骨等都主要由蛋白质组成。组织的新陈代谢和损伤修补，也必须依靠蛋白质，蛋白质还是建造肌肉的重要原料，对保证肌肉发展有重要作用。1 克蛋白质可产生 4 千卡能量。但它不是能量的主要来源，一般情况下，机体不以体内蛋白质供给能量。充分、合理的蛋白质供给量，是保证机体生长发育和保持正常生理功能的重要因素。缺乏蛋白质会影响身体发育，使机体功能下降，容易患病。但是，蛋白质过多对身体也是有害的，会增加肝和肾的负担。

蛋白质的来源可分为动物性和植物性两类，动物性蛋白质的营养价值较植物性蛋白质高。但是植物性蛋白质来源较动物性蛋白质多，且经济。在植物性蛋白质中尤以大豆为最好，其不但蛋白质含量高，而且所含必需氨基酸也较全，营养价值高。

（4）维生素：是维持人体生命和正常功能不可缺少的一种营养素。维生素的种类很多，目前已知主要的有 14 种，分为两类：一类是脂溶性维生素，主要有维生素 A、D、E、K；另一类是水溶性维生素，主要有维生素 B1、B2、B6、B12、C 和 P 等。各种维生素功能各异，在体内的特殊功用，不能相互代替。总体上，维生素都有调节物质代谢、保证生理功能。维生素不构成体质，也不供给热能。维生素在体内不能合成（维 C 例外）。一般情况下，人体内维生素的储存量很少，必须经常从食物中摄取。维生素虽然对身体健康的作用非常大，但摄取维生素还应适量，过多摄入维生素对身体不但无益，甚至有害。

人体摄取维生素主要由食物供给，在食物供给充分的情况下，不必另外补充。有的人对维生素缺乏认识，以为它是补药，不管需要与否，盲目补充滥用，这对身体没有好处。过多摄入维生素，会增加身体的排出量，有的可引起体内代谢紊乱，还有的会引起蓄积中毒。因此，必须了解维生素的作用和用途，正确利用维生素，才能收到良好的效果。

（5）无机盐：人体内无机盐的种类很多，是构成机体组织和调节生理功能的重要物质。人体中无机盐以钙和磷的含量最多，两者占比为 70%；其他有钾、钠、镁、氯等。有的元素在体内含量很少，如铁、钴、铜、碘、氟、锌等，称为"微量元素"。在营养物质中的无机盐是指在体内含量较多（如钙与磷）的，或具有特殊功用（如铁）的，必须经常从食物中摄取的。钙是构成骨骼及牙齿的主要成分，在人体中 99% 钙存在于骨骼及牙齿中。若钙缺乏，骨骼和牙齿的生长或正常状态的维持都会受到影响。钙还具有维持神经和肌肉的正常兴奋、维持心脏跳动的作用。缺钙时，神经和肌肉的应激性增强，心脏跳动加快、肌肉容易痉挛。还参与凝血，若钙缺乏，则凝血功能受到影响。成人每天大约需要 0.6 克的钙，儿童和孕妇钙的需要量稍高。

钙的来源主要是食物，含钙量较高的食物有虾皮、海带、豆类、芥菜、油菜等。菠菜的含钙量也较高，但因其含有草酸，草酸与钙结合成草酸钙，不易被人体吸收。

磷是构成骨骼与牙齿的主要成分。人体中的磷有 70%—80% 与钙结合成磷酸钙而存在骨骼与牙齿中。磷是体内许多酶的重要成分，在物质代谢中有重要的作用。一切肌肉和神经系统的活动、糖和脂肪的代谢都需有磷的化合物参加。供给肌肉收缩能量的物质，如三磷酸腺苷、磷酸肌酸都是磷的化合物。肌肉活动越多，能量消耗越大，磷的消耗也越多。此外，磷与脂肪合成磷脂，维持中枢神经系统的正常状态；磷还是维持渗透压和酸碱平衡的重要元素。成年人每天大约需要 1.5 克磷，运动量大的人，每天的需要量也相应较大。

磷的主要来源是食物，磷在食物中的分布很广，一切富含蛋白质的食物都含有磷，如乳类、豆类、蛋类、肉类以及绿色蔬菜等。

其他几种无机盐对人体的生长发育以及运动也都很重要。

（6）水：水是机体的重要成分，也是机体不可缺少的重要营养素。水占成年人体重的 60%—70%，占儿童体重可达 80% 以上。物质的消化、吸收、生物氧化以及排泄都需要水参与，否则都不能正常进行。此外，水还能调节体温，保持腺体正常分泌。因为各种腺体的分泌物均是液体，若缺乏水，其分泌必然会受影响。

每人每日所需水分的量取决于年龄、气候及工作性质。天热及排汗较多时，水的需要量较高。一般情况下，成人每天需水量为 2 000—2 500 毫升。此外，各种食物均含有水分，体内的物质代谢过程中也产生水，这些都是机体摄取水分的来源。

了解了这六大类营养素对人体的作用之后，就可以根据具体情况，在人体的活动及体育锻炼中进行适量的补充。

五、肌肉得到营养的过程

参加健美锻炼，还应知道肌肉是如何得到营养的。

从事健美锻炼，是通过各种姿势和轻重不同的各种器械，对身体或身体的某些部位的肌肉进行经常性的、反复不断的刺激；在量变的情况下，促使其达到质的变化，也就是肌肉增粗、变大，力量得到增长。要达到这些目的，光有反复不断的刺激而缺乏营养物质支持，效果肯定不会太好。为了较快较好地达到目的，必须重视营养在锻炼中的重要作用。

人体通过食物摄取大量的营养素，这些营养素通过胃肠道的消化、吸收，再通过肝的分解，被输送到血液中，又通过血液循环将这些营养素带到全身。如果人体的某些部位在做运动，血液就会大量流向这些运动部位，给这些部位的肌肉输送大量的氧和各种营养素。使这些肌肉能够得到充分的能量。健美运动就是人体通过徒手和各种轻重不同的器械，对身体的某些部位进行有目的、有计划、有针对性的刺激，使这些部位肌肉的血液循环加快，从而得到更多的营养。经过一定时间的锻炼，这些部位的肌肉就会有明显的改变，变得相对粗壮有力。只要持之以恒，坚持不断地参加锻炼，定能取得理想的效果。

六、各种食品营养成分表

参加健美训练或减肥运动，应注意通过营养配餐控制或增加体重。要做到这一点，就需要知道各种食物的基本营养价值，其中热量、碳水化合物、蛋白质、脂肪的含量各有多少。以便在锻炼中有意识地根据自己的实际情况合理搭配进食。表 10-1 为计算营养配餐提供参考（未注明数量者为每 100 克所含）：

表 10-1　各种食物含有热量、蛋白质、碳水化合物、脂肪的量

名　称	热量/千卡	蛋白质/克	碳水化合物/克	脂肪/克
肉类/鱼类				
上等牛腰肉	180	30	9	6
牛　肉	190	39	0	5
瘦牛肉	171	28	0	16
去皮鸡胸脯肉	165	31	0	4
去皮火鸡胸脯肉	135	30	0	1
猪　肉	164	28	0	5
鲑　鱼	184	27	0	7
比目鱼	140	27	0	3
金枪鱼	116	25	0	1
蛤　蜊	88	17	2	1
虾	99	21	0	1
鹿　肉	158	30	0	3
烤牛肉	50	8	2	1
火　腿	145	21	2	6
小羊腿	191	28	0	8
熏猪肉	86	11	1	4

名　称	热量 / 千卡	蛋白质 / 克	碳水化合物 / 克	脂肪 / 克
谷　类				
燕麦粥（1 碗）	145	6	25	2
全谷类食物	110	3	24	1
全麦面包（1 片）	69	3	13	1
小煎饼（1 块）	128	26	20	2
松糕（1 块）	127	5	25	1
果酱馅饼（1 块）	170	6	35	2
白米饭（1 碗）	205	4	44	0
黑米饭（1 碗）	216	5	45	1
通心粉（1 碗）	197	7	40	1
面条（1 碗）	197	7	40	1
全麦饼干（5 片）	89	2	14	3
全麦点心（1 块）	103	3	23	1
水　果　类				
甜瓜（1 块）	55	1	13	0
草　莓	46	1	11	0
苹果（1 个）	81	0	21	0
橘子（1 个）	64	1	16	0
橘子汁（1 杯）	112	2	26	0
葡　萄	37	0	0	0
葡萄干	109	1	29	0
香蕉（1 根）	109	1	28	0
猕猴桃（1 个）	46	0	11	0
李梅（1 个）	36	0	9	0

（续　表）

名　称	热量/千卡	蛋白质/克	碳水化合物/克	脂肪/克
桃（1个）	42	0	11	0
杏	50	1	12	0
梨（1个）	98	0	25	0
菠萝（1块）	60	1	14	1
山　楂	60	1	14	1
蔬 菜 类				
菜花	20	2	4	0
辣椒	40	1	10	0
葱	61	2	14	0
西红柿	38	2	8	0
西红柿汁（1杯）	46	2	11	0
芦　笋	15	1	3	0
卷心菜	11	0	1	0
菠　菜	7	1	1	0
茄　子	11	0	3	0
马铃薯	220	5	51	0
胡萝卜	31	1	7	0
豌　豆	67	4	12	0
大蒜（1头）	4	0	1	0
莴　苣	9	1	1	0
青　豆	22	1	5	0
黄　瓜	14	1	3	0
蛋 / 奶 类				
蛋（1个）	75	6	1	5

（续　表）

名　称	热量/千卡	蛋白质/克	碳水化合物/克	脂肪/克
蛋白（1个）	17	4	0	0
奶酪（1块）	82	14	3	1
低脂奶酪（1块）	49	7	1	2
脱脂酸奶	127	13	17	0
脱脂牛奶（1杯）	86	8	12	0
豆　类				
豆　腐	144	16	4	9
大　豆	149	14	9	8
扁　豆	115	9	20	0
黑　豆	114	8	20	1
蚕　豆	112	8	20	0
坚果类				
花　生	190	8	6	16
核　桃	172	7	3	16
炒花生	166	7	6	14

　　一般情况下，一个成年人每天的基础代谢率1 500—1 800千卡。计算维持个人基础代谢率能耗量的简单方法：1千克体重每小时耗能1千卡，用自己的体重乘24。例如：体重60千克，每天耗能约1 440千卡。按此标准进食就不会发胖，若加上运动，体重就会减轻。

第二节　健美运动的基本练习

一、颈部练习

（一）自我抱头抗力练习（见图10-1）
作用：主要发达胸锁乳突肌、颈阔肌、斜方肌。

动作说明：采取站姿或坐姿均可，两手手指交叉握抱头，然后臂与颈同时反向用力，使头慢慢上抬后仰以及左右侧屈。刚开始练习用力不要太大。

易犯错误：由于动作较简单，做的时候腰、背跟着动，用力不均匀。

纠正方法：正确理解动作要领，适度用力，循序渐进。

保护与帮助：此练习无危险性，不需要保护。

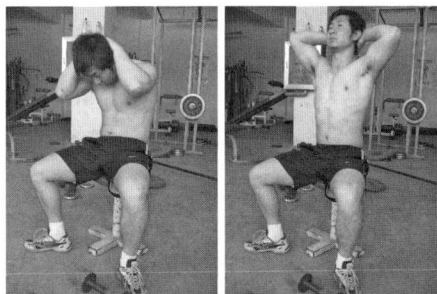

（二）颈屈伸（见图 10-2）

作用：主要发达胸锁乳突肌、颈阔肌、斜方肌。

动作说明：采用坐姿或站姿练习均可，头上套一皮带圈，系重物，双手撑在腿上。上体稍前屈，两手扶腿，颈做前后屈伸及左右侧屈。

易犯错误：容易出现以腰代替颈的动作。

纠正方法：正确理解动作要领，减轻重量反复练习，形成正确的动作定式。

保护与帮助：此练习无危险性，不需要保护。

(a)　　　　　(b)　　　　　　　(a)　　　　　(b)

图 10-1　自我抱头抗力练习　　　　图 10-2　颈屈伸

（三）颈后推（见图 10-3）

作用：主要发达斜方肌、三角肌、肱三头肌。

动作说明：采用坐姿，双手正握杠置于颈后，双手用力向上将杠铃从颈后推起至两臂完全伸直，身体正直。

易犯错误：含胸、躬腰手臂未推直。

纠正方法：减轻重量，固定腰部，形成正确的态势后再适当增加重量。

保护与帮助：此练习中，重量大时，具有一定的危险性，保护者可站在练习者身后实施保护。

二、肩部练习

（一）耸肩（见图 10-4）

作用：主要发达斜方肌。

动作说明：采用站立姿势，双脚稍分开，双手持壶铃或哑铃于体侧，做耸肩动作。

易犯错误：动作幅度太小。

纠正方法：示范讲解。

保护与帮助：此练习无危险性，不需要保护。

图 10-3　颈后推　　　　　　图 10-4　耸肩（一）

（二）负重侧平举（见图 10-5）

作用：主要发达三角肌。

动作说明：采用站立姿势双脚稍分开站立。两手持哑铃于体侧。双手同时直臂做侧平举，手臂上举时不能超过水平面。

易犯错误：手不能抬平或借腿部力量完成动作。

纠正方法：正确理解此动作的用力部位，讲解示范。

保护与帮助：此练习无危险性，不需要保护。

（三）前平举（见图 10-6）

作用：主要发达三角肌。

练习方法：可采取站或坐姿，初练可用轻哑铃，直臂向前向上用力至与肩平。

动作说明：身体直立、挺胸收腹、双手持哑铃于腿前，不能放在腿侧。

(a)　　　　　　　　　(b)

图 10-5　负重侧平举

(a)　　　　　　　　　(b)

图 10-6　前平举

易犯错误：哑铃与身体不成 90°，或高或低，用身体前后晃动来完成动作。

纠正方法：讲解示范或调整哑铃重量。

保护与帮助：此练习无危险性，不需要保护。

三、上肢练习

（一）颈后臂屈伸（见图 10-7）

作用：主要发达肱三头肌、旋前圆肌、肱桡肌等。

动作说明：双手屈肘将哑铃合拢置于颈后，向上伸直手臂将哑铃举起。身体站或坐、挺胸收腹、将哑铃从颈后推起至两臂完全伸直，初练可用轻哑铃。

易犯错误：站立推时容易借助腿部力量完成动作。

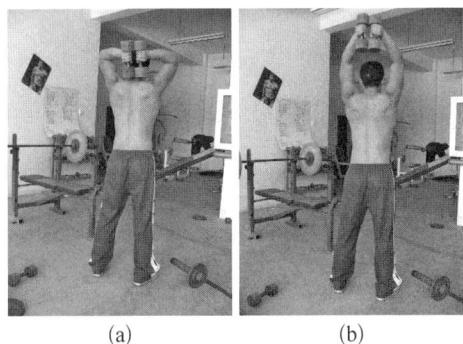

(a)　　　　　　　　　(b)

图 10-7　颈后臂屈伸

(a)　　　　　　　　　(b)

图 10-8　推举

纠正方法：正确理解此动作的用力部位，也可采用坐姿反复练习，形成正确的动作定式。

保护与帮助：此练习无危险性，不需要保护。

（二）推举（见图 10-8）

作用：主要发达三角肌、肱三头肌。

动作说明：身体直立、挺胸收腹，将杠铃从胸前推至两臂完全伸直。也可以用坐姿练习，只能用手臂的力量将杠铃推起，可采用各种握距。

易犯错误：常借用腰腹及腿部力量来完成动作。

纠正方法：正确的示范，明确的提示或减轻重量。

保护与帮助：此练习中重量大时会有一定的危险性，保护者可站于练习者身后实施保护。

（三）交替上举（见图 10-9）

作用：主要发达三角肌、肱三头肌。

动作说明：可采用站或坐姿练习，两手各持一哑铃于肩上，交替上举至手臂完全伸直，哑铃重量可自行调整。

易犯错误：常借用侧身动作和腰腹力量完成此动作。

纠正方法：正确示范和明确的提示。

保护与帮助：此练习无危险性，不需要保护。

（四）提拉肘（见图 10-10）

作用：主要发达三角肌、斜方肌。

动作说明：两手正握杠铃、身体直立，两臂伸直、握距要小，肘部向上提

(a)　　　　　　(b)　　　　　　(a)　　　　　　(b)

图 10-9　交替上举　　　　　　图 10-10　提拉肘

拉，杠铃贴身由下向上至下颌部位稍停，再还原，也可用哑铃、壶铃及杠铃的各种握距来做练习。

易犯错误：常借助腰部力量完成动作。

纠正方法：背靠固定物，墙壁等做练习。

保护与帮助：此练习无危险性，不需要保护。

（五）俯立飞鸟（见图 10-11）

作用：主要发达三角肌、斜方肌、大圆肌等。

动作说明：上体前屈 90° 与地面平行，两臂下垂伸直各持一哑铃与肩同宽。上体保持固定姿势，不得屈膝。然后两臂向侧举哑铃至最高点稍停，手肘可以稍弯，器械下落时不能在体前交叉。

易犯错误：上体上下晃动，不能保持固定的姿势，借助腰部力量完成动作。

纠正方法：俯卧在长凳上练习。

保护与帮助：此练习无危险性，不需要保护。

（六）直立扩胸（见图 10-12）

作用：主要发达三角肌、斜方肌、大圆肌。

动作说明：身体直立，两手各持一哑铃前平举，拳心相对，保持姿势不动，扩胸至极限，动作要慢。

易犯错误：身体前后摇晃，动作太快。

纠正方法：身体靠柱子做练习或减轻重量做练习，以形成固定姿态。

保护与帮助：此练习无危险性，不需要保护。

| (a) | (b) | (a) | (b) |

图 10-11　俯立飞鸟　　　　　　图 10-12　直立扩胸

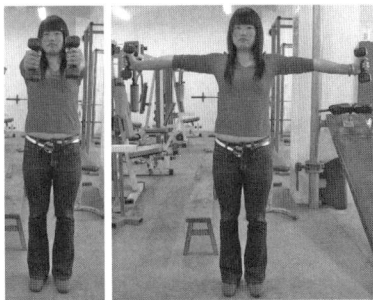

（七）头后臂屈伸（见图 10-13）

作用：主要发达肱肌、旋前圆肌、肱桡肌等。

动作说明：身体平卧，两手正握或反握杠铃，屈肘将杠铃放于头后，然后前臂上举。做动作时肘关节要向上，也可采用坐姿练习。

易犯错误：放下动作不到位。

纠正方法：教师用手帮助固定位置。

保护与帮助：此练习重量大时会有一定危险性，保护者可站于练习者头后实施保护。

（八）平卧推（见图 10-14）

作用：主要发达胸大肌、肱三头肌等。

动作说明：仰卧在卧推凳上，从卧推架上或同伴帮助放杠铃于胸上，手臂伸直正握杠铃比肩稍宽，屈臂将杠铃缓慢放于胸上，再伸直手臂将杠铃从胸上推起，上推路线要垂直，放回胸上时动作要慢，也可采用不同握距练习。

易犯错误：上推不垂直，前后摇晃，放下时不到位。

纠正方法：讲解和示范，或减轻重量练习。

保护与帮助：此练习重量大时会有一定危险性，保护者是一人时可站于练习者头后，是两人时可分别站在杠铃两头，手跟杠铃上下，需要时及时实施保护。

(a)	(b)

图 10-13　头后臂屈伸

(a)	(b)

图 10-14　平卧推

（九）俯卧撑（见图 10-15）

作用：主要发达胸大肌、肱三头肌、三角肌。

动作说明：可在平地或俯卧架上做练习，手臂从弯屈到伸直身体要保持挺直，手臂弯屈时双肘要内收靠近身体，也可以垫高下肢练习。

| (a) | (b) | (a) | (b) |

图 10-15 俯卧撑 　　　　　　 图 10-16 引体向上

易犯错误：做练习时塌腰或提臀，肘往外分。

纠正方法：正确示范与提示相结合予以纠正。

保护与帮助：此练习无危险性，不需要保护。

（十）引体向上（见图 10-16）

作用：主要发达背阔肌、肱二头肌、胸大肌。

动作说明：手臂稍宽于肩或比肩宽，正或反握单杠、手臂伸直悬垂，然后屈臂将身体拉上至下颌高于杠面。

易犯错误：握杠距离太窄，身体摆动或蹬腿。放下时手臂没充分放直，上拉时下颌没过杠面。

纠正方法：给予正确的讲解和示范。

保护与帮助：保护者可站于练习者身后实施保护

（十一）双臂屈伸（图 10-17）

作用：主要发达肱三头肌、胸大肌。

动作说明：双手支撑在双杠上时不能塌肩，做臂屈伸时伸要快、屈要慢，身体降低与撑起都要到位。

易犯错误：在杠上支撑时塌肩，伸直臂时借用腰腹力量。

纠正方法：正确讲解和示范。

保护与帮助：此练习无危险性，不需要保护。

（十二）弯举（见图 10-18）

作用：主要发达肱二头肌、肱肌、肱桡肌等。

动作说明：可站或坐着做练习，屈臂上举时要快，放下时动作要缓慢，肘关节固定不能位移。

(a)　　　　　　　　(b)

图 10-17　双臂伸屈

(a)　　　　　　　　(b)

图 10-18　弯举

易犯错误：常借用向后倒肩或移动肘关节的位置来举起哑铃。

纠正方法：给予正确的讲解示范和靠墙做练习，以养成正确姿势。

保护与帮助：此练习无危险性，不需要保护。

（十三）俯提拉肘（见图 10-19）

作用：主要发达三角肌、斜方肌、冈上冈下肌、背阔肌、大小圆肌。

动作说明：上体前屈成俯立姿势，双手垂直握住杠铃，双腿分开与肩同宽，双手正握杠铃比肩稍宽提拉杠铃至胸部，上体保持不动，稍停放下重复。

易犯错误：常上体动，利用腰部力量将杠铃提起。

纠正方法：正确示范和减轻杠铃重量，形成正确的固定姿态后再加重量。

保护与帮助：此练习无危险性，不需要保护。

（十四）臂固定弯举（见图 10-20）

作用：主要发达肱二头肌、旋前圆肌。

动作说明：坐在凳子上，单手反握哑铃，用腿固定手肘，上臂与上体固定

(a)　　　　　　　　(b)

图 10-19　俯提拉肘

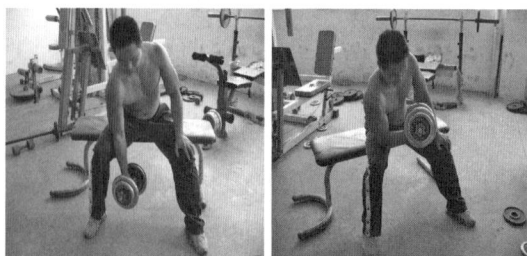

(a)　　　　　　　　(b)

图 10-20　臂固定弯举

不动，作前臂屈伸弯举动作。

易犯错误：肘部移位，上体前倾。

纠正方法：固定肘部及上身位置，使之不能移动。

保护与帮助：此练习无危险性，不需要保护。

（十五）仰卧撑（见图 10-21）

作用：主要发达肱三头肌、大圆肌、胸大肌等。

动作说明：用两个凳子，一个凳子放脚另一个凳子撑手，让身体悬空，两臂屈肘，将身体下降至最低点，然后做肘屈伸动作，将身体降低撑高。

易犯错误：下降和上撑身体都不到位，至最高点时身体不能挺直。

纠正方法：给予正确的示范和口头提示。

保护与帮助：此练习无危险性，不需要保护。

（十六）上斜卧推（见图 10-22）

作用：主要发达胸大肌上部、肱三头肌等。

动作说明：仰卧在斜卧推架上，也可将卧推凳一头垫高，双手正握杠铃或哑铃，比肩稍宽，在同伴的帮助下将器械置于胸上，伸直双臂向上垂直推起。可采用不同握距练习。

易犯错误：借助腰腹力量上举、上下时不垂直。

纠正方法：给予正确的提示和减轻器械重量。

保护与帮助：此练习重量大时会有一定的危险性，可采取两人分别站在杠铃两头手跟杠铃上下，需要时及时实施保护的方法。

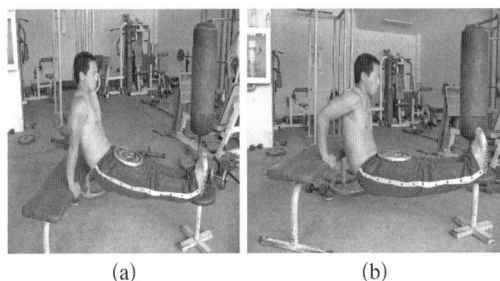

| (a) | (b) | (a) | (b) |

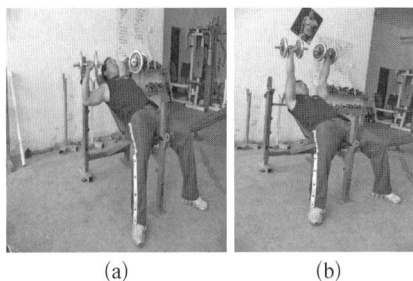

图 10-21　仰卧撑　　　　图 10-22　上斜卧推

（十七）靠墙手倒立（见图 10-23）

作用：主要发展三头肌力量同时缓解脊柱和膈肌的压力，训练前庭分析器

图 10-23 靠墙手倒立

的灵敏度。

动作说明：靠墙头朝下双手撑地比肩稍宽，自己摆腿或由同伴扶起成手倒立，身体尽量向上顶。

易犯错误：肩顶不开、塌腰。

纠正方法：教师用双手卡住练习者脚踝向上推，帮助其向上顶。

保护与帮助：保护者可站在练习者旁边实施保护。

四、腰腹练习

（一）仰卧起坐（见图 10-24）

作用：主要发达腹直肌、腹外斜肌等。

动作说明：身体斜卧在斜板上，固定下肢双手抱头做体前屈练习。

易犯错误：上体前屈及还原都不到位。

纠正方法：给予正确的示范与提示。

保护与帮助：此练习无危险性，不需要保护。

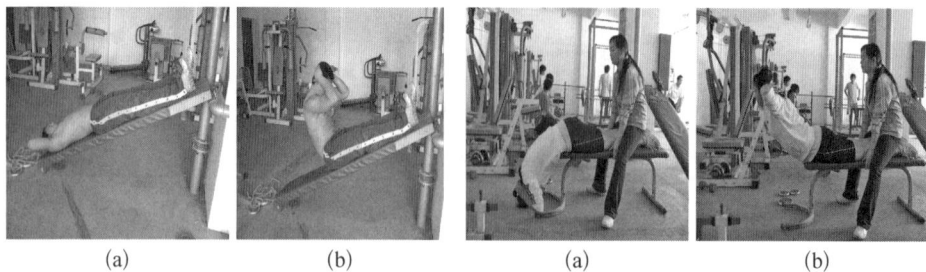

（二）背屈伸（见图 10-25）

作用：主要发达骶棘肌（又名竖脊肌）。

动作说明：取俯卧姿势，固定双脚，上半身悬空双手抱头让上体下垂至最低点，然后抬头挺身至最高点稍停，再还原。

易犯错误：身体往往没有达到最高点就停止。

纠正方法：可置一软物在练习者头上方，让练习者用头去顶软物。

保护与帮助：此练习无危险性，不需要保护。

(a) (b)

图 10-24 仰卧起坐

(a) (b)

图 10-25 背伸屈

（三）悬垂举腿（见图 10-26）

作用：主要发达腹直肌、腹外斜肌等。

动作说明：双手正或反握高单杠，身体悬垂不动，然后用力抬起双腿至 90° 稍停放下还原。

易犯错误：身体晃动使腿抬起，举腿不到位。

(a)   (b)

图 10-26　悬垂举腿

纠正方法：可由同伴伸手固定练习者身体，置一软物在应有高度，让练习者用脚尖碰软物。

保护与帮助：保护者可站于练习者身后实施保护。

五、下肢练习

（一）负重半蹲（见图 10-27）

作用：主要发达股四头肌及臀大肌。

动作说明：身体直立、双脚分开与肩同宽，两手正握杠铃置于颈后或胸前，做半蹲然后起立，半蹲角度可调整。挺胸、抬头、收腹，不能躬腰。

易犯错误：容易躬腰含胸做练习。

纠正方法：正确示范及时提示或减轻杠铃重量。

保护与帮助：此练习重量大时会有一定的危险性，保护者若是一人时可站于练习者身后，若是两人时可分别站在杠铃两头用手跟着杠铃上下，需要时及时实施保护。

(a)   (b)   (a)   (b)

图 10-27　负重半蹲   图 10-28　负重深蹲

（二）负重深蹲（见图 10-28）

作用：主要发达股四头肌、股直肌与臀大肌。

动作说明：身体直立，两手正握杠铃置于颈后肩上，双脚分开与肩同宽，脚后跟可适当垫高，做下蹲然后起立。挺胸、收腹、抬头、塌腰，完全用腿部的力量完成动作。

易犯错误：含胸、躬腰。

纠正方法：正确示范及减轻杠铃重量使之形成正确的姿势。

保护与帮助：此练习重量大时会有一定危险性，保护者若是一人时可站于练习者身后，若是两人时可分别站在杠铃两头手跟杠铃上下，需要时及时实施保护。

（三）箭步蹲（见图 10-29）

作用：主要发达股四头肌及小腿腓肠肌。

动作说明：两手正握杠铃置于颈后肩上，弓箭步分腿，然后做下蹲与升高动作，挺胸、抬头、收腹，身体保持正直。

易犯错误：躬腰、下蹲与升高都不到位。

纠正方法：给予正确的示范和及时提示。

保护与帮助：此练习重量大时会有一定危险性，可采取两人分别站在杠铃两头手跟杠铃上下，需要时及时实施保护的方法。

（四）负重提踵（见图 10-30）

作用：主要发达小腿肌群和跟腱。

动作说明：置杠铃于颈后肩上或两手提壶铃，身体保持垂直，前脚掌适当垫高，然后提踵站起稍停还原。身体垂直站立负重，挺胸收腹。

易犯错误：弓腰、身体不垂直，重量选择不当。

| (a) | (b) | (a) | (b) |

图 10-29　箭步蹲　　　　　　　图 10-30　负重提踵

纠正方法：给予正确的示范和及时提示。

保护与帮助：此练习重量大时会有一定危险性，可采取两人分别站在杠铃两头手跟杠铃上下，需要时及时实施保护的方法。

第三节　健美运动的典型练习

一、颈、肩部及上肢练习方法

（一）耸肩（见图 10-31）

作用：主要发达斜方肌、肩胛提肌、胸锁乳突肌。

动作说明：练习者两手伸直握住双杠，利用自身的体重做耸肩塌肩动作，做耸肩时不能屈肘，也可负重。

易犯错误：动作幅度太小。

纠正方法：给予正确的示范并及时提示。

保护与帮助：此练习无危险性，不需要保护。

（二）俯撑上拉（见图 10-32）

作用：主要发达斜方肌、大小圆肌等。

动作说明：上体前屈，同侧手和腿撑、跪在凳子上，另一手提壶铃或哑铃，上臂用力拉起。上体不能起伏。

易犯错误：高度不够、扭腰或上体起伏。

纠正方法：教师或同伴用手帮助练习者固定上体。

保护与帮助：此练习无危险性，不需要保护。

(a) (b)

图 10-31 双杠上的耸肩

(a) (b)

图 10-32 俯撑上拉

（三）负重俯卧撑（见图 10-33）

作用：主要发达胸大肌和肱三头肌。

(a)　　　　　(b)

图 10-33　负重俯卧撑

动作说明：俯撑在地上，双手距离比肩稍宽，身体挺直，背负重物，手肘靠近身体屈肘降下身体，然后伸直手臂用力将身体推起。

易犯错误、纠正方法均同前。在练习者背部加载的重物重量可以调整。

保护与帮助：此练习无危险性，不需要保护。

（四）臂固定手负重屈腕（见图 10-34）

作用：主要发达桡侧腕屈肌、尺侧腕屈肌、肱桡肌等。

动作说明：可采用坐姿或利用凳子等的平面，两前臂放在大腿或凳子等的平面上，如采用站姿则将手臂放在桌子上，手腕悬空，持哑铃或杠铃反握，与肩同宽，用力屈腕向上至极限，反复。

易犯错误：对哑铃或杠铃的重量掌握不好，往往太重，做动作时靠屈肘来获得帮助。

纠正方法：正确掌握哑铃或杠铃的重量，固定好上体和肘部，使其不能前屈而获得助力。

保护与帮助：此练习无危险性，不需要保护。

（五）臂固定弯举（见图 10-35）

作用：主要发达肱二头肌、旋前圆肌、肱桡肌、肱肌。

动作说明：采用站姿，两臂靠紧身体，两手反握杠铃或哑铃，前臂用力向上做屈臂动作。

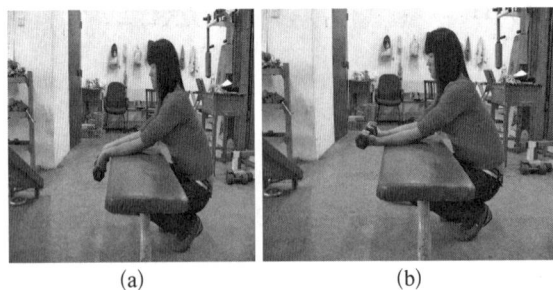

(a)　　　　　(b)　　　　(a)　　　　(b)

图 10-34　臂固定手负重屈腕　　　　图 10-35　臂固定弯举

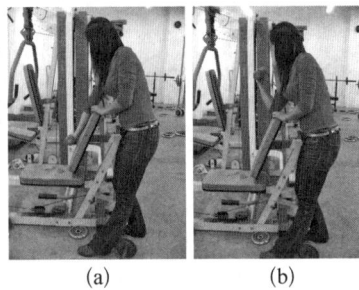

易犯错误：上臂固定不住，特别是前臂屈臂时肘部向前移动或向后倒上体以获得助力。

纠正方法：可由同伴在练习者身后用双手固定练习者的两肘使其不能前移，靠墙或柱子做。练习纠正身体后倒的错误。

保护与帮助：此练习无危险性，不需要保护。

（六）上斜卧推（见图 10-36）

作用：主要发达胸大肌上部、肱三头肌及三角肌。

动作说明：仰卧在头高脚低的斜卧推凳上，凳子斜度可根据练习者的情况具体调整，双手用力将置于胸上的杠铃向上推起。可根据具体情况改变凳子斜度和握距。

易犯错误：杠铃重量掌握不好，往往过重，因此推举时常借助腰腹力量。

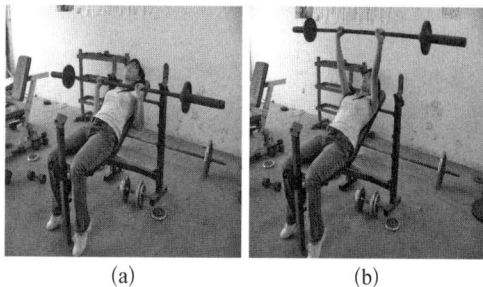

(a)　　　　　(b)

图 10-36　上斜卧推

纠正方法：正确掌握杠铃重量，做到循序渐进，及时提示不要利用腰腹力量。

保护与帮助：同平卧推方法相同。

（七）下斜卧推（见图 10-37）

作用：主要发展胸大肌下部及肱三头肌。

动作说明：仰卧在头低于身体的斜卧推凳上，两手用力垂直向上推起杠铃。

易犯错误、纠正方法、保护与帮助均同上斜卧推。

（八）负重引体向上（见图 10-38）

作用：主要发达肱二头肌、三角肌、前锯肌、背阔肌等。

动作说明：练习者先悬吊在杠上，由同伴将用宽带子系好的杠铃片挂在练习者脚上，练习者双手用力向上将身体拉起至下颌超过杠面。两手握距可调整。双手正握或反握杠，握距可调整，脚下负重，身体静止悬垂，双手用力将身体向上拉起，还原重复。

易犯错误：摆动身体，放下身体时两臂不放直。

纠正方法：及时提示或调整杠铃片重量。

保护与帮助：保护者站在练习者身后实施保护。

(a)	(b)	(a)	(b)

图 10-37　下斜卧推　　　　　　　图 10-38　负重引体向上

（九）负重双臂屈伸（见图 10-39）

作用：主要发达胸大肌、背阔肌、肱三头肌。

练习方法：将杠铃片用宽带子系在腰部，杠铃片在身体前面，支撑在双杠上，做臂屈伸。

动作说明：双手支撑在双杠上，做臂屈伸，将身体降至最低与撑至最高点。

易犯错误：下降和上撑均不到位。速度太慢。

纠正方法：及时给予提示或调整杠铃片重量。

保护与帮助：此练习无危险性，不需要保护。

(a)	(b)

图 10-39　负重双臂屈伸

（十）颈后引体向上（见图 10-40）

作用：主要发达肱二头肌、背阔肌等。

动作说明：双手正握单杠，握距宽一些，身体尽量保持不动，向上拉时头向前伸，让自己的肩触到杠。

易犯错误：下降和上拉均不到位。速度太慢。

纠正方法：及时给予提示或正确示范。

保护与帮助：保护者站在练习者后边实施保护。

（十一）推手倒立（见图 10-41）

作用：主要发达肱三头肌、三角肌等。

动作说明：倒立在矮凳或矮平衡木上，由同伴扶住双脚或靠墙做倒立均可，然后屈肘将身体下降至最低点，再用力伸直双臂将身体推起。

易犯错误：推起时身体不垂直，速度太慢。

纠正方法：及时给予提示、正确示范。

保护与帮助：保护者可站在练习者旁边实施保护。

(a)   (b)

图 10-40 颈后引体向上

(a)   (b)

图 10-41 推手倒立

二、腰腹练习

（一）负重体屈伸（见图 10-42）

作用：主要发达骶棘肌（又名竖脊肌）。

动作说明：俯卧在山羊或鞍马上，固定双脚，上半身悬空，双手持杠铃片置于头后，身体前屈至最低点，然后用力快速向上抬起使身体呈反弓形。

易犯错误：动作弧度太小，速度太慢。

纠正方法：及时给予提示，或减轻杠铃片的重量。

保护与帮助：此练习无危险性，不需要保护。

（二）负重仰卧起坐加转体（见图 10-43）

作用：主要发达腹直肌、腹肉、腹外斜肌。

动作说明：用一斜凳子，练习者脚上头下，固定双脚，双手持杠铃片于头

图 10-42　负重体屈伸

图 10-43　负重仰卧起坐加转体

后，用力屈上体同时一左一右转体，速度要快。

易犯错误：练习弧度小，屈体时速度慢。

纠正方法：给予口令提示，要求屈体加转体时肘部必须碰对侧膝关节。

保护与帮助：此练习无危险性，不需要保护。

（三）负重转体（见图 10-44 ）

作用：主要发达腹内，腹外斜肌及骶棘肌。

动作说明：身体直立，两脚分开与肩同宽，肩负杠铃，重量视具体情况确定，两手扣住杠铃做向左向右转体至极限动作。

易犯错误：杠铃重量掌握不好，以至于动作弧度不敢太大。

纠正方法：调整杠铃重量至适度，转体弧度至极限匀速做动作。

保护与帮助：保护者可站在练习者身后实施保护。

（四）仰卧直角起坐（见图 10-45 ）

作用：主要发达腹直肌。

动作说明：身体仰卧在垫子上双手伸直，腹部用力收缩使上体及下肢同时

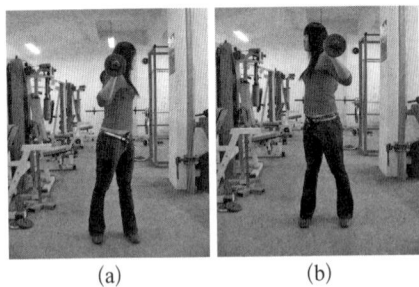

图 10-44　负重转体

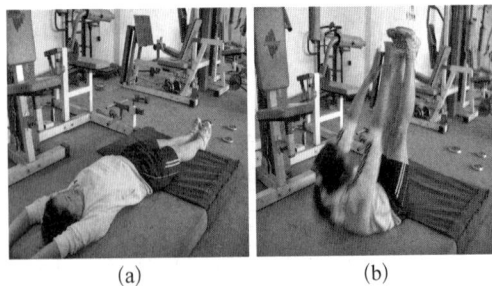

图 10-45　仰卧直角起坐

抬起至少成直角，双手最好能摸到双脚。

易犯错误：没能两头同时起来或起不到位。

纠正方法：讲解示范。

保护与帮助：此练习无危险性，不需要保护。

（五）骑跨拉（见图 10-46）

作用：主要发达竖脊肌、腰方肌等。

动作说明：双腿左右分开骑跨在杠铃上，手和腿伸直完全用腰部的力量拉起杠铃。

易犯错误：容易用弯手臂和腿来完成动作。

纠正方法：给予讲解示范，调整重量。

保护与帮助：此练习无危险性，不需要保护。

（六）下腰（见图 10-47）

作用：主要练习腰部的柔韧性。

动作说明：练习者两腿分开与肩同宽或比肩宽，双手掌心向上手指朝后，准备好以后，另外两名同学互用一只手拉紧置于练习者腰后，使其抬头弯腰向后慢慢向下直到手触到地。坚持一会再起来。

易犯错误：不是低头而是抬头，使身体僵硬。

纠正方法：给予口头提示。

保护与帮助：两名同学互用一只手拉紧置于练习者腰后，帮助其慢慢向下。

(a)   (b)

图 10-46　骑跨拉   图 10-47　下腰

（七）斜卧转体起坐（见图 10-48）

作用：主要发达腹直肌、腹内、腹外斜肌。

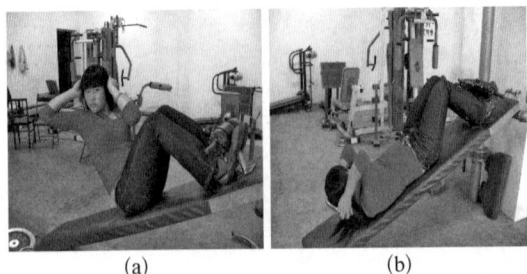

(a)　　　　　(b)

图 10-48　斜卧转体起坐

动作说明：仰卧在斜板上，脚在上端，用带子或由同伴固定住双脚，双手抱头上体前屈坐起的同时左转或右转交替进行，坐起至手肘碰到异侧腿为止。

易犯错误：动作弧度太小，速度慢。

纠正方法：给予正确的示范，并及时提示。

保护与帮助：此练习无危险性，不需要保护。

三、下肢练习

（一）俯卧负重屈小腿（见图 10-49）

作用：主要发达大腿二头肌及屈肌群。

动作说明：俯卧在专用练习凳上，小腿跟腱处负重，屈伸小腿。

易犯错误：重量掌握不好，屈腿不到位。

纠正方法：调整重量、给予口头提示。

（二）负重伸小腿（见图 10-50）

作用：主要发达大腿股四头肌等。

动作要领：坐专用练习凳上，小腿负重，屈伸小腿。

练习方法：身体坐直，做小腿屈伸，小腿一定要伸到与大腿平。反复。

易犯错误：重量掌握不好，伸腿不到位。

纠正方法：调整重量、口头提示。

(a)　　　　　(b)

图 10-49　俯卧负重屈小腿

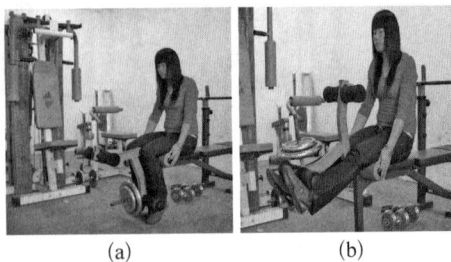

(a)　　　　　(b)

图 10-50　负重伸小腿

保护与帮助：此练习无危险性，不需要保护。

（三）纵、横劈叉（见图 10-51）

作用：主要是发展腿部的柔韧性。

动作说明：双腿前后伸直，身体保持正直，慢慢向下压。可在同学的帮助下或自己两手撑地慢慢尽量向下压至极限后保持一定时间。

易犯错误：双膝弯曲。

纠正方法：给予口头提示，循序渐进。

保护与帮助：此练习无危险性，不需要保护。

（四）联合训练器上的各种组合练习

（五）俯卧撑，引体向上，双臂屈伸组合练习

（六）跳绳、跳台阶、短距离冲刺练习

（七）地上、垫子上各种放松练习

（八）负重单腿上台阶（见图 10-52）

作用：主要发达股四头肌、股二头肌、小腿三头肌。

动作说明：身体直立，将杠铃置于颈后肩上，正对台阶或凳子（高 30—40 厘米），单腿跨上，身体、大腿、小腿、脚踝尽力蹬直，然后交换另一只腿做练习。

易犯错误：上台阶时躬腰，髋、膝、踝关节没有充分蹬直。

纠正方法：给予正确的示范，或调整杠铃重量。

保护与帮助：保护者可站在杠铃两端用手跟着杠铃上下实施保护。

(a)　　　　　　(b)　　　　　　　　(a)　　　　　　(b)

图 10-51　纵、横劈叉　　　　图 10-52　负重单腿上台阶

（九）负重小腿屈伸（见图 10-53）

作用：主要发达大腿肌群。

(a)　　　　　　(b)

图 10-53　负重小腿屈伸

动作说明：坐在专用器械上，身体正直尽量靠后，使凳子前沿碰得到小腿，脚背处放杠铃片或其他重物并固定，然后伸直小腿，身体不能前倾。

易犯错误：上身前倾或借腰腹力量伸小腿。

纠正方法：给予正确的示范和讲解，或调整重物重量。

保护与帮助：此练习无危险性，不需要保护。

第十一章　游泳

第一节　游泳运动概述

游泳是一种凭借自身肢体动作和水的作用力、在水中活动或前进的技能活动。游泳是人类一种有意识的活动，一直与人类的生存、生产、生活紧密联系，是人类在同大自然斗争中为求生存而产生的。游泳随着人类社会发展而发展，逐渐发展成为体育运动中的重要项目。

一、游泳的起源和现代发展

人类的游泳活动源远流长。从出现人类开始，人们就在布满江、河、湖、海的地球上生活。为了生存，人们依山打猎，傍水捕鱼。为了捕捉水中的鱼虾和采捞可供食用的植物，人们需要与水打交道；为了追猎动物和躲避猛兽的侵袭，人们经常需要跋山涉水，不可避免地要与水打交道；当洪水泛滥时，更是要与洪水搏斗。人们在生活、劳动、与大自然作斗争的过程中，逐渐学会了游泳，并使游泳活动得到发展。开始时，人们只是模仿水栖动物的姿势与动作，在水中移动，久而久之便积累了在水中行动的技能，学会了漂浮、游动和潜水，产生了各种游泳姿势。我国古代的游泳活动可概括为三种形式：涉——在浅水中行走，浮——在水中漂浮，没——在水下潜泳。之后，人们在长期的实践中，创造和发展了不少的泅水方法和游泳技术，如狗爬式、旱鸭浮水、扎猛子（潜水）、大爬式、扁担浮（踩水）等，这些游泳方法和技能至今尚在民间流传。

1888年，法国教育家皮埃尔·德·顾拜旦提出恢复奥林匹克运动会的建议后，得到了很多人和国家的支持；1894年6月在法国巴黎召开了国际体育运动代表大会，决定1896年在希腊举行第一届现代奥林匹克运动会并成立国际奥林匹克委员会，决定每四年举行一次奥林匹克运动会。1908年，在英国伦敦举办第四届奥运时，成立了国际业余游泳联合会（简称国际泳联，现称世界游泳联合会，简称世界泳联），审定了当时的各项游泳世界纪录，并制定了国际游泳比赛规则，规定比赛距离单位统一用"米"。1912年，瑞典斯德哥尔摩举行的第五届奥运会开始把女子游泳列入比赛项目。在1952年第15届奥运会，国际泳联决定把蛙泳和蝶泳分为两个项目比赛。自此，竞技游泳发展成四种泳式。

在我国，游泳随着社会发展在各历史时期都有一定的发展，但在过去的历史环境条件下，游泳不可能作为一个运动项目发展。游泳作为一个体育运动项目开展并成为竞技项目，是近代才逐步形成的。我国近代游泳运动是19世纪中叶开始的，由欧美传入并逐渐流行。

二、游泳运动的分类

在现代奥运会游泳比赛和世界游泳锦标赛中，有游泳、跳水、水球和花样游泳四个大项的竞技项目比赛。这四个项目统归由世界泳联管理。中国游泳协会也分管这四个运动项目。随着各运动项目发展，游泳、跳水、水球和花样游泳四大类项目，实际上早已各自发展成为独立的四个竞赛项目，并有各自的理论方法体系。

随着人类社会的发展和需求的变化，游泳逐渐被用于军事作战、娱乐、竞赛、健身和体疗，游泳的姿势在发展中也变得多种多样。游泳运动按目的和功能可分为竞技游泳、实用游泳和大众游泳三类。

三、游泳的意义

游泳是在水环境中进行的运动项目，是水浴、空气浴、日光浴三者的结合，对人体十分有益，也是生活、生产、军事活动中十分有价值的一种技能。学会游泳并经常进行游泳锻炼具有重要意义。

（一）保障生命安全

地球上布满江、河、湖、海，人类在生活中不可避免地要与水打交道。无论是主动地下水游泳、玩耍或进行水上生产作业，还是被动地失足落水或乘船发生意外，假如不会游泳，生命安全就会受到威胁。如果会游泳，自身的生存就会有保障，不但可以自救，而且可以救人。因此，会不会游泳成了保证生存的重要手段之一。世界上不少国家将游泳列为青少年学生必修的运动项目，要求从小掌握游泳技能，这是非常重要的。

（二）强身健体

游泳时，由于水的压力、阻力、浮力和较低水温的作用，人体的各部分器官都得到锻炼。水的导热能力比空气大 25 倍左右，据测定，人体在水温为 12℃的水中停留 4 分钟散发的热量，相当于人在陆地上 1 小时发散的热量。经常进行游泳锻炼能改善体温调节能力，以适应外界气温变化的需要。加之游泳时肌肉活动消耗的热量，人体必须尽快补充热量，从而加快了体内新陈代谢。

游泳运动对提高人的心肺功能有显著作用。人体在水中受到水的压力，水深每增加 1 米，每平方厘米体表面积所受的压力要增加 0.1 个大气压。人站在齐胸深的水中，会感觉呼吸急促、比在陆上费力，这是因为胸腔和腹腔受到水的压力，迫使呼吸肌必须用更大的力量来完成呼吸动作。经常进行游泳锻炼，可增强呼吸系统的功能，扩大胸部活动幅度，增大肺的容量。游泳运动员的呼吸差可达 14—16 厘米，而一般人只有 6—8 厘米；游泳运动员的肺活量可达 4 000—6 000 毫升，个别优秀运动员甚至可达 7000 毫升，而一般人只有 3 000—4 000 毫升。

游泳时，人体通常采用平卧姿势，由于水对皮肤的压力和按摩作用，肢体的血液易于回流心脏，加之游泳时心跳频率加快，心血输出量增加，长期进行游泳锻炼，心脏体积呈现明显的运动性增大，心脏收缩更加有力，血管壁增厚，弹性加大，安静时心率放缓。游泳运动员安静时心率一般为每分钟 40—60 次，心脏搏动慢而有力，一般人的心脏搏动为每分钟 70—80 次。游泳还能刺激血液中运输氧气的血红蛋白量的增加，从而提高人体供氧能力。

据测定，在 26℃和一个大气压条件下，水的密度比空气大 844 倍。水的阻力比空气阻力大得多，在水中向前游进要花较大的力量。游泳是周期性动作、动力性工作。因此，坚持游泳锻炼，还能提高肌肉的力量、速度、耐力和关节的灵活性，使身体得到协调和全面发展，使体形匀称、肌肉富有弹性。游泳消耗大量的热量，能有效消耗身体的脂肪，长时间游泳也是减肥的一种好方法。

（三）防病治病

经常进行游泳锻炼能有效地增强体质，也是一种防病治病的手段。游泳时受到冷水刺激，长期坚持锻炼能增强机体适应外界环境变化的能力，抵御寒冷，预防疾病，所以经常游泳者不易感冒。由于水的浮力作用和身体平卧水面，脊柱充分伸展，对防止长时间坐、立而形成的脊柱侧弯颇有益处；由于水流和波浪对全身体表产生特殊的按摩功效，游泳能帮助和促进机体功能恢复，对瘫痪患者和残疾人的康复很有帮助。据报道，经常游泳，对于身体瘦弱者和慢性病患者，如慢性肠胃病、神经衰弱、习惯性便秘、慢性支气管炎、哮喘等有明显疗效。很多康复中心都将水中运动作为治疗慢性病和身体恢复的重要手段之一。

（四）锻炼意志、培养勇敢顽强精神

初学游泳时，要克服怕水心理，长期坚持游泳，克服怕苦、怕累、怕冷的心理。在大风大浪的江、河、湖、海中游泳和冬泳，没有勇敢顽强的精神和坚强的意志是坚持不下去的。因此，长期坚持游泳运动可锻炼人的意志，培养勇敢顽强、吃苦耐劳、不怕困难的品质。

（五）休闲娱乐、促进身心健康

大众游泳活动可以不拘泥于形式与内容，不受年龄和性别限制，是一项"休闲体育"。在盛夏，人们或以家庭，或以团体为单位，或与亲朋好友到泳池、水上游乐处或海滩进行游泳、游戏、纳凉消暑，不但使肌肉得到放松，而且使紧张的神经得到松弛，心情舒畅，身心健康。

（六）为生产、国防服务

游泳在生产建设上有很高的实用价值，许多水上作业，如水利建设、防洪抢险、渔业等都要掌握游泳技能才能克服水的障碍，更好地完成生产建设任务。在国防建设上，游泳是军事训练项目之一，也是民兵训练的主要内容。经常进行游泳训练，能锻炼意志，加强组织纪律性，培养勇敢顽强和吃苦耐劳的精神。广大军民掌握过硬的游泳本领有利于战时杀敌，保卫祖国。

（七）创造优异成绩、为国争光

游泳是国际体育比赛不可缺少的项目，在2024年巴黎奥运会游泳比赛中设有35个项目，金牌之多，仅次于田径运动。在综合运动会中，素有"得田径、游泳者得天下"之说，把游泳作为奥运会战略重点项目大力开展，加速提高运动员的技术水平，对在比赛中取得优异成绩，为国争光，促进我国走向体育强国具有重要的意义。游泳也是进行国际文化交流、增进与各国人民相互了解和友谊的有效手段。

游泳能强身健体、防病治病、健美体形、娱乐身心和锻炼意志，有很强的竞技、欣赏功能和实用价值，为越来越多的人所喜爱。由此，1987年在洛桑奥林匹克运动总部，有一百多名记者把游泳运动推选为"21世纪最受欢迎的体育运动项目"。

四、游泳的安全卫生常识

游泳是一项深受人们喜爱的体育活动，也是一门重要的技术技能课程。到游泳池游泳上课必须十分注意安全，自觉遵守游泳安全和卫生守则，防止发生意外事故和传染疾病。

（一）安全第一

切实确立安全第一的思想。俗话说"人命关天""水火无情""欺山莫欺水"，游泳是与水打交道的运动，切记安全第一，不能麻痹大意，必须慎之又慎。

游泳安全必须反复地进行宣传教育，游泳教师在每次上课时都要强调安全，并且在备课时要准备安全教育和安全措施方面的内容，学生必须切实遵守相关安全规定。游泳场（馆）必须加强安全管理，按规定配备合格的救生员和救生器材与设施，认真制订安全制度（规定）并严格执行。

游泳活动，最好是有组织地进行，或三五人结伴前往，不要独自行动，尤其是在天然水域更不能独自游泳。在游泳时要互相关心互相照顾，同去同返，中途离开时应有所交代。有组织的游泳，如上游泳课，教师需要严密组织，经常检查人数，落实安全措施。

（二）选择安全卫生的游泳场所

上游泳课首选的场所是人工游泳场馆。人工游泳场馆的管理比较规范，池水经常消毒、排污和过滤，清晰度较高，深水和浅水有明显的标志。

如果到自然水域上游泳课，一定要先了解水域的深度，水下有无水草、淤泥和旋涡、暗流，了解水质是否清洁等情况。如在海边游泳，则要了解潮汐规律，摸清涨潮和退潮的时间，尽量不要远离海边。

（三）游泳前严格体检

游泳前要进行身体检查，防止带病游泳，既可避免疾病传播，又可以更好地预防意外事故发生。

（四）饮酒、饱食后和饥饿、过度疲劳时不能游泳

饮酒会刺激中枢神经系统，使之处于过度兴奋或抑制状态，酒后游泳容易发生溺水事故。饱食后游泳会减少消化器官的血液供应，降低消化器官的

功能，影响食物的消化和吸收。另外，由于水的温度和压力会使胃肠的蠕动功能受到影响，容易引起胃痉挛，出现腹痛或呕吐。因此，饭后不要马上游泳，一般需要间隔半小时到一小时后再下水。饥饿时游泳也不好，空腹游泳会因人体血糖含量下降而发生头晕、四肢无力等，甚至昏厥。在剧烈运动或大强度体力劳动后，身体已经感觉疲劳，肌肉的收缩和反应能力减弱，动作不易协调，如果此时马上游泳，会造成疲劳累积，容易引起抽筋，发生溺水事故。因此，在剧烈运动或强体力劳动后，应休息一会儿，待体力恢复正常后再游泳。

（五）游泳前要做好准备活动

准备活动可提高神经系统的兴奋性，增强心血管系统和呼吸系统的功能，加快血液循环和新陈代谢，可使肌肉的力量和弹性增加，身体各关节的活动范围相应加大，灵活性也有所提高，有利于身体更好更快地适应游泳运动的需要，同时对防止抽筋、拉伤也有积极的作用。游泳前特别要活动颈、肩、腰、髋、膝、踝、腕各部位的关节。

准备活动后稍事休息，然后用冷水淋浴，从头到脚冲洗全身才能下水游泳。这是保持游泳池（场）水质清洁的重要措施，还可使游泳者在下水前先适应冷水刺激，以避免突然下水遭遇意外。

（六）量力而行不逞能

游泳时，初学游泳者应在浅水区域活动，已会游泳者也要量力而行，不要好胜逞能，应合理安排运动量。当自感身体有头晕、头痛、胃痛、恶心或呕吐等异常反应时，应立即上岸，擦干身体，休息到身体恢复后再下水。如果过高估计自己的体力和技术，因而远游，却无力返回，容易造成溺水事故。

游泳时要避免一切危险动作，如在浅水区跳水、互相打闹、过长时间的憋气潜水、在湿滑的池边奔跑追逐等。

（七）自救和呼救

游泳时，如遇抽筋，应保持冷静，不要慌张，应立即上岸或在水中自我解救，可拉伸抽筋部位，与此同时也可呼救，向周围的人寻求帮助和救护。如发现他人抽筋或溺水时，应迅速过去救护，同时大声呼救，让周围的人参与抢救。

（八）遵守公共卫生、文明游泳

游泳时应讲文明，不要穿内衣裤下水，不宜穿白色、浅黄色等浅色泳装游泳。应自觉遵守公共卫生，不向水中吐痰、便溺和抛弃杂物，以免污染水质，损害自身和他人的健康。

（九）预防眼、耳疾病

由于水中有杂质和细菌，游泳者容易产生眼、耳疾病。要预防眼病，除要选择干净的游泳场所游泳外，还要注意维护公共卫生，经常进行游泳池水净化处理和水质检验。游泳后，应及时滴眼药（氯霉素眼药水或金霉素眼药膏），切勿用脏手乱擦眼睛，防止挫伤结膜，或细菌进入眼内。

游泳时，若有水进入耳内，常有刺痒、耳鸣等不适感，切勿用手指挖耳，以免擦破耳道，招致污水感染，引起中耳炎。水进入耳内时，可把头偏向进水耳朵的一侧，并用同侧的脚连续震跳，使水流出耳朵；或者将头偏向进水耳朵一侧，用手掌紧压耳廓，屏住呼吸，然后迅速提起手掌，反复几次可以吸出耳中水。实在倒不出水时，也不要着急，应及时请医生诊治，排出耳朵中积水。

游泳出水后，应及时冲洗身体，然后擦干，穿上衣服，以防感冒。稍作休息后，再进食或进行其他活动。

第二节　蛙泳的基本技术

蛙泳是一种比较古老的泳式，因模仿青蛙游泳的动作而得名，在民间广为流传。蛙泳的技术结构是四种泳姿（蛙泳、自由泳、蝶泳、仰泳）中最为复杂的，臂腿变化方向多，较难掌握好，与其他泳式的差别很大。蛙泳也是四种泳姿中速度最慢的一种。这是因为运动员从水下移臂到收腿都会给身体带来很大的阻力，使前进速度骤然下降，身体前进速度极不均匀。但蛙泳也有一些独特的优点，如呼吸比较容易掌握，每个动作周期结束后都有一定的滑行放松时间，较容易学会，而且掌握蛙泳动作节奏后很快就能游较长的距离。此外，还便于观察前方，在实用游泳如救生等领域有重要的地位。

一、身体姿势

蛙泳在游进中，身体位置在不断地变化。目前，平式蛙泳技术和波浪式蛙泳技术并行于国际泳坛。这两种技术在身体姿势、腿和手臂的技术都有很大的区别。本书主要讲解平式蛙泳。

在每个动作周期中，平式蛙泳的身体姿势相对比较接近水平位置。呼吸通过向下低头和向上抬头来完成。在一个动作周期（一次蹬腿一次划手）结束后，有一个短暂的相对稳定的滑行瞬间，此时臂腿并拢伸直，身体较水平地俯卧于水面。头略微抬起，身体保持一定的紧张度，以维持较好的流线型。当划水和抬头吸气时，头抬出水面，肩部上升，并开始收腿，这时身体仍然较水平地俯卧于水面。

二、腿部动作

蛙泳的腿部动作较其他泳式更重要，不仅能保持身体平衡，还可以产生较大的推进力。腿的动作可分为几个部分，分别为收腿、外翻和蹬夹、滑行，这是紧密相连的完整动作。

收腿

蛙泳的收腿动作不但不产生推进力，反而会给身体带来阻力，因此要考虑如何减小阻力。由于划水和呼吸的原因，开始收腿时髋关节和大腿、膝关节略下沉。收腿的同时屈膝、屈髋，两膝边向前收边逐渐分开，踝关节伸展，小腿和脚跟在大腿和臀部的后面，在髋关节的投影截面内轻松地前收，以减小阻力。当脚接近臀部时停止收腿。从减小阻力的角度，收腿应该用较慢的速度完成。但为了节省时间，加快动作的频率，并与划水动作协调配合，收腿动作应该快速完成。快速收腿产生的效益超过了阻力增大所造成的速度损失。此外，大腿和膝关节下沉后，小腿和脚位于大腿后面，此时快速收小腿不会形成太大的阻力。

1. 外翻和蹬夹

蛙泳的腿外翻包括向外翻脚和翻小腿。腿外翻对蛙泳起着重要的作用。腿外翻并不是独立的动作，正确的动作是边外翻边蹬夹，即在蹬夹时快速翻脚的动作类似螺旋桨叶转动，在外翻的同时已经产生了推进力，而不会有一段无做功的时间。

收腿结束时，脚跟位于臀部的上方，两脚之间的距离宽于两膝之间的距离。通过脚背屈和外展，向外翻脚，使脚尖朝外，同时膝关节内旋，使脚和小腿内侧对准蹬水的方向，对水面增大。蹬腿开始时，小腿与水面几乎垂直，脚位于水面下外翻接近 $90°$。这个角度是蹬水的最佳角度（见图 11-1）。

腿蹬夹水根据运动的方向可以把蹬夹分为两部分，第一部分是向外和向后蹬腿，第二部分是向内、向后和向下蹬夹水。

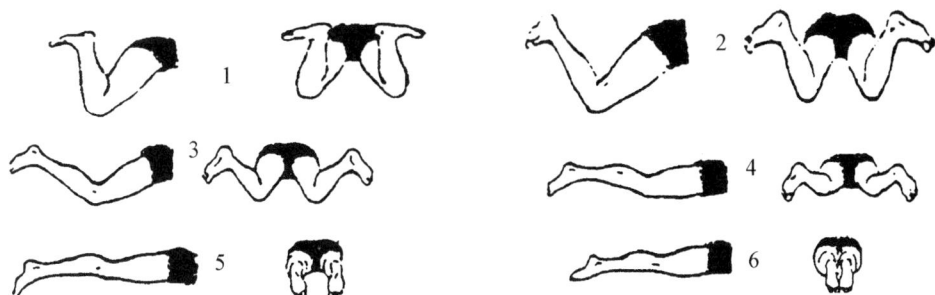

图 11-1 平式蛙泳腿的外翻和蹬夹

2. 滑行

腿蹬夹结束后，由于蹬腿的惯性作用两腿有一个短暂的滑行阶段。这时两腿应尽量伸直并拢，腿部肌肉和踝关节自然放松，为下一个动作周期做好准备。滑行和收腿时都应注意脚的形状尽量顺着水流，使水流不会突然改变方向。

三、臂部动作

蛙泳臂划水可以产生较大的推进力，现代蛙泳技术更加强调臂划水的作用。蛙泳的划水动作路线呈非常典型的螺旋状轨迹，手臂的动作类似桨叶转动，动作效果好的人，手臂划水的螺旋间距大。

为了便于分析技术，根据划水过程中用力方向的变化将臂部动作分为沿螺旋曲线外划、沿螺旋曲线内划和伸臂三个阶段。

（一）沿螺旋曲线外划

手臂划水开始之前，两肩前伸，两臂伸直，与水平面平行，掌心向下，身体充分伸展并保持流线型。两臂边内旋，同时对称地向外后划水。两手分开超过肩宽时，手臂略外旋、屈肘、屈腕，开始抓水，手掌从朝向外后方转为朝向外后下方，此时手掌和前臂已有抓住水的感觉。抓水能产生一定的推进力，其主要目的是给后面的划水创造条件，并对躯干上部有支撑平衡的作用。

随着两臂继续外分，手臂旋外，逐渐加大屈肘程度，手沿螺旋曲线向下、向后和向外划水。外划开始以后，划水速度逐渐加快，当两手在体下划到最低处时，外划结束，转入内划阶段。

（二）沿螺旋曲线内划

外划结束后，手臂向外旋转，手先沿螺旋曲线向内、向下和向后划水，随着手臂继续外旋向内、向上和向后划水。内划结束时，手上升到与肘齐平的位置。

（三）伸臂

平式蛙泳的伸臂动作是在水下完成的，阻力较大。

伸臂是在内划的基础上完成的，当两手在下颌下接近并拢时开始前伸，通过向前伸肘和伸肩，两臂前移至伸直姿势。伸臂时，掌心多为向下，也有一些运动员在内划时手外旋过度，致使掌心向上，在伸臂即将结束时再转为向下。平式蛙泳的伸臂在水面下 20—25 厘米处进行。两手并拢，手腕自然伸直，肩肘伸展，手臂呈流线型沿直线前伸。

（四）呼吸与臂的配合动作

蛙泳每划水一次吸气一次。优秀运动员通常在内划接近结束时吸气，吸气时间较短，伸臂后呼气。这种技术由于抬头时间短，身体重心和浮心失去平衡的时间短，因而阻力小，一般被高水平运动员所采用。

（五）完整配合

蛙泳技术中以臂腿配合最为复杂。为了保持游进速度的均匀性，臂腿配合应尽量使游进过程中每一动作周期内的每个阶段都有推进力产生和保持。常见的平式蛙泳配合技术是手臂外划水时腿自然放松伸直，手内划时沉腿屈膝，手向前伸到 2 / 3—1 / 2 时快速蹬夹水。

蛙泳臂、腿、呼吸的配合多采用 1 ： 1 ： 1 配合，即每划水一次，蹬腿一次，吸气一次。蛙泳有三种不同的手腿配合形式，即连接式、滑行式和重叠式。连接式配合是指蹬腿结束后没有滑行阶段，手臂立即开始划水；滑行式配合是在蹬腿结束与划水开始之前有一个短暂的滑行阶段；重叠式配合是指在蹬夹还没有结束之前就已经开始划水动作。在这三种配合形式中，滑行式是最不可取的，因为动作不连贯，致使身体前进的速度不断改变，从蹬腿结束到划水产生推进力之间有一定的间隔时间，会使身体动量的平衡遭到破坏。连接式配合因为抓水阶段产生的推进力很小，在大约 0.3 秒的时间内游速仍然会持续减慢。因此，重叠式配合较为合理，游速持续下降的时间较短。对于蹬腿技术较差的运动员来说，这种配合方式可以帮助他们更充分地发挥手臂力量。多数世界高水平蛙泳运动员的配合方式正是如此。但对初学者来说，滑行式是最基本的动作周期，简单易学（见图 11-2）。

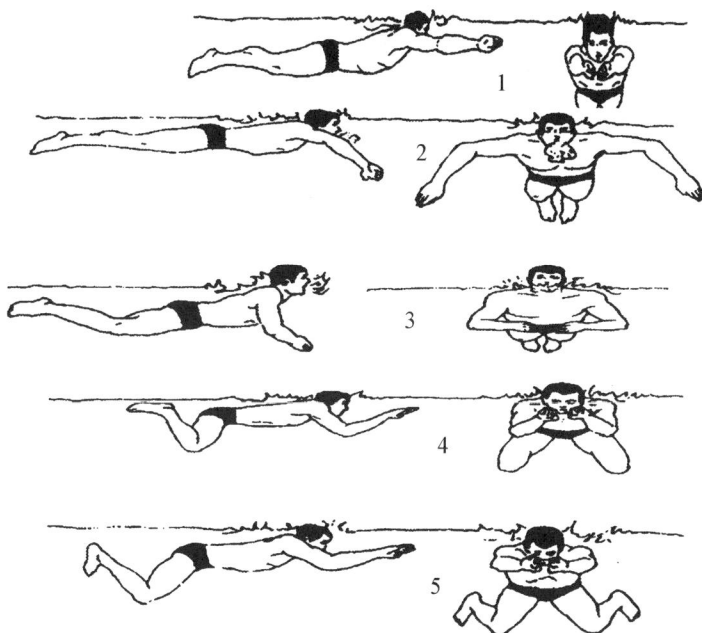

图 11-2 平式蛙泳完整配合方式

第三节 仰泳的基本技术

仰泳是人体仰卧在水中游进的一种泳式。仰泳的历史也较为久远，在 18 世纪已有关于仰泳技术的记载。最初的仰泳是在游泳中仰卧漂浮作为水中休息，后来发展到利用两臂同时在体侧向后划水，两腿做蛙泳的蹬夹水的动作，也称为"蛙式仰泳"或"反蛙泳"。1900 年的第二届奥运会上开始设立仰泳项目的比赛。仰泳技术动作由身体姿势、腿部动作、臂部动作和呼吸等几部分动作协调配合组成。

一、身体姿势

游仰泳时，身体自然伸展，平、直地仰卧于水面，头和肩部略高于腰和腿部，身体纵轴与水平面构成一个很小的仰角。

头部和髋部的位置关系非常重要。头的位置在很大程度上决定了整个身体的位置，起着"舵"的作用。头部应与身体在一条直线上，水面约位于头顶中部。头部过于后仰，容易使髋部抬高，腿和脚露出水面，影响打水的效果，并容易挺胸弓背，使躯干过于紧张、僵硬；反之，如果刻意收下颌，抬高头的位置，髋和腿就会下沉，身体容易"坐"在水中，增大身体前进的阻力。

游仰泳时，身体应随划水和打水做绕纵轴自然转动，转动角度在40°—60°，有的运动员转动的角度更大，像滚动的原木那样使身体向两侧转动。要注意：把肩和髋关节看作一个整体来转动。转动速度要快，在游进过程中躯干处于侧卧位的时间多于仰卧位，这样既利于保持手臂划水时的深度和合适的角度，又使手臂能充分发挥肌肉力量，还利于移臂时减小阻力。如果身体没有转动，双肩平平，因肩关节活动受限，划水动作就会较浅，产生大量气泡，使划水效果降低。仰泳时，身体是流线型的，这很重要。受仰泳的仰卧姿势限制，上肢力量不容易充分利用，如何减小身体前进的阻力就显得比其他姿势更为重要。游进中要保持积极的流线型，将尽量伸展身体，通过微向前耸肩使脊背保持挺直。转动身体使身体的一侧——从肩到髋关节和大腿侧面都露出了水面。

需要注意的是，尽管身体在不停地转动，头却是固定不动的，即在游进时，即使在运动员前额上放一个物品也不会滑落。这样可以避免身体的侧向摆动，使推进力方向尽量集中。

二、腿部动作

仰泳腿打水的作用主要是保持身体位置，还可产生一定的推进力；仰泳腿打水动作除保持身体的平衡外，还能给身体一个稳定的支撑力。快速有力的仰泳打水对有效发挥上臂和躯干的力量也起着重要的作用。

仰泳腿打水由上踢和下压两部分组成。仰泳腿的技术与自由泳（又称为爬泳）腿相似，同样是鞭状打水动作。但由于是仰卧，所以产生推进力的动作是"上踢"。此外，仰泳腿上踢开始时膝关节弯曲的程度大于自由泳向下打水时，打水的幅度也比自由泳深。

（一）下压

因为腿下面的水对腿产生向上的压力，下压动作的前半段是由直腿完成的。膝关节和踝关节应自然放松。由于伸髋，大腿带动小腿下压。到一定深度后，大腿停止下压，在腰腹肌肉群的控制和协同作用下，转入上踢过程。此时小腿和脚在惯性的作用下仍继续下压，使膝关节弯曲。之后，小腿和脚在大腿带动下依次结束下压动作。

（二）上踢

腿上踢是产生推进力的动作，需要用较大的力量和较快的速度来完成。上踢开始时，足内收，大腿带动小腿和脚屈膝向上踢水，在踢水的过程中逐渐伸膝。上踢时，踝关节跖屈。踝关节的灵活性对踢水效果起着重要的作用。当大腿移到接近水面时转为下压。由于伸膝肌群的带动，小腿和脚在惯性作用下加速向上用力踢水，形成鞭状踢水动作。当膝关节完全伸直时，上踢动作结束，此时脚趾应该恰好位于水面或略低于水面。

上踢动作要把握好尺度，即在任何情况下，膝关节、小腿和脚不能踢出水面。踢水的浪涌应像圆屋顶，或开锅的水，虽沸腾但不四溅。

三、臂部动作

仰泳手臂的划水动作是产生推进力的主要因素，划水技术的优劣直接影响游进的速度。仰泳的臂部动作可以分为入水、划水、出水和空中手臂四个主要部分。

（一）入水

仰泳臂的入水动作与身体的转动协调配合而成。一臂入水时，身体向同侧转动，可以加大手臂入水的深度。手的入水点应在头前，在同侧肩的延长线上。手臂应伸直，肘关节不能弯曲，以小拇指领先，手掌朝外，干净利落地切入水中（见图11-3）。手入水时，手掌与前臂形成角度为150°—160°，使手指先于手掌外侧和前臂入水，以减小入水时的阻力。

图11-3 仰泳入水

当手臂完全进入水中后，手继续向前、向下、向外三个方向同时运动，使手臂伸展到适宜的长度。这个阶段几乎不产生推进力，主要作用是为后面的划水做好准备。入水结束后手位于水下10—15厘米。

（二）划水

仰泳手臂的划水动作轨迹是三维的螺旋曲线。手臂通过内旋和外旋改变对水的攻角，获得阻力或升力推进力。根据手臂主要运动方向的变换，可以把划水分为下面几个阶段。

1. 沿螺旋曲线下划和抓水

手臂入水后，不宜立即向后划水，否则容易造成手划水离水面较浅，产生大量气泡而划空，因此应积极下滑。随着身体围绕纵轴的转动和积极的伸肩，手臂向外旋转、屈腕，使手掌对准水并有压力感。此时，划水的主要肌肉群应得到适当的拉长，以便划水时能充分发挥力量。逐渐屈肘，前臂内侧和手掌对准后方，手指向外。抓水结束时，肘的位置仍略高于手。

2. 沿螺旋曲线上划

臂下划完成后，随着身体绕纵轴继续转动，肘关节下降，手在向后划水的同时沿螺旋曲线同时向上、向后和向内划动，使屈肘的程度逐渐加大。当手臂划到肩下与水平面垂直时，身体转动角度达到 $45°$；肘关节弯曲角度也达到了最大，为 $90°—120°$。与自由泳的高肘划水相似，也称为高肘划水（但由于仰卧姿势，肘实际上在下面）。上划结束时手掌距离水面 5—15 厘米，指尖指向外上方。

3. 沿螺旋曲线鞭状下划

这个阶段臂的划水能够使身体获得最大的前进速度，因此也是划水中最关键的一个阶段，一定要加速完成。这个阶段开始于手划水划到 S 形划水路线的最上方时。在从上划到鞭状下划的转换阶段，手掌朝向后方划水，使身体获得阻力型推进，然后身体开始向划水手臂的对侧转动，手臂沿螺旋曲线向下、向内和向后加速做划水，直至在大腿下完全伸直。

手和手腕的动作因为速度很快，因而像鞭梢抽打水的动作。鞭状下划结束时，手掌朝下，手臂伸直，手位于大腿下方，手掌距离水面约 30 厘米。

4. 第二次上划

仰泳臂划水过程中身体前进速度有两次达到高峰。第一次出现在上划时，第二次是在鞭状下划结束时。

（三）出水

划水完成以后，手臂外旋，掌心指向大腿，借助手向下压水的反作用力和肩部肌肉的收缩，以及身体自然转动，手臂迅速提拉出水面。出水时，臂应伸直，压水提肩，使肩部首先出水，然后再带动上臂、前臂和手依次出水。出水前手臂应先外旋，使手掌转向大腿外侧，使大拇指领先出水，这样阻力较小，且手臂较自然放松。

（四）空中移臂

手出水后，手臂应迅速以直臂方式向前移动，上臂应贴耳。移臂的前半段，手掌向内，使手臂肌肉尽量得到放松；当手臂移到头上，即与水平面垂直时内旋，使掌心向外，为入水做好准备。

空中移臂动作与身体的转动也是分不开的。在一臂移动的前半部分，身体正好向划水臂一侧转动，使整个手臂和肩，甚至身体一侧都露出水面，减小了移臂时的阻力，同时使划水手臂的划水更有力。当手臂移到头上时，身体开始向移臂一侧转动，有利于手臂向前伸得更远，使手入水点远，下滑较深。

（五）两臂的配合

仰泳的两臂配合，应该保证身体得到连贯而均匀的推进力，使身体匀速前进。现代优秀仰泳运动员采用后交叉配合的较多，即一臂入水时，另一臂划水结束，两臂基本处于相反的位置，使一臂结束划水动作后，另一臂能立即产生新的推进力（见图 11-4）。当一臂入水后前伸下滑时，身体的转动使对侧手臂的移臂动作更自然轻松。

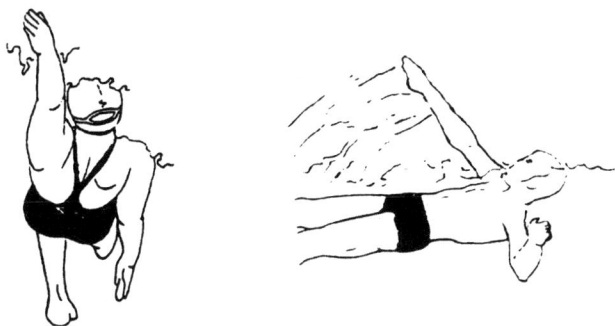

图 11-4　仰泳两臂的配合

四、呼吸与臂配合动作

游仰泳时口鼻始终露出水面，呼吸不受水的限制，但为了避免吸气不充分造成的动作紊乱，运动员一般保持一定的呼吸节奏。

五、完整配合动作

仰泳的完整配合中任何一个动作都要协调配合。当左手入水时，左肩前耸，身体绕纵轴向左侧转动，头保持稳定，既可使身体保持良好的流线型，又可使手臂充分前伸。右手此时鞭状下划结束，右肩提起，准备出水。左腿向上踢水，右腿处于下压状态。

现代仰泳较常见的是六次打水、两次划臂、一次呼吸的配合技术，即6：2：1配合，目前很少见到四次或两次打水、两次划臂的配合方式。

仰泳六次打水、两次划臂的配合是这样的：右手入水和抓水时，右腿上踢；右手上划时，左腿上踢；右手鞭状下划时，右腿第二次上踢；左手划水时，重复相应的动作。

第四节 爬泳的基本技术

爬泳的名称来自泳式的外观特征。游爬泳时，身体俯卧在水面，两腿上下交替打水，两臂轮流划水，动作很像爬行，故称为"爬泳"。

在现代竞技游泳比赛中，并没有"爬泳"这个项目，而设有"自由泳"项目。在自由泳比赛中，运动员可以用任何姿势游进，由于爬泳速度最快，运动员几乎都用爬泳游进，故爬泳也被称为"自由泳"。

爬泳技术动作由身体姿势、腿部动作、臂部动作、呼吸及完整配合几部分动作通过协调的配合构成。

一、身体姿势

在游任何一种泳式时，理想的身体姿势都应该能使运动员最大限度地减小阻力。为了达到这个目的，爬泳的身体姿势有以下特点。

（一）身体呈水平姿势

爬泳的基本姿势是身体尽量保持水平，身体位于水面上较高的位置以减小形状阻力。

头部的位置很重要，正确的头部位置是与水面平行，眼望池底，这样颈部肌肉比较放松，手臂和身体都能够充分地伸展。较高的头部位置容易使躯干和腿下沉，从而使形状阻力增大。根据流体力学的实验研究，当身体俯卧于水面以一定的速度前进时，头位于水面上时身体所遇到的阻力要明显大于头浸入水中。如果试图通过抬高头部来提高身体位置，其结果必定是事与愿违，腿部会更加下沉，且身体会上下起伏。此时若想抬高腿部，需要用更大的力量打水，从而造成能量浪费。

（二）没有侧向摆动

在游进过程中，身体的所有部分都好像处于一个假想的通道内，这个通道的宽度略宽于双肩之间的距离。肩、髋和腿应该作为一个整体随着手臂运动而转动，使髋关节和腿的运动基本不超过身体的宽度，人在水中只占很小的空间，这样可以最大限度地减小形状阻力。如果有大幅度的侧向摆动，使髋关节和腿的动作越过了身体宽度，由于身体周围的水流方向被重度扰乱，将增大前进中的形状阻力和波浪阻力。

造成侧向摆动的原因主要是关节不灵活、移臂低平及吸气时头颈动作幅度太大等。

（三）身体保持良好的流线型

头和肩的姿势对保持身体流线型起着很大的作用。双肩略向前耸可以使胸部和腹部较平，形成平滑的流线型表面，使水流顺利通过。略耸的肩部还可以加大肩关节周围肌肉的活动幅度，使臂部的收缩肌群处于更有利的力学位置，使划水更有力。但是不能过分强调耸肩动作，否则会造成划水力量减小以及腰背和髋部降低，从而破坏身体流线型。当一臂入水时，充分伸肩，使身体前部呈细长形，其目的也是形成流线型，减小形状阻力。

要保持身体流线型还要尽量使手臂和腿的动作不要偏离身体纵轴太远，如打水时两腿不宜过于分开、动作应该保持在身体截面内完成。再如，吸气时头部不要偏离身体中心转动，而且躯干应保持一定的紧张度，否则容易使大腿下沉，增大阻力。

（四）在游进中身体围绕纵轴有节奏地转动

身体作为一个整体随着手臂和腿部的动作围绕纵轴有节奏地转动。过去的观点一致认为，肩部在围绕纵轴转动，事实上躯干的转动要远远大于肩的转动。肩部动作更正确的说法是向前和向后移动。身体转动使躯干的大肌肉群发挥作用，尤其在产生推进力最大的划水结束阶段。当手臂完成划水进入出水和空中移臂阶段时，身体转动使髋和肩部保持了流线型。目前的许多研究认为，身体处于侧卧位时受到的水的阻力要远远小于平卧位时。因此，要减小阻力，就要尽量减少身体处于平卧位的时间，增加侧卧位的时间。所以，在爬泳和仰泳中，要加大身体转动的幅度，增加身体处于侧卧位的时间。此外，这种转动还有助于呼吸动作完成，吸气时不必刻意地转动头部，而是随着身体转动使口自然地露出水面吸气。

二、腿部动作

爬泳腿的作用一直为专家学者所争论，观点不完全统一。有人认为，打水只能起到平衡身体姿势的作用；另外一些人坚信，腿打水同样有推进作用；还有人认为打水在短距离项目中既起平衡作用，又能产生推进力，但在长距离项目中只能起平衡作用。

爬泳腿打水由向下打水和向上打水两部分交替构成。其中下打动作较为有力，上打动作相对放松些。事实上由于身体围绕纵轴转动，打水动作并不是在绝对的垂直面上下往复，其中也包含向侧方的动作。在腿打水的过程中，两脚应稍内扣、踝关节放松，由髋关节发力，传至大腿，带动小腿和脚，做鞭状打水，使动作有力而富有弹性。髋关节的带动作用越来越显得重要。

由于腿部各关节和环节构成了一个类似链状结构，爬泳的向上打水和向下打水之间的界限并不十分明显，即大腿、小腿和脚并没有同时向上或向下打水。

（一）向上打水

爬泳腿向上打水时，由大腿带动小腿向上移动，腿呈伸直姿势。当整个腿部移到水面并与水平面基本平行时，大腿停止继续上移，转入向下打水，但小腿和脚由于惯性的作用仍然继续上移，使膝关节弯曲。膝关节屈曲的角度在130°—160°。当小腿和脚也完成向上打水时，大腿已经进入下打过程。小腿上打不能露出水面，脚掌接近水面或略露出水面。脚不能高出水面太多，否则一是容易失去部分浮力，使身体有下沉的趋势；二是在向下打水初期脚只能打到空气，得不到水的反作用力，而且会搅起大量的气泡，增大阻力。

（二）向下打水

小腿和脚在上打结束后，在大腿的带动下开始向下打水。由于膝关节的弯曲，小腿和脚的打水方向是后下方。当大腿向下打水到最低处并开始向上打水时，小腿和脚仍未完成向下打水，直到膝关节完全伸直，小腿和脚才随大腿转入向上打水；然后开始下一次动作循环。

爬泳腿打水动作应该向下屈腿打水，直腿上抬，打水幅度30—40厘米。向下水时踝关节要跖屈而不要背屈，脚背朝后下方用力，使脚获得的反作用力有向前和向上的分力。如果足背屈打水，不但不能推动身体前进，反而给予身体向后的反作用力使身体倒退。

三、臂部动作

游爬泳时，使身体前进的主要推进力产生于手臂的划水动作。爬泳手臂划水动作可以分为入水、划水、出水和空中移臂四个主要部分。空中移臂是划水的必要准备，但不产生推进力，真正产生推进力的部分是划水。

（一）入水

爬泳臂入水阶段包括手插入水中和手臂在水中向前下伸展两个动作。入水的目的主要是使手臂伸展到合适的位置，为抓水做好准备。同时前伸动作还起到保持流线型和募集更多肌纤维参与工作的作用。入水阶段手没有向后的运动分量。入水时，随着身体绕纵轴转动，肩关节内旋，肘关节微屈并高于手，手自然并拢伸直，由大拇指领先，斜插入水，手掌朝向外下方，与水平面呈30°—40°，可以减小手入水时的阻力。如果手掌平拍入水中，就会在手的周围产生大量的气泡，增大阻力。而且因手掌的下压动作，容易使头和躯干抬高，破坏身体姿势，造成身体上下起伏。

手插入水后，前臂和上臂依次入水。手入水的位置应该在比手臂完全伸展时近20—25厘米的点。如果手入水时肘关节过分屈曲，手臂的伸展程度太小，入水后的前伸距离就会相对加长，一则浪费时间，二则增大阻力。

手的入水点应在肩的延长线上或身体中线和肩的延长线之间。入水过于靠内容易造成髋关节和腿的侧向摆动，使身体的流线型遭到破坏。入水过于靠外不利于入水后的抓水动作，且难以充分发挥肩背部肌肉的力量。

手臂入水后在水面下继续向前下方伸展，动作应尽量圆滑，避免带来太大的阻力。手腕自然微屈，掌心可转向下。在手臂接近伸直或完全伸直时，臂部肌肉应该达到适宜的初长度，做好向后划水的准备。

（二）划水

手臂划水是产生推进力的主要阶段。爬泳手臂的划水动作轨迹是三维的螺旋曲线。在划水过程中，手臂通过内旋和外旋改变对水的攻角，不断地获得阻力或阻力推进力。根据手臂主要运动方向的变换，可以把划水分为几个阶段，但是需要注意，由于手臂的划水路线是连绵不断的曲线，因此，各个阶段之间不存在绝对的界限，动作的方向也不是绝对的，而只是表示动作在曲线上主要的运动方向。

1. 沿螺旋曲线下划和抓水

手入水和伸臂后，屈腕，使手掌朝向外下方，沿螺旋曲线抓水。从抓水开始，手臂开始有了向后的运动分量，即手臂的动作开始产生阻力推进力了。抓水的动作方向是向下、向外和向后。

抓水后逐渐屈肘，使肘高于手，高肘的目的是使前臂和手最大限度地向后对准水。同时高肘也是水下有力划水开始的标志。低肘是较为常见的技术错误，由于低肘抓水时作用力方向向下，而不是向后，容易造成身体上下起伏，推进效果差。

2. 沿螺旋曲线内划

根据划水路线是螺旋曲线的原则，虽然内划阶段手臂的主要运动方向是向内，但同时伴有向上和向后的动作。内划开始时，手位于水下最低点及肩的外侧，此时肩外旋，继续屈肘并保持高肘姿势，手臂加速向内、向上和向后沿曲线划水。内划结束时，手在身体下方靠近身体中线，手臂与水平面基本垂直，屈肘角度90°—120°。

手臂在从以下划为主转变到以内划为主的过程中，应注意利用好阻力推进力。因为在转换阶段手还没有形成有利的攻角，难以获得升力，如果没有阻力推进力，身体速度就容易迅速下降。因此，在手掌从向外转为向内之间时，手掌几乎是垂直向后的，其目的是获得阻力推进力，保持身体的速度。

内划阶段较常见的错误技术是屈肘程度太小、手臂过于靠里（手超过身体中线）或手臂过于靠外。此外，内划时手掌没有形成向内的攻角也是常见的错误，这种错误会导致升力推进力损失。

3. 沿螺旋曲线上划

从手臂与水平面垂直开始到出水前的运动为上划。在上划之前，起主要作用的肌肉多为上肢带的屈肌，手的运动落后于肘；而上划阶段的原动肌多为伸肌，手开始领先于肘关节的运动。

此阶段手臂沿螺旋曲线向上、向外和向后划水，并且应在内划的基础上加速连贯地完成，中间不能有停顿。从内划转为上划时，手掌从向内转为向后外，沿向上、向外和向后的方向加速划水。上划过程中手臂的划水速度是整个划水过程中最快的，产生的推进力也最大。为了获得最佳的动作效果，应该尽可能地加快划水速度和延长划水距离。当前臂在后方与水平面的角度为15°—20°时，上划结束，转入出水阶段。

在上划过程中应逐渐伸腕，以免手掌随着臂的后伸向上撩水，使身体下沉。手掌向外和向上的攻角在30°—40°，水流从腕部流向指尖。

此阶段常见的错误是直接向后推水。这样容易使肘过早伸直，有效划水路线短，并损失大部分升力。内划和上划两个阶段是划水的关键，因为手臂在这两个阶段的动作产生的推进力较大。

在整个划水过程中，手臂的运动方向是在三维立体几何面内不断变化的。手相对于身体的运动轨迹类似一个大写的"S"（俯视），手相对于水（静止物）的运动轨迹是不规则的螺旋曲线。

（三）出水

手臂划水结束后应立即改变手的迎角，肘外旋，使小指朝上，掌心朝向大腿。这样可以使手轻松地离开水面，避免阻力。同时有利于在移臂的开始就保持高肘姿势，又不使肩关节过于紧张。在肩的带动下将手臂提出水面。出水的顺序是肩、上臂、前臂和手。出水动作应快速、连贯，但前臂和手应尽量放松。

（四）空中移臂

空中移臂与出水并没有明显的界限，而是出水的继续，不能停顿。移臂宜放松、自然，多数运动员采用高肘移臂，便于入水后快速抓水。从出水开始肘关节就已经屈曲，随肩和上臂向前上方移动。移臂动作应借助肩关节的自然内旋。移臂开始时手臂在空中向前、向外和向上移动。当手越过肩关节时开始前伸，手臂的动作转为向前、向内和向下。手的速度快于前臂和上臂的速度，手在肩前领先入水。

一些运动员采用直臂移臂技术也取得了较好成绩，即当手出水时，手臂几乎完全伸直，手在肘上直臂向前、向上、向外移动，肩关节外旋。当手移到肩部上方时，开始屈肘，使手向前、向下和向内移动。也就是直臂移臂的后半段与高肘移臂相似，在手入水之前通过屈臂高肘形成适宜的入水位置。这种移臂技术多见于短距离项目的运动员。还有些运动员采用不对称的移臂，即呼吸一侧的手臂直臂移臂，另一臂则高肘移臂。这是因为他们向呼吸一侧转动身体的幅度较大，使肩关节外旋，因而造成直臂移臂。

（五）两臂配合

爬泳两臂配合有三种基本形式，即前交叉配合、中交叉配合和后交叉配合。此外，还有介于这三者之间的中前交叉和中后交叉。

前交叉配合是指一臂入水时另一臂在肩前方，与水平面呈锐角［见图 11-5（a）］，也称为追逐式配合。这种配合的致命弱点是动作不连贯，在一手移臂时，另一手处于前伸或抓水阶段，几乎没有划水的推进力产生，因而速度均匀性差。但是初学者可以学习这种配合技术，以便掌握臂的技术和呼吸技术，也可作为一种分解技术练习方法。

中交叉配合指一臂入水时另一臂划至肩下［见图 11-5（b）］。

后交叉配合指一臂入水时另一臂划至腹下［如图 11-5（c）］。由于手入水后要前伸，为抓水做准备，因此，当一手入水，另一手内划或上划的配合较好。入水的手经过前伸、抓水，开始产生较大的推进力后，另一手刚好出水，进入空中移臂。这样有利于发挥力量，提高频率，保持连续的推进力，并保持平稳的身体位置。

由于爬泳是两臂轮流划水产生推进力的，两臂配合的关键之处在于尽量使身体前进的速度均匀。根据这一原则，中交叉和中后交叉配合是较有利的方式。

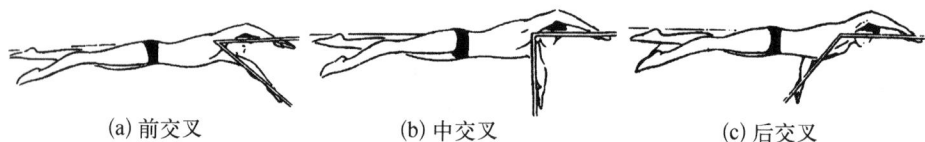

(a) 前交叉　　　　　　　(b) 中交叉　　　　　　　(c) 后交叉

图 11-5　爬泳划水的三种基本交叉形式

四、呼吸与臂的配合动作

爬泳的呼吸是一个难点，原因是它采用人们所不习惯的侧向转头吸气。呼吸动作与身体绕纵轴的转动同时进行，动作就比较协调。转头应该在身体的转动幅度达到最大时进行，可以尽量减少转头时造成侧向身体摆动，使转头吸气搭上身体转动的"便车"。

五、完整配合动作

爬泳完整配合包括两个方面：一方面，任何一个环节的动作都不是孤立的，都要依靠全身各个部分的协调配合。另一方面，完整配合还特指在一个划水动作周期中与之配合的打水和呼吸的次数和节奏。爬泳配合技术有多种形式，其中6：2：1配合是较常见的一种（见图11-6），即六次打水、两次划水、一次呼吸。此外还有4：2：1、2：2：1等多种配合形式。

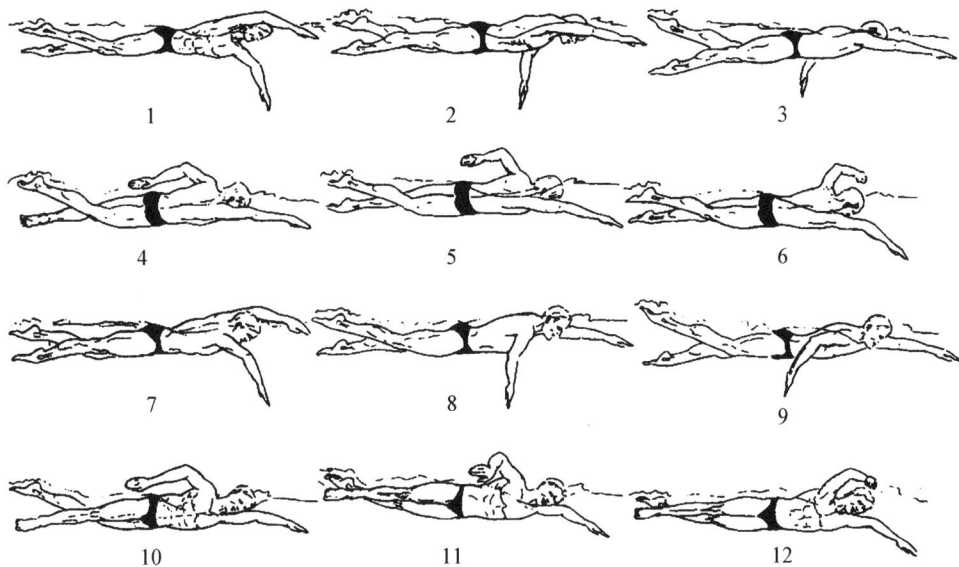

图11-6 爬泳6：2：1配合过程

第五节 实用游泳

实用游泳通常是指非竞技泳式，但具有实用价值的游泳技术。

一、抬头爬泳

抬头爬泳，顾名思义是指在游爬泳姿势的基础上把头抬出水面的一种游泳姿势。由于爬泳技术特点是身体呈较好的流线型，几乎水平地俯卧在水中，其四肢动作结构简单、自然，容易配合，游速最快。采用抬头爬泳技术既能快速游进，又能看清目标，由此抬头爬泳技术已成为游泳救生员的一种专项游泳技术。救护溺者时需要争分夺秒，当救生员发现溺者而距溺者有一定距离又决定要进行水上直接救护时，跳入水中应首先采用抬头爬泳技术，这样能迅速、准确地游近溺者。

抬头爬泳技术与爬泳技术的不同之处：

（1）身体姿势。因头部抬出水面，所以身体位置稍高于爬泳姿势。头抬出水面后不要左右晃动，两眼要注视溺者。

（2）腿部动作。两腿要用力打水，以保持较高的身体位置。

（3）手臂动作。手的入水点比爬泳近，入水后肘不下沉，手臂入水后要尽快进入划水和推水阶段，划水路线比爬泳短。

二、侧泳

侧泳是身体侧卧在水中，两臂交替划水，两腿做蹬剪水的一种实用价值很大的游泳姿势。在游泳救护中侧泳是救生员拖带溺者时所采用的一种主要游泳姿势。

（一）身体姿势

身体侧卧在水中，两肩稍向胸侧倾斜，与水平面的角度为 10°—15°，头的下半部浸在水中，水下面手臂置于体侧，两腿并拢伸直，游进时身体绕纵轴转动。

（二）腿部动作

侧泳腿的技术包括收腿、翻脚和蹬剪腿三个动作。

1. 收腿

上腿屈髋、提膝向前收，大腿与躯干呈 90°，小腿与大腿的角度为 45°—60°。下腿髋关节伸展，小腿向后收，膝关节尽量弯曲，角度为 30°—40°，足跟靠近臀部。

2. 翻腿

当完成收腿动作后，上腿勾脚掌，脚掌向后对准水。下腿将脚尖绷直，脚背和小腿前侧面向后方对准蹬水方向。

3. 蹬剪腿

两腿的蹬剪动作是拖带溺者的主要推进力，动作过程为上腿以髋关节发力，用大腿带动小腿稍往前伸，以脚掌对着蹬水方向，由体前侧向后方加速蹬夹水、下腿以脚背面和小腿前侧对着蹬水方向，用力稍向下、再向后伸膝剪水，与上腿后蹬动作相配合形成蹬剪水的动作。

（三）手臂动作

两臂交替划水，一臂在空中移臂称为上面手臂，另一臂始终在水下进行划水和移臂称为下面手臂。

1. 上面手臂

上面手臂与爬泳臂划水动作相似，不同的是当上面手臂在空中移臂时，上体绕纵轴略有转动，使两肩连线与垂直线之间的角度增大，这样能使上面手臂入水点延长，增长划水路线。

2. 下面手臂

侧泳的下面手臂动作分为准备姿势、滑下、划水和臂前移四个阶段。

准备姿势：手臂前伸，掌心向下，手略高于肩。

滑下：当手臂滑下与水平的角度呈 20°—25° 时，稍勾手腕、屈肘，使手掌和前臂向后对准水，即过渡到划水动作。

划水：下面手臂的划水动作不是在肩下进行，而是在靠近胸侧斜下方进行，当划至腹下，即告结束。

臂前移：划水结束后，迅速收前臂，使手掌向上，并沿着腹胸向前移动。当手掌移至头前时，随臂向前伸直，手掌逐渐转向下方。

（四）两臂配合动作

下面手臂开始划水，上面手臂前移；上面手臂开始划时，下面手臂开始做前伸动作，两臂在胸前交叉。上面手臂划水结束，下面手臂开始下滑。

（五）臂和腿及呼吸的配合

1. 臂和腿的配合

当上面手臂入水后，下面手臂开始前移并收腿，上面手臂划到腹下开始做推水动作时，下面手臂向前伸，同时腿用力向后做蹬剪动作。

2. 臂和呼吸的配合

上面手臂开始划水时，逐渐呼气，划到腹下做推水时转头吸气。移臂和入水时，头还原，闭气。

3. 侧泳的完整配合

两腿蹬剪水一次，两臂各划水一次，呼吸一次。两腿蹬剪水后，在上面手臂划水结束与下面手臂前伸时，应有短暂的滑行动作。

侧泳动作特点是身体侧卧在水中，救生员在拖带溺者时可利用自己的体侧支撑溺者进行拖带。应用时，救生员要用上侧身体和髋部顶住溺者的腰背部使其浮起，以便拖带。同时还应注意，救生员的上臂抱住溺者的上体时，切勿卡住溺者的喉咙，以免窒息。

三、反蛙泳

反蛙泳是仰泳的前身，即身体仰卧水中，两腿同时向后蹬夹水，两臂在体侧同时向后划水。反蛙泳的实用价值很大，因为反蛙泳主要靠腿部动作就可以前进，两手可腾出来救护溺者或拖带物品，所以一般在水中拖带溺者或物品都采用这种技术。

（一）身体姿势

仰卧水中，身体自然伸直，脸露出水面。

（二）腿部动作

反蛙泳腿的技术类似蛙泳，但是由于身体仰卧水中，所以收腿、蹬腿时膝关节不能露出水面。收腿时，膝关节向两侧边收边分，大腿微收，小腿向侧下方收得较多。收腿结束时，两膝约宽于肩，脚和小腿内侧向后对准蹬水方向。然后用大腿发力，使小腿和脚向侧后方蹬夹水。

（三）臂部动作

两臂自然伸直，经空中在肩前同时入水，然后屈臂高肘；掌向后使手和前臂对准划水方向，用力在体侧划水。划水结束后，两臂停留体侧，使身体向前滑行。随后两臂自然放松提出水面从空中向前移臂。

（四）臂和腿及呼吸的配合动作

反蛙泳的配合技术有两种。一种是臂划水与腿蹬夹水同时进行（移臂与收腿同时）；另一种是手划水和腿蹬夹水交替进行，但手、腿各做一次动作之后身体自然滑行，两臂前移的同时，边收边慢分腿；两臂将入水时，两腿同时蹬夹水（见图11-7）。然后两腿自然并拢，前伸臂划水。划水结束，身体自然伸直滑行。呼吸动作：一般在移臂时吸气，两臂入水后稍闭气，然后用口鼻均匀地呼气。

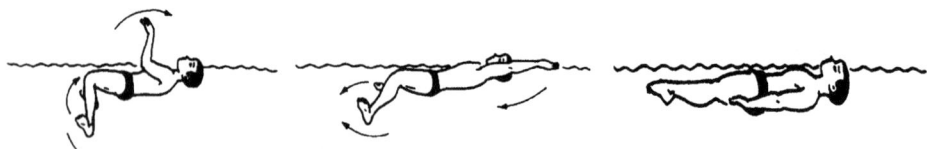

图 11-7　反蛙泳技术

四、潜泳

潜泳是在水下游进的一种游泳技术，实用价值也很大。如打捞溺者和水中沉物以及水下工程等，都要采用潜泳。潜泳技术分为潜深技术和潜远技术。

（一）潜深技术

一般是在两种情况下入水进行。一是从陆地上采用出发跳水的形式潜入水，另一种情况是从水面上潜入水。下面介绍从水面上潜入水的两种潜深技术方法。

第一种是两腿朝下潜深法。在潜入以前两臂前伸，屈腿，然后两臂用力向下撑水，与此同时两腿做蛙泳的向下蹬水动作，使上体至腰部跃出水面，接着利用身体的重力，使身体向下，如直体跳水的姿势潜入水中。入水后，两臂做自下而上的推水动作，以增加下沉的速度。到达水底或预定的深度之后，立即团身，将头转向所需要的方向游进。

第二种是头朝下潜深法。这种方法的预备姿势与上述方法相同，只是两臂向后下方伸出，自下而上地用力划水，头朝下，提臂举腿，两臂做蛙泳伸臂动作，向下伸直，由于两腿的重力作用，使身体没入水中。入水后，两腿向上做蛙泳的蹬水动作，以增加下沉的速度。到达预定深度后，头后仰、收腿、屈体，转向所需方向游进。

（二）潜远技术

潜远技术分使用器材的和不用器材的两种。不使用器材的潜泳技术，主要有蛙式潜泳、蛙式长划臂潜泳及爬式潜泳。

1. 蛙式潜泳

蛙式潜泳是在水下用蛙泳的方式游进的一种技术。它的动作基本上与水面"平式蛙泳"相同。在游进中为了避免身体上浮，头的位置应稍低于蛙泳，头与躯干成一直线。臂划水的幅度要比蛙泳小，收腿时屈髋较小。配合动作与"平式蛙泳"相同，只是滑行时间稍长。

2. 蛙式长划臂潜泳

为提高潜泳的速度和远度，人们常采用蛙式长划臂潜泳方式。但采用这种技术潜远时要注意：躯干和头的姿势应完全呈水平，只是在臂开始划水时头稍低些，以防止身体的浮起。两臂推水完毕，几乎在大腿两侧伸直，手掌朝上并应稍有滑行阶段。腿部动作与蛙泳的区别是收腿时髋关节屈得较小，双膝分开也较小，蹬水向正后方，以免身体上浮。

3. 爬式潜泳

这种潜远姿势是两臂向前伸直，手掌并拢，头在两臂之间，只用两腿做自由泳打水动作向前游进。

五、踩水

踩水也称为立泳，是实用价值较大的游泳技术之一。由于踩水动作容易掌握而且实用，无论双手或单手均可自如地置于水下或水上持物，所以广泛运用于水中等待救助、停留休息、急救溺者、持物游进和水中观察等。

（一）身体姿势

踩水时，身体直立水中或稍前倾，头露出水面，稍收髋，两腿微屈，勾脚，两臂胸前平屈，手掌平坦，手心向下，类似蛙泳。

（二）腿部动作

有两腿交替踩水和两腿同时蹬夹水两种。两腿交替踩水技术，身体在水中起伏不大，大腿动作幅度较小。做动作时先屈右膝，小腿和脚向外翻，然后膝向里扣压，用右脚掌和右小腿内侧向侧下方蹬夹水，当腿尚未蹬直时向后上方收小腿，收腿的同时左腿开始做如同右脚的蹬夹水动作，两腿交替进行。腿的蹬水路线及回收路线，基本是椭圆形。两腿同时蹬夹水技术，同蛙泳腿动作相似，但大腿动作的幅度较小，用小腿和脚内侧向侧下方蹬夹水，当两腿还未完全蹬直时收腿，动作要连贯。

（三）臂部动作

手臂动作有单臂划水、双臂同时划水和双臂交替划水三种。无论哪种水下划水动作，其基本动作均为肘关节弯曲，手和前臂在胸前做向外、向内弧形划水动作。手臂动作不宜过大，做向外划水时掌心向外（攻角），掌内侧要有压水的感觉；向内划水时掌心斜向内，掌外侧要有压水的感觉。

（四）腿和臂的配合技术

腿和臂的动作配合要连贯，两腿各蹬夹一次，或两腿同时蹬夹一次，两手做一次划水动作。采用两腿交替蹬夹水的配合时，通常是腿和手同时不停地进行。而采用两腿同时蹬夹水的配合时，是两腿做蹬夹水动作的同时，两手做向外的划水动作。

踩水时，呼吸要自然，随腿、臂动作的节奏自然地呼吸。用踩水技术游进时，身体要略前倾，腿稍向后侧蹬水，两臂向后拨水。后退游进时，动作相反。也可以采用侧身向前的技术，这时后腿应较为用力。

参考文献

[1] 韦群杰 . 高等院校体育俱乐部管理实施研究 [M]. 昆明：西南林学院，2005.

[2] 张英波 . 现代田径运动训练方法 [M]. 北京：北京体育大学出版社，2005.

[3] 全国体育学院教材《田径运动高级教程》编写组 . 田径运动高级教程 [M]. 北京：人民体育出版社，1997.

[4] 徐绪友 . 田径运动训练理论与方法 [M]. 武汉：武汉工业大学出版社，1994.

[5] 唐宏贵 . 体育健身原理与方法 [M]. 武汉：湖北人民出版社，1991.

[6] 云南省教育厅学校国防教育办公室 . 军事教育教程 [M]. 拉萨：西藏人民出版社，2008.

[7] 张晓威 . 定向越野 [M]. 北京：北京星球地图出版社，2003.

[8] 王翔，彭光辉，张新安，等 . 定向运动 [M]. 北京：高等教育出版社，2005.

[9] Andersson G. 定向运动（学生版）[M]. 北京：军事谊文出版社，2002.

[10] 张惠红，郭申初，陈瑜 . 定向越野 [M]. 北京：高等教育出版社，2006.

[11] 王家宏 . 球类运动—篮球 [M]. 北京：高等教育出版社，2005.

[12] 孙民治 . 篮球运动高级教程 [M]. 北京：人民体育出版社，2000.

[13] 全国体育院校教材委员会审定 . 排球运动 [M]. 北京：人民体育出版社，1999.

[14] 普通高校体育课选项课《排球》教材编写组 . 排球 [M]. 北京：北京体育

大学出版社，2001.

[15] 何志林．现代足球 [M]．北京：人民体育出版社，2000.

[16] 中国足球协会审定．足球竞赛规则 [M]．北京：人民体育出版社，2001.

[17] 足球教材编写组，王崇喜．球类运动：足球 [M]．北京：高等教育出版社，1997.

[18] 全国体育学院教材《足球》教程编写组．足球 [M]．北京：人民体育出版社，1999.

[19] 苏丕仁．乒乓球运动教程 [M]．北京：高等教育出版社，2004.

[20] 陆淳．羽毛球技术训练与战术运用 [M]．北京：人民体育出版社，2006.

[21] 张勇．羽毛球 [M]．北京：北京体育大学出版社，2007.

[22] 中国羽毛球协会．羽毛球竞赛规则 [M]．北京：北京体育大学出版社，2007.

[23] 王永盛．大学体育教育教程 [M]．北京：中国档案出版社，2007.

[24] 石天敬，李德祥．武术学习指南 [M]．昆明：云南民族出版社，1995.

[25]《太极剑竞赛套路》编写组．太极剑竞赛套路 [M]．北京：人民体育出版社，1993.

[26] 王洪．健美操教程 [M]．北京：人民体育出版社，2001.

[27] 王国勇，沈越，蔡颖敏．健身健美操指导手册 [M]．上海：上海财经大学出版社，2001.

[28] 卢义锦，姚士硕．人体解剖学 [M]．北京：高等教育出版社，2001.

[29] 向慧，高文强，温织琳．普通高校体育与健康教程 [M]．吉林：吉林科学技术出版社，2022.

[30] 韦群杰，索建强，郭银华．大学体育分级教程 [M]．北京：北京体育大学出版社，2011.

[31] 索建强，周玺，刁国炎．高校体育分级教程 [M]．北京：中国科学技术出版社，2015.